기독교문서선교회 (Christian Literature Center: 약칭 CLC)는 1941년 영국 콜체스터에서 켄 아담스에 의해 시작되었으며 국제 본부는 미국 필라델피아에 있습니다.
국제 CLC는 59개 나라에서 180개의 본부를 두고, 약 650여 명의 선교사들이 이동 도서차량 40대를 이용하여 문서 보급에 힘쓰고 있으며 이메일 주문을 통해 130여 국으로 책을 공급하고 있습니다. 한국 CLC는 청교도적 복음주의 신학과 신앙 서적을 출판하는 문서선교기관으로서, 한 영혼이라도 구원되길 소망하면서 주님이 오시는 그날까지 최선을 다할 것입니다.

추천사

이 상 명 박사
미주장로회신학대학교 총장

이스라엘의 회복과 구원을 둘러싼 논쟁은 늘 첨예한 신학적 주제 중 하나다. 교회는 이스라엘의 연장이기에 그것을 대체한다는 견해와 교회는 이스라엘과 완전히 다르며 구별된 것으로 보는 주장이 팽팽히 맞서고 있다. 전자를 '대체신학,' 후자를 '회복신학'이라고 부른다. 이 양자가 신학계를 뜨겁게 달구는 중이다.

'대체신학'은 이스라엘 회복에 관한 성경의 가르침을 영적으로 해석하여 성경 안에 있는 이스라엘과 관련된 많은 약속이 이스라엘이 아닌 기독교 교회 안에서 실제로 성취되었다고 가르친다. 반면, '회복신학'은 하나님이 은혜 시대에 교회에 관심을 집중하시면서도 택함 받은 이스라엘을 잊지 않고 회복시켜 원래 의도된 역할을 이스라엘에 맡기실 것이라는 입장이다. '회복'은 '구원'과 짝을 이루며 신구약 성경 전체를 관통하는 키워드 중 하나다.

『이스라엘의 회복과 종말』의 저자인 김인식 박사는 저명한 구약학자 월터 C. 카이저(Walter C. Kaiser Jr.)의 언약신학과 종말론적 입장이다. 이 입장으로 대체신학을 논박하며, 이스라엘이 교회로 대체되지 않는다고 말한다. 오히려 이스라엘이 구원받은 이방인들과 새 하늘과 새 땅을 상속받게 될 것임을 주장한다. 나아가, 성경의 통전적 읽기와 역사적 맥락에 근거한 언약신학의 빛 아래 이스라엘의 회복이 예루살렘과 에덴 동산의 회복으로 귀결됨을 명시한다.

대체신학을 지지하든, 혹은 반대하든, 성경 안에 펼쳐진 이스라엘의 회복과 구원에 관한 하나님의 마스터플랜을 탐색하려는 이들은 누구나 이 책을 한번은 필독해야 한다. 성경과 역사에 면면히 흐르고 있는 하나님의 회복과 구원 사역은 유대인과 이방인을 하나로 연합시키는 선교 역사와 분리될 수 없음을 이 책은 명확히 제시하고 있다. 이 책은 저자의 학문적 노력의 결실이기 이전에 이스라엘 선교와 회복에 대한 저자의 남다른 열정과 헌신이 낳은 신학적 숙고이며 삶과 분리되지 않은 선교신학적 결정체다.

서 정 운 박사
장로회신학대학교 명예총장

종말론은 신학 중에서도 난해한 분야로 여겨진다. 초기교회 시대부터 몇 가지로 다른 주장들이 있었다. 지금까지도 여러 이론과 논란이 계속되고 있다. 종말론의 신비성 때문인지 기독교 역사에서 거짓된 자들이 이른바 예언이라는 위력적인 말로 사람들을 미혹한 예도 적지 않다. 모두가 자신의 주장을 성경으로 뒷받침해 왔다.

그러므로 바른 종말론을 견지하는 것이 건실한 신앙생활의 필수 요건이다. 우리는 "하루가 천 년 같고 천 년이 하루 같다"라는 경이로운 하나님의 섭리 안에 살기에, 고정되고 결정된 종말을 예지하고 예언하며 그것을 장담하는 것은 옳지 않다.

『이스라엘의 회복과 종말』은 김인식 박사의 박사학위 논문이다. 저자는, 특히 월터 C. 카이저의 종말 사상을 근거로 종말론을 설명했다. 그러므로 이 책은 이 같은 견해를 이해하는 데 큰 도움이 될 것이며, 다른 관점을 가진 사람들에게도 좋은 참고 자료가 될 수 있음을 확신한다.

임 윤 택 박사
William Carey International University 교수

월터 C. 카이저는 구약을 원심적 선교와 연결한다. 그는 구속사 드라마를 아브라함 언약을 중심으로 전개한다. 즉, 아브라함 언약으로 신구약을 연결한다. 세상의 모든 족속을 언약의 축복에 포함시킨다. 하나님의 선교를 중심으로 구약을 해석한다.

김인식 박사는 『이스라엘의 회복과 종말』에서 카이저의 구약 종말론을 언약 성취를 통한 이스라엘 회복으로 해석한다. 이스라엘 회복은 예루살렘 회복이며, 예루살렘 회복은 에덴 회복이다. 저자는 카이저의 종말론을 바탕으로 이스라엘 회복 운동의 성경적 근거를 설득력 있게 기술한다. 이스라엘 회복 운동에 참여하는 선교 동역자들에게 탁월한 통찰력을 제공한다.

손 상 웅 박사
Midwest University 선교학 교수

김인식 박사의 박사학위 논문이 월터 C. 카이저의 종말론 연구로 다시 태어났다. 모든 분에게 이 책을 기쁘게 추천한다.

첫째, 신학도에게 추천한다. 2,000년의 기독교 신학은 대체신학 위에 세워져 있다. 그러나 시대마다 대체신학에 항거한 회복신학이 면면히 이어져 왔다. 이 책의 제3장 '카이저의 이스라엘 종말론 이해'에서 대체신학과 회복신학을 균형 있게 살필 수 있는 계기를 가질 수 있다.

둘째, 세계 선교에 뛰어든 선교사에게 추천한다. 세계 선교는 종말론과 긴밀한 관련이 있음을 동의할 때, 이 책은 읽을 가치가 충분하다. 카이저 박사의 종말론뿐만 아니라 여러 종말론이 제7장 '카이저의 영원한 나라의 도래 이해'에서 직간접적으로 소개되고 있음도 독자에게 유익하다. 독자의 종말론뿐만 아니라 세계 선교 전략이 비교되고 규명되기를 기대한다.

셋째, 선교 지향적인 교회를 섬기는 목사님께 추천한다.
은퇴한 저자는 킹덤선교회를 조직하여 한국, 미국, 그리고 예루살렘에서 '이스라엘 목회자 세미나' 등을 개최하면서 "교회가 하나님의 뜻을 깨닫고 주님이 오시는 길을 예비하도록 깨우는 것"에 사명을 두고 있다. 이 선교회의 목표인 하나님의 나라 전파와 확장, 이스라엘 성경 세미나, 구원 사역과 치유 사역, 선교지와 선교사 지원, 교회 개척 및 지원, 지도자 훈련, 알리야 지원, 그리고 긍휼 사역은 선교 지향적인 교회를 추구하는 목회자에게 구체적인 목회적 팁을 제공한다. 이런 킹덤선교회의 신학적 전제를 이 책에서 찾을 수 있다.

권 혁 승 박사
서울신학대학교 전)부총장, 현)명예교수

소중하면서도 필요한 책이 출간되었다.

김인식 박사의 『이스라엘의 회복과 종말』이 값진 이유는 목회 현장과 깊이 있는 신학이 만나고 있기 때문이다. 40년의 목회를 공적으로 마치고 은퇴하신 저자는 젊은이도 힘든 박사(Ph. D.) 과정에 도전하여 학위를 취득하셨다. 이 책은 학위 논문을 정리한 것이다. 목회자는 현장 사역자이자 연구를 놓지 말아야 하는 학자이다. 저자는 이 시대 탁월한 성경학자인 월터 C. 카이저의 종말론 연구를 목회와 선교적 관점으로 접근하여 비평함으로 현장 사역과 연구라는 목회자의 두 영역의 균형을 잘 잡으셨다.

이 책이 값진 또 다른 이유는 성경적 종말론의 중심인 이스라엘을 다루고 있기 때문이다. 주후 70년 로마에게 멸망된 후 세계 각지로 흩어져 1878년을 보낸 이스라엘은 1948년 5월 14일 기적적으로 독립을 이루었다. 작년은 이스라엘 독립 70주년이 되는 해였다. 성경은 70년을 새로운 시대가 열리는 '한 왕의 연한'이라고 규정한다(사 23:15). 그동안 교회를 지배했던 신학 사상은 교회가 이스라엘을 대신했다는 대체신학이었다. 이제는 그 주장을 내려 놓아야 한다. 이스라엘 독립 70주년이었던 지난해 'Society for Post Supersessionism Theology'라는 학회가 발족되었다. 'Supersessionism'은 'Replacement'의 다른 표현이다. 이 학회의 명칭처럼 대체신학은 현재의 시대적 흐름과 맞지 않는다. 지금은 이 신학을 뛰어넘어야 한다. 이스라엘 독립 이전까지는 이스라엘을 뺀 'Without Israel 신학'이었다면, 이제는 이스라엘의 실체를 전제한 'With Israel 신학'이어야 한다. 이 책은 카이저 박사의 연구를 비평적으로 수용하여 대체신학의 잘못된 점을 명쾌하게 밝혀 준다.

21세기는 이스라엘의 회복 시대이다. 이 책은 그런 시대적 흐름을 규명하고, 나아갈 방향을 설정하는 데 적합하다. 그래서 필자는 이 책을 모두 일독하도록 적극 추천한다.

박 희 민 목사
새생명선교회 대표

『이스라엘의 회복과 종말』의 출간을 진심으로 축하한다.
김인식 박사는 필자가 속한 해외한인장로회 소속 목회자로서 웨스트힐장로교회를 개척하여 30년 이상 모범적으로 목양하였으며 총회장, 미주장신대학교 이사장, 그 외 여러 직책을 맡아 섬기므로 교단의 성장과 발전에 기여했다. 특히, 평소 이스라엘 회복과 구원에 많은 관심을 갖고 있었는데, 은퇴 후에는 관련 세미나를 개최하여 강의와 저술 활동을 해왔다. 그래서 미주장신대학교에서 박사학위(Ph. D.)를 취득하면서 이스라엘 회복과 구원에 관한 학위 논문을 이번에 책으로 출간하게 되었다.
'이스라엘 회복과 구원' 문제는 신학적으로 아주 중요하며 논쟁 중인 주제다. 저자는 저명한 구약학자인 월터 C. 카이저의 구약종말론을 토대로 이스라엘 회복의 성경적 근거를 열거하며 해석한다. 이 책은 이스라엘 회복과 구원에 관심이 많은 목회자, 신학도, 선교사 그리고 평신도에게 귀한 도움이 되리라 확신하며 기쁨으로 추천한다.

김 창 근 목사
무학교회 담임, 오엠선교회 명예이사장

김인식 박사는 세계 선교를 향한 강력한 열정, 특히 이스라엘 선교와 회복 운동을 강력하게 이끌어가는 선교 지도자이다. 온 세상을 새롭게 하시려는 하나님의 마스터플랜의 중심에 '이스라엘'이 있어왔음은 누구도 부인할 수 없다. 하지만 이스라엘을 향한 모든 예언의 말씀이 기독교회를 통해 남김없이 성취되었다고 주장하는 한 가지 지배적인 신학 관점으로 인해 이스라엘을 향한 하나님의 약속과 구원 계획에 대한 본문들을 진지하게 다루지 못했음이 사실이다.
저자는 『이스라엘의 회복과 종말』에서 저명한 복음주의 구약학자 월터 C. 카이저의 종말론을 비평적으로 검토하며 그러한 신학적 기초 위에 이 문제를 심도 있게 고찰한다. 하나님은 분명 지상의 교회들을 통해 구속의 은혜를 열방 가운데 베풀고 계시지만, 그로 인해 애초에 이스라엘과 맺었던 약속의 말씀들이 폐기되는 것은 결코 아니며, 오히려 이스라엘의 온전한 회복을 통해 종말론적 구원이 최종적으로 완성된다는 사실을 설득력 있게 논증한다.
이 책을 읽게 되면 독자들은 성경에 기록된 하나님의 언약들을 일관된 관점에서 이해할 수 있게 되며 성경의 모든 말씀, 특히 구약 예언서와 로마서 9-11장, 요한계시록 본문들을 붙들고 씨름하고 싶은 영적 목마름을 갖게 될 것이다. 성경 말씀을 진지하게 받아들이고 앞으로 세계 역사 가운데 이루실 하나님의 놀라운 계획을 깨달으려는 모든 목회자와 선교사, 성도에게 이 책을 진심으로 추천한다.

호 성 기 목사
필라안디옥교회 담임, 세계전문인선교회(PGM) 국제대표

많은 평신도는 고사하고 필자를 포함한 수많은 목회자도 대체신학과 전통적인 개혁주의 신학 사이에서 혼란스러워하며 살아온 것이 사실이다.
구약 전체가 이스라엘을 택하신 하나님의 이야기(His story: history)인데, 신약의 교회가 이스라엘을 교회로 대체하여 이스라엘을 향한 하나님의 이야기를 빼놓고 교회만을 주장해야 하는가?
이스라엘과 교회는 함께 갈 수 없는가?
이런 신학적 문제에 대하 김인식 박사는 월터 C. 카이저의 종말론을 중심으로, 대체신학에 대한 선교신학적 비평서를 출간하셨다. 카이저는 구약의 이스라엘과 종말의 이스라엘을 절대로 분리시킬 수 없다고 주장하는 민족적 이스라엘을 똑같은 종말의 이스라엘로 인정하는 대표적인 신학자다.
존경하는 교단의 목회의 선배요 학자이면서 선교의 실천가로 후배들에게 '사려 깊은 선교 실천가'(reflective practitioner for missions)로 본을 보이신 저자의 저서인 『이스라엘의 회복과 종말』이 선교적 목회에 올인(all in)하여 뛰고 있는 필자와 같은 선교 목회자들에게 이스라엘과 종말에 관한 통찰력(insight)과 예지력(foresight)뿐만이 아닌 마지막 때의 교회와 선교 방향을 잡는 길라잡이가 될 것을 확신한다.
이스라엘은 하나님이 절대 주권으로 택하신 하나님의 선교를 위한 장자요 도구이다. 한 몸의 두 팔같이 하나님의 계획 안에서 떼려야 뗄 수 없는 이방인과 유대인도 오직 예수 그리스도를 믿음으로 구원받는다. 하나님이 원하시는 유대인의 수와 이방인의 수가 찰 때까지 오늘의 한인 디아스포라 교회도 때를 얻든지 못 얻든지 항상 유대인을 포함한 열방을 향하여 예수 그리스도의 복음을 전하는 선교사로 살아야 한다.
카이저의 종말론을 중심으로 이 시대의 목회자들이 이스라엘을 통한 하나님의 계획을 먼저 깨달으셔서, 이스라엘과 열방을 향한 선교의 방향과 동역의 길을 명쾌하게 짚어준 이 책은 모두의 필독서다. 강력하게 일독을 추천한다.

소 기 천 박사
장로회신학대학교 신약신학 교수

김인식 박사는 정치학도로 학문 여정을 시작하여 미서부 남가주의 웨스트힐장로교회에서 훌륭한 목회 여정을 명예롭게 마친 목회자이다. 저자는 유대인 전문가로 저서인 『이스라엘의 회복과 종말』에서 선교신학적 관점에서 이스라엘의 회복을 전망하면서 치밀한 연구를 제기한다. 이 책은 광범위한 이스라엘의 지리와 전체 역사에 대한 학문적인 개관뿐만 아니라, 근동 지방을 둘러싼 열방들의 각축전 속에서 유대인이 정체성을 지켜가는 과정을 적나라하게 파헤치며 학자들의 열띤 토론을 통해 끌어내는 치열한 내용에 신학적 의미를 부여한다.

이 책은 월터 C. 카이저의 언약신학 혹은 약속의 신학을 새롭게 평가하면서 구약의 흐름을 넘어서 신약에까지 이어지는 유구한 종말론에 관심을 기울이고 있다. 저자는 카이저가 말하는 다윗 가문의 새 왕을 예수님으로 연결지으면서 재림을 통하여 성취하실 큰 왕의 성은 다른 곳이 아니라 하나님께서 이름을 두시려고 선택한 예루살렘으로 이스라엘 회복이라는 종말론적 신학의 중심에 둔다.

신구약 성경 전체의 역사와 종말론을 자유롭게 넘나드는 이 책은 대단한 흥미를 독자들에게 집중시키면서도 지난 2천 년간 수없이 등장한 각종 이단이 예수님의 재림을 천년왕국과 연관을 지음으로써 "그 날과 그 때는 아무도 모르고 오직 아버지만 아신다"라는 성경의 가르침을 스스로 저버린 이단으로 귀결된 신학적 오류에 빠지지 않고, 성경적인 가르침에 근거한 이스라엘의 회복이라는 종말론을 통하여 유대인 선교 운동을 새롭게 펼칠 수 있는 선교신학적 근거를 제공해 준다.

이 점에서 종말론과 제3성전 그리고 이스라엘의 회복에 관심이 있는 신학자나 목회자뿐만 아니라, 평소에 다니엘과 요한계시록 같은 묵시문학에 관심 있는 신학생이나 일반인들의 일독을 권한다. 혹시 반유대주의와 대체신학 또는 세대주의 신학을 탈피하지 못하고 전전긍긍하는 이들에게도 이 책을 우선적으로 필독하기를 권한다.

끝으로, 선교신학으로 앞서 박사학위를 받은 저자가 은퇴 후에 원로목사에 안주하지 않고 도전 정신으로 제2의 박사학위 논문을 완성, 출판하여 신학계에 등장한 것을 축하하며 앞으로 하나님의 은혜와 축복 가운데 더욱더 많은 영향력 발휘를 간절히 바라면서 저자와 함께 30여 년 동안 같은 길을 꾸준하게 걸어가는 후배로서 미력하나마 추천의 글을 보탠다.

이 성 자 목사
인터내셔널갈보리교회 담임, 기독여성이스라엘선교회(CWMI) 대표
여리고기도 운동(JPM) 대표

이번에 김인식 박사께서 월터 C. 카이저의 성경적 종말론을 비평적으로 연구하여 이스라엘 회복 사역에 대한 선교신학적 토대를 체계 있게 제시한 『이스라엘의 회복과 종말』을 출간하신 것을 축하드린다. 이스라엘 회복을 전파하고 가르치는 동역자 중 한 사람으로서 매우 기쁘고 감사하게 생각한다.

예수님이 재림하시기 전에 반드시 성취되어야 할 하나님의 언약이 예루살렘 회복이요, 이스라엘 회복이라는 성경 말씀을 알면서도 이스라엘이 교회로 대체되었다고 주장하는 신학적 오류로 인해 예루살렘과 이스라엘의 회복을 가르치고 전파하는 사역이 그동안 위축되어 왔음이 사실이다.

이제 많은 신학자와 목회자가 이 책을 읽고 보다 적극적으로 이스라엘 회복신학을 신학교에서 가르치고 교회에서 설교해줄 수 있기를 기대하며 이 책을 기쁘게 추천한다. 또한, 모든 선교사가 이 책을 반드시 읽고, 예레미야 31:10을 성취하는 선교 사역이 세계 곳곳에서 이루어지기를 소망한다.

"이방들이여 너희는 여호와의 말씀을 듣고 먼 섬에 전파하여 이르기를 이스라엘을 흩으신 자가 그를 모으시고 목자가 그 양 떼에게 행함 같이 그를 지키시리로다" (렘 31:10).

이스라엘의 회복과 종말

월터 C. 카이저의 종말론

Recovery in Israel and The Last Comming
Written by Insik Kim
All rights reserved.
Korean Edition Copyright ⓒ 2020 by Christian Literature Center, Seoul, Korea

이스라엘의 회복과 종말: 월터 C. 카이저의 종말론

2020년 2월 29일 초판 발행

지은이　|　김인식

편집　　|　변길용
디자인　|　한우식
펴낸곳　|　(사)기독교문서선교회
등록　　|　제16-25호(1980.1.18.)
주소　　|　서울특별시 서초구 방배로 68
전화　　|　02-586-8761~3(본사) 031-942-8761(영업부)
팩스　　|　02-523-0131(본사) 031-942-8763(영업부)
이메일　|　clckor@gmail.com
홈페이지|　www.clcbook.com
송금계좌|　기업은행 073-000308-04-020　(사)기독교문서선교회

ISBN 978-89-341-2085-8(93230)

이 도서의 국립중앙도서관 출판예정도서목록(CIP)은 서지정보유통지원시스템 홈페이지 (http://seoji.nl.go.kr)와 국가자료공동목록시스템(http://www.nl.go.kr/kolisnet)에서 이용하실 수 있습니다. (CIP제어번호: 2020001890)

이 책의 저작권은 저자와 (사)기독교문서선교회가 소유합니다. 신저작권법에 의하여 한국 내에서 보호받는 저작물이므로 무단 전재와 무단 복제를 금합니다.

이스라엘의 회복과 종말

월터 C. 카이저의 종말론

김인식 지음

CLC

감사의 글

김 인 식 박사
미주장로회신학대학교 교수, 웨스트힐장로교회 원로목사

지금까지 42년을 눈동자처럼 보호하시고 인도해 주신 내 하나님 아버지께 존귀와 영광을 올려드린다. 2005년부터 조금씩 이스라엘에 관해 영적인 눈을 열어 깨닫게 해 주신 은혜에 감격하며, 은퇴 후에도 더욱 뜨거운 가슴으로 달려가게 해 주시는 하나님께 감사드린다. 이스라엘 세미나와 유대인 위로 사역과 유대인 귀환 사역을 통해 많은 분을 만나게 하시며 새로운 길을 열어 주신 것에 감사드린다.

무엇보다도 우리 시대의 존경받으시는 탁월한 구약학자이자 언약신학자인 월터 C. 카이저 박사님께 감사드리고 그의 구약 종말론을 연구하며 글을 쓰는 행복한 시간을 갖게 해 주심에 감사드린다.

이 모든 것은 중보 기도의 응답이요 열매임을 확신하며 중보 기도자 여러분들에게 진심으로 감사드린다. 글을 꼼꼼히 챙겨주신 멘토 이상명 총장님께 감사드린다. 40년 이상의 세월 속에 앞서 본을 보이시며 가르쳐 주시고 격려해 주시는 존경하며 사랑하는 스승이신 서정운 총장님께도 감사드린다. 글의 주제와 방향 설정에 큰 도움을 주시고 늘 도전과 격려로 이끌어 주신 임윤택 박사님께도 감사드린다. 늘 따뜻한 마음으로 멀리서 성원해 주고 격려해 준 친구 손상웅 박사에게도 감사드린다.

웨스트힐장로교회 목사님들, 장로님들, 권사님들, 그 외 여러 성도님의 기도와 격려에 감사드리며 열심히 하나님 나라를 위해 달려가려 한다.

그동안 이스라엘의 사역 현장에서 만나 함께 헌신하며 도전을 주신 주의 종들과 성도님들에게 감사드린다. 특별히, 40여 년을 중보 기도하며 글을 쓰는 동안 새벽에 도시락 준비해 준 사랑하는 아내와 멀리서 기도와 격려를 보내준 두 딸에게 고마움을 전한다.

목차

추천사   1
이 상 명 박사(미주장로회신학대학교 총장)
서 정 운 박사(장로회신학대학교 명예총장)
임 윤 택 박사(William Carey International University 교수)
손 상 웅 박사(Midwest University 선교학 교수)
권 혁 승 박사(서울신학대학교 전) 부총장, 현) 명예교수)
박 희 민 목사(새생명선교회 대표)
김 창 근 목사(무학교회 담임, 오엠선교회 명예이사장)
호 성 기 목사(필라안디옥교회 담임, 세계전문인선교회[PGM] 국제대표)
소 기 천 박사(장로회신학대학교 신약신학 교수)
이 성 자 목사(인터내셔널갈보리교회 담임, 기독여성이스라엘선교회[CWMI] 대표, 여리고기도 운동[JPM] 대표)

감사의 글   12

제1장   서론   16
제2장   월터 C. 카이저의 이스라엘 역사 이해   26
제3장   월터 C. 카이저의 이스라엘 종말론 이해   108
제4장   월터 C. 카이저의 다윗 가문의 '새 왕'과 '큰 왕의 성' 이해   168
제5장   월터 C. 카이저의 여호와의 날 이해   212
제6장   월터 C. 카이저의 마지막 칠 년 이해   279
제7장   월터 C. 카이저의 영원한 나라의 도래 이해   357
결론   436

참고 문헌   447

도 / 표 / 목 / 록

<도표1> 기독교 반유대주의자들의 주장	▪ 120
<도표2> 예루살렘 쟁탈의 역사	▪ 148
<도표3> 예루살렘 회복 과정 70년	▪ 155
<도표 4> 시온주의 120년의 역사	▪ 160
<도표 5> 이스라엘 귀환과 인구 현황(1882년 – 2018년)	▪ 163
<도표 6> 네 가지 싹에 대한 초대 교부들의 사용법	▪ 179

그 / 림 / 목 / 록

<그림 1> 에덴에서 발원한 4강의 흐름 경로 추정 지도	▪ 209
<그림 2> 중간기적 왕국 연결	▪ 364

일 / 러 / 두 / 기

월터 C. 카이저(Walter C. Kaiser)를 글의 제목이나 특별한 문맥이 아닌 한 카이저로 통일한다.

제1장

서론

이 책은 선교신학적 관점에서 본 월터 C. 카이저(Walter C. Kaiser)의 종말론에 관한 비평적 연구이다. 내가 대표로 섬기는 킹덤선교회(Kingdom World Mission)[1], 미주 대표로 섬겼던 한인크리스천샬롬예루샬라임(Korean Christian Shalom Jerushalayim)[2]의 이스라엘 회복 운동을 중심으로 기술한다.

이 장은 서론으로 연구 배경, 목적, 목표, 중요성, 연구 중심 과제, 연구 질문, 연구 방법론, 연구 범위, 연구 개관을 다룬다. 카이저는 '왕의 귀환 운동'을 통해 이스라엘 회복 운동을 주장한다. 그는 이스라엘 역사에 대한 성경 기록이 정당함을 주장한다.

요즘 많은 사람이 이스라엘 역사에 대해 쓰기를 주저하는 이유가 궁금하지 않은가?

사실 이 역사의 많은 사건에 대한 우리의 주요 출처는 바로 성경이다. 만

---

1 '교회가 이스라엘 회복 사역에 동참하여 주님이 오시는 길을 예비하도록 깨우기 위해' 2016년 8월 캘리포니아 주정부에 등록된 비영리 선교 단체다.
2 문화 행사 중 회개와 소망선언문을 낭독하므로 유대인들에게 위로와 소망을 주며 그리스도의 사랑을 전하는 행사다.

약 성경이 완전히 배제되어야 한다면, 동일한 이유로 헤로도투스나 요세프스의 고대 역사 기록도 무시되고 배제되어야 함이 마땅하지 않겠는가? 또한 고대 상형문자나 쐐기문자로 기록된 기념비들의 기록을 굳이 존중해야 할 이유가 어디 있겠는가?

결국, 이런 해체 구축 방식은 우리 외에는 누구도 존재하지 않는다는 유아론에 빠지게 할 뿐이다.[3]

카이저는 개시된 종말론(inaugurated eschatology)을 해석학적 도구로 사용한다. 그는 하나님 나라의 복합적 관점인 '이미' 그러나 '아직'(already but not yet)을 강조한다. 그에 따르면, 하나님 나라의 현재적 의미도 알아야 한다. 하나님 나라의 현재적 의미에서 선교적 함의를 발견할 수 있기 때문이다.

하나님 나라를 미래에 속한 것으로 여길 필요가 없다. 예수님이 이 땅을 거니시던 역사적 시점에 하나님 나라가 이미 시작되었기 때문이다. 예수님은 귀신을 쫓아내심으로 사탄의 영역을 침범하기 시작했다.[4]

구약성경은 하나님의 언약에 관한 책이다. 그뿐만 아니라 구약성경은 새로운 미래의 도래를 그린다. 카이저의 종말론의 핵심은 예수 그리스도의 재림이고, 더 나아가 새 예루살렘에 관한 하나님의 약속이다. 그에 따르면, 구주 예수의 재림으로 역사의 흐름이 절정에 이르고 영원한 나라가 시작된다는 점이 중요하다. 구약성경의 새 예루살렘인 시온을 중심에 두는 분명하고 강렬한 소망 또한 구약 종말론의 핵심이다.[5]

---

[3] Walter C. Kaiser, 『이스라엘의 역사』, 류근상 역 (고양: 크리스챤출판사, 2010), 29.
[4] Walter C. Kaiser, 『성경적 종말론』, 미주복음방송 역 (로스앤젤레스: 왕의 귀환 펠로우쉽, 2013), 2.
[5] Walter C. Kaiser, 『성경적 종말론』.

성경은 새 하늘과 새 땅을 보여 준다. 아울러 성경은 새로운 세상의 도래를 예언한다(사 65:17-25; 66:18-24; 벧후 3:13; 계 21:1-4). 카이저는 새로운 세상이 이전의 세상과 '완전 단절'이 아닌 '갱신'(renewal)을 의미한다고 주장한다.

신약성경에서 새로움을 뜻하는 헬라어 단어는 '네오스'(neos)가 아니라 '카이노스'(kainos)다. 전자는 시간이나 기원이 새로운 것을 나타낸다. 후자는 속성이나 성질이 새로운 것을 가리킨다. 따라서, 새 하늘과 새 땅에 대한 가르침은 완전히 새로운 우주 또는 창조 세계가 아닌, 옛 우주와 연속성이 있으면서 철저히 갱신된 세계의 출현을 뜻한다. 더 나아가 여기서 말하는 새로움과 그리스도인들이 다시 부활할 그 몸의 새로움 간에는 유사성이 있다. 부활할 우리의 몸은 지금의 몸과 연속성 및 비연속성을 모두 가질 것이다.[6]

1. 연구 배경

나는 정치에 꿈을 가졌다. 그 꿈을 품고 고려대학교 정치외교학과를 졸업했으나 하나님은 나를 목회자의 길로 인도하셨다. 장로회신학대학원(M. Div.)을 마친 후, 미국 풀러신학교(Fuller Theological Seminary)에서 선교학(Th. M., D. Miss.)을 전공했다.

나의 꿈은 선교적 목회로 변신했다. 그래서 교회를 개척했다. 1985년 4월 7일(부활 주일)에 캘리포니아주, 밴나이스(Van Nuys)에 개척한 웨스트힐

---

6 Walter C. Kaiser, 『성경적 종말론』, 46.

장로교회다. 교회는 성장했고, 나는 교회를 통해 선교하는 꿈을 실현했다. 그리고 2017년 12월에 본 교회에서 은퇴했다.

현재는 이스라엘 성경 세미나 강사로 섬기고 있다. 2016년에 킹덤선교회(Kingdom World Mission)[7]를 조직하여 목회자와 선교사를 위한 이스라엘 세미나를 개최했다. 한인크리스천샬롬예루샬라임(Korean Christian Shalom Jerushalayim)[8] 미주대표로 유대인에게 위로와 소망을 주며 그리스도의 사랑을 전하는 사역을 해 왔다.

2017년에 『하나님의 마스터플랜: 새 예루살렘의 비전』이라는 책을 저술했다. 나는 하나님께서 우리에게 자유민주적 선진 통일 국가인 한국을 허락해 주실 것으로 믿는다. 한국은 아래와 같이 세계의 희망이 되어야 한다.

하나님께서 축복하실 때, 자유통일한국은 세계 초강국이 될 것이다. 한국은 세계에서 가장 좋은 두뇌를 가진, IQ가 평균 105를 넘는 유일한 나라다. 또한, 문맹률이 1% 미만인 유일한 나라이기도 하며, 세계에서 가장 정확하게 발음을 표기하는 문자를 가진 나라다. 나아가, 세계 각국에 있는 유수대학의 우등생 자리를 휩쓰는 나라이기도 하다. 국민 8천만 명(해외 동포 7백50만 명)이 세계 최고의 교육열로 지식강국이 되고, 북한과의 분쟁의 불씨가 사라지면 산업대국으로서 한국은 놀라운 성장과 발전을 가져올 것이다. 고난의 연단을 통한 인내와 겸손으로 세계에 낙후된 나라들을 도와

---

[7] 목회자 이스라엘 세미나(제1회-로스앤젤레스, 제2회-서울, 제3회-예루살렘)가 개최되었고 약 1,250명의 목사와 선교사가 참석했다.

[8] 2013년에는 뉴욕, 2014년에는 뉴욕, 뉴저지, 워싱턴, 2015년에는 뉴욕, 뉴저지, 워싱턴, 2016년에는 뉴욕, 뉴저지, 2017년에는 아쉬켈론, 예루살렘, 하이파, 2018년에서 예루살렘에서 개최되었고 지난 6년간 약 16,000명이 참석했다.

세워주는 진정 세계의 사랑받는 나라이자 세계의 희망이 되어야 한다.[9]

나는 북한 해방이 위대한 세계적 부흥의 시작이 될 것임을 믿는다. 나아가, 자유민주적 선진 통일 국가이자 기독교 국가인 한국이 될 것을 믿는다.

북한에서 기독교 박해가 가장 심한 것은 우연한 사건이 아니다. 한국이 통일되면 세계 복음화의 주역이 될 것이기에, 원수는 힘을 다해 영적, 육적으로 북한을 포로로 잡고 있다. 북한이 사탄의 권세에서 해방되면 하나님 나라가 북한의 지하 성도들, 중국 성도들과 함께 동남아시아, 중국, 중동 지역을 강타하며 빠르고 강력하게 전진할 것이다. 북한 해방이 주님의 재림을 앞당기는 위대한 세계적 부흥의 시작이 될 것이다.[10]

나는 이스라엘 회복 사역을 믿는다. 이스라엘 회복 사역을 위한 이스라엘과 예루살렘, 그리고 한민족의 선교적 사명에 대해 강의하면서, 나 자신에게 좀 더 깊이 있는 성경적, 학문적 성찰이 필요함을 발견한다. 이런 학문 연구를 통해 나는 이스라엘 회복을 더 잘 돕고 싶다. 그래서 그들에게 적절한 복음을 전하고 싶다.

카이저는 성경적 종말론이 선교적 함의를 갖는다고 주장한다.

성경적인 유대적 종말론을 다룬 글에서 사용되는 '종말론'은 역사가 끝나고 하나님께서 구원하시는 영원한 시대가 도래하면서 우주 및 현 세상 체

---

[9] 김인식, 『하나님의 마스터플랜: 새 예루살렘의 비전』 (서울: 교회성장연구소, 2017), 258.
[10] 김인식, 『하나님의 마스터플랜: 새 예루살렘의 비전』, 257.

제가 완성되는 것을 의미한다. 그에 따르면, 성경에서 종말과 관련하여 사용한 단어인 '여호와의 날,' '그 날,' '끝 날,' '미래의 심판,' '구원의 날'에 대한 소망은 아모스 5:18을 시초로 본다.[11]

다시 한번, 나는 자유민주적 선진 통일 국가이자 기독교 국가인 한국을 이룰 수 있기를 소망한다. 이 모든 일이 하나님의 마스터플랜 안에 있다. 하나님의 마스터플랜을 효과적으로 감당하기 위한 연구가 필요하다. 이런 인식은 2013년에 일어났다.

2013년 뉴욕에서 유대인 위로 사역인 '샬롬 예루살렘'을 처음 시작할 때 이 행사가 어떻게 진행될 것이며 어떤 반응이 일어날지 아무도 몰랐다. 그러나 신실한 주의 종들이 성령의 인도하심에 순종하여 끈질긴 기도, 직접 발로 뛰는 헌신으로 인해, 그리스도인에 대해 닫힌 유대인들의 마음의 문이 열리기 시작했다. '샬롬 예루살렘'의 하이라이트인 회개와 소망의 선언문을 들으며 많은 유대인의 눈이 젖어 오기 시작했고 봉사자들의 눈시울도 뜨거워졌다.[12]

참석한 유대인들이 많은 감동을 받았기에 지난 6년간 큰 호응 속에 행사가 진행되었다. 그러나 대부분의 교회는 무관심 내지는 냉담했고 오히려 행사를 적극적으로 방해하는 이들도 있었다. 이때 이스라엘 회복 사역에 대한 심도 있는 성경적, 신학적, 상황적, 그리고 선교신학적 관점이 필요함을 깨달았다.

---

[11] Walter C. Kaiser, 『성경적 종말론』, 1.
[12] 김인식, 『하나님의 마스터플랜: 새 예루살렘의 비전』, 248.

2. 연구 목적

이 글의 연구 목적은 복음주의 구약성경학자인 월터 C. 카이저의 종말론을 비평적으로 연구하여 이스라엘 회복 사역에 필요한 선교신학적 함의를 찾는 데 있다.

3. 연구 목표

이 글의 목표를 네 가지로 귀결한다.

첫째, 성경에 계시된 이스라엘 중심의 하나님의 마스터플랜을 이해한다.
둘째, 카이저의 성경신학을 통해 이스라엘 회복에 관한 성경신학적 관점을 갖는다.
셋째, 그의 선교신학을 통해 이스라엘 중심의 선교신학적 관점을 갖는다.
넷째, 그의 저술들을 연구함으로 이스라엘 회복 사역에 대한 심도 있는 성경적, 신학적, 상황적, 그리고 선교신학적 관점을 갖는다.

4. 연구의 중요성

이 책은 구약성경의 언약신학을 바탕으로 한 종말론 연구서다. 이 연구는 성경적 종말론을 통한 이스라엘 회복 사역에 중요한 함의를 갖는다.

5. 연구의 중심 과제

이 책의 연구 중심 과제는 이스라엘 회복 사역에 관한 선교신학적 관점에서 월터 C. 카이저의 성경적 종말론을 기술하는 것이다.

6. 연구 질문

이 책은 여섯 가지 연구 질문들을 중심으로 기술된다.

첫째, 카이저의 구약성경 연구에 나타난 이스라엘의 역사는 무엇인가?
둘째, 그의 구약성경 연구에 나타난 이스라엘의 종말론은 무엇인가?
셋째, 그의 구약성경 연구에 나타난 이스라엘 다윗 가문의 새 왕과 큰 왕의 성은 무엇인가?
넷째, 그의 구약성경 연구에 나타난 여호와의 날은 무엇인가?
다섯째, 그의 구약성경 연구에 나타난 마지막 7년은 무엇인가?
여섯째, 그의 구약성경 연구에 나타난 영원한 나라의 도래는 무엇인가?

7. 연구 방법

이 책의 연구 방법론은 문헌 연구 방법론, 구약성경신학적 관점,[13] 구약

---

[13] Walter C. Kaiser, 『구약성경신학』, 최종진 역 (서울: 생명의말씀사, 1996). Walter C. Kaiser, *Toward an Old Testament Theology* (Grand Rapids: Mich.:Zondervan Pub. House, 1978); Walter C. Kaiser, *Toward an Exegetical Theology: Biblical Exegesis for Preaching and*

성경과 선교,[14] 성경과 하나님의 예언,[15] 구약에 나타난 메시아,[16] 이스라엘의 역사,[17] 성경적 종말론 세미나 인도와 참석, 폴 히버트의 비평적 상황화 방법론, 인터뷰 방법론을 사용한다.

연구를 위해 미주장신대학교도서관, 한국에 있는 장로회신학대학교도서관, 풀러신학교도서관, 국회도서관, 고든콘웰신학교도서관을 이용했다.

8. 연구 범위

이 책의 연구 범위를 다음과 같이 한정한다.

첫째, 카이저의 구약성경 연구에서 종말론에 관한 연구로 한정한다.
둘째, 그의 종말론을 중심으로 한 이스라엘 회복 운동에 적합한 내용으로 한정한다. 성서신학적 관점보다는 선교신학적 관점으로 국한시킨다.

Teaching (Grand Rapids, Mich.: Baker Book House, 1981); Walter C. Kaiser, *The Promise-Plan of God: A Biblical Theology of the Old and New Testaments* (Grand Rapids, Mich.: Zondervan, 2008); Walter C. Kaiser and Moisés Silva, *Introduction to Biblical Hermeneutics: The Search for Meaning*, Rev. and expanded ed. (Grand Rapids, Mich.: Zondervan, 2007).

[14] Walter C. Kaiser, 『구약성경과 선교』, 임윤택 역 (서울: 기독교문서선교회, 2013); Walter C. Kaiser, *Mission in the Old Testament: Israel as a Light to the Nations* (Grand Rapids, Mich.: Baker Books, 2000).

[15] Walter C. Kaiser, 『성경과 하나님의 예언』, 김영철 역 (서울: 여수룬, 1991).

[16] Walter C. Kaiser, 『구약에 나타난 메시아』, 류근상 역 (서울: 크리스챤, 2008); Walter C. Kaiser, *The Messiah in the Old Testament, Studies in Old Testament Biblical Theology* (Grand Rapids, Mich.: Zondervan Pub., 1995).

[17] Walter C. Kaiser, *A History of Israel: From the Bronze Age through the Jewish Wars* (Nashville, Tenn.: Broadman & Holman, 1998).

9. 연구 개관

이 책은 총 7장으로 구성된다.

제1장은 서론이다. 서론에서는 연구 배경, 연구 목적, 연구 목표, 연구의 중요성, 연구 중심 과제, 연구 질문들, 연구 방법, 연구 범위, 연구 개관 등을 기술한다.

제2장은 카이저의 구약성경 연구에 나타난 이스라엘 역사를 기술한다.

제3장은 그의 구약성경 연구에 나타난 종말론을 기술한다.

제4장은 그의 구약성경 연구에 나타난 다윗 가문의 새 왕과 큰 왕의 성에 관해 기술한다.

제5장은 그의 구약성경 연구에 나타난 여호와의 날에 관해 기술한다.

제6장은 그의 구약성경 연구에 나타난 마지막 7년에 관해 기술한다.

제7장은 그의 구약성경 연구에 나타난 영원한 나라의 도래에 관해 기술한다.

제8장은 결론으로, 연구 내용을 요약한 후, 결론을 내릴 것이다. 또한, 후속 연구를 위한 몇 가지를 제언할 것이다.

제2장

월터 C. 카이저의 이스라엘 역사 이해

이 장에서는 월터 C. 카이저의 이스라엘 역사 이해에 관해 기술하며, 구약성경의 종말론과 관련된 부분만을 다룰 것이다. 특히, 종말론도 언약의 성취이고 종말론의 중심은 예루살렘이기 때문에 언약과 예루살렘에 관한 역사를 중심으로 한정한다.

역사 이해에 있어 챨스 H. 크래프트(Charles H. Kraft)의 세계관을 빌릴 것이다. 그에 따르면 세계관은 이렇다.

> 문화의 핵심과 모든 인간의 삶의 가장 중심적인 곳에는 사람들이 해석하기 위한 기본적인 가정과 가치, 그리고 신뢰의 구조가 있다. 이들 가정과 가치 그리고 충성심을 세계관이라고 부른다.[1]

그에 있어 세계관이란 '세계를 보는 안경'이며 '세계를 보는 눈'이다. 기독교 세계관은 세계를 기독교적 눈으로 보는 마음의 자세와 행동이다.[2]

---

[1] Charles Kraft, 『기독교 문화 인류학』, 안영권, 이대헌 공역 (서울: 기독교문서선교회, 2005).
[2] 이원설, 『기독교 세계관과 역사발전』(서울: 혜선출판사, 1990), 25.

이런 관점에서 이스라엘 역사를 보는 기독교 세계관이 필요하다. 이원설에 따르면 이렇다.

> 기독교 세계관으로 이해하는 성경적 역사관은 하나님의 섭리가 그 근간을 이룬다. 하나님은 역사의 주인공이다. 모든 역사적 사건은 하나님의 영원한 계획을 구현하는 방편에 지나지 않는다.[3]

하나님의 절대주권적 통치 사관으로 볼 때, 모든 것이 하나님의 손길 안에서 진행된다. 그 손길을 발견하는 것은 우리 몫이나, 그 또한 하나님의 도우심이 전적으로 필요하다. 이상명에 따르면 이렇다.

> 역사는 과거와 현재의 끊임없는 대화다. 역사를 소홀히 하거나 과거와의 대화가 단절되면 현재의 나를 비출 거울을 잃게 되는 셈이다. 역사를 잊은 교회는 나를 비출 거울을 잃은 교회다. 역사를 잊은 교회는 밝은 미래를 잃게 된다. 성경의 이야기는 21세기 역사의 무대에서 우리를 비추는 거울이다. 나아가, 우리의 방향을 제시하는 나침반과 같다. 역사를 주관하시는 하나님의 숨결과 손길을 더 느끼지 못할 때 잘못된 인간 역사는 되풀이될 것이다.[4]

이스라엘 역사 연구는 역사를 주관하시는 하나님을 인식하고 하나님의 깊은 섭리를 깨달아 오늘 이 시대 속에 움직이는 하나님의 손길을 발견하는 것이다. 역사란 역사가와 사실 간의 계속적 상호 작용의 과정이며 '현

---

[3] 이원설, 『기독교 세계관과 역사발전』, 149.
[4] 이상명, 『성서 인물에게서 듣다』 (서울: 홍성사, 2013), 194.

재와 과거 사이의 끊임없는 대화'다.⁵

우리는 과거 역사를 통해 하나님의 약속 계획이 어떻게 성취되었는지를 확인하며 하나님의 속성을 깨닫게 된다. 또한, 미래에 하나님께서 이루실 하나님의 약속 계획을 이해하며 기대할 수 있다. "역사는 하나님께서 정하신 결말을 향해 나아가기 때문"이라는 존 맥아더의 말은 옳다.⁶

카이저의 역사 이해는 복음주의적이다. 카이저는 한 근본주의적 독립 교회에 출석하며 스코필드 성경과 세대주의적 가르침의 영향 속에서 성장했다. 그 후 신학교 학생 시절에 윌리스 J. 비처(Willis J. Beecher)의 영향으로 세대주의와 현대 복음주의를 넘어서는 약속의 신학을 정립한다.⁷

개신교 정통신학을 보전하고 사용하면서 복음주의를 발전시킨다. 그는 주님 다시 오시는 날에 역사의 주이신 하나님 앞에 부끄러움 없이 그리고 후회 없이 서기 위해 각 세대마다 책임 있는 역사 이해가 필요하다고 주장한다.⁸

이스라엘 역사 연구에 성경이 필요한가라고 질문에 대해, 인본주의 영향 속에 있는 오늘날 많은 학자는 성경을 실제 역사를 기록한 책이 아닌 일종의 종교 서적으로 본다. 그러므로 그들은 고대 이스라엘 역사를 연구하는 데 있어서 외적 증거들에 기초해야 하기 때문에 성경은 필요치 않다는 결론을 내렸다.⁹

그러나 카이저는 이스라엘 역사를 '성경에 대한 역사 이해'로 본다.¹⁰

---

5 Edward Hallett Carr, 『역사란 무엇인가?』 (서울: 시사영어사, 1992), 59
6 John MacArthur, 『목회자는 신학자다』, 조계광 역 (서울: 생명의말씀사, 2018), 226
7 Walter A. Elwell, 『20세기 복음주의 성경신학자들』, 장세훈 역 (서울: 이레서원, 2001), 608.
8 Walter C. Kaiser, 『이스라엘의 역사』, 20.
9 Walter C. Kaiser, 『이스라엘의 역사』, 33.
10 Walter C. Kaiser, 『이스라엘의 역사』, 22.

그는 성경을 역사 자료로 고집한다. "성경의 자체적 주장들과 이런 주장들이 수 세기에 걸쳐 받아들여 졌음을 근거로 성경을 사료로 인정해야 한다"[11]라는 전제에서 출발한다. 그는 아래와 같이 이스라엘의 역사를 기술하는 데 성경이 결정적 역할을 한다고 주장한다.

> 이스라엘의 역사를 구성함에 있어 성경을 사용하는 학자들이 페르시아 시대 이전의 성경 내용들에 대한 역사적 가치를 거부하는 학자들보다 덜 박식하고 단순하며 비평 도구를 사용하는 능력이 떨어진다고 결론짓는 것은 불공평하며 적절하지 않다. 둘 다 같은 방법론을 사용하며 같은 문서를 읽는다.[12]

키이스 W. 휘틀렘(Keith W. Whitelam)은 성서학이 성경 본문을 기초로만 든 '고대 이스라엘'이라는 개념은 허위에 불과하다고 주장한다.

> 팔레스타인 지역에 관한 지금까지의 역사 서술에서 학자들은 역사 서술 방법을 결정하는 데 있어 지나치게 성경 본문에 의존했다. 따라서, 그들이 서술한 역사는 과거사에 대한 성경 본문의 '부분적'인 견해를 마치 실체적인 사실인 것처럼 보고한다.[13]

이 때문에 실제 팔레스타인의 역사가 사장되고, 역사를 왜곡한 역사학자들은 팔레스타인의 오늘날 국제정치 문제에 대한 책임에서 자유로울 수

---

[11] Walter C. Kaiser, 『이스라엘의 역사』, 21.
[12] Walter C. Kaiser, 『이스라엘의 역사』, 22.
[13] Iain Provan, V. Philips Long, and Tremper Longman III, 『이스라엘의 성경적 역사』, 김구원 역 (서울: 기독교문서선교회, 2013), 33.

없다고 그는 주장한다.

카이저는 이런 사고의 배경인 현대 사상의 몇 가지 오류를 지적한다.

① 유일성이나 기적 및 신의 개입은 역사가 될 수 없다.
② 외적 증거가 뒷받침되지 않는 자료는 역사가 아니다.
③ 개인에 관한 이야기는 역사에 포함할 수 없으며 역사의 초점은 오직 국가에만 맞추어져야 한다.
④ 역사는 역사의 주체로서 개인이 아니라 사회학적 요소들에 초점을 맞춤으로 역사적 변화에 영향을 주는 일반 법칙이나 거대한 사회적 힘을 발견해야 한다.
⑤ 역사 기록은 물질 문명에 우선하여 기록된 증거에 대해 논리적이고 필연적인 우선권을 부여해서는 안 된다.[14]

오늘날 포스트모더니즘의 영향인, 사람마다 자신이 진리라고 생각하는 것을 위해 절대적 진리를 버릴 수 있다는 견해를 근거로, 자신이 원하는 것을 추구하는 방법이 역사 연구에도 영향을 주고 있다.[15]

카이저는 『이스라엘의 역사』에서 성경의 기록 목적은 실제 사건들을 통해 하나님의 계시를 전달하는 것이기에 구약성경에 언급된 하나님의 역사(work)는 역사(history)에 포함해야 하는 중요한 부분으로 이해한다.[16]

카이저는 성경의 자체적 주장들과 이런 주장들이 수 세기에 걸쳐 받아들여 졌음을 근거로 성경을 인정해야 한다는 전제에서 출발한다. 그는 우선 성경이 말하는 그대로를 받아들인다. 비문 자료들을 발견했을 때, 특별

---

[14] Walter C. Kaiser, 『이스라엘의 역사』, 34-41.
[15] Walter C. Kaiser, 『이스라엘의 역사』, 48.
[16] Walter C. Kaiser, 『이스라엘의 역사』, 34.

한 하자가 발견되지 않는 한 신빙성 있는 자료로 받아들이는 것과 마찬가지다. 미국의 사법 체계 원리처럼 성경 본문을 다룰 때 하자가 증명되기까지는 틀린 것이 아니다.

그러나 많은 인본주의자는 성경이 종교 서적이기에 확실한 증거가 나올 때까지는 믿을 수 없다는 가정으로 시작하는 잘못을 범하고 있다.[17] 그는 이렇게 언급한다.

> 불행히도 성경 본문은 하나님의 말씀과 기적들로 인해 유죄를 선고받았다.[18]

카이저는 성경에 언급된 이스라엘에 관한 기록을 역사 연구의 출발점으로 삼는다. 그는 이렇게 자신 있게 주장한다.

> 나는 성경에 언급된 이스라엘 국가의 연대나 기록을 역사 연구의 출발점으로 삼는 연구 방법론을 택한다.[19]

만일 이런 역사 서술 내용에 부분적으로나 전체적으로 명백히 반박하는 강력하고 확실한 증거가 있다면, 그는 그것을 채택하는 방식으로 기술한다.[20] 그는 이스라엘 역사를 기술함에 있어서 스테판 E. 툴민(Stephen E. Toulmin)이 제시한 논증을 사용한다.[21] 역사 연구에 있어서의 논증 형태는

---

[17] Walter C. Kaiser, 『이스라엘의 역사』, 21.
[18] Walter C. Kaiser, 『구약성서 다큐먼트』, 김정봉 역 (서울: 세움과비움, 2016), 26.
[19] Walter C. Kaiser, 『이스라엘의 역사』, 49.
[20] Walter C. Kaiser, 『이스라엘의 역사』.
[21] Stephen Edelston Toulmin, *The Uses of Agument* (Cambridge: Cambridge University Press, 2003), eBook.

일반적으로 여섯 가지 요소를 포함한다.

① 자료(Data): 주어진 자료, 성경 본문
② 지지(Backing): 예수님의 견해, 성경 자체 주장, 교회의 수용
③ 보증(Warrant): 진실성
④ 권위 부여(Qualifier): ①, ②, ③에 근거된 권위 부여
⑤ 반박(Rebuttal): 논박할 수 없음
⑥ 결론(Conclusion): 새로운 논증이 추론됨[22]

성경을 역사적으로 이해함이 중요하다. 성경을 역사적으로 바르게 이해하기 위해서는 우선 본문 자신의 주장을 바르게 이해해야 한다. 그리고 본문 자신이 주장하는 내용에 관한 역사적 사실성을 확인해야 한다. 이런 과정은 본문의 주장에 대한 성경 자신의 일치성과 함께 현재까지 알려진 모든 사용 가능한 증거들을 통한 확인 작업을 포함해야 한다.

카이저는 구약성경의 핵심 메시지를 하나님이 인류에게 주신 약속으로 본다.

> 하나님은 역사의 하나님이다. 그러므로 역사는 여러 사건이 제멋대로 흘러가는 것이 아니다. 하나님은 영원한 과거에서부터 생각하셨으며 영원한 미래에 완성될 하나의 계획을 정확한 시간에 맞추어 이루고 계시기 때문이다.[23]

---

[22] Walter C. Kaiser, 『이스라엘의 역사』, 50.
[23] Ralph D. Winter, 『퍼스펙티브스(1)』, 정옥배 외 3인 공역 (서울: 예수전도단, 2000), 58.

카이저는 성경에 나타난 언약을 중시한다. 구약성경에 있는 하나님의 계획은 기본적으로 많은 예견이 아니라 하나님의 약속이기 때문이다. 하나님은 아브라함과 그를 통한 모든 인류에게 한 약속을 주셨다. 예수 그리스도 안에서 세워지고 이스라엘 역사에서 성취되며 영원히 완성될 약속이다.[24]

성경을 언약의 성취 과정으로 보면서 역사적으로 접근하고 이해할 필요가 있다. 구약성경은 영감된 하나님의 말씀이자 역사 문헌이요 실제 사건에 관한 책이다. 그러므로 언약과 관련된 중요한 시대들을 중심으로 카이저의 이스라엘 역사 이해를 연구할 것이다. 도널드 고완(Donald Gowan)에 따르면 다음과 같다.

> 하나님은 반드시 인간의 인격을 변혁하사 새 마음과 새 영을 주실 것이다(겔 36:25-27). 하나님은 반드시 인간 사회를 변혁하사 이스라엘을 약속의 땅으로 회복시키시고 도시들을 재건하며 나라들을 향한 증인이 이스라엘의 새로운 신분이 되도록 만드실 것이다(겔 36:24, 28, 33-36). 그리고 하나님은 반드시 자연 그 자체를 변혁하사 그 땅의 소산을 풍성하게 하실 것이며 굶주림을 영원히 추방할 것이다(겔 36:30, 35). 미래의 모든 소망의 중심인 예루살렘을 영화롭게 하는 것이 먼저 이루어진다. 의의 왕이 새로운 사회의 선한 통치를 준비할 것이며 모든 나라가 평화 중에 공존할 길을 발견하게 될 것이다.[25]

고완은 예루살렘이 구약성경 종말론의 중심이라고 주장한다.[26] 카이

---

24 Walter C. Kaiser, 『구약성서 다큐먼트』, 207.
25 Donald Gowan, 『구약성경의 종말론』, 홍찬혁 역 (서울: 기독교문서선교회, 1999), 22.
26 Donald Gowan, 『구약성경의 종말론』.

저는 고완의 주장에 동의하면서, 예루살렘이 세상 어떤 도시와도 비교할 수 없는 독보적 존재인 이유는 그곳에 메시아가 계시기 때문이라고 지적한다.²⁷

카이저의 구약성경 종말론을 다루기 전에, 먼저 그의 이스라엘 역사 이해를 서술하려 한다. 이스라엘 역사가 주 연구 과제가 아님으로 이 장에서는 구약성경 종말론과 관련된 부분만을 다룰 것이다. 종말론 역시 언약의 성취이고, 종말론의 중심은 예루살렘이기 때문에 언약과 예루살렘에 관한 역사를 중심으로 한정한다.

1. 고대 이스라엘 역사

고대 이스라엘 역사를 이해하기 위해 먼저 이스라엘 역사에서 주요 사건들이 일어난 장소들에 대해 알아 보려고 한다.

1) 지역 명칭

구약성경에서 이스라엘 역사가 전개되는 지역의 명칭은 가나안이다. "가나안의 경계는 시돈에서부터 그랄을 지나 가사까지와 소돔과 고모라와 아드마와 스보임을 지나 라사까지"이다.²⁸

즉, 남쪽 가자 지구 바로 아래에 있는 '와디 애굽'에서 시작하여 북쪽의 비블로스 바로 위 지점까지 펼쳐져 있다. 동쪽으로는 트랜스요르단 지역

---

27 Walter C. Kaiser, 『마지막 때에 관한 설교』, 김혜경 역 (서울: 기독교문서선교회, 2014), 121.
28 창 10:19. Walter C. Kaiser, 『이스라엘의 역사』, 54.

가운데 골란과 바산 그리고 북쪽으로는 요단강 줄기를 따라 갈릴리를 지나 다메섹에 이른다.

'가나안'이란 명칭은 사사 시대 이후에는 이 지역을 지칭하는 용어로 사용되지 않는다.[29] 존 빔손(John Bimson)에 따르면, 팔레스타인(Palestine)이라는 말은 블레셋 족속(Philistines)에서 유래한다.

> 하스모니아 가에서 제사장직과 왕위를 이어가던 주전 2세기에 유다 지파의 이름이 이 지역을 광범위하게 지칭하는 말로 사용되게 되었으며, 주전 63년경 로마가 이 지역과 통치권을 장악하게 되었을 때에는 아예 '프로빈키아 유대아'(Provincia Judaea)라는 공식 명칭이 붙여졌다. 그러니 135년 유대인들의 두 번째 반란을 진압한 후, 하드리안(Hadrian) 황제는 '유다'라는 이름을 완전히 없애버리기를 원했다. 그래서 그는 프로빈키아 유대아라는 이름을 '프로빈키아 시리아 팔레스티나'(Provincia Syria Palaestina)로 바꾸었다. 이것이 나중에 팔레스티나로 줄게 되었고, 현재 사용되고 있는 '팔레스타인'이라는 말도 바로 여기서 비롯된다.[30]

사울 왕의 통치 아래 이스라엘 나라가 출현하면서 이 땅이 '이스라엘 땅'으로 불리게 되었다(삼상 13:19; 왕하 5:2; 대하 34:7; 겔 7:2).[31] 그러나 132년 바르 코크바(Bar Kokhba)의 주도로 유대인들은 로마에 대항하여 독립 운동을 일으켰다가 135년 로마에 의해 진압당하고 약 50만여 명이 학살된다.

그때 로마 황제 하드리안 아엘리우스는 이스라엘 지명을 이스라엘이 가

---

[29] John Bimson, 『구약의 배경』, 윤종석 역 (서울: 성서유니온, 1993), 6.
[30] John Bimson, 『구약의 배경』, 7.
[31] John Bimson, 『구약의 배경』.

장 싫어하는 블레셋의 라틴어인 '팔레스타인'으로 바꾼다. 그때부터 팔레스타인이라는 명칭이 그곳 식민지의 공식 지명이 되면서 이 이름은 부근 연안과 함께 내륙 지방까지 포괄하는 명칭이 된다.[32]

2) 고대 이스라엘의 지형

고대 이스라엘의 역사의 현장은 대략 9,500평방 마일이었다.[33] 한국의 강원도 크기로 서쪽 지중해로부터 동쪽 아라비아 사막까지 그리고 북쪽 레바논과 안티레바논산맥으로부터 남쪽 시내 광야까지 이른다. 이 지역은 남북으로 150마일 뻗어 있으며 그 폭은 75마일이 좀 못 된다.

이 지역은 유럽과 아시아와 아프리카를 연결하는 다리였기에 차례로 나타난 애굽, 앗수르, 바벨론, 메대 바사(페르시아), 헬라 제국, 그리고 로마 제국 등 고대 주요 강대국들의 다리요 때로는 전투 장소였다.[34] 이 지역은 연안 평지, 갈릴리와 중앙 고지대, 요단 골짜기, 그리고 요단 동편 고원지대 등 네 지역으로 나눈다.

(1) 연안 평지

연안 평지는 북쪽의 아크레, 중앙의 도르와 샤론, 그리고 남쪽의 블레셋 등 네 부분으로 나누어진다.[35] 아크레 평지는 갈멜산 북쪽으로 약 25마일 뻗어있고 폭은 5 내지 8마일 정도다.[36]

---

32 오화평, 『이스라엘 고난과 회복』(서울: 베드로서원, 2009), 70.
33 Walter C. Kaiser, 『이스라엘의 역사』, 56.
34 Walter C. Kaiser, 『이스라엘의 역사』, 57.
35 Walter C. Kaiser, 『이스라엘의 역사』, 58.
36 Walter C. Kaiser, 『이스라엘의 역사』.

이 지역은 이스라엘보다 두로의 베니게 왕국과의 관계가 때로는 더욱 밀접하기도 한 곳이다. 갈멜산에서 욥바에 이르는 지역에 도르 평지와 샤론 평지가 있다. 두 평지는 길이가 50마일, 폭이 10마일 정도이고 동쪽의 언덕으로부터 물이 공급되어 넓은 규모의 초장을 이루고 있다.

블레셋 평지는 욥바에서 가사에 이르며 남쪽으로 갈수록 건조해지기 때문에 농사에 아주 적합한 지역이다. 이 지역은 300피트 정도의 완만한 고원으로 연결되면서 주로 감람나무와 뽕나무가 재배된다.[37]

연안 평지에는 세계적으로 유명한 국제해안도로가 있다. 이 대로는 애굽에서부터 해안을 따라 갈멜산 등성을 거쳐 내륙으로 꺾어져 들어 온다. 다시 므깃도 길을 지나 에스드라엘론 계곡을 따라 이스르엘로 들어오게 됨으로 비옥한 초승달 지대의 한 지역을 형성한다. 이스라엘과 수리아를 통과함으로 애굽과 메소포타미아를 잇는 통상로 역할을 하고 전쟁 시에는 군수로로 쓰인다.[38]

(2) 갈릴리와 중앙 고지대

중앙 고지대는 이 지역의 척추에 해당한다. 북쪽으로부터 레바논산맥을 따라 남북으로 길게 뻗어 있다. 북쪽에 위치한 갈릴리의 상부는 거친 지역으로 거의 해발 4,000피트에 이르며 비옥한 골짜기가 여러 곳에 있다.

하부는 비옥한 골짜기들이며 덜 거친 곳들이다. 에스드라엘론 골짜기와 이스르엘 골짜기는 사마리아와 유대 산지를 가로 지르고 있어서 연결을 방해한다. 약 18마일에 이르는 비옥한 평지가 갈멜산 앞을 가로지른다. 갈멜산으로 들어가는 입구에 5마일 간격으로 4개의 요새가 있고 남쪽으로

---

[37] 김영진, 『고대 이스라엘 역사』 (서울: 한들출판사, 2006), 27.
[38] Walter C. Kaiser, 『이스라엘의 역사』, 57.

전쟁에 굉장히 중요한 므깃도가 있다.[39]

에스드라엘론 골짜기의 동쪽 끝에는 벤산이 있고 북서쪽에는 다볼산이 있으며 동남쪽으로 길보아산이 있다. 이스르엘 골짜기의 남쪽은 중앙 고지대로 세겜, 도단, 그리고 사마리아가 있다.[40]

유대 지역은 고원 지대 남단에 위치하며 급수가 잘 되어 농사하기에 좋은 지역으로 숲도 많다. 이 지역에 예루살렘, 헤브론, 베들레헴, 드고아가 있다. 유대 산지의 동편 끝은 고원 지대와 사해로 둘러싸인 유대 광야가 있다.[41]

(3) 요단 골짜기

요단강은 해발 9,000피트가 넘는 북쪽 헤르몬산에서 시작된다. 200마일 이상의 거리를 굽이굽이 흐른다. 갈릴리 바다는 폭 7마일로 길이는 13마일 정도가 되고 어로 산업으로 유명하며 게네사렛, 디베랴, 긴네렛 등 여러 이름으로 알려져 있다.[42]

요단강은 시리아에서 시작되어 동아프리카의 호수(Great Lakes) 지역에까지 쭉 뻗어 있는 열곡(Rift Valley)을 통과하여 흐르는 강이다. 헤르몬산 기슭에서 발원한 이 강은 광활하고 축축한 평지를 가로질러 갈릴리 바다로 흘러 들어간다. 갈릴리는 해면하 약 210m의 호수다. 겨우 104km만 급히 흘러 내려가 사해 입구에 이르면 계곡은 해면하 400m까지 떨어진다. 그런 의미에서 요단강은 아주 적절한 이름이다. 히브리어로 '야르덴'이라는 말은

---

[39] Walter C. Kaiser, 『이스라엘의 역사』, 59.
[40] Walter C. Kaiser, 『이스라엘의 역사』, 60.
[41] Walter C. Kaiser, 『이스라엘의 역사』, 61.
[42] Walter C. Kaiser, 『이스라엘의 역사』, 62.

'내려가는 것'이라는 뜻을 갖고 있기 때문이다.⁴³

사해는 세계에서 가장 낮은 지표면을 가지고 있다. 폭은 약 8마일 길이는 약 50마일로 평균 수심은 북쪽 끝은 약 1,300피트가 되나 남쪽 아래는 10피트 정도다. 사해로부터 대 계곡이 카바만까지 이어지는데, 이곳에 위치한 항구 도시 엘랏에서 배들이 아프리카 동부 연안과 인도 및 남부 아라비아를 왕래한다.⁴⁴

(4) 요단 동편 고원 지대

요단강 동쪽에는 요단 골짜기를 따라 고원 지대가 북쪽의 헤르몬산에서 남쪽 아카바만까지 뻗어 있다. 매우 가파르고 수직으로 형성된 계곡들은 요단 동편 고원 지대를 구분하는 천연 경계선 역할을 하고 자연 방벽을 형성하고 있다.⁴⁵

3) 성경의 땅

카이저는 성경의 땅을 다음과 같이 설명한다. 이스라엘의 역사라는 드라마가 펼쳐진 무대이자 주역들이었다.⁴⁶ 성경에 나타난 이스라엘은 비옥한 땅이었다. 메소포타미아, 아르메니아, 시리아, 팔레스타인, 그리고 이집트 지역으로 연결되는 '비옥한 초승달 지역'은 촘촘하게 이웃하고 있는

---

43 John Bimson, 『구약의 배경』, 26; 열곡(Rift Valley): 지층이 내려앉아 생긴 계곡.
44 Walter C. Kaiser, 『이스라엘의 역사』, 63.
45 Walter C. Kaiser, 『이스라엘의 역사』, 64.
46 Walter C. Kaiser, 『이스라엘의 역사』, 71.

수많은 민족과 나라의 접촉으로 인해 서로 큰 영향을 주었다.[47]

이스라엘은 인류의 모체요 인간 문명의 실질적 요람이었던 '비옥한 초승달'의 중앙에 자리잡고 있었기에 늘 강대국들에게 시달려야 했다.[48]

(1) 애굽

애굽은 비옥한 삼각주를 형성하는 나일강의 선물로, 매년 적절한 물의 공급과 비옥한 진흙의 공급으로 농사를 짓고 살 수 있다. 애굽은 고대 근동 지역의 가장 오래되고 유서 깊은 국가 중 하나로 구약에 600회 이상 등장하는 것을 통해 이스라엘 역사에 깊이 관련된다.[49]

(2) 메소포타미아

비옥한 초승달 지역의 동쪽 끝에는 메소포타미아가 있다. 메소포타미아는 티그리스강과 유브라데스강 사이에 있고, 주로 산지로 형성되어 있는 북부와 북서 지역은 두 거대한 강의 근원지가 되어 있다. 수많은 세월 속에 강을 따라 흘러온 흙이 침전되어 페르시아만을 형성한다. 아브라함이 갈대아 우르를 떠나 약속의 땅을 향하여 나아갔던 하란은 메소포타미아 북서쪽에 위치하고 있다.[50]

메소포타미아는 성경 시대 여러 강대국의 발생지로, 고대부터 문자를 사용한 수메르인들이 들어와 도시 국가를 형성하고 문화를 발전시켰다. 일종의 신정 국가로 계단식으로 쌓은 지구라트(ziggurat)[51]의 꼭대기에 신전

---

[47] 소형근, "주전 6-5세기 헤브라이즘과 제국 열강들의 종교적-문화적 융합,"「문화와 융합」, 제38권 제5호: 200.
[48] Walter C. Kaiser,『이스라엘의 역사』, 65.
[49] Walter C. Kaiser,『이스라엘의 역사』, 67.
[50] Walter C. Kaiser,『이스라엘의 역사』.
[51] 라형택, "지구라트,"『로고스 New 성경사전』(서울: 로고스, 2011), 2033.

을 두고 종교 행위를 했다. 그리고 건축 기술 개발, 관개 기술 개발, 바퀴 달린 수레의 사용, 설형문자 개발, 도량형을 사용했다.[52]

수메르인들의 뒤를 이어 아카드인들이 들어와 수메르 전체를 장악하고 인류 역사상 최초의 제국인 셈족 계통의 왕조를 건설했다. 비문에 아카드 쐐기문자로 기록된 함무라비법전은 유명하다. 오늘날 이라크 지역인 메소포타미아는 포악한 정복자들이었던 앗수르와 후에는 신바벨론 제국의 요람이었다.[53]

(3) 아나톨리아와 소아시아-아르메니아

아나톨리아와 소아시아 우측에 위치한 아르메니아는 초승달 지역의 북쪽과 북서쪽으로, 사방이 산지로 둘러싸인 강우량이 부족한 지역이었다. 오늘날 터키 지역으로 히타이트(헷)족이 살았다. 이들은 한때 애굽에 맞설 정도로 강력한 적이었고 아르메니안 왕조를 건설하여 앗수르를 위협하기도 했다.[54]

(4) 수리아-베니게

수리아의 베니게는 이스라엘 북쪽 지역으로 연안을 따라 이어지는 좁은 평야에 있었고 이곳에는 훌륭한 항구가 많았다. 이곳 페니키아인들은 유명한 뱃사공이었다.

이 지역 옆은 거친 레바논 산지가 있고 동편에 솟아오르는 안티레바논 산맥의 정상에 헤르몬산이 있다. 산지의 동편 고원 지역에 오아시스가 있

---

52 라형택, "지구라트," 『로고스 New 성경사전』, 1235.
53 Walter C. Kaiser, 『이스라엘의 역사』, 68-69.
54 Walter C. Kaiser, 『이스라엘의 역사』, 70.

는 다메섹은 이스라엘의 숙적이었던 아람 왕국의 수도였다.[55]

4) 고대 이스라엘의 고고학적 배경

고대 이스라엘 역사는 진공 상태에서 주어진 것이 아니다. 이스라엘의 역사가 시작되기 이전 역사와 배경이 있다. 카이저는 이렇게 말한다.

> 창세기 1-11장은 분명히 신화, 전설, 우화, 풍자, 동화, 유형 혹은 영웅 전설의 범주에 속하지 않는다. 창세기 1-11장은 하나님이 세계를 어떻게 창조했으며 그리고 지속적으로 아브라함 시대까지 계속해서 축복했는지에 관해 주로 산문으로 기록된 내러티브 형식 속에 있다. 그것은 결정적으로 하나님이 어떻게 자신의 임무와 목적을 이루기 위해 인간의 삶 속에서 일하시는 것에 관한 것이다.[56]

창세기 1-11장은 하나님 자신이 하신 일을 주로 산문 형식으로 기술케 하신 것으로 카이저는 이해한다. 대부분의 학자는 족장 시대 이전의 역사 즉 창세기 1장에서 11장을 설화 정도로 취급하고 있다. 고고학적 연구의 결과 때문에 이 부분을 사실적인 역사로 인정하지 않는 것이다.

카이저는 역사를 기술하기 전에 고고학적 배경을 먼저 서술한다. 후기 구석기 시대는 나투르 문화(Natufian Culture)로 알려져 있는데, 이 명칭은 최초 발굴지인 와디엔나투프(Wadi en-Natuf) 동굴에서 유래했다. 방사성 탄소 동위 원소 실험에 의하면, 후기 구석기 시대는 대략 주전 10500-8500

---

[55] Walter C. Kaiser, 『이스라엘의 역사』, 71.
[56] Walter C. Kaiser, 『구약성서 다큐먼트』, 99.

년에 해당한다.⁵⁷

방사선 동위 원소 실험에 의한 가설이 하나님의 말씀을 축소시킬 만큼 확실한 증거가 될 수 있는가?

스콧 M. 휴즈(Scott M. Huse)의 다음과 같은 주장은 옳다.

> 방사선 연대 측정법이란 가정에 의한 것으로 가정들이 믿을 만한 증거가 없음으로 그 신뢰도가 낮다는 것을 생각할 때 믿어야 할 과학적 이유를 찾지 못한다.⁵⁸

영국지질학회 회장을 역임하고 가장 존경받는 지질학자 중 한 사람인 데릭 V. 에이거(Derek V. Ager)는 "어떤 유명한 고생물학자도 발견된 층에서 그 화석의 나이를 결정한 경우는 없다"라고 말하면서 탄소 동위 원소의 한계를 인정했다.⁵⁹

방사선 탄소 동위 원소 실험이 확실한 증거가 아닌 이상 성경이 가르쳐 주는 만큼 이해하고 수용해야 한다는 우사미 마사미의 아래의 주장은 옳다.

> 성경만이 진리의 책이다. 성경은 설명서와 같은 것이다. 성경과 과학을 떼어놓을 수 없다. 우리가 접하는 우주 공간과 거기에 있는 지구의 구조 등 자연계에 관한 문제를 필요로 하는 최소한의 범위에 대해 우리가 바로 이해할 수 있도록 기록하고 있다.⁶⁰

---

57 Walter C. Kaiser, 『이스라엘의 역사』, 75.
58 Scott Hughes, 『진화론이 무너지고 있다』, 심영기 역 (서울: 에스라서원, 2001), 72.
59 이재만, 『노아 홍수 콘서트』 (서울: 두란노, 2009), 256.
60 우사미 마사미, 『창조의 과학적 증거』, 장혜영 역 (서울: 두란노, 1998), 121.

성경은 아담의 출생 연대를 가르쳐 주지 않는다. 아담은 원래 영원한 존재로 지음받아 시간을 초월하여 살았다. 그러나 아담은 타락으로 인해 시간 세계에 들어와 930세를 향수하고 죽었다(창 5:6).

성경 연대를 안다는 것은 성경 말씀을 더욱 입체적으로 이해하는 데 도움이 된다. 솔로몬은 주전 970년에 왕으로 등극한다. 성전 건축은 솔로몬이 왕이 된 지 4년, 곧 주전 966년경에 시작한다. 이때가 출애굽한 지 480년으로 출애굽 연도는 주전 1446년경이 된다(왕상 6:1). 야곱이 가족들과 함께 애굽에 간 것은 130세이고, 430년 후에 출애굽하므로 야곱의 출생 연도는 주전 2006년이 된다. 아브라함은 100세에 이삭을, 이삭은 60세에 야곱을 낳았기에, 아브라함의 출생 연도는 2,166년경이 된다.

창세기 5장에 의해 자녀 출생의 나이를 계산하면, 아담(130세) ⇨ 셋(105세) ⇨ 에노스(90세) ⇨ 게난(70세) ⇨ 마할랄렐(65세) ⇨ 야렛(162세) ⇨ 에녹(65세) ⇨ 므두셀라(187세) ⇨ 라멕(182세) ⇨ 노아(502세) ⇨ 셈을 낳는다. 노아가 600세 때 대홍수가 있었다. 홍수 2년에 셈은 100세였다. 그러므로 노아가 502세에 셈이 태어났다(창 5:32; 7:11; 11:10). 창세기 11장에 의하면, 셈(100세) ⇨ 아르박삿(35세) ⇨ 셀라(30세) ⇨ 에벨(34세) ⇨ 벨렉(30세) ⇨ 르우(32세) ⇨ 스룩(30세) ⇨ 나홀(29세) ⇨ 데라(70세) ⇨ 아브람을 낳는다. 결론적으로, 아담은 주전 약 4114년경에 타락한 것이다.[61]

우리가 성경 말씀을 축소시키지 않고, 그 기록을 역사적 사실로 수용한다면 아담이 타락한 연대는 주전 약 4114년경이 된다.[62]

---

61 김인식, 『하나님의 마스터플랜: 새 예루살렘의 비전』, 37-39.
62 왕상 6:1, 창 5장과 11장에 근거한 계산이다.

미국창조과학연구소 발표에 의하면, 아담 창조 이후 아브라함 탄생까지는 최저 기간이 주전 1948년이고, 최고 기간이 주전 1985년이라고 한다.[63] 1948년에 아브라함 출생 연도인 주전 2166년을 합하면, 주전 4114년으로 나온다.

2. 족장 시대와 애굽 거주기 역사

이스라엘 역사에 족장 시대와 애굽 거주기 역사는 중요하다. 그라프 벨하우젠(Graf Wellhausen)을 위시한 많은 학자는 족장 기사들을 바벨론 포로나 그 후에 만들어진 꾸며낸 이야기이며 역사적 가치가 없다는 주장은 다음의 여러 증거로 비판받을 필요가 있다.[64]

1) 족장 아브라함 시대

(1) 중기 청동기 II 및 III시대(주전 3050년부터 2300년)[65]

므깃도에서 발견된 애굽 관헌의 상이나 여리고에서 발견된 애굽인의 인장을 통해 당시 애굽의 영향이 요단 골짜기 안쪽까지 미친 것을 알 수 있다. 이는 성경이 꾸며낸 이야기가 아니라 실제 사건에 대한 기록임을 확인해 주고 있다.[66]

---

[63] ICR(미국창조과학연구소), 『창조과학백과: 창조세계의 과학적 증거들』, 정병갑 역 (서울: 생명의말씀사, 2017), 102.
[64] Walter C. Kaiser, 『이스라엘의 역사』, 96.
[65] Walter C. Kaiser, 『이스라엘의 역사』, 85.
[66] Walter C. Kaiser, 『이스라엘의 역사』, 100.

(2) 성경의 족장 시대 연대에 관한 언급

카이저는 열왕기상 6:1에 근거하여 솔로몬 4년에 성전 건축이 시작되었다고 말하며 주전 967년경으로 본다.⁶⁷ 그러나 성전 건축이 시작된 때는 솔로몬이 왕이 된 지 4년째임으로 주전 966년이다.⁶⁸ 성전 건축이 출애굽 이후 480년이 지난 때이므로 출애굽 시점은 주전 1446년경이 된다. 카이저는 아래와 같이 주장한다.

> 연대기에 관련하여 성경에는 두 가지 본문상의 오차가 존재한다. 하나는 창세기 15:13이 출애굽기 12:40과는 달리 아브라함의 후손이 애굽에서 430년이 아니라 400년을 지내게 될 것이라는 예언한 부분이다. 이것은 단순히 숫자의 반올림 차이에 기인하는 것일 수 있으며, 전체 그림에는 아무런 영향을 줄 수 없는 사안이다.⁶⁹

그러나 30년의 오차는 옳지 않다. 다만 요셉의 통치 시에는 괴롭힘을 당하지 않았을 뿐이다.

> 네 자손이 이방에서 객이 되어 그들을 섬기겠고 그들은 사백 년 동안 네 자손을 괴롭히리니(창 15:13).

이 말씀에 근거하여 400년 동안 괴롭힘을 당했을 뿐이다.⁷⁰

---

67 Walter C. Kaiser, 『이스라엘의 역사』.
68 천종수, 『QA 성경』 (서울: 성서원, 2008), 518.
69 Walter C. Kaiser, 『이스라엘의 역사』, 101.
70 김인식, 『하나님의 마스터플랜: 새 예루살렘의 비전』, 179.

(3) 족장의 기원

존 브라이트에 따르면 다음과 같다.

> 아브라함의 아버지 데라가 갈대아 우르에서 하란으로 이주해 왔다는 전승은 별로 확실한 것이 아니다. 물론 전혀 개연성이 없는 것은 아니다. 우르와 하란은 교역과 종교상의 유대로 연결되어 있었다. 두 곳이 모두 달신을 숭배하는 제의의 중심지였기 때문이다.[71]

아브람이 하메소포타미아의 갈대아 우르에서 출발하여 상메소포타미아의 하란을 거쳐 가나안으로 왔다는 성경의 주장에 대해 의심하는 자도 있다. 그 이유는 창세기 12:1에서 하란을 '고향과 친척'이라고 했다는 점에서다. 이는 하메소포타미아가 아닌 상메소포타미아를 가리키는 것이다. 그러나 '고향과 친척'은 출생지라는 뜻뿐 아니라 가족 혹은 후손으로도 번역할 수 있다.[72]

(4) 아브라함과 동방 4개국의 왕들

창세기 14장은 이 시대 전체와 관련하여 가장 격렬하게 논쟁되는 장들 중 하나다. 본문은 아브라함 시대에 싯딤 골짜기에서 상메소포타미아 지역의 4개 동맹국과 가나안 남부 사해 근방의 5개 동맹국과 사이에 일어난 전쟁 기사다.

전쟁의 원인은 남방 5개국이 12년 동안 바쳐 오던 조공을 그치고 반역했기 때문이다. 전쟁의 결과는 처참한 패배였고 도시들이 파괴되고 재물

---

[71] John Bright, 『이스라엘 역사』, 박문재 역 (서울: 크리스천 다이제스트, 2016), 115.
[72] Walter C. Kaiser, 『이스라엘의 역사』, 103.

들이 약탈당하며 많은 백성들이 포로로 잡혀갔다. 아브람은 사병 318명을 거느리고 야간 습격을 감행하여 사로잡힌 롯과 재물과 부녀와 친척을 찾아온다.

아브람은 유목민 정도를 넘어서 318명의 사병을 필요로 하는 대규모 자본을 가진 큰 교역을 하는 사람이었다. 키친(Kitchen)은 창세기 14장과 관련될 수 있는 시대는 이 시대뿐이었다고 주장하며, 역사적 신빙성을 인정한다. 왜냐하면, 이 시대만 메소포타미아 내에 유동적인 동맹이 가능했기 때문이다.[73]

(5) 아브라함 언약

아브라함 언약의 세 가지 기본 요소는 후손과 땅과 모든 족속이 받는 복을 말한다.

① 아브라함은 번성하여 큰 민족을 이룰 것이다(창 12:2; 13:16; 15:2-5; 17:4-6; 22:17).
② 가나안 땅은 후손들의 기업이 될 것이다(창 13:14-17; 15:18; 17:8).
③ 복의 근원이 되어 만민이 복을 받게 될 것이다(창 12:2-3; 18:18; 22:18).

아브라함은 이 언약을 받고 하나님을 믿으므로, 그것이 그에게 의로 인정되었다(창 15:6; 롬 4:3).[74] 아브라함 언약 속에 담긴 복은 아브라함을 조상으로 이스라엘 민족을 형성시켜 가나안 땅으로 이끈다(창 12:1-3; 17:7). 아브라함 언약의 땅은 약속의 땅 혹은 이스라엘 땅으로 젖과 꿀이 흐르는

---

[73] Walter C. Kaiser, 『이스라엘의 역사』, 109.
[74] 김희보, 『구약 이스라엘사』(서울: 총신대학교출판부, 1991), 68-69.

땅으로도 표현된다(신 30:1-10; 시 105:7-11).

남쪽으로 애굽강(와디 미쯔라임)에서부터 시나이반도를 지나는 전 영역과 동쪽으로 유브라데강까지 이르는 레바논과 시리아의 넓은 지역이 포함된 땅을 아브람과 자손들에게 약속하신다(창 15:18).

하나님께서 일방적으로 세우신 무조건적인 영원한 언약으로 하나님의 전능성과 신실성 때문에 반드시 이루어질 언약이다.[75]

(6) 아브라함이 거주했던 땅들

아브라함이 하란을 떠나 가나안에 들어와 당시 중요한 요충지 역할을 하고 있던 세겜에 처음으로 머문다(창 12:6). 아브라함은 벧엘로 옮겨 성 밖에 장막을 치고 하나님께 제단을 쌓는다(창 12:8). 그리고 인근 생산물들의 집산지였던 브엘세바에 머문다(창 26:23; 28:10).

아브라함은 롯과 헤어진 후 헤브론에 비교적 오래 머무른다(창 13:18). 이곳은 사라가 임종하고 아브라함이 묻힌 곳이기도 하다(창 23:2; 25:10).[76] 아브라함, 이삭, 야곱이 살던 세겜, 벧엘, 헤브론은 오늘 서안 지구(웨스트뱅크)에 속해 있는 갈등의 땅이다.[77]

2) 요셉 이야기: 애굽에서의 정착

요셉은 의심할 여지없이 역사상 실제 인물인 것을 애굽 역사는 정확히 반영한다.

---

[75] 김인식, 『하나님의 마스터플랜: 새 예루살렘의 비전』, 71-72.
[76] 김희보, 『구약 이스라엘사』, 71-72.
[77] Norma Parrish Archbold, *The Montains of Israel:The Bible & the West Bank* (Jerusalem: Phoebe's Song, 1993), 2-4.

(1) 요셉 이야기

요셉은 총명하다. 그는 어리지만 부모의 사랑을 독차지하여 채색옷을 입고, 큰 영광의 자리에 오르는 신기한 꿈을 꾸어 형들의 미움을 받는다. 형들의 손에 구덩이로 던져졌다가 미디안 대상들에게 팔리고 보디발의 집에 팔린다.

요셉은 보디발의 집에서 총애를 받으나 보디발의 아내로 인해 환난을 당하여 억울하게 감옥에 갇힌다. 요셉은 감옥에서도 형통하여 간수장의 신임 아래 제반 사무를 처리한다. 와중에 바로의 꿈을 해석한 요셉은 애굽의 총리가 되어 애굽을 다스린다. 전례 없는 기근이 닥치자 양식을 구하기 위해 애굽으로 내려온 형제들을 만나고 화해하게 된다.

나훔 M. 사르나(Nahum M. Sarna)가 요셉 이야기를 역사라기보다 역사 소설에 더 가까운 것으로 보는 것은 어폐가 있다.[78] 그러나 이 기근은 7년간이나 계속된 사건으로 고대 근동 지역 대부분에 기록으로 남아 있다.[79]

(2) 애굽으로 내려감

야곱과 가족들이 애굽으로 이주한 사실은 아브라함이 가나안에 닥친 가뭄 때문에 애굽으로 내려간 것처럼 전례없는 사건은 아니다. 그러나 야곱과 가족들이 아들이 총리로 있는 나라로 이주하는 것은 특별한 사건이다.

(3) 요셉과 애굽 문화

요셉에게는 사브낫바네아라는 애굽 이름이 주어진다. 요셉의 애굽인 아내의 이름은 아스낫으로 제사장인 보디베라의 딸이다. 요셉은 애굽인의

---

[78] Hershel Shanks, 『고대 이스라엘』, 김유기 역 (서울: 한국신학연구소, 2005), 68.
[79] Walter C. Kaiser, 『이스라엘의 역사』, 120.

이상적 수명인 110세를 산다. 요셉은 아버지 야곱이 세상을 떠난 후 애굽의 관습대로 향으로 처리한다(창 50:2-3).

야곱은 방부 처리된 후 입관되는데, 이스라엘의 문화로는 생소하지만 애굽 문화에서는 당연한다. 요셉 이야기는 이스라엘 민족이 어떻게 형성되었으며 430년 동안 긴 세월을 애굽에서 살게 된 이유를 설명해 준다.[80]

3. 출애굽 시대 역사

모세는 출애굽 사명을 받았고 이스라엘 백성을 시내산으로 인도한다. 이스라엘은 시내산에서 하나님과 언약을 맺는다.

1) 모세와 사명

이스라엘을 멸망시키려고, 태어나는 모든 남자 아이를 죽이라는 바로 왕의 명령이 산파에게 떨어진다. 물에서 건짐을 받은 모세는 바로 왕의 공주 하트셉수트의 수양아들이 된다. 모세는 그의 나이 40세인 주전 1486년에 살인을 하고 미디안으로 도피한다. 이때는 투트모세 3세가 권좌에 오른 지 18년이 되는 해로 이미 나이 많은 하트셉수트는 모세가 애굽을 떠난 지 3년 후에 세상을 떠난다.

모세는 40년간 아라비아 시내 광야 지역의 미디안 사람들과 함께 처가 살이하며 산다. 투트모세 3세는 주전 1450년에 죽게 되고 그의 아들 아멘호텝 2세(주전 1450-1425년)가 왕위를 계승한다. 생명을 찾던 왕이 죽었기

---

[80] Walter C. Kaiser, 『이스라엘의 역사』.

에(출 2:23; 4:19), 모세는 드디어 애굽으로 돌아갈 수 있었다. 따라서, 아멘호텝 2세는 출애굽 당시의 바로다.[81]

2) 출애굽 사건

(1) 모세와 바로의 대결

바로로 하여금 모세가 받은 하나님의 명령에 응하도록 만들기 위해서는 강권적 역사가 필요하다. 그 후 10차례의 무서운 재앙이 매번 강도를 더해가며 온 나라에 임하게 된다.

(2) 열 번째 재앙과 유월절

애굽의 장자들이 죽음의 재앙을 맞이하는 그 밤에 이스라엘 백성들은 첫 유월절을 지킨다. 이로 인하여 장로들을 통해 아래와 같은 유월절 절기를 지키는 법이 전해진다.

① 준비는 아빕월 10일에 시작
② 가장은 집안 식구 수에 따라 어린 양이나 새끼 염소를 선택
③ 양이나 염소는 1년 된 흠 없는 것
④ 제물은 그 달 14일 해질 때 잡음
⑤ 피는 각 집의 문설주와 인방에 바름
⑥ 구운 고기는 무교병과 쓴나물과 함께 먹음
⑦ 고기는 다리와 머리와 함께 씻은 내장을 안에 넣은 채 전체를 구움
⑧ 찌꺼기나 부산물은 소각

---

[81] Walter C. Kaiser, 『이스라엘의 역사』, 145.

⑨ 음식은 허리에 띠를 띠고 신을 신고 지팡이를 잡고 급히 먹음[82]

여호와께서 애굽은 치셨으나 어린 양의 피의 보호 아래 있는 이스라엘 백성들은 그 밤을 무사히 보내게 된다.

(3) 출애굽

닛산월 15일 이스라엘 백성들이 모여 라암셋(현 지역 칸티르)을 출발한다 (출 12:37). 이스라엘 백성들은 애굽에서 가나안으로 가는 가장 빠른 길이 아니라 오늘날 이스마일리아 동쪽에 있는 광야로부터 시나이반도 최남단을 지나는 동남 행로로 간다. 이스라엘은 사막으로 가는 길 중 하나인 숙곳으로 간다.[83]

당시 모세와 함께 출애굽한 백성들은 장정만 60만 명가량으로 모두 2백만 명이 넘는다. 이스라엘은 숙곳에서 에담으로 그리고 바다와 믹돌 사이의 비하히롯으로 돌이킨다(출 13:20; 14:2). 이스라엘이 스스로 막다른 길로 들어간 것으로 추측한 바로가 추격하기로 결심한 것은 바로 이 지점이다. 이스라엘은 바알스본을 마주보고 바닷가에 진을 친다.[84]

존 브라이트(John Bright)는 출애굽 사건을 하나의 설화로 본다. 그의 주장은 하나의 학설에 불과하다. 그 이유를 그는 다음과 같이 서술한다.

성경에서는 대열은 이룬 이스라엘은 약 60만 명의 장정을 소집할 수 있었다고 하고 있다. 이것은 여자들과 아이들을 합산하면 모두 합해 약 2, 3백만 명이 되었다는 것을 의미한다. 그러나 왕정 시대의 이스라엘 인구보다

---

[82] Walter C. Kaiser, 『이스라엘의 역사』, 158.
[83] Walter C. Kaiser, 『이스라엘의 역사』.
[84] Walter C. Kaiser, 『이스라엘의 역사』, 162.

도 더 많은 이 숫자는 출애굽 당시에는 터무니없는 것이다. 70명의 사람들이 성경에서 말하는 기간 동안에 거의 그렇게 많은 숫자로 불어날 수 없었을 뿐만 아니라, 그처럼 많은 무리가 밀집 대형으로(실제로는 그렇지 않았지만) 행진했다고 할지라도 이집트에서 시나이반도까지 이르고 다시 돌아오고도 남았을 것이다.[85]

브라이트의 주장과는 달리 이스라엘은 애굽에 430년 머무르고, 40년마다 결혼한 남여 2명이 5명씩을 출산한다고 가정할 때, 400년 동안만 계산해도 9,765,625명이 된다. 1973년에 빌리 그레이엄을 초청한 여의도 광장에서의 부흥 집회에 첫날 50만 명 이상이 모이면서 연인원 120만 명이 모였다. 결코 출애굽 사건이 과장된 설화가 아니라 너무나도 구체적인 실제적 사건이며 가능한 사건이다.

첫날 출애굽 시기는 애굽의 제19왕조에 해당하는 주전 15세기로 보는 것이 고고학이나 사료학적으로 지지받을 수 있는 바람직한 방법이다. 열왕기상 6:1에는 출애굽이 솔로몬의 건축 시작(주전 966년) 480년 전에 일어났다고 기록하고 있기 때문에, 출애굽 시기는 주전 1446년이고 가나안 정복은 주전 1406년이다.[86]

3) 시내산 체류

출애굽 이후 이스라엘의 삶에 가장 중요한 사건은 약 1년간 지속된 시내산에서의 체류다. 여호와께로부터 시내산 언약을 받은 민족의 역사와

---

[85] John Bright, 『이스라엘 역사』, 175.
[86] 천종수, 『QA 성경』, 520.

삶의 가장 중요한 시기다.[87]

(1) 시내산의 위치

시내산의 위치는 화강암으로 형성된 봉우리와 아울러 산 아래에 넓은 광야를 갖추고 있는 예벨 무사가 가장 유력한 것으로 보인다.[88] 카이저는 이렇게 말한다.

> 이스라엘의 광야 행로는 홍해를 따라 남쪽으로 약 100마일 그리고 내륙의 대각선 방향으로 약 50마일 떨어져 있는 오늘날의 예벨 무사(Jebel Musa)를 시내산으로 본다. 이스라엘은 여기서 1년간 머무른다. 그 후 가데스바네아를 향하여 북쪽으로 진행한다. 그러나 11일이면 충분한 이 여정은 39년이나 걸린다(신 1:2).[89]

(2) 시내산으로의 여정

갈라진 홍해를 건너고 애굽의 병거가 물에 잠기는 것을 보고 홍해 동쪽 해변을 출발한 이스라엘은 하나님께 찬양을 돌린다. 그 후 내륙으로 얼마간 이동하여 사흘 길을 행하는 동안 물을 얻지 못한다.

그리하여 이스라엘은 쓴 물로 유명한 마라에 도착한다. 모세가 하나님의 지시에 따라 한 나무를 물에 던지자 물이 달아져 마실 수 있게 된다. 여기로부터 약 7마일 떨어진 엘림을 향해 여정을 이어간다. 르비딤에서 물이 떨어져 바위에서 물이 솟아 나오는 놀라운 사건을 경험한다.

르비딤에서 아말렉의 공격을 받고 모세는 산 위에서 기도하고 청년 여

---

[87] Walter C. Kaiser, 『이스라엘의 역사』, 143.
[88] Walter C. Kaiser, 『이스라엘의 역사』, 145.
[89] Walter C. Kaiser, 『이스라엘의 역사』, 143-44.

호수아가 아말렉과의 전투에서 승리한다. 이스라엘은 정월 15일에 출발하여 3월 15일에 시내산에 도착하고 다음 해 2월 20일에 떠남으로, 여기서 11개월 5일간을 머문다(민 15:22-26; 17:1-6, 8-13; 19:1; 10:11).[90]

(3) 시내산 언약

시내산에서 이스라엘은 국가 정체성을 갖게 된다. 이스라엘은 시내산에 있으면서 누구의 방해도 받지 않고 국가로서의 정체성과 사명감을 받아 하나로 결속한다.[91]

> 세계가 다 내게 속했나니 너희가 내 말을 잘 듣고 내 언약을 지키면 너희는 모든 민족 중에서 내 소유가 되겠고 너희가 내게 대하여 제사장 나라가 되며 거룩한 백성이 되리라 너는 이 말을 이스라엘 자손에게 전할지니라 (출 19:5-6).

모세 언약(시내산 언약)을 통해 여호와 하나님은 실제적으로 이스라엘의 하나님이 되시고 이스라엘은 하나님의 언약 백성이 된다. 제사장 나라가 된다는 것은 하나님과 사람들 사이에서 사람들로 하여금 하나님께 더욱 가까이 나아가도록 도와 주고 그들로 하여금 하나님의 진리와 사랑과 정의와 은혜와 보호와 복주심을 누리도록 도와 주는 역할을 하는 나라가 되도록 부르셨다는 것이다. 하나님은 "내 말을 잘 듣고 내 언약을 지키면"이라는 조건을 붙이신다. 율법을 주심으로 이런 사실이 증명된다. 하나님께 대한 순종은 인생의 본분이며 하나님의 백성의 본분이다.[92]

---

90 Walter C. Kaiser, 『이스라엘의 역사』, 145-48.
91 Walter C. Kaiser, 『이스라엘의 역사』, 149.
92 김인식, 『하나님의 마스터플랜:새 예루살렘의 비전』, 78.

시내산 언약은 봉신 조약과 유사한 아래의 형식을 갖추고 있다. 봉신 조약 형태는 시내산 언약과 가장 유사하다.[93]

> (서문) 나는 너의 하나님 여호와로다
> (역사적 서언) 너를 애굽 땅 종 되었던 집에서 인도하여 낸
> (보존) 모세가 여호와의 모든 말씀을 기록하고
> (증인) 이스라엘 십이지파대로 세운 열두 기둥
> (승인) 여호와의 명하신 모든 말씀을 우리가 준행하리이다.[94]

(4) 언약서

시내산 언약의 특징은 처음으로 하나님의 언약이 기록으로 구체화되었다는 사실이다. 카이저는 이렇게 말한다.

> 최초의 이스라엘 민법에 해당하는 이 언약서는 도덕법의 원리를 공동체의 삶에서 발생할 수 있는 실제적 상황에 적용하고 있다. 언약서의 법률들은 그 당시 고대 근동의 다른 법률 조항과 매우 유사하지만, 이스라엘은 법률에 대한 독특한 이해를 가지고 있는 것이 다르다.
>
> 그들은 모든 법은 하나님의 뜻이 계시의 형식으로 나타나는 특별계시의 결과라고 생각한다. 또한, 이스라엘의 모든 법은 이스라엘 공동체 전체에게 주어진 것일 뿐 아니라 동시에 율법은 십계명과 같이 각 개인에게 초점을 맞추어주신 하나님의 직접 명령이다.[95]

---

[93] Walter C. Kaiser, 『이스라엘의 역사』, 150.
[94] Walter C. Kaiser, 『이스라엘의 역사』, 181.
[95] Walter C. Kaiser, 『이스라엘의 역사』, 184-85.

이스라엘은 신적 존엄성과 개인적 관점으로 종교와 윤리를 이해하기 때문에 주변 다른 나라들과는 확연히 다르다.

(5) 의식법

의식법은 여호와께 드리는 제사와 절기와 할례 등으로 거룩한 것과 세속적인 것을 구별하도록 한다. 의식법은 특별히 하나님이 어떤 분이시며 하나님이 함께한다는 것이 무엇인지를 알고 또 함께하심을 체험토록 하나님께서 베푸시는 은총이다. 카이저는 아래와 같이 언급한다.

> 언약궤는 의식법에 있어서 가장 중요한 상징으로 성막 중 하나님이 거하시는 곳인 지성소에 놓여 있다. 거룩하신 하나님은 어떤 형상으로도 자신을 나타내지 않으신다. 그러므로 하나님과 가장 가까운 곳은 여호와의 임재를 상징하던 언약궤다. 하나님은 멀리 계신 분이 아니라 그의 백성들 가운데 계신 분이다. 그러나 성전 파괴와 더불어 언약궤는 사라지고 만다.[96]

성막은 하나님의 이동식 거처로 광야 시절에 세워지고 솔로몬의 성전 봉헌 후 사라진다. 율법에는 강력한 실천 요구와 함께 지키지 못할 경우를 위해 회개를 위한 방법이 언급되어 있는데 회복하게 하는 방법 중 가장 중요한 것이 제사 제도이다.

번제는 속죄를 위한 것이며 하나님을 향한 자신의 헌신을 상징한다. 소제는 하나님의 은혜와 축복에 감사하여 하나님께 바치는 선물이며 화목제는 하나님과의 평화로운 관계를 위한 것이다. 속죄제나 속건제는 죄를 용서 받기 위해 드린다. 이런 제사들은 성막을 중심으로 진행되며 국가 공동

---

[96] Walter C. Kaiser, 『이스라엘의 역사』, 186.

체로서 이스라엘 예배의 핵심이 된다.

(6) 시내산에서 가데스바네아까지의 여정

시내산 체류를 끝내고 이스라엘은 브엘세바로부터 남남서 방향으로 약 50마일 떨어진 가데스바네아로 나아간다. 이곳에서 모세는 열두 정탐꾼을 가나안으로 파견한다.

두 정탐꾼 갈렙과 여호수아는 가나안을 취할 수 있다고 주장하나 나머지 열 정탐꾼들은 그곳에 거인들이 살고 있으며 주민들은 높은 성벽들로 둘러싸인 도성에 살고 있다고 주장하여 정복 불가능함을 전한다. 온 이스라엘이 부정적 반응을 따라감으로 그때 이룰 수 있었던 가나안 정복 시작이 주전 1445년에서 1406년으로 39년간 연기된다.[97]

4. 가나안 정복 역사

시내산에서 가나안 남쪽 경계까지 11일이면 갈 수 있는 거리였지만, 39년이나 더 지난 후 아브라함과 이삭과 야곱에게 언약하신 가나안을 정복하기 위해 히브리인들이 진군한다.

1) 이스라엘의 새 지도자 여호수아

여호수아는 모세의 후계자로서 가나안 땅의 정복자로 하나님께서 사용했다. 카이저는 이렇게 말한다.

---

[97] Walter C. Kaiser, 『이스라엘의 역사』, 189.

여호수아는 르비딤에서 이스라엘을 공격한 아말렉을 격퇴하는 군대 사령관으로 처음 등장한다. 여호수아가 처음으로 임한 전투에서 군대를 이끌고 싸우는 동안 모세는 산 위에서 두 손을 들고 기도함으로 그를 돕는다 (출 17:8-16).[98]

여호수아는 전쟁은 기도와 담대한 용기로 수행하는 것임을 직접 체험함으로써 가나안 정복에 대한 자세를 갖춘다.

2) 정탐꾼과 여리고의 라합

요단강을 건너기에 앞서 곧 입성하게 될 땅을 정탐하기 위하여 여호수아는 두 정탐꾼을 먼저 보낸다. 그들은 여리고로 가서 라합이라는 여인의 주막에 들어갔다. 그 시대에는 여인숙 주인들이 왕을 위해 정보를 전달하는 역할을 감당하기도 한다. 그들은 주변에서 들려오는 정보들, 특히 손님들이 실수로 누설하는 정보들을 빠짐없이 아래와 같이 상부에 보고한다.

> 정탐꾼들이 도성 안으로 들어왔다는 보고를 받은 여리고 왕은 그들을 체포하기 위해 왕의 사자들을 파견한다. 그러나 라합은 지붕 위에 두 정탐꾼을 숨기고 정탐꾼들이 방금 성을 떠났다는 거짓말로 왕의 사자들을 돌려보낸 후 창문을 통해 정탐꾼들을 탈출시킨다. 라합의 용감한 행동에 대해 정탐꾼들은 전쟁이 시작되면 붉은 줄을 매고 가족을 다 집으로 모으면 모두가 안전할 것이라는 서약의 맹세를 한다.[99]

---

[98] Walter C. Kaiser, 『이스라엘의 역사』, 205.
[99] Walter C. Kaiser, 『이스라엘의 역사』, 206.

라합의 용감한 믿음의 행동은 여리고가 멸망할 때 온 가족이 살아남게 만들고 예수님 족보에 등장하는 복을 받는다.

3) 트랜스요르단 시혼 및 옥과의 전쟁

카이저는 이렇게 말한다.

> 모세는 비스가산 꼭대기에 이르러 이스라엘 백성들이 아모리 땅을 통과하도록 허락해 달라고 부탁한다. 그러나 아모리 왕 시혼은 이 길이 수도인 헤스본과 너무 가깝기 때문에 불안한 마음에 모세와 이스라엘 백성의 통과를 거절한다.
> 오히려 시혼 왕은 헤스본으로부터 약 20마일 떨어진 아하스에서 이스라엘을 선제 공격한다. 그러나 이스라엘은 헤스본을 순식간에 점령하고 옥과 바산을 패퇴시키며 바산의 수도 에드레이에 도착한다.[100]

갈릴리 바다 동남동 방향으로 약 30마일 떨어져 있는 에드레이를 공격하고 이스라엘은 다시 한번 승리를 거둔다.

4) 요단강 도하 및 길갈에서 진을 침

이스라엘은 싯딤을 떠나 요단에 이르러 유숙한다. 봄에 강물이 범람하여 강둑 위로 강물이 넘치는 시기지만, 사흘 후 여호수아는 강을 건널 준비를 백성들에게 명령한다.

---

[100] Walter C. Kaiser, 『이스라엘의 역사』, 209.

카이저는 이렇게 말한다.

> 강을 건너는 신호는 제사장들이 언약궤를 메고 백성 앞에 나가는 것이다. 백성들은 거의 1천 미터 이상 거리를 두며 언약궤를 뒤따름으로써 그 거룩함을 인식하고 존중한다. 백성들은 또한 스스로 성결케 함으로 다음 날 강을 건널 때 기이한 일들을 경험할 준비를 한다. 위에서부터 흘러 내리던 물이 그쳐서 쌓이고 바다로 흐르는 물이 끊어지매 백성들이 마른 땅으로 건너간다.[101]

출애굽 이후 광야 길에서 태어난 자들은 할례를 받지 않았기에 여호수아에게 임한 하나님의 명령을 따라 모든 남자는 할례를 받았다. 이스라엘 백성들은 약속의 땅에 입성하기 전에 스스로를 거룩하게 구별했다.

5) 가나안에서의 첫 유월절

그달 제14일에 이스라엘은 진군을 멈추고 유월절을 지냈으며 이어서 무교절이 뒤따른다. 그날 매일 내리던 만나가 중단된다(수 5:10-12). 처음으로 백성들은 가나안 땅의 소산을 먹고 만나는 멈춘다. 아브라함 언약과 가나안 언약의 성취를 위한 새로운 역사가 시작되는 순간이다.[102]

---

[101] Walter C. Kaiser, 『이스라엘의 역사』, 210-11.
[102] Walter C. Kaiser, 『이스라엘의 역사』, 212.

6) 가나안 입성과 정착에 관한 이론

카이저는 이렇게 말한다.

> 이스라엘 백성들이 어떻게 가나안에 들어가 정착했는지에 대해 몇 가지 주요 이론이 있다. 정복 모델은 올브라이트(Albright)와 그의 미국인 제자들과 일단의 이스라엘 학자들에 의해 지지된다. 평화적 침투 모델은 1920년대 알트(Alt)와 노스(Noth)에 의해 처음 제안되어 독일학계에 영향을 주었다. 농민혁명 모델은 1960년데 조지 멘덴홀(George Mendenhall)에 의해 처음 제안된 후 노만 고트발트(Norman Gottward)가 더욱 발전된 이론을 내놓는다. 이스라엘 핀켈스타인(Finkelstein)은 목축민 집단의 농경정착 모델을 제시한다.[103]

성경적 신앙을 거부하는 인본주의자들은 초자연적 역사에 대한 주장을 인정할 수 없기에 정복 모델을 인정하지 않으려 한다. 그러나 그것은 외적 증거가 본문의 주장과 확실히 모순될 때에만 해당된다. 이스라엘 백성들은 하나님의 도우심 속에 가나안을 정복한 것이다.

7) 여리고 정복

가나안 남부 산지는 38년 전 모세가 보낸 최초의 정탐꾼들에게 두려움을 주었던 거대한 아낙 족속이 지배하고 있었다. 이제 가나안의 허리를 관통해 가나안을 나누어 놓고 공격하는 작전을 세우게 된다. 사해의 바로 북

---

[103] Walter C. Kaiser, 『이스라엘의 역사』, 222.

쪽을 관통해 강력한 요새인 여리고를 치는 것이다. 가나안 정복을 성공적으로 이루기 위한 전략적 발판으로 여리고를 선택한다.

여리고 정복은 정복 모델의 핵심 사건으로써 출애굽 및 정복 기사의 신뢰성과 정확성을 확인함에 있어서도 매우 중요한 사건이다. 그러나 오늘날 많은 학자는 여리고 정복 사건이 실제로 이곳에서 일어났는지에 대해 의심한다. 카이저는 이렇게 말한다.

> 고고학자 존 갈스탕(John Garstang)은 1930년부터 1936년까지 여리고 발굴 작업에 참여하고 성경 기사를 확증한다고 발표했다. 한때 그 발표는 의심 받다가 최근에 브라이언트 우드(Bryant Wood)에 의해 존 갈스탕의 발표가 옳았음이 확인되었다.[104]

오늘날 고고학자들은 여리고성이 성경에서 기록된 것과 같은 모습인 것을 발견한다. 일반적으로 적의 침공을 받으면 성벽은 안쪽으로 무너지지만 여리고 성은 안쪽이 아니라 바깥쪽으로 쓰러졌고 전리품들도 그대로 남겨져 있다.[105]

8) 가나안 정복

이스라엘 백성이 하나님의 절대적 도우심으로 가나안 대부분 지역을 정복한다. 이스라엘 백성이 정복한 땅은 단지 요단강 서편 지역만이 아니다. 그들은 요단강을 도하하기 전에 요단 동편 땅 넓은 지역도 정복한다.

---

[104] Walter C. Kaiser, 『이스라엘의 역사』, 224.
[105] Walter C. Kaiser, 『이스라엘의 역사』, 228.

요단강 서편 땅 정복에 앞서 요단강 동편 땅인 이곳을 먼저 정복하게 되자, 그 중에 르우벤, 갓, 므낫세 반 지파 등 두 지파 반의 사람들이 요단 동편 땅에 거주하기를 원함으로 요단 동편 땅은 그들 두 지파 반에게 분배한다.

여호수아 12장은 요단강 서편 지역에서 이스라엘이 정복한 땅과 지역 왕들의 명단을 상세히 소개한다. 사실 이 명단들은 하나님께서 이미 이스라엘 백성에게 정복하고 전멸시킬 것을 명하신 내용이다.

결국, 이스라엘은 멸절되어야 마땅한 족속들을 멸절시킨다. 하나님은 당신의 백성 이스라엘을 통해 당신의 거룩한 나라를 건설하시기 위해 가나안 땅 정복을 계획한 것이다. 이에 가나안 땅의 원주민들은 하나님이 보시기에 각종 우상과 온갖 죄악과 부패가 극에 달한 민족이다.[106]

하나님은 일찍이 아브라함과 언약을 맺고 그의 후손에게 가나안 땅을 약속하신다. 그리고 그곳에서 축복된 나라를 세우게 할 것을 약속한 바 있다. 이 약속은 하나님의 거룩한 이름을 걸고 하신 언약이었기에 반드시 이루어질 것이다.

물론, 이 약속이 이루어지기까지 오랜 시간이 지체되고, 이스라엘 백성에게는 오랜 시간 동안의 인내와 기다림이 요구된다. 하지만, 하나님이 정하신 때가 이르자, 하나님은 어김없이 이스라엘 백성을 애굽에서 구출하고 광야를 거쳐 마침내 약속하신 거룩한 땅을 허락한다.

요단 서쪽을 정복하고 므낫세 반 지파를 비롯한 나머지 아홉 지파의 땅이 분배된다. 신앙 공동체를 위하여 레위 지파에게는 땅을 분배하지 않고, 열두 지파의 땅, 48개의 성읍으로 골고루 흩어져 제사장의 직무를 맡고

---

[106] 강병도, 『호크마 종합주석: 여호수아-룻기』 (서울: 기독지혜사, 2000), 260.

요단 동편과 서편에 각각 3개씩 도피성을 마련한다.[107]

9) 세겜에서의 언약 갱신

여호수아는 하나님께서 이스라엘을 위해 행하신 모든 역사를 열거하고 (수 23장), 가나안에 정착한 온 백성을 불러다가 언약을 갱신한다. 백성들은 오직 여호와만을 섬길 것을 권고받는다.

언약을 갱신한 이유는 옛 세대가 떠나고 새로운 시대가 시작되어도 하나님의 뜻은 변하지 않기 때문이다. 하나님 백성이라는 정체성을 일깨우기 위해서라도 필요한 일이다. 약속의 땅에서 가나안 백성과 살아갈 후손들은 만만치 않은 유혹을 만나게 될 것이기 때문이다. 카이저는 이렇게 말한다.

> 여호수아가 율법책에 기록한 율례와 법도는 오래 전에 여호와께서 모세를 통해 언약 백성에게 명하신 내용 그대로다. 이와 같이 환경이 바뀌어도 하나님의 뜻은 달라지지 않음을 알아야 한다. 그리고 세겜에 모인 이스라엘 백성은 약속의 땅에서도 변함없이 하나님을 섬기겠다고 맹세한다. 마지막으로 그날의 맹세를 기념하는 기념비를 세운다.[108]

여호수아는 동시대와 다른 세대에게 하나님의 뜻을 전하고 그것을 잘 지키도록 당부한다. 하나님이 각 시대마다 주시는 사명이 있다. 물론, 시대가 바뀌면 감당해야 할 일들의 구체적인 내용은 다를 수 있다. 분명한

---

107 김희보, 『구약 이스라엘사』, 160.
108 Walter C. Kaiser, 『이스라엘의 역사』, 248.

것은 하나님을 섬기고 따라야 한다는 사실에는 변함이 없다는 것이다.

5. 사사 시대 역사

사사 시대는 가나안 땅에 정착하여 왕조를 설립하기까지의 기간을 일컫는다. 성경에서 넓게 계산할 경우에도 가나안 정복 전쟁 후 요셉의 해골이 세겜 땅에 묻힌 주전 1390년부터 사울 왕이 즉위한 해인 주전 1050년까지로 340년이 넘지 않는다.

대부분의 배교는 가나안 종교로 인한 종교적 혼합주의가 원인이다. 특히, 경제적 풍요와 성적 유희를 제공하는 가나안 종교의 유혹은 자극적이다. 바알 종교는 중앙 성소가 없고 거의 모든 바알의 제단은 산지에 세워진다.

많은 산당이 있는데, 대부분의 산당은 '기둥'이나 '상'으로 상징되기에 여호와의 명령에 순종하는 길을 떠나 그들에게 절하고 배교의 길에 쉽게 들어선다. 카이저는 이렇게 말한다.

이스라엘의 순환적 사이클이 시작된 것이다. 즉, 이스라엘이 여호와를 떠날 때마다 하나님은 그들을 원수의 손에 넘기신다. 원수의 압제가 거의 견딜 수 없을 정도가 되면 마침내 이스라엘은 하나님께 간절히 부르짖는다. 그때 여호와는 한 사사를 일으켜 이스라엘을 구원하신다. 이어서 평화와 번영의 시대가 찾아온다. 그러나 이런 평안은 이스라엘 백성들이 다시 과거와 같은 배교적 삶으로 돌아가게 됨으로 깨어지게 되며 이어서 새로운

압제가 시작된다.[109]

　사사는 이스라엘에 왕이 세워지기 전에 백성들을 이끈 민족 지도자를 말한다. 이들은 전쟁 시에는 군대의 지휘관으로 백성들을 구하고, 평상시에는 백성을 재판하여 다스린다. 사사들이 세움을 입을 때는 대부분 '하나님의 신'이 그들에게 강림한다(삿 3:10; 6:34; 11:29; 13:25).
　최초의 사사 옷니엘은 모두가 두려워하는 아낙 자손들이 거주하는 드빌을 하나님의 능력에 의지하여 정복한 용기 있는 사람이다(수 11:21; 15:13-17; 삿 1:11-13). 그는 메소보타미아 왕 구산 리사다임의 압제에서 이스라엘을 구원한다(삿 3:8-10).
　에훗은 약점이 있지만 하나님께 쓰임 받는다. 그는 모압 왕 에글론을 죽이고 이스라엘을 구원한다. 삼갈은 평범한 농부로서 하나님의 부르심을 받아 이스라엘을 구원한다. 그는 소 모는 막대기로 블레셋 사람 600명을 죽인다(삿 3:31). 블레셋의 세력이 막강했던 시대에 오직 하나님의 능력으로 블레셋을 물리친다.
　드보라는 가나안 왕 야빈의 학대 속에 지도자가 없어 남자들마저 잠잠할 때 일어나 나라를 구한 유일한 여 사사이다(삿 4:3-4; 5:7). 그녀는 승전가를 부르며 하나님께 영광을 돌리면서 공로자들을 치하한다.
　기드온은 하나님을 원망하며 믿음 부족으로 표징을 구하지만(삿 6:13-21, 36-40) 하나님은 그를 붙잡아 큰 용사로 사용하신다(삿 6:12). 기드온은 사사로 부름받자마자 우상을 척결하고 300명의 용사를 선발하여 나팔과 횃불로 승리한다.
　돌라는 기드온의 아들 아비멜렉의 학정 속에서 의분을 느끼다가 그의

---

[109] Walter C. Kaiser, 『이스라엘의 역사』, 266.

죽음을 계기로 사명감을 가지고 이스라엘을 구원한다(삿 10:1). 야일은 22년 동안 평화 시대를 이끈다. 그는 평화 시기에 백성들을 말씀으로 깨우쳐 범죄하지 않도록 힘을 다한다.

입다는 길르앗이 기생에게서 낳은 아들로 본처의 자식들에 의해 추방된다(삿 11:1-3). 18년 동안 암몬의 학대를 당하던 이스라엘이 입다의 등장으로 구원을 받는다. 신앙에 입각한 투철한 국가관과 역사관을 가진 (삿 11:12-27) 입다에게 여호와의 신이 임하여 암몬을 물리친다(삿 11:29, 32-33).

삼손은 틈을 타서 블레셋을 치고자 한다. 그는 블레셋 여인과의 결혼을 핑계 삼아 그들을 치고자 한다. 삼손이 이방 여인과 결혼하고 나실인의 규례를 어겼음에도 여호와의 신이 크게 임하게 하심으로 블레셋 사람들을 물리치게 한다(삿 14:1-20).

마지막 사사인 사무엘은 대제사장 엘리 아래에서 자란다. 블레셋과 아벡에서 싸운 이스라엘은 대패하여 4천 명이 목숨을 잃는다. 다음 전쟁에서 참패에 대한 대책으로 성소에서도 가장 거룩한 법궤를 들고 전쟁에 나갔다가 하나님 임재의 상징인 법궤를 빼앗기고 제사장의 아들 홉니와 비느하스를 위시하여 3만 명이 전사한다.

충격을 받은 대제사장 엘리는 소식을 듣고 의자에서 넘어져 죽는다. 때가 되매 드디어 사무엘이 미스바 성회에 나타나 백성들을 이끈다. 블레셋을 패퇴시켜 그들은 벧갈까지 도주한다(삼상 7:10-13). 사무엘은 마지막 사사로서 큰 영향력을 미치고 사사 시대의 종지부를 찍는다.

사사는 이스라엘이 대내외적으로 위기에 처하여 하나님께 부르짖을 때 세워 주신 구원자들이다(삿 2:16-18; 3:9). 그러나 이스라엘의 참된 통치자는 오직 하나님이시며 사사는 하나님의 도구들일 뿐이다(삿 8:23).

카이저는 사사 시대를 '가나안 땅에 정착하여 왕조를 시작하기까지의 기간'¹¹⁰으로 본다. 사사들은 하나님의 백성을 압제로부터 구원하기 위해 여호와 하나님께서 선택한 자들이다. 사사들은 배교와 억압의 시대에서 중요한 영적 지도자 역할을 한다. 애굽에서 막 도착한 이스라엘 백성들을 가나안 혼합주의로부터 지켜내는 역할을 한다.¹¹¹

6. 왕정 시대 역사

이스라엘에 왕정이 출현한다. 이스라엘 백성들은 왕정을 원한다.

1) 왕정에 대한 요구

역사에 대한 현대적인 새로운 정의는 사건이나 인물이 중심이 된 역사를 비평 대상도 안 되는 것으로 생각한다. 성경은 사건이 가득하고 사람들 중심으로 기록되나 하나님이 기록하게 하신 역사이다. 이것이 진정한 이스라엘의 역사이다. 역사가 사회학이나 단순한 통계학으로 축소되어서는 안 된다.¹¹² 카이저는 이렇게 말한다.

> 계몽 시대 이후 역사적 사건들을 기록한 자료 가운데 직접 혹은 간접적으로 하나님이나 신들에 관한 언급이 있는 경우 무조건 역사 자료로 인정받지 못한다. 또한, 어떤 학자들은 사울의 등극에 관한 성경 자료들의 모순으로 역사성을 의심한다. 그러나 모순적으로 보이는 이 본문은 실상은 일

---

110 Walter C. Kaiser, 『이스라엘의 역사』, 264.
111 Walter C. Kaiser, 『이스라엘의 역사』.
112 Walter C. Kaiser, 『이스라엘의 역사』, 289.

관적이며 보완적이라는 결론이다.[113]

블레셋과의 전쟁에서 실패한 이스라엘은 하나님 임재를 상징하는 법궤를 실로에서 옮겨 오면 하나님께서 승리케 하실 것으로 생각한다. 그러나 법궤마저 빼앗기는 참패를 당한다. 법궤를 보관하던 실로가 폐허가 되고 열두 지파의 예배 중심지인 성막마저 불타버리고 만다.

이스라엘 패배는 사기 저하뿐 아니라 주변국들의 공격을 부추긴다. 이런 상황이 왕으로 하여금 이스라엘을 다스리며 자신들 앞에 나아가서 싸워 주기를 열망케 한다.

2) 사울 왕의 등장

사울은 베냐민의 유력한 자인 기스의 아들로 태어난다. 그는 준수하고 키가 큰 사람으로, 이스라엘의 지도자가 될 것이라는 사무엘의 예언을 확증할 세 가지 징조를 받는다.

두 사람이 잃어버린 암나귀를 찾았다는 사실을 알려줄 것과 벧엘로 올라가는 세 사람이 문안하며 떡 두덩이를 줄 것과 하나님의 신이 임하여 예언을 할 것인데 모든 징조를 실제로 경험한다.

(1) 사울의 군사적 승리와 실패

카이저는 이렇게 말한다.

길르앗 야베스가 포위당했다는 소식을 들었을 때 하나님의 신에 크게 감

---

[113] Walter C. Kaiser, 『이스라엘의 역사』, 297

동되어 자신의 소를 죽여 각을 뜨고 모든 지파에 보내어 군사를 일으킨다. 혁혁한 전과로 암몬을 패퇴시킨 33만 명 모두가 놀라는 모임이다. 사울이 이스라엘의 새 지도자이자 왕으로 확증되는 중대한 사건이다.[114]

무섭고 막강한 적들을 상대로 인상적인 승리를 거두지만 대부분 통치 초기의 승리이다. 블레셋과의 대면은 시대 내내 계속된다. 사울과 요나단은 블레셋과의 마지막 전투에서 전사하게 된다. 사울의 실패는 하나님의 명령에 불순종하여 양과 소를 철저히 진멸하지 않고 아말렉 왕 아각을 살려주었기 때문이다.

사울은 통치를 시작할 때 여호와의 신이 크게 임하고 함께하신 하나님의 큰 일을 위해 구별된 자였다. 시간이 지나면서 하나님이 그에게 침묵하시기에 엔돌의 무당을 찾아 가기도 하고 잘못된 열정으로 여호와께 단을 쌓기도 한다. 블레셋과의 길보아산 전투에서 치명적인 부상을 당하여 죽여달라는 부탁을 시종이 거절하자 스스로 칼 위에 엎드려져 죽는다.

(2) 아브넬과 이스보셋

이스보셋이 이스라엘을 통치했으나 나라는 혼란 속에 빠져있다. 뒤에서 실권을 가지고 권세가 점차 커지는 아브넬을 두려워하던 이스보셋은 사울의 후궁 중 하나를 취했다는 이유로 책망하게 된다. 분노와 원한을 가진 아브넬은 점점 다윗에게로 마음이 기울어진다. 다윗과 협상하여 요구 조건을 이행하고 헤브론의 다윗에게로 온다.

그러나 요압이 자기 동생을 죽인 원수를 갚기 위해 그리고 다윗의 신임을 얻은 후에 자신의 군대장관직을 위협할 수 있다는 생각에 아브넬을 암

---

[114] Walter C. Kaiser, 『이스라엘의 역사』, 306.

살한다. 이스보셋도 잔인하게 암살당함으로 이스라엘 장로들은 헤브론의 다윗에게로 나아가 유대 지파와 더불어 온 이스라엘의 왕으로 삼는다.[115] 그리하여 인명 피해 없이 최초의 통일 왕국의 왕정이 실현되고 다윗이 통일 왕국의 왕이 된다.

3) 다윗 왕의 등극

다윗에 대한 자료는 성경에 풍부하다. 일부 학자가 다윗에 대한 유일한 자료는 성경뿐이라고 주장했던 적이 있으나, 지금은 '다윗의 집'이라는 글이 비문들에서 발견되어 이런 주장은 시대에 뒤떨어진 것이 되고 만다. 카이저는 이렇게 말한다.

> 다윗이 예루살렘을 수도로 하는 왕조를 세우고 적어도 4백 년 이상 유지되었다는 것은 확실하다. 다윗 왕조가 주전 586년에 망한 이후에도 그 가문은 바벨론에서 귀환한 유대인들 중에서 유지되어 온다. 메시아가 다윗 후손으로 올 것이라는 옛 약속은 여전히 이스라엘의 삶과 종교의 한 축을 이룬다.[116]

(1) 성경이 말하는 다윗

성경은 다윗에 주목한다. 성경의 약 75장이 다윗의 생애 및 업적에 대한 가치와 중요성을 다루고 있다. 역사성을 의심하는 자들은 다윗을 변증하고 정당화하기 위해 작성된 것으로 생각한다. 카이저는 이렇게 말한다.

---

[115] Walter C. Kaiser, 『이스라엘의 역사』, 313-24.
[116] Walter C. Kaiser, 『이스라엘의 역사』, 317.

다윗의 죄와 연약함, 가정 파탄, 고난, 반역 및 수치스런 행동들을 감추지 아니하고 솔직히 기록한 것은 이들 인물과 사건들이 실제라는 생각을 갖게 한다. 밧세바와의 죄, 다말의 강간, 암논의 살해, 압살롬의 반란, 그리고 세바의 반란 등 계속되는 이야기들은 모든 것을 숨김없이 들려 준다.[117]

결국, 성경 자료는 다윗과 그 시대 최고의 사료이다. 우리는 성경이 사건을 실제대로 기록했다는 것과 특별한 목적을 위해 자료를 취사선택했다는 사실을 인정해야 한다.

(2) 다윗의 소년기

다윗은 베들레헴에서 이새의 여덟 번째 막내아들로 태어난다. 선지자 사무엘이 목동 다윗에게 기름을 부을 때 하나님의 신이 그에게 내려온다. 다윗은 왕궁에 불려가 악신으로 번민하는 왕을 위해 악기를 연주하여 왕의 우울증과 번뇌를 가라앉힌다.

아버지 명령으로 전장에 나가 있는 형들에게 심부름을 갔다가 블레셋의 거인 전사 골리앗이 이스라엘을 협박하는 것을 목도하게 된다. 40일이 지나도록 골리앗이 이스라엘 군대를 모욕해도 도전할 용기를 가진 사람이 없다.

분노한 다윗이 물매와 작은 돌 다섯 개를 가지고 나아가 골리앗을 엎어지게 만들고 칼로 목을 베어 이스라엘에 승리를 가져 온다. 민족의 영웅 다윗의 인기는 하늘로 솟는다. 시기와 분노로 가득찬 사울은 다윗을 죽이려 혈안이 된다.

---

[117] Walter C. Kaiser, 『이스라엘의 역사』, 319.

(3) 통일 왕국의 다윗 왕

온 국가 권력을 총 동원해 끈질기게 추적하는 사울에게 지친 다윗과 그의 부하들은 블레셋 가드 왕 아기스에게 가서 신하가 된다. 이스라엘의 가장 위기의 순간에 다윗은 아기스 왕의 군사 동원에 참여하게 된다. 그러나 블레셋의 방백들은 다윗이 배반하여 이스라엘과 합세할 것을 두려워했기에 다행히 전쟁에 참여하지 않게 된다. 카이저는 이렇게 말한다.

> 다윗은 사울의 시신을 고이 장사 지낸 길르앗 야베스 사람들에게 감사 편지를 보낸다. 사울과 요나단에 대한 행동과 애도는 자못 진지하다. 이스보셋을 죽인 자들을 처형하고 요압이 아브넬을 살해했을 때에도 애도 기간을 선포하며 예의를 갖추어 헤브론에 장사함으로 모든 이스라엘과 유대 백성은 다윗을 신뢰하고 사랑하게 된다. 이스라엘의 장로들은 헤브론에 있는 다윗을 찾아와 다스려줄 것을 요청하게 되어 통일 왕국을 이루게 된다.[118]

팔레스타인 내에 이스라엘의 세력을 확장하여 패권을 잡고 주위 나라들에게 큰 영향력을 행사하며 이스라엘 역사상 가장 위대한 순간들을 만든다.

(4) 다윗의 예루살렘 정복과 통치

다윗이 예루살렘을 정복하고 그곳을 수도로 삼은 것은 미래와 관련하여 극히 중요하고 결정적인 행동이다. 다윗이 정복하기 전 예루살렘은 산지 정착민이던 여부스 사람들이 차지하고 있었다. 카이저는 이렇게 말한다.

---

[118] Walter C. Kaiser, 『이스라엘의 역사』, 337.

당시 예루살렘은 오늘날 성전산의 남쪽으로 뻗어 있는 오벨 언덕만을 지칭했을 것이다. 기껏해야 11에이커에 지나지 않는 도성이나 삼면이 골짜기로 둘러싸여 있어 요새화하기 쉬운 곳이다. 남쪽으로는 힌놈 골짜기, 동쪽에는 기드론 골짜기, 그리고 서쪽엔 티르포에온 골짜기가 있으나 오직 북쪽에만 뚜렷한 천연 방벽이 없다.[119]

다윗의 용병들이 수갱을 통해 예루살렘을 정복한다. 수도를 예루살렘으로 옮기면서 다윗 왕국은 왕국으로서의 완전한 모습을 갖추게 된다.[120] 예루살렘은 다윗에게 여러 측면에서 가장 적합한 통일 왕국의 수도이다. 예루살렘은 중앙 산지의 분수령에 위치해 있기 때문에 남유다와 북이스라엘을 갈라놓던 지역을 연결하는 다리와 같다.

헤브론은 멀리 남쪽의 유대 땅에 위치해 있기 때문에 북부 지파들이 수용하기 어렵다. 수도가 만일 북쪽에 위치했다면 유다 지파가 수용하기가 배로 어려웠을 것이다. 예루살렘은 남북 어느 쪽에도 속하지 않은 일종의 중립 영역이기 때문에 훌륭한 타협점을 제공한다.[121]

예루살렘은 서로 나누어져 질시하던 지역 사이에서 조화를 이루며 통치할 수 있는 이상적 행정 중심지가 될 수 있다. 통일 왕국의 수도로 가장 적합할 장소일 뿐만 아니라 아브람이 이삭을 바치던 모리아산이 있는 곳이다. 하나님의 이름을 두실 성전을 지을 곳으로 여호와 이레로 준비된 땅이다.

브라이트는 이렇게 말한다.

---

[119] Walter C. Kaiser, 『이스라엘의 역사』, 339.
[120] 이희학, 『이스라엘 왕국의 역사』 (서울: 대한기독교서회, 2002), 154.
[121] John Bright, 『이스라엘 역사』, 270.

예루살렘을 왕국의 정치적 수도로만 아니라 종교적 수도로도 만들려는 것이 다윗의 목적이다. 이 법궤를 통해 그는 새로이 창건된 국가를 이스라엘 제도들의 후원자이자 보호자라는 것을 널리 알리고자 한다. 이 조치는 우리의 상상 이상으로 각 지파의 민심을 예루살렘으로 쏠리게 하는 데 큰 역할을 했을 것이 틀림없다.[122]

다윗은 한 세대 이상 방치되어 있던 법궤를 예루살렘으로 옮겨 성막 안에 안치한다. 그리고 실로의 제사장 가문 아비아달과 사독을 제사장으로 임명한다.

(5) 다윗 왕국의 확장

카이저는 이렇게 말한다.

다윗 왕국의 지리적 경계는 트랜스요르단의 아르논강부터 북쪽으로 헤르몬 산기슭의 단까지 이르고, 서쪽으로 상갈릴리를 지나 시돈과 두로까지 이른다. 인구 조사는 유다 지역 네게브에서 브엘세바까지 시행된다. 따라서, 가자 지구 혹은 블레셋을 제외한 요단 서편 전체 그리고 모압과 에돔 대부분을 포함한 트랜스요르단 전체가 영토였던 것이다. 분명한 것은 아람 영토가 다윗의 통제권 아래 포함되었다는 사실이다. 이는 다윗의 통치가 다메섹과 레바논 및 안티레바논산맥까지 미쳤음을 의미한다.[123]

다윗은 사울이 다스렸던 것 배 이상으로 왕국을 확장한다. 서쪽으로 블

---

[122] John Bright, 『이스라엘 역사』, 271.
[123] Walter C. Kaiser, 『이스라엘의 역사』, 354.

레셋, 동쪽으로 모압, 북쪽으로 소바, 다메섹, 하맛, 남쪽으로 에돔을 그의 통치 아래 두어 왕국은 크게 확장된다(삼하 8:1-18).

(6) 다윗의 독단적인 인구 조사
카이저는 이렇게 말한다.

> 다윗의 인구 조사를 하나님은 심판하신다. 하나님에 대한 불순종의 결과로써 3년 기근이나 3개월간 원수로부터의 고난, 또는 3일간의 역병 중 하나를 선택해야 한다. 다윗은 하나님의 자비를 구하고 그 결과 하나님은 역병을 내려 온 나라에서 7만 명이 사망한다.[124]

다윗이 아라우나의 타작 마당을 구입하여 단을 세우고 하나님께 희생 제사를 드리자 하나님은 불로 응답한다. 이 장소는 거룩한 장소임을 입증한다. 하나님이 현현하신 이 장소는 성전터로 손색이 없음을 입증한다. 이 용서로 응답받은 은혜의 자리에 성전이 세워진다.[125]

(7) 다윗 언약
다윗의 마음에 하나님의 성전을 건축하고자 하는 소망이 가득하다. 다윗이 왕궁을 완공한 후에는 더욱 간절하다. 여호와께서 여전히 휘장 가운데 계시고 다윗 자신은 백향목 궁에 있다는 것에 마음이 평안치 않다.

다윗이 자신의 생각을 나단 선지자와 나눌 때 나단은 마음에 있는 것을 행하라고 왕께 아뢴다. 그러나 그날 밤 나단에게 나타나신 하나님은 다윗

---

[124] Walter C. Kaiser, 『이스라엘의 역사』, 367.
[125] 임태수, 『성서주석: 역대상』 (서울: 대한기독교서회, 2007), 356.

이 통일 왕국 이스라엘을 세우는 과정 속에서 주변의 적들을 굴복시키려고 많은 전쟁을 치르고 많은 피를 손에 묻혔기에 성전을 건축할 수 없기에, 대신 다윗의 아들이 성전을 건축할 것이라고 계시하신다.

하나님은 다윗의 중심을 받으시고 나단을 통해 더욱 놀라운 축복을 주신다. 카이저는 이렇게 말한다.

> 나단은 다윗을 위한 더 좋은 소식을 갖고 있다. 다윗이 여호와를 위해 '집'을 세우는 대신 하나님께서 다윗과 그 후손을 위하여 자손의 '집'(다시 말해서 왕조)을 세워 주시겠다는 것이다(삼하 7:11-13). 그리고 이 나라는 온 인류를 위한 규례(삼하 7:19) 역할을 하게 될 것이다. 이는 모든 세상이 영적으로 유익을 얻으며 믿음으로 말미암아 앞으로 세워질 왕국에 동참할 수 있도록 하기 위함이다(삼하 7장).[126]

나단을 통해 하나님께서 주신 축복인 다윗 언약은 다윗의 왕권과 왕조 그리고 왕국의 영원한 존속에 대한 약속이다. 이 언약은 무조건적이고 일방적인 언약이다. 김희보는 이렇게 말한다.

> 다윗 언약은 하나님의 구속사에 있어 참으로 중요한 위치를 차지한다. 아담 때 여자의 후손(창 3:15) 언약, 노아 때 '셈의 장막'(창 9:27)에 대한 축복의 언약, 아브라함 때 '복의 근원'(창 12:1-3) 또는 그 '후손의 창성'에 대한 언약(창 15:1; 17:1-9), 그 후 또 먼 후일에 예레미야의 '새 언약'(렘 31:31-34)에 이르기까지 모든 구약 시대의 언약은 모두 다윗과 세운 '내 언약'(시 132:12)에 집중되어 있기 때문이다. 창세기에서 나타날 메시아를 여자의

---

[126] Walter C. Kaiser, 『이스라엘의 역사』, 368-69.

후손 또는 아브라함의 후손으로 약속했으나 이 약속은 마침내 다윗의 후손으로 구체화된다(마 1:1).[127]

다윗의 왕국은 어떤 쿠데타 없이 다윗의 후손을 통해 이어져 내려가다 결국 주전 586년 바벨론에게 멸망당한다. 다윗과 후손들을 향한 하나님의 이 언약은 궁극적으로 다윗의 후손인 예수 그리스도를 통해 세워질 메시아 왕국의 영원성을 뜻한다. 카이저는 이렇게 말한다.

다윗은 주전 971년에 죽으며 아들 솔로몬에게 많은 유산을 남겨 준다. 이스라엘은 전에 볼 수 없던 모습으로 고대 근동을 주도하는 국가가 된다. 온 나라에 평온이 임하며 솔로몬 시대에는 그를 대적하는 원수가 거의 나타나지 않는다.[128]

4) 솔로몬의 통치

다윗에서 솔로몬으로 권력이 이양되는 과정 중 비극이 생긴다. 다윗 군대의 최고 사령관 요압과 대제사장 아비아달과 아도니야의 형제와 왕자들 그리고 왕의 신하들이 비밀 회동을 한 후 아도니야를 왕으로 선포했다 (왕상 1:5-10).

이들의 음모를 파악한 나단이 밧세바를 찾아가 다윗 왕을 설득하게 하여 솔로몬을 이스라엘과 유다의 왕으로 대관식을 거행하고 공식적인 왕으로 공포하게 한다. 결국, 아도니야는 죽임을 당하고 아비아달은 가택 연금

---

[127] 김희보, 『구약 이스라엘사』, 210.
[128] Walter C. Kaiser, 『이스라엘의 역사』, 371.

되며 시므이는 경고를 어겨 죽임을 당함으로 이에 나라는 견고했다.

(1) 기브온에서의 솔로몬 꿈

솔로몬 시대에 산당 제사를 드리게 된 것은 모세가 지은 큰 놋제단이 시온이 아닌 기브온에 있었기 때문일 수 있다. 솔로몬은 기브온에서 일천 번 제를 드렸다. 그날 밤 솔로몬의 꿈에 나타나신 하나님은 원하는 것을 구하라고 말씀했다. 솔로몬은 지혜로운 마음을 구하여 하나님을 기쁘게 함으로 지혜와 함께 구하지 않은 부귀와 영광을 얻는다.

(2) 성전 건축

시온 산에 위치한 성전 부지는 아라우나 타작 마당으로 이미 다윗 왕이 매입한 바 있다. 귀금속과 돌 등 건축 자재를 모으고 두로 왕 히람으로부터 백향목 목재 및 성전 건축에 필요한 일꾼들을 지원받기로 이미 허락받은 상태였다. 솔로몬이 이스라엘 왕이 된 지 4년째, 곧 주전 966년경 성전 건축을 시작하여 959년에 완공했다. 카이저는 이렇게 말한다.

> 솔로몬의 예루살렘 성전 건축은 이스라엘의 정치 및 경제체제와 중앙 성소의 관계를 강화하는 데 있다. 여호와는 사실상의 왕이며 왕은 함께 다스린 여호와를 대신하여 다스린 섭정자다. 다른 왕국 건축물들의 절묘한 장식과 조화를 이루고 있는 성전의 화려함은 모든 백성과 국가의 자부심이다.[129]

솔로몬 성전의 설계는 하나님께서 지시한 그대로 모세가 건축한 성막에

---

[129] Walter C. Kaiser, 『이스라엘의 역사』, 383.

서 얻었을 것이다. 솔로몬 성전은 모세 성막에 비해 두 배 확장된 크기로 성막을 계승하고 발전시킨 것이다. 온 성전을 금으로 입힌 것은 화려함만을 추구한 것이 아니라 금의 속성처럼 순결, 고귀함, 불변 등의 하나님의 거룩한 속성을 보여 준다.

(3) 솔로몬의 항구

솔로몬 왕은 에돔 땅 홍해 물가의 엘롯 근처 에시온게벨에서 배들을 지었다고 한다. 히람이 바다에 익숙한 사공들을 보내 솔로몬의 종들과 함께 배를 보내어 오빌에서 금 사백이십 달란트를 얻어 솔로몬 왕에게 가져온다(왕상 9:26-28).

에시온게벨은 어디를 말하는가라는 질문에 1837년 프레드릭 본 슈베르트(Friedrich Von Schubert)라는 탐험가는 제시랏 파라운(Jezirat Faraun)섬 앞바다를 그 후보지로 제시한다. 카이저는 이렇게 말한다.

> 제시랏 파라운의 주위는 주전 9세기경 베니게/솔로몬 시대의 것으로 추정되는 포대 벽과 아홉 개의 탑으로 둘러싸여 있다. 이곳에는 또한 너비가 180×90피트가 되는 작은 항만이 있는데, 지금은 두껍게 침적되어 있으나 한때는 분명 배에서 짐을 내리던 곳으로 사용된 것이 틀림없다. 항만 바깥쪽에는 두 개의 말뚝 조각 흔적이 있다. 이것들은 바다에서 돌아온 배들이 항만에 들어가 짐을 내리기 전에 잠깐 머무는 동안 배를 묶어두던 정박 부두였다.[130]

분명 고대에는 여기서 내린 물건들이 대상들을 통해 북쪽의 이스라엘과

---

[130] Walter C. Kaiser, 『이스라엘의 역사』, 387.

베니게로 운반되었을 것이다. 솔로몬의 재물이 그의 왕국으로 들어오고 나간 에시온게벨이 바로 이 지역이었다는 것이 밝혀졌다.

(4) 솔로몬의 쇠퇴

솔로몬의 말기에는 점점 쇠퇴일로를 걸었고 분열의 조짐이 보인다. 쇠퇴하게 된 가장 큰 원인은 영적 타락이다. 솔로몬의 마음이 하나님을 떠났기 때문에 하나님께서 진노하신 것이다. 결혼 동맹으로 얻은 이방 아내들이 이방 신전들을 이스라엘 땅에 세웠기 때문이다.

솔로몬은 통치 말기가 가까워 오면서 세금은 높아지고 부역이 무거워가며 또 이런저런 일들로 백성들의 불평이 높아간다. 시작은 좋았으나 끝까지 충성하지 못한다.[131]

하나님을 떠난 결과, 대적들이 일어난다. 에돔의 하닷과 다메섹의 르손이 솔로몬의 대적으로 일어나고 한때 솔로몬의 신복이었던 느밧의 아들 여로보암이 애굽에 망명했다가 북이스라엘 초대 왕이 된다. 솔로몬의 40년 통치 중 반역의 씨앗들이 자라고 있었다. 솔로몬 사후, 왕국은 분열의 길로 간다.

카이저는 이렇게 말한다.

> 솔로몬은 40년간 백성을 다스렸으나 통일 왕국의 변절의 씨앗은 그 시대에 이미 자라고 있었다. 솔로몬은 실패한 정책들의 열매가 결실을 이루기 전에 세상을 떠나지만, 왕국의 분열은 더 이상 개선되거나 교정할 수 있는 선을 넘고 만다.[132]

---

[131] 김희보, 『구약 이스라엘사』, 253.
[132] Walter C. Kaiser, 『이스라엘의 역사』, 394.

7. 분열 왕국 역사

다윗과 솔로몬 시대의 통일 왕국이 주전 931/930년에 갑자기 분열된다. 북쪽 열 지파는 이스라엘이라 불리고 남쪽 두 지파는 유다로 불린다.[133]

솔로몬 왕의 죽음 후 오랜 기간 세금과 부역에 시달리던 백성들이 부친의 왕위를 계승한 르호보암에게 그것을 감해 달라고 요청한다. 르호보암은 백성들의 요청을 거부하고 더 높은 세금과 부역을 징수하겠다고 발표한다.

그 결과, 백성들은 반기를 들고 자신들의 왕을 따로 세운다. 사울에서 다윗으로 다윗에서 솔로몬으로 120년 통일 왕국의 역사가 끝나고 분열되고 만다. 남쪽의 두 지파 유다와 베냐민은 유다로 불리며 르호보암이 계속 다스리게 되고 북쪽의 열 지파는 이스라엘 혹은 에브라임으로 불리며 아히야 선지자가 예언한 대로 여로보암이 다스리게 된다.[134]

북이스라엘은 이방 세계의 종교적 세속 문화에 영향을 많이 받게 되고 영적 불안과 함께 정치적 불안도 자주 찾아온다. 무려 여덟 왕이 암살되고 그때마다 왕조가 바뀌고 남유다는 스무 명의 왕이 통치하는 동안 다윗 왕조가 유지된다.

특별히, 여로보암은 북왕국의 악한 왕의 전형이다. 여로보암에 대한 이런 악평은 그가 제정한 새로운 형태의 예배와 우상 숭배 때문이다. '여로보암의 길'이란 우상 숭배를 가리킨다. 자신의 왕권을 유지하기 위한 정치적 동기로 자기 백성들이 법궤가 있는 예루살렘 성전으로 예배드리러 가는 것을 차단하기 위해 금송아지 우상을 만들어 하나님 대신 섬기게 하

---

[133] Walter C. Kaiser, 『이스라엘의 역사』, 398. 분열된 해에 대해서는 카이저의 다음 설명을 참조하라. Walter C. Kaiser, 『이스라엘의 역사』, 405-06.
[134] John Bright, 『이스라엘 역사』, 293-94.

는 큰 죄를 범한다.[135]

1) 사마리아에 새로운 수도 건설

사마리아성이 건설된 것은 주전 875년 오므리 왕에 의해서이다. 열왕기 상 16:24은 이렇게 지적한다.

> 저가 은 두 달란트로 세멜에게서 사마리아산을 사고 그 산 위에 성을 건축하고 그 건축한 성 이름을 그 산 주인이 되었던 세멜의 이름을 좇아 사마리아라 일컬었더라(왕상 16:24).

원래 소유자이던 가나안 사람의 이름을 따서 성의 이름을 짓는다. 이 새로운 수도는 옛 수도 디르사보다 훨씬 진일보한 것이다. 레온 J. 우드(Leon J. Wood)는 이렇게 말한다.

> 사마리아는 어느 면에서 봐도 우뚝 솟은 지역이다. 특히, 서쪽 면은 넓은 계곡 위로 솟아올라 있다. 이사야 28:1은 사마리아를 "영화로운 관같이 기름진 골짜기 꼭대기에 세운 성"이라고 부른다. 이곳은 다른 산들과 연결되어 있지만 약 300피트 정도 솟아오른 땅이다. 가장 중요한 사실은 그곳이 북과 남을 연결하는 교역로 상에 위치한 전략 요충지라는 점이다.[136]

아합은 사마리아성을 페니키아의 숙련된 장인들을 통해 상아궁(왕상

---

[135] Leon J. Wood, 『이스라엘 역사』, 김의원 역 (서울: 기독교문서선교회, 1999), 402.
[136] Leon J. Wood, 『이스라엘 역사』, 442.

22:39; 암 3:15)이라고 불리울 정도로 만든다. 그 후 여로보암 2세(주전 793-782) 때에 사마리아성은 최대 번영을 누렸으나, 선지자 아모스와 호세아의 사마리아성의 종말 예언처럼, 여로보암 2세 사후 얼마 되지 않은 주전 722년에 앗수르의 살만에셀 5세에 의해 멸망하고 만다. 사마리아성은 멸망당할 때까지 이스라엘의 수도였고 함락된 이후에도 앗수르와 바사 제국의 지방 중심지가 된다.

2) 주전 9세기의 선지자들

이 시기에 엘리야와 엘리사라는 위대한 선지자들이 있었고 요엘과 오바댜도 이 무렵 등장한다. 요엘은 '여호와의 날'에 초점을 둔다. 요엘의 메시지는 후대 선지자들이 많이 인용할 만큼 큰 영향을 끼친다. 여호와의 날은 먼저는 자기 백성을 심판하는 날이며 다음에는 적들을 파하고 자기 백성을 회복하는 날이다(슥 14:1-9).[137]

3) 주전 8세기의 선지자들

이 시기에 아모스, 호세아, 요나, 미가, 이사야가 이스라엘과 유대에서 선지자의 사역을 두드러지게 한다. 이 시대 선지자들은 개개인의 변화를 통해 나라와 사회가 살아남기를 소원한다. 회개하고 돌아오지 않으면 왕과 백성들에게 심판이 곧 그리고 반드시 이르게 될 것을 선포한다.[138]

특별히, 주전 740-680년경까지 사역한 이사야는 가장 위대한 신학자이

---

[137] 김태훈, 『소예언서』 (서울: 한국장로교출판사, 2009), 70.
[138] Walter C. Kaiser, 『이스라엘의 역사』, 442.

며, 이사야 66장에 이르는 본문은 자신의 소명에 관한 내용(사 6장)과 함께 하나님의 거룩하심(사 1-39장)과 장차 올 영광(사 40-66장)에 관해 다룬다.

유다의 타락상을 책망하며 심판을 경고하던 이사야는 유다의 멸망이 바벨론을 통해 집행될 것을 선포한다. 유다의 멸망을 예언한 이사야는 40-66장에 걸쳐 이스라엘의 구원과 회복의 역사를 중심으로 새 일(사 43:19)을 선포한다. 하나님은 결국 새 하늘과 새 땅을 창조하시고 그리고 예루살렘을 즐거운 성으로 창조하실 것을 예언한다(사 65:17-18).

4) 앗수르의 확장과 사마리아 함락

신앗수르 제국 시대인 주전 745부터 612년까지가 앗수르의 마지막 번성기다. 디글랏 빌레셀 3세의 목표는 북쪽의 우라르투 국경을 사수하고 서쪽의 수리아 지배권을 회복하며 남쪽으로는 바벨론의 위협으로부터 보호함이다.

주위 적국보다 더욱 우수한 무장과 전술로 유능하고 효율적인 상비군을 양성한다. 앗수르는 제국을 안정시키고 강화시키며 확대시키기 위한 조직적 방법들을 발전시킨다. 카이저는 이렇게 말한다.

> 앗수르는 정복 지역의 자유를 곧바로 박탈하거나 그 자치권을 포기하도록 강요하지 않는 대신 속국을 세 단계로 나누어 관리한다. 변방에 위치한 국가들의 경우 그들의 충성 선언만으로 만족한다. 이들 멀리 위치한 국가들의 경우 지역의 군주들은 조공만 바치면 계속해서 그들의 속국으로 간주된다.
>
> 그러나 만일 속국이 반란을 일으켜 조공바치기를 거부하거나 반(反)앗수르 연맹에 합세하는 경우, 그 나라에 대해서는 두 번째 단계의 합병 조치

가 취해진다. 지금까지의 자치권은 빼앗기고 앗수르가 직접 관할하는 한 지역으로 편입하게 된다. 또한, 앗수르와 그 정책에 동조하는 가신들을 임명하여 수도 주변의 일부 작은 지역들만 다스리도록 한다. 지도자나 귀족 계급은 변방으로 유배되고 그 지역에는 평민들만 남게 된다. 그 대신 다른 지역에서 강제 이주된 유배자들이 와서 쫓겨난 귀족들의 자리를 채운다. 이와 같은 민족 혼합 및 종교 혼합 정책은 반란의 가능성 내지는 반앗수르 동맹 형성을 최소화시킨다. 속국이 앗수르 왕권에 대하여 모반을 꾸미고 직접 반역 행동에 가담할 경우 앗수르 제국은 세 번째 단계를 속국에게 적용한다. 국가 말살 정책이다. 앗수르는 그 나라 거민들을 진멸시키고 과거 영토의 희미한 흔적만 남긴 채 제국의 한 지방 단위로 편입시킨다.[139]

살만에셀은 조공을 드리지 않는 호세아를 가두고 사마리아를 3년간 포위하여 마침내 함락시킨다. 많은 거민은 강제 이주되고 종교와 문화와 언어에 있어 혼합주의적 경향을 띠게 된다. 그렇게 이스라엘의 열 지파도 앗수르에 동화되어 간다. 이스라엘 멸망 원인은 '우상 숭배'이다. 여호와 하나님을 버리고 이방의 우상을 좇아 섬긴 죄로 하나님이 진노하셔서 그 결과 앗수르에 멸망당한다(왕하 17:7-18).

8. 산헤립의 침략사

사르곤의 아들 산헤립이 앗수르의 왕이 되었을 때, 히스기야는 반앗수르 정책을 쓴다. 반앗수르 동맹을 맺고 앗수르의 공격을 막기 위해 국방을

---

[139] Walter C. Kaiser, 『이스라엘의 역사』, 487.

튼튼히 한다. 실로암 터널을 만들어 물을 막아 성내로 끌어들인다. 김희보는 이렇게 말한다.

> 산혜립은 주변의 모든 나라와 모든 도성을 굴복시키고 예루살렘을 공격하러 와서 성읍을 포위한다. 산혜립은 라기스를 점령하고 그곳에 본부를 두고 랍사게를 보내어 갖은 모욕을 다하며 항복을 요구한다. 히스기야는 화해를 청하며 성전과 왕궁에 있는 은과 금을 다 거두어 보낸다. 이때 히스기야가 받은 수욕은 이루 다 말할 수 없다.
> 그러나 예물도 화해 조건이 되지 못한다. 계속 대군이 와서 항복을 요구한다. 이때에 이사야 선지자는 곤경에 빠진 히스기야에게 용기를 주어 하나님께 기도하게 하고 앗수르 왕은 반드시 물러가리라는 것을 예언한다(왕하 19:20-28, 32-33; 사 37:32-36). 그리고 하나님은 어떻게 히스기야와 그 백성을 보호할 것인지를 말한다(왕하 19:29-32, 34).[140]

그날 밤 앗수르 진영으로 들어간 여호와의 사자가 초자연적 능력으로 앗수르 군사들을 쳤기 때문에 앗수르 군사 십팔만 오천 명이 하룻밤에 송장이 된다. 라기스에서 수행된 최근 발굴 작업과 산혜립 궁전에서 발견된 부조물을 통해 역사와 관련된 사실임을 확인해 주고 있다.[141] 역사를 주관하고 통치하는 하나님은 당신의 뜻을 따라 예루살렘을 초자연적 방법으로 지키고 보호한다.

---

[140] 김희보, 『구약 이스라엘사』, 376.
[141] Lester L. Grabbe, 『고대 이스라엘 역사』, 김성천 · 류광현 공역 (서울: 기독교문서선교회, 2012), 313.

1) 유다 쇠퇴기의 선지자들

7세기 후반에 선지자 스바냐, 하박국, 나훔, 그리고 예레미야가 유다에게 임할 심판과 앗수르 세력의 쇠퇴 및 바벨론 패권의 부상에 대해 경고한다. 특별히, 예레미야는 예루살렘 북쪽으로 멀지 않은 시골 아나돗에서 온 아비바알 제사장 가문 출신으로 열방의 선지자로 부름을 받는다. 여호아하스, 여호야김, 여호야긴, 시드기야의 통치 시대를 거쳐 예루살렘 함락 이후까지 사역(주전 627-562년)을 계속한다.[142]

유다가 앗수르와 애굽 사이에서 이리저리 방황하던 혼란기 동안 예레미야는 지속적으로 하나님의 말씀을 백성들에게 선포한다. 또한, 동쪽에 새롭게 부상한 신바벨론 세력에 반항하지 말고 행복하라고 권유하지만 무시 당한다.[143]

예레미야는 시내산 언약에 근거해 유다의 불순종을 책망하며 언약적 심판을 예언한다(렘 25:7-10). 바벨론으로부터 유다와 이스라엘의 회복과 구원(렘 23-30장)에 대해 예언하고 새 언약(렘 31:34)을 선포한다.

죄의 용서와 마음에 새겨진 율법으로 성령의 내주와 능력의 역사로 순종하게 하신다는 놀라운 약속이다.

---

[142] Walter C. Kaiser, 『이스라엘의 역사』, 535.
[143] Walter C. Kaiser, 『이스라엘의 역사』, 537.

9. 예루살렘 함락

유대 최후의 날이 다가오는 난세에 예레미야는 하나님이 주신 예언의 말씀을 전하지만 오히려 동족들로부터 심한 핍박을 받는다. 카이저는 이렇게 말한다.

> 예루살렘성이 바벨론에게 포위당할 때, 예레미야는 시드기야 왕에게 항복을 권고했다가 오히려 감옥에 갇힌다. 애굽이 오고 있다는 소식으로 느부갓네살의 포위가 일시적으로 풀리지만, 예레미야는 바벨론이 다시 돌아온다고 예언한다. 예루살렘성의 함락이 불 보듯 뻔하지만, 여호와는 예레미야에게 아나돗 근처에 땅을 사고 매매 증서를 토기에 봉하여 여호와께서 약속하신 그 나라가 회복되는 날까지 보관하라고 명한다.[144]

시드기야는 성의 함락이 임박했음을 알고 밤에 성을 빠져나가 요단 동편으로 달아나려 하나 바벨론 군사들이 여리고 부근에서 그를 생포한다. 느부갓네살 앞에서 시드기야는 자신의 두 눈으로 두 아들이 살해당하는 것을 보고 그 두 눈도 뽑힌다. 시드기야는 놋사슬에 결박을 당한 채 바벨론으로 유배 보내진다.

느부갓네살은 성전이나 궁전 같은 훌륭한 건물을 가진 예루살렘을 완전히 파괴하도록 명령한다. 예루살렘은 주전 586년에 바벨론에 의해 점령당하고 불타버린다.[145] 시위대장 느부사라단은 성중에 남아있는 백성과 바벨론 왕에게 항복한 자들과 무리 중 남은 자들을 바벨론으로 사로잡아 간다

---

[144] Walter C. Kaiser, 『이스라엘의 역사』, 544.
[145] Provan, Long, and Longman III, 『이스라엘의 성경적 역사』, 571.

(왕하 25:11). 카이저는 이렇게 말한다.

> 바벨론의 추방 정책은 두 가지 면에서 앗수르의 정책과 큰 차이를 보인다. ① 바벨론은 앗수르와 달리 사람들이 추방된 땅에 새 주민들을 정착시키지 않는다. ② 바벨론은 파괴된 지역에 남은 피폐한 백성들을 다스리기 위해 바벨론 사람 대신 그 지역 출신 총독을 임명한다.[146]

이에 따라 사반의 손자 아히감의 아들 그달리야가 비천한 백성들을 다스리는 총독으로 임명된다. 그것은 이스라엘의 남은 자를 보존하기 위한 하나님의 섭리다.

10. 바벨론 포로 역사

바벨론 포로는 주전 605년에서 주전 536년까지다. 이 기간은 바벨론 포로 생활과 제1차 귀환의 시기다. 주전 586년 바벨론의 침략으로 유다 왕조의 마지막 왕이 폐위되고 하나님의 성전이 파괴된다. 카이저는 이렇게 말한다.

> 다윗 언약에서는 있을 수 없는 일이 발생한 것이다. 신앙의 근본이 흔들리게 되고 여호와 하나님의 전능성과 임재에 대한 회의를 가지게 된다. 암울한 현실 속에 소망의 빛은 전혀 보이지 않는다.[147]

---

[146] Walter C. Kaiser, 『이스라엘의 역사』, 545.
[147] Walter C. Kaiser, 『이스라엘의 역사』, 550.

유다에 남은 자도 바벨론에 거하는 자도 정치적으로나 사회적으로 힘을 잃고 신앙적으로도 쇠퇴일로를 걷는다.

1) 그다랴의 암살

두 달간 총독으로 지낸 그다랴는 이스마엘에게 살해된다. 이스마엘은 예레미야가 머물러 있으면 모든 것이 잘 풀릴 것이라는 말을 들으면서도 오히려 예레미야를 억지로 끌고 애굽으로 피신한다.

예레미야는 느부갓네살이 이곳을 정복할 것이라는 하나님의 말씀을 전한다. 실제로 하나님 말씀에 불순종하고 유다를 떠난 유대인 디아스포라들 중 아무도 유다로 돌아오지 못한다.

2) 바벨론 포로들의 생활

주전 605년 바벨론으로 간 첫 포로들 중 다니엘과 세 친구 사드락과 메삭과 아벳느고가 있고 다른 왕족 및 귀족들이 함께 끌려간다. 고레스 왕의 조서가 주전 538년에 내려지고 이어서 포로가 귀환함으로, 예레미야 선지자가 예언했던 70년 포로 생활이 성취된다. 카이저는 이렇게 말한다.

> 예레미야는 포로된 백성들에게 장기 계획을 세워야 한다고 전한다. 그곳에 정원을 만들고 집을 짓고 공동체 생활을 한다. 이것은 예루살렘을 기억하고 있는 많은 유대인에게 쓰라린 시간들이다. 바벨론 포로민들은 바벨론 달력을 사용하고 아람어를 사용한다. 그러면서도 히브리어를 사용하여 쿰란 공동체는 히브리어 성경 사본들을 계속 필사한다.[148]

---

[148] Walter C. Kaiser, 『이스라엘의 역사』.

포로민들은 내려진 심판의 기간 동안 강제로 떠나야 했던 그 땅을 볼 수 없음을 알고 정착한다. 열심히 정착하여 경제적으로 부를 누린 결과 다니엘처럼 고위관직에 오르는 경우도 있다. 그들만의 장로회가 있으며 선지자들 그리고 제사장들도 활동한다. 유대인들 일부는 기술직으로 일하며 많은 유대인이 임대, 매입, 매매 활동에 활발하게 참여하면서 유다에 남은 자들보다 나은 생활을 한다.[149]

11. 바벨론 왕국

헬라의 역사가인 헤로도토스에 의하면, 바벨론은 둘레가 55와 1/4마일이나 되는 정사각형 모양의 난공불락 성벽으로 둘러싸인 거대한 도시이다. 느부갓네살은 궁전을 아름답게 재건축하고 수많은 성문을 설치하며 성문과 연결된 행진로의 포장도로의 너비가 73과 1/3피트이다.

행진로 옆에는 높이 300미터의 유명한 지구라트가 있다. 아름다운 궁전이 있고 근처에는 메대를 그리워하는 아내를 위하여 느부갓네살이 만든 세계 7대 불가사의 중 하나로 여겨지는 공중 정원이 있다. 신바벨론 제국의 느부갓네살이 많은 전쟁에서 승리와 건축을 통해 최고의 업적을 남긴다.[150]

1) 바벨론의 마지막 왕들

느부갓네살 사망 후 23년이 지나 바벨론은 메대-바사 제국을 건설한 고

---

[149] Walter C. Kaiser, 『이스라엘의 역사』, 556.
[150] Walter C. Kaiser, 『이스라엘의 역사』, 557-58.

레스에게 넘어간다. 벨사살이 만찬장에서 예루살렘 성전 기물들로 마르둑을 위해 건배를 들 때, 갑자기 손이 나타나 벽에 글을 쓴다. 다니엘이 제국의 멸망을 예언하게 되고 메대인들과 바사인들이 도시 안으로 흐르는 유브라데강을 타고 도시를 점령한다.

2) 바벨론 포로로부터의 제1차 귀환

고레스는 바벨론에 직접 입성하여 군중들로부터 열렬한 환영을 받는다. 고레스는 포로들의 신을 모두 회복시켜 주는 새로운 정책을 제시한다. 605년, 597년, 그리고 586년 세 차례에 걸쳐 유배된 포로들의 운명이 하루 아침에 바뀐다. 스룹바벨의 인도로 첫 번째로 귀환한 자의 수는 49,897명이다.[151]

3) 포로기 시대의 예언자들: 다니엘과 에스겔

다니엘은 주전 605년에 있었던 첫 번째 유수 때에 바벨론으로 잡혀간다. 그는 직업적 의미에서의 예언자는 아니다. 바벨론에서의 그의 직업은 백성들 사이에서의 설교자가 아니라 왕국 내에서의 행정가이다. 환상을 통해 그가 받은 놀라운 예언들과 그가 기록한 예언서 때문에 예언자로 분류된다.[152] 레온 J. 우드는 이렇게 말한다.

다니엘은 바벨론 왕국에서 하나님의 명성을 유지하기 위한 도구로 쓰임받

---

[151] Walter C. Kaiser, 『이스라엘의 역사』, 535.
[152] Leon J. Wood, 『이스라엘의 선지자』, 김동진 역 (서울: 기독교문서선교회, 1990), 491.

는다. 오직 다니엘만이 해석할 수 있는 두 가지 꿈이 느부갓네살 왕에게 주어진다. 풀무불에서 구출되는 다니엘의 세 친구와 함께 사자 굴에 던져진 다니엘이 기적적으로 구출되는 사건을 통해 하나님의 위대하심을 드러낸다. 그리고 마지막 날들과 관련된 놀라운 예언들을 통해 미래에 이루실 하나님의 위대한 역사를 바라보게 해 준다.[153]

반면, 에스겔은 직업적 예언자로서 백성들 사이에 선포하며, 특별히 이국 땅에서 포로 된 자들의 목자로 봉사한다. 임박한 예루살렘 멸망에 대해 예언하고 이방 나라들에 관한 예언과 이스라엘의 미래의 회복에 대하여 예언한다. 프란코이스 카스텔(Francois Castel)은 이렇게 말한다.

> 에스겔은 절망 속에 있는 백성들을 위로하기 위해 그 유명한 마른뼈 환상을 선포한다(겔 37장). 새로 태어난 백성은 재결합하여 자기들의 고토에서 살게 될 것이며, 자기들의 마을을 요새화할 것이며, 그의 백성들은 제사장적인 율법에 순종케 하는 새로운 다윗의 지도 아래 살게 될 것이라는 것이다(겔 34:24).
>
> 새로운 이스라엘은 그의 적에게 승리하고 정화되어서 새로운 개척 정신을 갖게 될 것이다(겔 38장). 성전은 재건될 것이고 성전 중앙으로부터 맑은 샘물이 흐를 것이며 주의 영광이 다시 한번 그의 성소를 차지하게 될 것이다. 에스겔의 환상은 유대주의를 새로이 태아나게 할 핵심 사상이 된다.[154]

---

[153] Leon J. Wood, 『이스라엘의 선지자』, 496.
[154] Francois Castel, 『이스라엘과 유다의 역사』, 허성군 역 (서울: 한국장로교출판사, 1992), 205.

천년왕국 이전에 일어날 사건들과 천년왕국의 성전과 예배와 땅에 관해 예언한다. 지금은 포로가 된 백성들은 그들의 불명예와 고통이 끝나고, 분열된 유다와 이스라엘 왕국이 다시 통일될 구원의 시대를 고대할 수 있다. 원수들은 패배할 것이며 새로운 성전과 하나님을 향한 예배가 다시 회복될 것이다.[155]

12. 바사의 지배 역사

바벨론은 70년 포로기 동안 하나님의 백성들에게는 이스라엘보다 오히려 영적, 지적 중심지가 된다. 유대 공동체는 경제적으로 번성했고 종교적으로 학문적 전통을 유배지에서 발전시켜 나간다. "바벨론 탈무드"가 나왔고 성경 본문과 사본의 중심지가 된다. 바사가 바벨론을 점령한 후에도 별다른 변화나 와해의 조짐없이 지속된다.

1) 메대-바사의 기원

메대와 바사는 아리안 족속의 후손으로 메대는 동쪽으로 진행하여 카스피해 남쪽 지역을 차지하고, 바사는 남쪽으로 이주하여 페르시아만에 정착한다. 카이저는 이렇게 말한다.

> 고레스 2세가 바사 족속의 통일 사업을 착수하여 메대 바사 제국을 건설한다. 고레스 2세는 주전 539년 바벨론 정복 후 9년을 더 통치한다. 그 뒤를

---
[155] Walter C. Kaiser, 『이스라엘의 역사』, 518.

이은 고레스의 아들 캄비세스는 가우마타에게 왕위를 찬탈당한다. 다리오가 반란을 잠재우고 왕위에 오른다. 다리오는 능력 있는 통치자로 새로운 행정 구역을 편성하고 순회 재판 제도를 도입하며 우편제도 개선한다. 재정 정책을 개선하고 화폐 단위를 통일하며 무게 단위와 도량법을 현실화한다. 다리오는 소아시아 전역을 제국의 영토로 확장시킨다.[156]

다리오는 아테네와의 마라톤 전투에서 패배당하고 아시아로 후퇴한다. 그 아들인 아하수에로는 아버지의 복수를 이루려고 헬라의 도시 국가들을 공격하여 연승을 거두나 살라미스 해전에서 200척의 배를 잃는 참패를 당한다.[157]

2) 성전 재건의 완수

다리오 2년, 주전 536년에 시작했다가 중단된 성전 건축이 16년 만에 스룹바벨과 여호수아의 주도하에 재건된다. 종교적 차원에서 볼 때, 성전이 파괴된 주전 586년에서 70년이 되는 주전 516년에 성전이 완공됨으로 예레미야의 예언은 성취된다.[158]

3) 에스더와 바사 궁

많은 비평학자는 유대인 디아스포라의 삶을 다루는 에스더의 역사성을 부인한다. 그러나 에스더에 대한 반대 의견들은 근거없는 주장들로 우

---

[156] Walter C. Kaiser, 『이스라엘의 역사』, 574
[157] Walter C. Kaiser, 『이스라엘의 역사』, 576
[158] 김희보, 『구약 이스라엘사』, 434. Walter C. Kaiser; 『마지막 때에 관한 설교』, 211.

리들이 알고 있는 어떠한 자료와도 모순되지 않는다.[159] 카이저는 이렇게 말한다.

> 하만은 아하수에로 왕을 거짓말로 설득하여 유대인들은 죽여도 좋으며 재산도 압수할 수 있다는 조서를 내리게 한다. 왕후 에스더는 목숨을 걸고 왕에게 나아가 하만이 꾸민 일을 밝힌다. 아하수에로는 즉시 하만의 사형을 선고하고 유대인들의 자기방어를 허락한다. 결과적으로, 유대인들을 죽이려 했던 자들 중 75,000명이 오히려 죽는다.[160]

유대인들은 부림절이라는 축제를 제정하여 죽음에서 생명으로 슬픔에서 기쁨으로 바뀐 역사를 기념한다.

4) 에스라와 느헤미야의 귀환

주전 458년 아닥사스다는 에스라의 제2차 예루살렘 귀환을 허락한다. 약 1,700여 명이 출발하여 3개월 반 후에 예루살렘에 도착한다. 카이저는 이렇게 말한다.

> 에스라는 아닥사스다로부터 중요한 특권을 부여받는다. 성전의 금은 기명을 반환받으며 왕의 국고 사용 권한과 성전에서 일하는 자들의 세금 면제와 행정 관리 임명권과 율법에 의한 사형 집행권도 받는다(스 7:11-26).[161]

---

[159] Walter C. Kaiser, 『이스라엘의 역사』, 579.
[160] Walter C. Kaiser, 『이스라엘의 역사』, 584.
[161] Walter C. Kaiser, 『이스라엘의 역사』, 587.

에스라는 하나님께 회개의 눈물을 흘리며 하나님의 말씀을 따르는 공동체 생활과 믿음의 순결을 최선을 다하여 가르친다.

아닥사스다의 왕궁 술관원장이었던 느헤미야는 예루살렘에 대한 참담한 상황에 대한 보고를 받고 4개월을 기도하던 중 왕에게 보고하여 도움을 청한다. 왕은 성벽 재건 사업의 안전과 공사에 필요한 모든 물자 공급을 보장하는 왕의 조서를 준다. 방해자들의 공격과 많은 난관을 극복하고 52일 만에 성벽은 완성된다(느 6:15).[162]

13. 신구약 성경 중간 시대 역사

신구약 중간 시대는 헬라 시대(주전 332-167년), 마카비 혁명, 그리고 하스몬 왕국 시대로 나눌 수 있다.

1) 헬라 시대

바사의 아케메니아 왕 시대는 음모와 부패로 가득했고 서쪽 그리스에서는 헬라라고 하는 새로운 세력이 부상하고 있다. 주전 338년에 아테네에게 대승을 거둔 필립과 그의 아들 알렉산더는 바사를 위협하는 세력으로 등장한다.

주전 336년에 다리오 3세가 바사 왕이 되었을 때, 20세의 알렉산더도 마케도니아 왕이 된다. 3년 후 알렉산더는 이수스에서 결정적인 승리를 거두고 2년 후 바사 제국의 심장부까지 쳐들어가 승리를 거둔다. 역사의

---

[162] Walter C. Kaiser, 『이스라엘의 역사』, 589-92.

새 장이 열린 것이다.[163]

(1) 엘레판틴의 유대인들

당시의 문서들과 단편적인 증거에 의하면, 애굽과 에티오피아 국경 부근 지역인 엘레판틴에 유대 공동체가 있었다. 지리적으로 애굽의 하부에 있으며 그 위로 데베스와 멤피스가 중요한 강변 도시이고 나일강이 나누어지는 사이에 건설된 섬이다.[164]

이 공동체는 유대교의 규범을 벗어나 종교적 혼합주의와 근본적인 원리의 변화로 신들을 위한 신전을 세우는 타락 속에 처해 있어 예루살렘으로부터 더 이상 유대인으로 인정받지 못한 것으로 추측되고 있다.[165]

(2) 사마리아인들

사마리아인들은 주전 722년 앗수르의 사마리아 함락 이후 이방 민족과의 잡혼으로 인해 생겨난 백성들이다. 사마리아인들은 주전 2세기 초에 예루살렘 성전에 맞서 자신들만의 성전을 세운다. 예수님 당시도 유대인과 사마리아인은 상종치 아니할 정도로 고착화되어 있었다.

(3) 회당

회당은 '사람들의 모임' 또는 '회중'이란 뜻으로 유대인들의 지역 모임 또는 모이는 장소를 지칭하는 데 사용된다. 카이저는 이렇게 말한다.

---

[163] Walter C. Kaiser, 『이스라엘의 역사』, 602.
[164] Antonius H. J. Gunneweg, 『이스라엘 역사』, 문희석 역 (서울: 한국신학연구소, 1986), 193.
[165] Antonius H. J. Gunneweg, 『이스라엘 역사』, 226.

많은 유대인이 유배지에서 기도 및 성경 공부를 위해 세운다. 큰 도시에는 23명의 장로가 주축이 되고 작은 마을에서는 7명으로 구성하는 '산헤드린' 이나 회당 공동체를 통합하는 기구를 조직한다. 산헤드린은 유대인들의 법정 역할을 한다.

예루살렘에 있는 산헤드린은 유대의 최고 재판소다. 회당에서의 예배는 간단한데, 이스라엘 사람이면 누구나 인도할 수 있고 회당의 섬기는 자인 하잔은 낭독자에게 성경을 가져오고 교훈이 끝나면 두루마리들을 다시 함에 넣어 보관하는 일을 맡는다. 순서는 주로 기도와 성경 읽기 그리고 본문의 일부에 대한 해석으로 구성된다.[166]

(4) 헬레니즘의 사도 알렉산더

마케도니아의 필립이 만든 헬라 동맹은 바사 제국에 치명타를 입힌다. 부친의 유업을 받은 알렉산더는 아리스토텔레스의 제자로 헬레니즘의 전도자가 된다. 알렉산더는 정복지마다 자신의 이름을 본 딴 알렉산드리아라는 신도시를 건설하고 지중해의 주도권을 누리게 된다. 동방 나라들은 헬라 문화의 거센 물결을 돌이킬 수 없었고 헬라식 사고와 행동을 경험하고 수용한다.

(5) 프톨레미 왕조 시대 유다의 삶

알렉산더가 요절한 후, 7년간의 권력 투쟁 끝에 주전 315년에 네 명의 장군이 등장한다. 프톨레미는 유다에 들어와 10만 명의 유대인들을 애굽으로 데려가고 3만 명을 수비대로 배치한다.[167]

---

[166] Walter C. Kaiser, 『이스라엘의 역사』, 607.
[167] Walter C. Kaiser, 『이스라엘의 역사』, 614.

(6) 셀류쿠스 왕조 시대 유대의 삶

누구나 헬라의 신을 숭배해야만 했다. 이스라엘의 하나님과 주피터를 동일시하여 유대인들이 '멸망의 가증한 것'이라고 부르는 우상을 성전 제단 위에 세워 놓는다. 거룩한 곳에서 돼지가 번제로 드려지고 타락한 성행위를 한다. 유대인들이 금지된 할례와 안식일 및 다른 절기를 지킬 때는 사형을 받기도 한다. 히브리 성경 사본이 파괴당하는 유다의 암흑기다.[168]

(7) 70인역(셉튜아진트)

각 지파마다 6명씩인 12지파 장로들 총 72명은 율법서 사본이 보내진 알렉산드리아도서관에서 히브리어나 아람어에 익숙하지 않은 디아스포라 유대인들을 위해 번역 작업을 시작한다. 주전 283년부터 246년까지 히브리어 구약성경을 헬라어로 번역한다. 그 결과, 헬라 세계가 처음으로 구약성경의 계시를 접하게 되고, 초대교회에서 70인역은 구약성경에 대한 '유일한 표준 형식'이 된다.[169]

2) 마카비 혁명

마카비 혁명은 종교적 자유를 위한 투쟁에서 시작되는데, 강력한 반발에 안티오쿠스뿐만 아니라 헬라화된 많은 유대인조차 충격을 받았다고 한다.[170]

나이 많은 제사장 맛다디아는 이방신 제단의 제사 명령을 거부하고 다섯 아들과 이교도 신전을 파괴하고 배교자들을 죽인 후 피신한다. 안티오

---

[168] Walter C. Kaiser, 『이스라엘의 역사』, 621.
[169] Walter C. Kaiser, 『이스라엘의 역사』, 622-23.
[170] Walter C. Kaiser, 『이스라엘의 역사』, 626.

쿠스는 조세 징수관을 보내 예루살렘을 완전 헬라화시키고 군사적 요새를 견고히 하여 수리아 경비대와 헬라화된 유대인들로 채운다.

성전 예배를 중지시키고 할례를 금하며 절기를 못 지키게 하여 토라 연구를 금지시킨다. 주전 167년 예루살렘 안에 올림푸스의 제우스 신전을 세운다.

주전 165년 맛다디아의 셋째 아들 유다 마카비는 예루살렘을 공격하여 점령한 후, 신전에 들어가 주피터 제단을 포함 모든 이방 종교의 기물들을 제거한 후 여호와의 제단을 세운다.

유대인들은 이 기간을 '수전절'(the Feast of Dedication) 또는 '하누카'(Hanukah)라 부른다. 수전절은 유대력으로는 기스르월 25일에 시작되는데, 태양력으로는 크리스마스와 거의 비슷한 때에 지키게 된다. 수전절이 되면, 8일 동안 매일 하나씩 초에 불을 밝히기 때문에 '빛의 명절'(the Feast of Lights)이라고도 부른다.[171]

3) 하스모니아 왕국

데미트리우스는 주전 142/1년경 시몬 마카비에게 독립과 아울러 조공을 면제해 줌으로써 하스모니아 왕국 시대가 열린다. 시몬은 욥바 항구를 점령하고 해상 항로를 열어 영토를 확장한다.[172] 요한 히루카누스 1세는 예루살렘 북쪽의 성벽을 재건하고 성전의 북서쪽 지역에 훗날 '안토니아' 성채의 기반이 되는 요새를 세운다. 카이저는 이렇게 말한다.

---

[171] 하용조, 『비전성경사전』 (서울: 두란노, 2015), 742.
[172] Walter C. Kaiser, 『이스라엘의 역사』, 636.

당시 유대 문화 속으로 침투해 오는 헬레니즘에 대한 반발로 여러 분파가 생겨난다. 경건파 하시딤은 가장 보수적 유대인들로 종교 자유와 율법에 대한 철저 준수를 주장하고 모든 형태의 헬라 문화와 사상을 배척한다. 이들이 나중에 바리새파가 된다. 요한 히루카누스의 외교 정책은 친로마이다.[173]

아리스토불루스가 1년 통치 후 죽을 때 유일한 형제 중 생존자인 알렉산더 야네우스가 왕이 된다. 그는 주전 103년부터 76년까지 다스리면서 블레셋 연안과 애굽 국경 그리고 트랜스요르단 지역으로 영토를 확장시킨다. 카이저는 이렇게 말한다.

그는 비헬라화된 유대인들을 좋아하지 않았기 때문에 사두개인들을 가까이 하고 바리새인들을 경멸한다. 전쟁 중 49세에 사망한 야네우스의 뒤를 이은 살로매 알렉산드라는 남편의 충고대로 바리새인들과 손잡고 9년을 통치한다. 산헤드린은 새로운 법령을 공포하여 모든 젊은이들이 초등 교육을 받도록 한다. 교육의 초점은 히브리 성경 연구에 중점을 두며 유대 지역 큰 마을이나 도시 및 성읍들에는 초등 교육 제도가 실시된다.[174]

알렉산드라가 생을 마칠 무렵 로마는 오랜 내란이 끝나고 서서히 동방으로 눈을 돌리기 시작한 때다. 히루카누스 2세가 왕위에 올랐지만 권력투쟁 결과 동생 아리스토불루스에게 권좌를 내 주게 된다. 카이저는 이렇게 말한다.

---

[173] Walter C. Kaiser, 『이스라엘 역사』, 639.
[174] Walter C. Kaiser, 『이스라엘 역사』, 641-44.

아리스토불루스는 유대의 하스모니아 통치를 이어가지만 독립 군주라기보다는 로마의 꼭두각시이다. 다메섹에 온 폼페이는 아리스토불루스가 유대 세력을 규합할 수 있는 위치임과 실제로 예루살렘에 저항 세력을 조직했음을 알고 유대 문제에 개입한다. 그 결과, 폼페이는 예루살렘을 점령하고 히루카누스에게 대제사장으로 정상적으로 제사를 드리게 한다. 그러나 아리스토불루스는 로마의 포로로 압송되어 주전 61년 폼페이의 개선 행렬 때 전시물이 된다.[175]

마카비 혁명으로 독립을 쟁취한 하스모니아 왕조는 약 100년간 지속하다가 막을 내렸다. 새로운 시대가 온 것이다. 로마가 이스라엘과 유다의 옛 땅을 수리아주로 편성시킨다. 로마는 주전 753년 로물루스(Romulus)와 레무스(Remus)가 로마시를 세우고 주전 250년경 이탈리아 반도를 통일한다.

로마는 카르타고를 제압하고 마케도니아, 고린도, 그리고 온 아가야로 통치권을 확장해 나간다. 로마인들이 아시아까지 들어오게 되어 역사의 새 장을 열어가게 된 것이다.[176]

14. 요약

이 장에서는 카이저의 이스라엘 역사 이해를 기술했다. 카이저는 먼저 성경이 역사의 실제 기록임을 전제한다. 하나님의 역사는 역사에 포함해야 할 중요 핵심이라 선언하고, 많은 부분에 걸쳐 성경 내용의 역사성을

---

[175] Walter C. Kaiser, 『이스라엘의 역사』, 647.
[176] Francois Castel, 『이스라엘과 유다의 역사』, 275.

변증한다.

카이저의 구약신학을 언약의 신학 혹은 약속의 신학으로 이해한다. 족장 시대 이전의 역사는 아브라함이 등장해야 하는 배경을 알려 주는 역사이다. 족장 시대는 아브라함을 부르시고 만민에게 복된 언약을 주시며 언약 성취를 위한 민족을 형성시키는 역사이다.

출애굽 시대는 아브라함 언약을 성취시키기 위해 시내산 언약을 주고 약속의 땅을 향하여 나아가는 시대이다. 가나안 정복 시대는 언약 성취를 위해 가나안에 입성하고 땅을 정복하며 거주하는 시대이다. 사사 시대는 가나안 정복 시대를 거쳐 왕정 시대로 가기 위한 다리 역할을 하는 시대이다. 왕정 시대는 사사 시대를 지나며 왕을 요구하는 백성들을 통해 시작하지만 신정 왕국의 모습을 보여 주며 다윗에게 언약을 주심으로 앞으로 완전한 메시아 왕국을 바라 보게 하는 시대이다.

분열 왕국 시대에는 선지자들을 통해 인간의 힘으로 지킬 수 없는 시내산 언약을 이루시도록 하나님께서 친히 새 언약을 주신다. 선지자들을 통해 새 하늘 새 땅의 비전을 주고 언약 성취의 완성된 모습을 계시하신다. 새 언약을 피로 세우시기 위해 오실 예수 그리스도를 맞이할 준비하는 과정이 이스라엘 역사이다.

제3장

월터 C. 카이저의 이스라엘 종말론 이해

이 장에서는 카이저의 이스라엘 종말론 이해에 관해 기술한다.

복음 증거는 영적 전쟁에 참여하는 것으로, 자연적으로 능력 대결, 충성 대결, 진리 대결에 직면한다.[1] 복음서 저자들은 초기에 예수 그리스도의 사역에서 능력 대결에 많은 관심을 기울이고, 시간이 흐른 뒤에는 충성 대결과 진리 대결에 더 많은 관심을 쏟는다.

예수님은 이미 헌신한 사람들에게는 진리를 가르치는 데에 중점을 두신다. 어떤 사람이 충성 대결을 성공적으로 수행하면, 그 이후의 성장을 위해 진리를 배우고 실천하는 것이 중요하다.[2] 진리 대결이라는 측면에서 볼 때, 잘못된 신학인 대체주의에는 이스라엘 종말론이 없다. 그러므로 카이저는 서두에 대체신학을 다루며 이스라엘 종말론을 서술한다.

이 장에서는 대체신학의 기원과 주장 및 신학적 오류가 무엇인지를 다루며 이스라엘 종말론의 가장 실제적이고 구체적이고 물리적 현상인 이스라엘 귀환을 중심으로 다룬다.

---

1   Peter Kang, 『선교지의 능력 대결』 (로스앤젤레스: 미주장로회신학대학교, 2018), 20.
2   Peter Kang, 『선교지의 능력 대결』.

유대적 종말론은 "역사가 끝나고 하나님이 구원하시는 영원한 시대가 도래하면서 우주 및 현 세상 체제가 완성되는 것"을 의미한다.[3]

1. 시작된 종말론(Inaugurated Eschatology)

카이저는 구약 종말론 정의에 관해 두 시대에 관한 사상을 포함해야 하는 것으로 이해한다.

> 하나님의 목적은 역사 밖에서뿐 아니라 역사 안에서도 성취되기 때문이다. '지금'(now) 그리고 '아직 아닌'(not yet)이라는 성경적인 두 시대는 신약뿐 아니라 구약에서도 미래와 마지막 때를 설명할 때 사용된다.
> 두 시대에 관한 사상이 신구약 중간기의 후대 종말론적인 글에서 발전된 것은 분명하다. 그러나 구약성경에 '지금' 그리고 '아직 아닌'이라는 단어는 사용되지 않지만 그 개념은 이미 나타나고 있다.[4]

신약성경 저자들은 '두 시대'라는 전통적인 유대적 개념을 '이 시대'의 역사적 사건과 미래의 '다가올 시대'가 어떻게 연관되는지 설명하면서 30회 정도 사용한다.[5] 아래의 신약성경의 여러 구절을 통해 발견할 수 있다.

> 또 누구든지 말로 인자를 거역하면 사하심을 얻되 누구든지 말로 성령을 거역하면 이 세상과 오는 세상에서도 사하심을 얻지 못하리라(마 12:32).

---

3   Walter C. Kaiser, 『마지막 때에 관한 설교』, 22.
4   Walter C. Kaiser, 『마지막 때에 관한 설교』, 23.
5   Walter C. Kaiser, 『마지막 때에 관한 설교』, 27.

현세에 있어 집과 형제와 자매와 어머니와 자식과 전토를 백 배나 받되 박해를 겸하여 받고 내세에 영생을 받지 못할 자가 없느니라(막 10:30).

현세에 여러 배를 받고 내세에 영생을 받지 못할 자가 없느니라 하시니라 (눅 18:30).

하나님의 약속과 계획의 성취는 항상 최종적이거나 완전한 것은 아니다. 많은 경우 초기적이거나 부분적일 수 있다. 종말론에 있어서 약속과 계획의 성취 과정이 시작되었다는 의미에서 시작된 종말론(inaugurated eschatology)이라 할 수 있다.

대럴 복(Darrell Bock)은 '이미 그러나 아직'의 관계를 아래와 같이 잘 설명해 주고 있으며, 그 다음에 소개하는 신약성경도 이를 설명한다.

> 나는 내가 예수님을 신뢰할 때 지금 구원을 받지만 하나님은 미래에 그 구원을 완성하실 것이다. 어떤 의미에서는 구원이 이미 왔지만, 다른 의미에서는 나는 그것을 기다린다. 구원과 하나님 나라, 두 경우 다 어떤 주어진 본문에서 그 관계의 어느 쪽이 강조되고 있는가에 주의를 기울여야만 한다.
> 그 관계의 한쪽 측면이 존재함을 주목한다고 해서 그것이 그 실현의 다른 부분이 있음을 부정하는 것은 아니다. '이미 그러나 아직'이라는 가르침은 하나님의 계획의 통일된 전체로 연결시킨다. 그것은 우리로 하여금 하나님의 약속들이 이뤄지는 데 있어 연속성과 불연속성 둘 다를 보도록 해 준다.[6]

---

6   Craig A. Blaising, 『하나님 나라와 언약』, 곽철호 역 (서울: 기독교문사, 2005), 137-38.

> 사랑하는 자들아 우리가 지금은 하나님의 자녀라 장래에 어떻게 될지는 아직 나타나지 아니했으나 그가 나타나시면 우리가 그와 같을 줄을 아는 것은 그의 참모습 그대로 볼 것이기 때문이니(요일 3:2).

> 그러나 내가 하나님의 성령을 힘입어 귀신을 쫓아내는 것이면 하나님 나라가 이미 너희에게 임했느니라(마 12:28).

하나님 나라는 예수님이 이 땅에 오셔서 공생애를 통해 사역을 시작하시면서 이미 현재적으로 시작된다. 예수님은 성령을 힘입어 귀신을 쫓아내심으로 사탄의 영역을 침범하기 시작한다.[7] 때가 차면, 예수님은 다시 오셔서 하나님 나라를 완성시킬 것이다.

2. 구약성경의 이스라엘 종말론

구약성경의 종말론적 용어는 '여호와의 날,' '그 날에,' '끝 날에,' '미래의 심판,' '구원의 날' 등 다양하게 표현된다. 이 용어들은 하나님이 전 우주를 통치하고 하나님 나라가 승리하는 때라는 의미로 사용된다.[8] 아래의 구약성경은 하나님의 손으로 믿음 없는 자들을 벌하고 하나님의 말씀에 충실한 자들에게 구원의 약속이 성취되는 때를 가리킨다.[9]

> 말일에 여호와의 전의 산이 모든 산 꼭대기에 굳게 설 것이요 모든 작은

---

7   Walter C. Kaiser, 『마지막 때에 관한 설교』, 30.
8   Walter C. Kaiser, 『마지막 때에 관한 설교』, 26.
9   Walter C. Kaiser, 『마지막 때에 관한 설교』, 27.

산 위에 뛰어나리니 만방이 그리로 모여들 것이라(사 2:2).

끝 날에 이르러는 여호와의 전의 산이 산들의 꼭대기에 굳게 서며 작은 산들 위에 뛰어나고 민족들이 그리로 몰려갈 것이라(미 4:1).

카이저는 종말에 대한 소망은 주전 9세기 예언서인 오바댜와 요엘에서부터 나타나지만 가장 먼저는 다음의 구절에서 시작된다고 본다.

이제 가서 내가 네게 말한 곳으로 백성을 인도하라 내 사자가 네 앞서 가리라 그러나 내가 보응할 날에는 그들의 죄를 보응하리라(출 32:34).[10]

3. 예언을 바르게 해석하는 방법

예언은 당대 문화를 향해 하나님의 사자들이 하나님의 말씀을 선포하는 것이며, 그 속에는 미래에 대한 예고를 다루는 부분도 많다. 바톤 J. 페인(Barton J. Payne)의 계산에 의하면 다음과 같다.

성경 전체 31,124절 중 8,352절이 예고적 자료를 포함하고 있다. 성경의 27%나 되는 분량이 미래에 대한 예고를 다루는 셈이다. 페인은 구약의 6,641절이 미래에 대한 구절을 포함하고 있고(전체 23,210절 중에서, 혹은 28.67%), 신약은 1,711절이 미래에 대한 구절을 포함하고 있어(전체 7,914절 중에서, 혹은 21.6%), 도합 8,352절이 737개의 상이한 예언적 주제를 다루고

---

[10] Walter C. Kaiser, 『마지막 때에 관한 설교』, 25.

있다고 한다.[11]

하나님은 자기의 비밀을 그 종 선지자들에게 보이지 아니하고는 결코 행하심이 없으신(암 3:7) 분이시기에, 하나님의 뜻을 꺼리지 않고 다 전하려면(행 20:27) 하나님의 말씀에서 많은 부분을 차지하는 미래에 대한 계시를 반드시 깨닫고 전해야 한다.

카이저는 예언적 구절들을 바로 해석하기 위한 간략한 방법을 아래와 같이 제시한다.

> 예언적인 구절들을 제대로 해석하기 위한 최선의 방법은, 단어에 비유적 또는 우화적인 의미가 있다는 신호가 그 본문 자체 내에 있지 않으면, 본문 단어들을 우선 각각의 자연스러운 뜻으로 이해하는 것이다. 우리는 '마치' 또는 '~같이'라는 단어를 보면, '직유' 또는 '비유'라는 것을 안다. 대상과 그것이 암시하는 추상적인 진리를 직접 비교할 때 쓰이는 단어이기 때문이다.
> 그러나 '마치' 또는 '~처럼'과 같은 단어는 없지만 살아 있는 대상이 무생물같이 묘사될 경우 은유라는 암묵적인 비교에 해당하고, 혹 이것이 더 큰 이야기로 만들어지거나 아주 큰 범위로 확장되면 우화라 할 수 있다.[12]

하나님의 뜻에 따라 기록된 성경을 바르게 다루려면 미래에 관한 부분

---

[11] Barton J. Payne, *Encyclopedia of Biblical Prophecy* (New York: Harper & Row, 2009), 631-682; Walter C. Kaiser,『성경과 하나님의 예언』, 김영철 역 (서울: 여수룬, 1993), 20과 Walter C. Kaiser & Moisés Silva.『성경해석학 개론』, 김창헌 역 (서울: 은성출판사, 2009), 219에서 재인용.

[12] Walter C. Kaiser,『마지막 때에 관한 설교』, 33.

을 소홀히 해서는 안 된다. 미래에 대한 계시를 연구하는 일을 꺼리기보다는 적극적으로 바른 해석학적 방법을 가지고 연구해야 한다.

카이저가 주장하는 예언 해석의 원리를 조금 더 상술하면 아래와 같이 무조건적 예언은 조건적이자 연속적인 예언과 구별되어야 한다.

> 무조건적 예언은 일방적이면서 결과적으로 하나님 편에서 책임지시는 언약이다. 무조건적 언약은 계절에 대한 하나님의 언약(창 8:21-22), 아브라함에게 주신 하나님의 약속(창 12:2-3; 15:9-21), 다윗과 그 자손들을 위한 왕조와 왕국과 통치권에 대한 하나님의 언약(삼하 7:8-16), 새 언약에 대한 하나님의 약속(렘 31:31-34), 그리고 새 하늘과 새 땅에 대한 하나님의 약속(사 65:17-19; 66:22-24) 등이다.[13]

구약성경의 대부분의 예언은 조건적 예언이다. 대부분 이런 예언들은 레위기 26장 또는 신명기 28-32장에 기초한다. 하나님의 말씀에 순종하거나 불순종함으로 초래되는 특별한 결과를 제시한다. 예레미야 18:7-10에 의하면 다음과 같다.

> 내가 어느 민족이나 국가를 뽑거나 부수거나 멸하려 할 때에, 만일 내가 말한 그 민족이 그의 악에서 돌이키면 내가 그에게 내리기로 생각했던 재앙에 대하여 뜻을 돌이키겠고, 내가 어느 민족이나 국가를 건설하거나 심으려 할 때에, 만일 그들이 나 보기에 악한 것을 행하여 내 목소리를 청종하지 아니하면 내가 그에게 유익하게 하리라고 한 복에 대하여 뜻을 돌이키리라(렘 18:7-10).

---

[13] Walter C. Kaiser & Moisés Silva, 『성경해석학 개론』, 232.

연속적 예언은 수 세기에 걸쳐 발생하는 일련의 연속적 행위로 성취되지만 묶어서 한 예언으로 표현되는 것이다. 두로 멸망에 관한 예언(겔 26:7-14; 29:17-20), 아합 왕에 대한 엘리야의 예언(왕상 21:17-29), 다메섹 멸망에 대한 이사야의 예언(사 17:1) 등이다.[14]

카이저는 예언 해석에 있어 안디옥학파와 종교개혁자들의 전통처럼 신비적인 풍유와 획일적 문자주의를 모두 거부하고 미래적 예언의 기초가 되는 본문을 잘 연구할 것을 권장한다.

> 아브라함에게 하신 약속(창 12장), 12지파에 대한 야곱의 축복(창 49장), 순종과 불순종의 결과(레 26장; 신 28장), 다윗 왕국의 약속(삼하 7장), 임마누엘(사 9장), 황폐함과 천년왕국(사 24장), 고난받는 종(사 52:13-53:12), 새 하늘과 새 땅(사 65-66장), 새 언약(렘 31:31-34), 이스라엘의 회복(겔 37장), 이어지는 제국과 하나님의 왕국(단 2; 7장), 성령의 오심과 심판(요 2:28-3:21), 다윗의 장막의 회복(암 9:11-15), 시온에 모일 열방(미 4장), 감람산의 메시아 재림(슥 14장), 종말(마 24-25장), 이스라엘의 접목(롬 9-11장), 몸의 부활(고전 15장), 몸의 중간 상태(고후 5:1-10), 이방인과 유대인의 연합(엡 2:11-3:11), 적그리스도(살후 2장), 천년왕국(계 20:1-10), 영원한 나라(계 21-22장).[15]

카이저는 하나님께서 평이하게 만드신 것을 수수께끼로 만들지 말라고 권고한다. 하나님께서 말씀을 주실 때 신비롭게 하고 혼란하게 하시기 위함이 아니라, 가르치고 책망하고 위로하시기 위함이었다.

카이저는 이렇게 말한다.

---

[14] Walter C. Kaiser & Moisés Silva, 『성경해석학 개론』, 234.
[15] Walter C. Kaiser, 『성경과 하나님의 예언』, 99.

① 성경 예언은 비밀스러운 '이중 의미'의 성격의 것이 아니다.
"계시는 이해할 수 있어야 하며 그렇지 않다면, 그것은 전혀 계시라고 할 수 없다."
② 만일 '이중 의미'가 있다면, 권위 있는 해석이 매우 어려울 것이다
③ 경계를 설정할 수도 없을 것이다.
④ 결국, 언어의 정상적인 패턴 아래에서 예언의 의미를 부여해야 할 것이다.
⑤ 교리를 세우려고 '이중 의미'의 방법이 사용되어서는 안 될 것이다.
⑥ 신약의 저자들이 한 구절을 인용할 때 하나의 의미를 다양하게 적용하기도 한다.[16]

예언은 역사를 기록하거나 읽을 때처럼 평범하고 명확해야 한다. 예언이 상징적이라 할지라도 예언의 대상이 되는 사람들에게는 장차 올바른 의미가 알려지게 되어 있다. 안디옥학파와 종교개혁자들이 추구하는 성경 해석의 방법처럼, 예언은 우선적으로 문자적, 문법적, 평상적, 직선적 그리고 단순한 의미로 해석한다.

대체주의자들은 하나님의 계획 속에서 종족적이며 국가적인 이스라엘은 미래가 없고 교회로 대체되었다고 믿는다. 그러면서 그들은 비대체주의자들이 영적으로 이해되어야 할 성경 부분을 문자적으로 해석한다고 지적한다.

이에 대해, 비대체주의자들은 오히려 대체주의자들이 문자적으로 해석되어져야 할 성경의 부분을 영적으로 해석하고 있다고 아래와 같이 대응한다. 복은 이렇게 말한다.

---

16 Walter C. Kaiser, 『성경과 하나님의 예언』, 137-46.

대체주의자들은 성경 전반의 이야기 가운데 구약의 '약속'에서 신약의 '성취'로 이동함에 따라 '실체 전환'이 일어난다고 믿는다. 이 실체 전환은 물질적, 현세적, 종족적 실체에서 천국적, 영적, 비종족적 실체로의 이동이다. 그것은 정치적, 국가적 실체에서 비정치적, 보편적 실체로의 이동이다.[17]

크레이그 블레이징(Craig Blaising)은 이스라엘에 관한 대체주의자들의 성경 해석을 다음과 같이 비판한다.

대체주의자들은 구약은 한 특정 민족에 대한 하나님의 계획과 축복에 대한 이야기인 반면, 신약은 이 계획과 축복이 모든 민족을 포함하도록 확대되는 것이라고 생각한다. 특정에서 보편으로 진전, 즉 열방 가운데 종족적, 정치적 이스라엘에서 모든 열방을 포함하는 다종족적, 보편적 이스라엘로의 실체 전환, 즉 진전이 있다는 것이다.[18]

이스라엘 민족과 이스라엘 국가는 오늘날 세계 갈등의 핵이요 뉴스의 초점이다. 성경 줄거리의 중심부에 놓여있는 이스라엘을 간과한다는 것은 성경의 많은 부분을 축소하는 것이요 하나님을 제한하는 것이나 다름없다.

성경무오설 교리는 전적으로 하나님의 신실하심과 더 나아가 그분 말씀의 신실하심에 그 근간을 두고 있다. 만일 가장 모범적이고 신뢰를 불러일으키는 형태로 반복 제시된 그분의 말씀을 신뢰하지 못한다면 하나님의

---

[17] Darrell L. Bock, 『이스라엘 민족, 영토 그리고 미래』(서울: 이스트윈드, 2014), 297.
[18] Darrell L. Bock, 『이스라엘 민족, 영토 그리고 미래』, 309.

신실성을 부정하는 스스로의 모순에 빠지게 될 것이다.

4. 대체신학과 종말론

카이저가 이해하는 대체신학(replacement theology) 혹은 대체주의(replacement theory)는 다음과 같다.

> 이스라엘과 맺은 언약은 그들의 불신앙으로 인해 파기되었으며 이제는 교회가 이스라엘의 불신앙으로 인해 그 모든 언약을 받게 될 자격을 얻었다는 잘못된 주장으로, 특별히 그 땅을 영적 의미로 해석하여 교회에 주신 것으로 보는 관점이다.[19]

마오즈(Maoz)의 "이스라엘 레포트"(Israel Report)에 따르면, 다음과 같다.

> 대체신학은 유대인들과 맺은 하나님의 언약이 기독교로 이전되었다고 가르친다. 교회는 하나님의 계획 안에서 이스라엘을 대체한다. 유대인들은 더 이상 하나님의 백성이 아니다. 그리고 하나님께서는 이스라엘 민족에 대한 장래 계획을 구체적으로 갖고 계시지 않는다. 오히려 교회가 하나님의 백성이다. 오순절 이후 신약에서 '이스라엘'은 교회만을 가리킨다. 이스라엘에 주어진 언약들과 이스라엘을 향한 하나님의 계획, 목적, 약속은 이제 교회 안에서 성취된다. 하나님께서 이스라엘에 하신 약속들의 많은 부분은 영적으로 해석해야만 한다고 본다. 이스라엘이 그 땅에 회복되어

---

[19] Walter C. Kaiser, 『마지막 때에 관한 설교』, 67.

야 한다고 말씀하는 것을 들을 때, 이것은 실제로 기독교회가 축복을 받으리라는 뜻인 것이다.[20]

이스라엘이 죄를 짓고 하나님을 거부했기 때문에 하나님께 버림을 당하므로 교회가 이스라엘을 대체했다면, 교회도 이스라엘 못지않게 많은 죄악을 행하고 하나님을 멀리했기 때문에 버림을 당할 것이다.

하나님께서 죄악 때문에 이스라엘과의 영원한 언약을 취소했다면, 교회도 죄악 때문에 교회와의 약속도 취소할 것이다. 그러나 하나님은 이스라엘을 버리지 않으셨다. 현재 650만 명가량의 유대인이 약속의 땅에 살고 있다. 그리고 유대 민족 가운데 메시아닉 유대인(Messianic Jew)의 숫자는 기하급수적으로 늘어가고 있다.[21]

1) 반유대주의 기원

기독교 반유대주의는 대체신학이라고 하는 것에 뿌리를 두고 있다. 교회는 전적으로 유대인들에 의해 세워진다. 그러나 100년도 되기 전에 유대 민족에게 등을 돌린다. 대체신학의 뿌리에서 반유대주 열매가 맺힌 것이다.

주후 70년 예루살렘이 함락되고 성전이 파괴됨으로써 이스라엘이라는 나라가 없어지게 된다. 135년 바르 코크바 독립 운동의 실패로 나라의 회복에 대한 기대가 완전히 사라진다. 지구상에서 이스라엘이라는 나라가 없어졌으니 성경에 나오는 이스라엘을 어떻게 해석해야 할지 성경 해석학

---

[20] Maoz, *Israel Report* (June 2016): 9.
[21] Maoz, *Israel Report* , 12.

기독교 반유대주의자들의 주장	
저스틴 마터 (100-166년)	유대인들과 맺으신 하나님의 계약은 이제 더 이상 효력이 없고 이방인들이 하나님의 구속적 계획 안에서 유대인들을 대신함
이그나티우스 (2세기)	유대인들과 유월절 축제를 함께 지내다가 유대 절기의 표상을 받아들이는 사람은 누구나 주님과 제자들을 죽인 사람들의 공범자임
터툴리안 (160-220년)	유명한 기독교 저술가로『유대인을 반대하며』저술 예수님의 죽음 때문에 유대 민족 전체를 비난함
오리겐 (185-253년)	교회가 이스라엘을 대신한 "하나님의 참 이스라엘이다"라고 최초로 주장함 저주 구절 ⇨ 이스라엘에 적용, 축복 구절 ⇨ 교회에 적용 = 반유대주의 토대 #오리겐: 철학/신학 대가, 헬라철학의 해석 방법인 "비유법"을 성경 해석에 도입함
유세비우스 (263-339년)	오리겐의 열렬한 추종자이며, 콘스탄티누스 황제의 친구이자 조언자로 반유대주의 사상이 로마의 국가 정책으로 뿌리내리도록 함
콘스탄티누스 (272-337년)	기독교를 공인(313년), 유대인 경멸/차별 = 마땅한 기독교인의 태도로 봄. 예수를 믿으면 할례, 율법, 절기, 의식, 관습 등 유대 전통의 포기를 강요함
크리소스톰 (344-407년)	유대인들을 미워하는 것은 기독교인의 의무이며, 유대인들은 악마에 붙잡힌 자들로 탐욕스런 돼지와 같다고 말함. 하나님은 항상 유대인들을 미워하신다고도 함.
제롬 (345-420년)	유대인들은 성경을 이해할 능력이 없고, 그들이 참된 신앙을 고백할 때까지 가혹하게 핍박해야 한다고 주장함
어거스틴 (354-430년)	유대인들은 죽는 것이 마땅하지만, 대신 천벌받은 증인으로, 교회가 회당을 이겼다는 승리의 증인으로 지구 위를 떠돌아다니도록 운명지워졌다고 함.
마틴 루터 (1483-1546년)	1517년 독일 종교개혁 이후, "유대인들과 그들의 거짓말에 관해"(1543년)에서 회당 불태우라, 집들을 파괴, 기도책/탈무드 몰수, 랍비가 가르치지 못하게 함, 어기면 처형, 통행권 박탈, 고리대금업 금지, 강제노동 부과를 주장함. 히틀러가 이것을 이어받음
반유대주의는 인간의 잔혹함을 처절하게 보여 준 홀로코스트로 6백만 명의 유대인의 죽음을 가져왔음. 그러나 하나님의 무궁한 사랑은 이스라엘 국가 재탄생으로 전환시켰음	

<도표 1> 기독교 반유대주의자들의 주장

적 문제가 발생하게 된다.²²

하나님께서 이스라엘을 버리셨으니 이제는 교회가 새 이스라엘, 영적 이스라엘로서 구약성경의 이스라엘을 대신한다는 대체신학을 주장하게 된다. 유대인 예수로 말미암아 제사장 나라가 된 이방인들은 원래 제사장 나라였던 이스라엘이 예수님을 죽인 민족이라고 정죄하고 반유대주의의 목소리를 높인다.

십자군 전쟁과 종교 재판, 기독교 국가에서 일어난 홀로코스트 등으로 그들을 박해한다. 그로 인해 이스라엘은 예수님과 교회로부터 점점 멀어지게 된다.²³

지나간 교회 역사 속에서 위대한 하나님의 사람들과 탁월한 신학자들이 반유대주의에 앞장선다. 그들의 반복적인 외침 속에서 대중들은 세뇌되어 옳은 것인 줄로 알고 따라간 것이다.

시간이 흐르면서 반유대주의는 점점 더 상상할 수 없는 잔인함과 참혹함으로 인간이기를 거부하는 홀로코스트로 600만 명의 유대인을 죽인다. 다음의 표는 기독교 반유대주의자들의 주장을 정리한 것이다²⁴

반유대주의는 단지 유대인들만을 목표로 삼은 공격은 아니다. 그것은 하나님의 성품을 대적하는 공격이다. 하나님께서 유대 백성을 거부하셨다고 하는 것은 하나님께서 밝히신 자신의 성품과 본성을 거스리는 것이기 때문이다.²⁵

하나님께서 자신의 무조건적인 영원한 약속에도 불구하고 이스라엘을

---

22 김정환, 『이스라엘과 대체신학』 (서울: 예영커뮤니케이션, 2014), 56
23 오화평, 『로마서 9장-11장 이스라엘』 (서울: 한새사람, 2017), 202.
24 오화평, 『이스라엘 고난과 회복』 (서울: 베드로서원, 2009), 77-87.
25 Robert Heidler, 『메시아닉 교회 언약의 뿌리를 찾아서』, 진현우 역 (서울: WLI Korea, 2008), 233.

버리실 수 있다면, 교회도 버리실 수 있을 것이다. 하나님이 스스로 조건 없이 일방적으로 하신 영원한 언약을 버릴 수도 있다고 믿는다면, 교회가 지탱할 발판을 스스로 무너뜨리는 것이 될 것이다.[26]

그리스도를 죽인 유대인들을 그에 걸맞게 대우한다는 잘못된 생각과 교회가 이스라엘을 대체하여 하나님이 유대 민족을 향한 장래의 계획을 더 이상 갖지 않고 계시다는 왜곡된 신학의 결론이 홀로코스트다.

그리스도인의 유일한 소망은 하나님은 약속을 반드시 지키신다는 것인데, 이런 주장은 그리스도인들 스스로 모순이요 스스로 무덤을 파는 것이다. 대체신학에서 발생한 반유대주의는 수많은 유대인을 핍박하고 죽음으로 몰고 간다. 그러나 아이러니컬하게도 반유대주의는 유대인들의 고토 귀환을 촉진시키고 결국 이스라엘의 독립 국가 건설을 야기한다.

2) 대체신학의 주요 주장과 대응

대체신학자들의 아래와 같은 주요 주장과 이에 대한 대응이 있다.

3) 신약성경의 우월성

대체신학자들은 신약성경은 구약성경의 이스라엘 언약들을 능가하거나 재정의한다고 믿는다. 신약성경이 구약성경보다 더욱 발전된 계시요 온전하기 때문에 구약성경의 이스라엘에 관한 예언들은 신약성경 렌즈를 통해 이해해야 한다고 말한다.[27]

---

[26] Michael Brown, 『유대 민족의 비극적 역사와 교회』, 김영우 역 (서울: 한사랑, 2008), 172.
[27] Michael J. Vlach, *Has the Church Replaced Israel?* (Nashville. Tennssee: B & H, 2010), 60.

점진적인 계시는 원래 보여진 계시의 뜻을 바꾸지 않는다. 새로운 계시는 전에 알지 못했던 부분을 더 깨닫게 해줄 수는 있다. 그러나 이미 주어진 계시의 내용을 바꿀 수는 없다.[28] 신약은 구약성경의 종말론을 재확인한다.

> 데살로니가후서 2:1-4에서 주의 날과 하나님의 성전에 대하여 언급하고 있다. 이스라엘의 구원은 이사야 59:20-21을 인용하며 새 언약과 연결되어 있음을 확인시켜 주고 있다(롬 11:26-27). 무엇보다도 주님께서 직접 이스라엘 나라 회복을 인정하고 있다(행 1:6, 7). 하나님께서 구약성경 구절의 의미를 바꾸신다면 이 말씀을 처음 받은 사람들에게는 계시가 될 수 없다. 사도행전 2장과 15장은 구약성경 예언의 일부가 현재 성취됨을 가리킨다.[29]

그러나 구약성경의 예언이 교회 안에서 영적으로 성취되었다고 주장하지는 않는다.

4) 이스라엘 모형설

대체신학자들은 이스라엘을 더 크고 중요한 그리스도와 교회를 보여 주기 위한 하나의 모형으로 이해한다. 그러므로 그리스도와 교회가 참 이스라엘이라고 주장한다. 로버트 L. 소시(Robert L. Saucy)는 다음과 같이 말한다.

---

[28] Michael J. Vlach, *Has the Church Replaced Israel?*, 85.
[29] Michael J. Vlach, *Has the Church Replaced Israel?*, 86.

이스라엘에 관한 것이 교회에 적용되지만, '이스라엘'이란 명칭의 사용은 주의 깊게 회피된다. 이스라엘의 옛 언약적 경험의 많은 측면이 최종 성취를 바라본다는 의미에서 모형적(typical)이지만, 이스라엘 자체는 그 대형(antitype)으로 대체된다는 그런 엄격한 의미에서 모형으로 묘사된 적은 없다.³⁰

하나님께서 이스라엘과 맺은 언약과 약속의 본질상, 이스라엘은 모형이 될 수 없다.³¹ 예레미야 31:35-37은 해와 달과 별이 없어지지 않는 한 이스라엘 국가는 지속될 것이고, 이사야 66:8에서는 이스라엘 국가가 한순간에 태어날 것을 예언한다.

하지만, "1948년의 이스라엘 독립과 1967년의 예루살렘 점령 등을 구약 및 신약성경이 의도하지 않았음에도 불구하고 이스라엘의 회복에 대한 예언이 성취된 것으로 해석한다"라고 반박하는 대체신학자도 있다.³²

그러나 그것은 잘못된 것이다. 신약성경이 이스라엘의 미래를 말해 주고 있다(마 19:28; 23:39; 눅 21:24; 행 1:6; 롬 11:26; 계 7:4-8). 신약성경이 이스라엘의 미래를 예견하고 있기 때문에 이스라엘 국가는 모형의 기준에 맞지 않는다.³³

---

30 John S. Feinberg, 『연속성과 불연속성』, 곽철호 역 (서울: 성서침례대학원대학교출판부, 2016), 495.
31 Michael J. Vlach, *Has the Church Replaced Israel?*, 87.
32 이필찬, 『백투예루살렘운동 무엇이 문제인가』 (서울: 새물결플러스, 2014), 315.
33 Michael J. Vlach, *Has the Church Replaced Israel?*, 87.

5) 이스라엘 거절설

대체신학자들은 마태복음 21:43을 하나님 나라를 이스라엘에게서부터 빼앗아 신약 시대의 교회에게 준 본문으로 이해한다. 그러므로 이제 하나님의 백성들은 이스라엘이 아니라 교회이다.

하지만, 마태복음 23:39을 보면 이스라엘이 구원을 위해 부르짖을 것이라고 예측하고 있다. 이스라엘의 거절은 일시적인 것이다.[34]

6) 참 이스라엘로서의 교회라는 주장

대체신학자들은 갈라디아서 6:16을 볼 때, 예수 그리스도의 복음을 믿음으로 하나님의 백성이 된 교회가 참 이스라엘임을 가리킨다고 주장한다. 그러나 신약성경은 교회가 이스라엘이라고 말하지 않는다. 마이클 블라치는 이렇게 말한다.

> '이스라엘'이라는 용어가 73번 사용되고 있는데, 항상 유대인들을 말하고 있으며, 거의 다 이스라엘 국가와 민족을 말한다. 몇 군데는 히브리 배경을 가진 믿는 유대인들을 말한다. 신약성경은 교회가 세워진 후에도 여전히 이스라엘 민족을 '이스라엘'로 부른다(행 3:12; 4:10; 5:21; 5:31; 5:35; 21:28).
>
> 사도행전은 이스라엘과 교회를 명확히 구분한다. 사도행전에서는 이스라엘과 교회가 함께 공존하고 있다. '이스라엘'이라는 용어가 20번 사용되고 '에클레시아'(교회)라는 단어는 19번 사용되었다. 그러나 그들은 항상 구별된다.[35]

---

[34] Michael J. Vlach, *Has the Church Replaced Israel?*, 107.
[35] Michael J. Vlach, *Has the Church Replaced Israel?*, 109-115.

믿는 유대인들이 참된 영적 이스라엘이다(롬 9:6). 『앵커바이블: 로마서』에서는 민족적 의미에서는 모든 유대인이 이스라엘이나, 제한된 의미에서 '이스라엘'은 믿음의 유대인들을 의미한다. 로마서 9:6의 두 번째 경우의 '이스라엘'은 유대인 그리스도인들, 즉 "그리스도를 믿는 이스라엘 민족을 가리키는 것으로 보인다"라고 설명한다.[36] 존 맥아더(John MacArther)는 이렇게 말한다.

> 바울이 말하는 '하나님의 이스라엘'(갈 6:16)은 유대인 그리스도인들을 가리킨다. 바울은 구원을 얻으려면 할례를 받아야 한다고 말하는 유대주의자들을 꾸중하며, 유대주의자들을 따르지 않는 갈라디아교회의 유대인들을 칭찬한다. 이 유대인 그리스도인들이 참된 '하나님의 이스라엘'이다. '하나님의 이스라엘'은 그리스도를 믿는 모든 유대인 신자, 즉 육신적으로나 영적으로 모두 아브라함의 자손인 사람들이다.[37]

로마서 9-11장에 10번이나 등장하는 '이스라엘'처럼, 로마서 11:26의 '이스라엘'도 이스라엘 민족을 가리킨다. 존 맥아더는 온 이스라엘을 교회 시대에 교회 내에 있는 그리스도를 믿는 남은 자인 유대인이 아니라 환난의 마지막 시대를 살고 있는 모든 선택된 유대인으로 이해한다.[38] 헨드릭슨(Hendriksen)에게 온 이스라엘은 선택된 유대인 전체, 곧 모든 이스라엘의 '남은 자'의 총수를 의미한다.[39]

---

[36] Joshep A. Fitzmyer, 『앵커바이블: 로마서』, 김병모 역 (서울: 기독교문서선교회, 2015), 903.
[37] John MacArthur, 『맥아더 성경주석』, 황영철 외 역 (서울: 아바서원, 2015), 1383.
[38] John MacArthur, 『맥아더 성경주석』, 1274.
[39] William Hendriksen, 『로마서(하)』 황영철 역 (서울: 아가페출판사, 1984), 120.

베드로전서 2:9-10에서는 구약성경의 이스라엘에 사용된 용어들이 신약의 믿는 이방인들에게 사용되지만, 이스라엘과 동질성을 말하는 것은 아니다. 갈라디아서 3:7과 29절은 믿는 이방인들을 아브라함의 자손이라고 지칭한다.

그러나 믿는 이방인들에게 쓰여진 '아브라함의 자손(씨)'이라는 칭호는 믿는 이방인들이 영적 유대인이나 이스라엘의 일부가 된 것을 의미하지 않는다. 갈라디아서 3:8은 이방인들이 믿음으로 '아브라함의 자손'이자 순종을 통해 복의 통로가 되었음을 말한다.

7) 믿는 유대인과 이방인의 동질성

대체신학자들은 믿는 유대인과 이방인은 이제 하나가 되었기에 이스라엘 국가에게 주어진 특정한 신분이나 역할이 있을 수 없다고 주장한다(엡 2:16, 18). 유대인과 이방인의 영적 하나 됨은 앞으로 이루어질 이스라엘 국가의 회복과 함께 이루어진다.[40]

성경을 근거로 유대인과 이방인의 신분이 그리스도 안에서 완전히 소멸된다고 주장하는 대체신학자도 있다.[41] 그러나 믿는 이방인은 이스라엘의 일부가 될 수 없다. 사도 바울은 그들은 새로운 구조인 '한 새 사람'의 일부가 되었다고 말한다. 마이클 블라치는 이렇게 말한다.

> 에베소서 2:11-22은 하나님에게서 멀어졌던 이방인들이 예수 그리스도로 인해 하나님께 가까워짐을 말한다. 그러므로 믿는 이방인의 구원적 지위

---

[40] Michael J. Vlach, *Has the Church Replaced Israel?*, 115.
[41] 이필찬, 『백투예루살렘운동 무엇이 문제인가』, 241.

는 바뀐다. 그들은 이제 이스라엘의 언약과 약속을 함께하는 사람들이 되었다. 하지만, 이스라엘이 된 것은 아니다. 바울이 연합을 강조하지만, 이방인과 유대인이 똑같다는 것은 아니다. 그리스도 안에서 유대인은 이방인이 될 수 없고, 이방인이 유대 그리스도인이 될 수 없다.[42]

유대인과 이방인에게 구원의 길은 오직 한 길이지만, 신약성경은 그리스도 안에 있는 하나님의 인류 구원의 역사적 사역에 있어 유대인은 여전히 특별한 위치에 있음을 가르친다. 마이클 블라치는 이렇게 말한다.

> 로마서 11:17-24는 이방인들이 이제는 하나님의 약속과 연결되어 있음을 강조한다. 믿는 유대인들과 이방인들은 구원적 하나 됨이 있다. 그러나 이것이 교회가 이제 참 이스라엘임을 의미하지 않는다. 믿는 이방인들이 이스라엘의 언약에 동참한다는 것과 믿는 이방인들이 이스라엘이 되었다고 주장하는 것에는 차이가 있다. 이방인들은 언약에 동참하는 자들이지 인수자들은 아니다. 이 구절은 이스라엘 국가의 미래의 역할을 배제하지 않으며 교회가 현재 이스라엘임을 가리키지도 않는다.[43]

8) 새 이스라엘로서의 교회라는 주장

대체신학자들은 새 언약은 이스라엘과 맺어졌지만 교회가 새 언약에 동참한다고 한다(고후 3:6). 그리고 교회는 새 언약의 성취를 누림으로 교회

---

[42] Michael J. Vlach, *Has the Church Replaced Israel?*, 188.
[43] Michael J. Vlach, 『이스라엘을 통한 하나님의 원대한 구원 계획』, 이스라엘 목회자 세미나 역 (서울: 교회성장연구소, 2017), 60.

가 새 이스라엘이라고 주장한다.[44]

구약성경은 새 언약이 이스라엘 나라만을 위한 것이라고 말하지 않는다. 새 언약은 이스라엘과 교회 양쪽과 함께 성취된다(히 8:8-13; 렘 31:31-33).[45]

바울은 이스라엘 민족이 구원을 얻을 것(롬 11:26)을 보여 주려고 새 언약 구절인 로마서 11:27을 인용한다. 교회가 세워진 후에도 이스라엘이 새 언약과 연관되어 있음을 말한다.

히브리서 8장은 모세 언약에 비해 새 언약의 우월성을 말하고 있다. 교회가 참 이스라엘인지 아닌지를 말하는 것이 아니다. 교회가 새 언약의 영적 축복에 동참하면서, 새 언약의 온전한 종말론적 성취는 이스라엘과 함께 천년기에 이루어지는 것이다.[46]

5. 회복신학과 종말론

구약성경과 신약성경에는 동일하게 이스라엘 회복을 주장한다.

1) 구약성경과 이스라엘 회복

구약성경은 이스라엘 회복을 명백하게 가르치고 있다. 하나님은 이스라엘 나라가 세계 모든 사람에게 복의 통로가 되기를 의도하신다(창 12:2-3). 재림 후에 만방이 모여 하나님을 경배하며 초막절을 지킬 것이다(사 2:2; 슥 14:16). 만국은 새 땅에서 중요한 역할을 감당하는 것으로 묘사된다(계

---

[44] Michael J. Vlach, 『이스라엘을 통한 하나님의 원대한 구원 계획』, 50-51.
[45] Michael J. Vlach, *Has the Church Replaced Israel?*, 119.
[46] Michael J. Vlach, *Has the Church Replaced Israel?*, 123.

21:24; 26; 22:2).⁴⁷

신명기 30:1-6에서 이스라엘 나라는 불순종으로 흩어지게 되나 언젠가는 국가로서 구원을 받고 땅의 회복을 경험한다(신 30:5). 새 언약(렘 30; 32; 33장)의 내용은 영적과 육적 축복을 포함한 이스라엘의 회복에 대해 약속하고 있다. 에스겔 36장은 이스라엘 나라가 미래에 자신의 땅으로 돌아가서 영적으로 육적으로 회복될 것에 대해 약속하고 있다. 이처럼 구약은 이스라엘의 회복에 대해 명백하게 가르치고 있다.⁴⁸

아브라함(창 12:1-3; 15:18-21) 언약과 새 언약(렘 31장)은 영원하고 무조건적이기에 우리는 하나님께서 이 언약을 맺은 이스라엘 백성들에게 확실하게 이행하실 것임을 기대한다. 예레미야 31:35-37에 이렇게 말씀하고 있다.

> 여호와께서 이와 같이 말씀하셨느니라 그는 해를 낮의 빛으로 주셨고 달과 별들을 밤의 빛으로 정했고 바다를 뒤흔들어 그 파도로 소리치게 하나니 그의 이름은 만군의 여호와니라 이 법도가 내 앞에서 폐할진대 이스라엘 자손도 내 앞에서 끊어져 영원히 나라가 되지 못하리라 여호와의 말씀이니라 여호와께서 이와 같이 말씀하시니라 위에 있는 하늘을 측량할 수 있으며 밑에 있는 땅의 기초를 탐지할 수 있다면 내가 이스라엘 자손이 행한 모든 일로 말미암아 그들을 다 버리리라 여호와의 말씀이니라 (렘 31:35-37).

그러므로 태양과 달과 별들을 보는 한 이스라엘은 아직도 하나님의 계

---

[47] Michael J. Vlach, 『이스라엘을 통한 하나님의 원대한 구원 계획』, 39.
[48] Michael J. Vlach, 『이스라엘을 통한 하나님의 원대한 구원 계획』, 40.

획 안에 있음을 알 수 있다.

2) 신약성경과 이스라엘 회복

신약성경은 구약에서 나타난 이스라엘의 구원과 회복에 대한 기대를 재확인해 준다.[49] 신약성경은 사도들이 이스라엘의 12지파를 다스릴 것을 말씀한다(마 19:28). 일부 대체신학자는 그리스도의 사역을 통해 성취되지 않은 구약성경 말씀이 있다고 상상하는 것 자체가 문제라고 지적한다.[50]

그러나 마이클 윌킨스(Michael. J. Wilkins)는 마태복음 19:28에 대한 주석에서 예수님이 하나님 나라가 세워질 때 보상이 있게 될 것을 말씀하신 것은 세상이 새롭게 될 때 이스라엘의 회복을 전제하는 것이라고 주장한다.[51]

신약은 이스라엘과 하나님의 관계가 끝난 것이 아니며, 언젠가는 예루살렘 사람들이 찬양으로 메시아를 영접하는 날이 올 것을 말한다(마 23:37-39; 눅 13:34-35). 신약은 이방인의 때는 끝이 날 것임을 기술한다(눅 21:24).

대럴 복은 이 본문을 3가지 의미로 주해한다.

　① 예루살렘의 멸망은 제한된 기간에 지속된다는 것
　② 하나님의 계획 속에서 이방인들이 우위를 차지할 때가 있다는 것
　③ 이스라엘에 하나님의 계획 속에 밝은 미래가 있다는 것[52]

---

[49] Michael J. Vlach, 『이스라엘을 통한 하나님의 원대한 구원 계획』, 42-45.
[50] 이필찬, 『백투예루살렘운동 무엇이 문제인가』, 317.
[51] Micael J. Wilkins, 『NIV 적용주석: 마태복음』, 채천석 역 (서울: 솔로몬, 2012), 734.
[52] Darrell L. Bock, 『누가복음』, 신지철 역 (서울: 부흥과개혁사, 2017), 1066.

언젠가 예루살렘은 이방인들에게 밟히지 않게 될 것인데, 그것은 다시 유대인들이 그 땅에 거하리라는 말이다. 이 말씀은 1967년 6일 전쟁을 통해 예루살렘을 탈환함으로 성취된다.

예수님의 40일간의 하나님 나라에 대한 가르침 후, 사도들은 이스라엘의 회복에 대해 믿었다(행 1:3-7). 존 맥아더는 이렇게 말한다.

> 사도들은 여전히 이 땅에 메시아 왕국이 곧 세워질 것이라고 믿는다. 또한, 그들은 에스겔 36장과 요엘 2장이 예수가 약속하신 성령의 강림과 그 나라의 도래를 연결시킨 것을 알고 있다. 이 구절은 문자적이고도 지상적인 왕국에 대한 사도들의 기대감이 그리스도가 가르치시고 구약이 예언한 것을 반영하고 있음을 보여 준다. 만약 그렇지 않는다면 예수는 자신의 교훈의 그런 핵심적인 측면에 관련한 그들의 생각을 수정해 주셨을 것이다[53]

베드로는 설교를 통해 만물의 회복을 선포한다(행 3:19-21). '온 이스라엘'의 구원은 구약성경에서 이스라엘에 주어진 새 언약의 약속에 따라 이루어질 것이다(롬 11:26-27). 로마서 9-11장은 우리로 하여금 교회가 유대인의 위치를 단번에 대체했다고 말할 수 없도록 단호하게 지지하는 성경 말씀이다. 존 맥아더는 로마서 11:26을 이렇게 주해한다.

> 이들은 이 교회 시대에 교회 내에 있는 믿는 남은 자 유대인이 아니라 환난의 마지막 시기에 살고 있는 모든 선택된 유대인이다. 남은 자들은 이미 복음을 받아들였으므로, 여기서는 그 사람들을 말하는 것이 아니다. 그들

---

[53] John MacArthur, 『맥아더 성경주석』, 1185.

에게는 이 구절이 약속하는 구원이 필요치 않기 때문이다.⁵⁴

이상근은 로마서 11:26에서 이스라엘의 전체적(국민적) 구원으로 이해한다.

> 온 이스라엘은 문자적으로 취급하는 것이 옳다. 그러나 이를 이스라엘인 하나 하나가 빠짐없이 구원받는다고 볼 필요는 없을 것이다. 이스라엘은 늘 전체적(국민적)으로 취급된다. 그러므로 이스라엘이 전체적으로 구원받는 것으로 해석할 것이다.⁵⁵

조나단 에드워즈(Jonathan Edwards)는 로마서 11:26을 주석하면서 이스라엘 회복에 대한 소망을 표현한다

> 그때 이스라엘 전체가 구원받게 될 것이다. 세계 전역에 흩어져 있던 유대인들은 전통적인 불신앙을 던져버리고, 놀랍게 마음을 바꾸며, 과거의 불신앙과 완악함을 혐오하게 될 것이다. 그리고 회개하고, 겸손하게 그리고 기쁘게 영광의 그리스도를 향해 함께 나아오고, 그리스도를 자기들의 영광스러운 왕과 구주로 인정하며, 온 마음을 다해 그리고 한마음과 한목소리로 다른 민족들에게 그리스도에 대한 찬양을 선포할 것이다.⁵⁶

존 머레이(John Murray)는 "온 이스라엘이 구원을 얻으리라"는 명제를 다음과 같이 주해한다.

54　John MacArthur, 『맥아더 성경주석』, 1274.
55　이상근. 『로마서』 (서울:성등사, 1970), 267.
56　Jonathan Edwards, 『로마서 주석』, 김귀탁 역 (서울: 복있는 사람, 2013), 38.

하나의 민족으로 이스라엘의 충만함, 받아드림, 접붙임의 견지에서 해석하는 것 외에 다른 방법이 없다. 즉, 이스라엘이 불신앙에서 완전히 돌아서서 이제는 믿음과 회개로 나아오고 복음의 은총과 축복으로 회복되는 것을 말한다.[57]

더글라스 J. 무(Douglas J. Moo)는 하나님의 축복이 이스라엘과 이방인 사이에서 널뛰기하는 것으로 로마서 11장을 요약한다.[58]

    11-12절: 이스라엘의 넘어짐 ⇨ 구원이 이방인에게 이름 ⇨ 저희의 충만함
    15절: 저희의 버리심 ⇨ 세상의 화목 ⇨ 그 받아들이는 것
    17-23절: 원가지가 꺾어짐 ⇨ 돌감람나무 가지가 접붙여짐 ⇨ 원가지가 다시 접붙여짐
    25-26절: 이스라엘의 완악해짐 ⇨ 이방인의 충만 ⇨ 온 이스라엘이 구원 얻음

이스라엘이 아직 불신하고 있는 현 상황에서도 이스라엘의 소유(특권)라고 신약은 명백히 말하고 있다(롬 9:4). 하나님께서 이스라엘을 향해 신실하신 것은 이스라엘의 족장들에게 주신 당신의 약속 때문이라고 신약은 지적하고 있다(롬 11:28). 신약성경은 이스라엘의 택하심과 부르심이 변경할 수 없는 것임을 나타낸다(롬 11:29). 존 맥아더는 이렇게 말한다.

---

[57] John Murray, 『로마서 주석』 (서울: 아바서원, 2014), 580.
[58] Douglas J. Moo, 『로마서』, 손주철 역 (서울: 솔로몬, 2015), 922.

하나님이 주권적으로 이스라엘을 선택한 일은 각 신자의 경우와 마찬가지로 무조건적이며 불변하다. 이는 그 결정이 하나님의 변함없는 성품에 뿌리를 두고 있으며 일방적이고 영원한 아브라함 언약으로 표현되었기 때문이다.[59]

선택에 관한 하나님의 주권을 믿으면 믿을수록 우리는 하나님이 선택을 근거로 이스라엘을 구원하고 회복하신다는 것을 더욱 믿어야 한다

6. 구약성경 종말론에 나타난 이스라엘

이와 같이 대체신학의 오류를 확인하면서 이스라엘의 회복을 전망하게 된다. 하나님이 아브라함, 이삭, 야곱, 다윗과 맺은 언약은 조건적인 언약이 아니라, 전적으로 하나님의 신실성과 전능성에 근거한 은혜와 축복으로 주신 일방적, 무조건적 언약이기에 반드시 이루어질 것을 확신한다.[60]

인생을 지으신 하나님의 약속과 계획의 핵심은 아브라함에게 주신 후손과 땅과 복음의 약속이다. 이로 말미암아 이스라엘뿐만 아니라 온 인류를 복받게 하시겠다는 것이다.

카이저는 예레미야 32장, 에스겔 37장, 스가랴 10장의 본문들을 중심으로 이스라엘을 통한 구약의 종말론을 확대 서술한다. 하나님께서 이스라엘과 맺은 영원한 약속들에서 보여 주는 핵심 내용은 다음과 같다.[61]

---

[59] John MacArthur, 『맥아더 성경주석』, 1274.
[60] Walter C. Kaiser, 『마지막 때에 관한 설교』, 67.
[61] Walter C. Kaiser, 『성경적 종말론』, 73-115.

1) 죄를 다루심

하나님이 이스라엘의 고백하지 않은 죄를 다루실 것이다. 예레미야 32장에서 하나님은 고백하지 않은 죄, 오래 묵은 죄를 다루신다. 하나님의 백성들은 오래전부터 "(그들의 집) 지붕에서 바알에게 분향하며 다른 신들에게 전제를 드려"(29절) 하나님을 격노케 한다. 무엇보다도 하나님은 우상 숭배를 싫어하시고 진노하시고 심판한다.[62]

에스겔 33장에서 하나님이 왜 이스라엘 땅을 황폐하게 하셨는지 설명한다. 이스라엘이 하나님의 말씀을 끊임없이 들었음에도 저지른 죄악 때문이었다. 들은 말씀을 행하지 않고 늘 거부한 결과로 하나님의 심판을 받는다. 에스겔 34장에서 이스라엘의 목자 또는 교사로 부름받지만 이기적으로 자신만 돌보고 하나님의 백성을 돌보지 않은 이들을 책망한다.[63]

> 유대인들의 유랑이 장기화된 영적인 원인을 살펴볼 때 그 민족의 죄와 이방인들의 죄 모두를 고려해야 한다. 일반적으로, 기독교인들은 유대 민족의 죄에 주목하고 유대인들은 이방인들의 죄에 주목한다. 그러나 예슈아는 다른 이들의 잘못을 지적하기 전에 먼저 우리 눈의 들보를 빼내라 한다.[64]

일반적으로, 기독교인들은 교만, 우상 숭배, 메시아 거부를 유대 민족의 죄로 주목하며, 유대인들은 이방인들의 반유대주의와 폭력성에 주목한

---

[62] Walter C. Kaiser, 『성경적 종말론』, 5.
[63] Walter C. Kaiser, 『성경적 종말론』, 74.
[64] Keith Intrater, 『그 땅에 대해 하나님은 진정 무엇이라고 하는가』, 고병현 역 (서울: KIBI, 2007), 29.

다. 하지만, 이스라엘은 하나님을 거부하나 하나님은 자비와 은혜를 베푸실 것이다. 여호와가 다윗의 자손 메시아로 친히 선한 목자가 되셔서 방치되고 잃은 양떼를 돌보실 것이다.

2) 돌아오게 하심

하나님이 예레미야 32:37과 같이 포로였던 자들을 그 땅으로 돌아오게 하실 것이다.

> 보라 내가 노여움과 분함과 큰 분노로 그들을 쫓아 보내었던 모든 지방에서 그들을 모아들여 이곳으로 돌아오게 하여 안전히 살게 할 것이라 (렘 32:37).

하나님이 아브라함과 맺으신 언약은 조건 없는 일방적인 언약, 즉 하나님만 의무를 지는 언약이다. 하나님의 신실성과 전능성으로 반드시 이루실 언약이다. 이 본문에 있는 약속의 말씀은 유다가 바벨론 포로에서 귀환하는 것을 뜻하지 않는다.

바벨론 포로로부터의 귀환은 '모든 지방'에서 돌아온 것이 아니기 때문이다. 예레미야 32:37의 귀환은 온 세계에 흩어져 있는 모든 지방에서 돌아오게 하신다는 뜻이다.[65]

---

[65] Walter C. Kaiser, 『마지막 때에 관한 설교』, 76.

3) 새 영을 주심

에스겔 36장에서 이스라엘이 각국에 흩어지며 여러 나라에 헤쳐진(19절) 후에, 여러 민족 가운데서 고국 땅에 돌아오고(24절), 맑은 물로 뿌려서 정결케 되고 모든 더러운 것과 우상을 섬김에서 정결케 되고(25절), 주께서 새 영을 속에 두시고 새 마음을 주시며 육신에서 굳은 마음을 제하고 부드러운 마음을 주신다(26절). 또 하나님의 신을 저희 속에 두어 하나님의 율례와 규례를 지켜 행하게 한다(27절).[66]

에스겔 37장은 마른 뼈를 통해 이스라엘 백성들에 대한 상태와 미래를 보여 준다. 에스겔 37:11에서 "뼈들이 말랐다"라는 것은 너무 오랫동안 죽은 상태로 지낸 이스라엘 백성들의 모습을 보여 주는 것이다.

이스라엘 백성들의 관점에서 볼 때 소망은 없다. 이스라엘 백성들이 멸절되어 서로 분리되고 흩어진 상태를 설명해 주고 있다.[67] 그러나 하나님께서 무덤을 열어 나오게 하고 이스라엘 땅으로 들어가게 한다(12절). 성령을 주셔서 거듭나게 한다(14절).

이안 M. 더귀드(Iain M. Duguid)는 에스겔 37장에 대한 해석을 다음과 같이 진술한다.

> 에스겔 37장은 초대교회의 많은 교부가 이해하듯 육체의 부활을 증명하는 본문처럼 보인다. 그러나 에스겔이 묘사하고 있는 것은 분명히 우리가 기대하는 우주적 부활을 말하는 것이 아니다. 하나님이 에스겔에게 제기하신 질문은 물리적인 뼈들이 다시 살아나겠는지와 같은 보편적 질문이 아

---

[66] 김인식, 『하나님의 마스터플랜: 새 예루살렘의 비전』, 71-72, 182.
[67] Walter C. Kaiser, 『마지막 때에 관한 설교』, 93-94.

니다. 그 문맥에서 그것은 이 뼈들, 즉 이스라엘이 살아날 것인가지에 대한 특정한 질문이다.[68]

이상근은 이 본문의 의미를 놓고 다음과 같이 서술한다.

> 본 절은 여기 환상의 결론으로, 마른 뼈 같은 이스라엘의 회복은 전적으로 하나님의 역사이며, 하나님의 성령께서 임하심으로 저들이 새 영이 되어 회복되고, 그들이 고국에 돌아갈 것을 가리키는 것이다.[69]

4) 하나 되게 하심

연합하여 하나 되게 한다. 에스겔 37장에서 나무 막대 두 개를 취하여 하나에는 "유다와 그 짝 이스라엘"이라 쓰고, 다른 하나에는 "에브라임의 막대기, 곧 요셉과 그 짝 이스라엘 온 족속"(16절)이라고 쓰라는 하나님의 말씀을 듣는다.

하나님이 통합시킨 이스라엘은 하나님이 창세기 12:1-3과 7절(겔 37:25 참조)에서 아브라함에게 주신 약속을 이행할 것이다. 그리고 하나님은 두 민족이나 두 나라로 다시 나뉘지 않을 것을 약속하신다(22절).[70]

이스라엘은 주전 930년 솔로몬 왕 통치 직후부터 나라가 둘로 나뉜 상태로 이어온다. 그러한 와중에 통합에 관한 말씀이 선포된 것이다. 이는 분명히 하나님이 미래에 새롭게 행하실 일이다. 왜냐하면, 주전 930년부터 에스겔 시대까지는 이 말씀이 성취되지 않았기 때문이다. 둘로 나뉜 나

---

[68] Iain M. Duguid, 『NIV 적용주석: 에스겔』(서울: 성서유니온, 2003), 559.
[69] 이상근, 『에스겔·다니엘』(서울: 성등사, 1973), 266.
[70] Walter C. Kaiser, 『마지막 때에 관한 설교』, 95.

라의 재통합은 당시까지 성취되지 않은 새로운 사건으로, 약 2,400년 후의 일이 된다.[71]

5) 안전히 살게 하심

하나님은 이스라엘을 안전히 살게 하실 것이다. 예레미야 32:37에서 이렇게 말씀하신다.

> 그들을 쫓아보내었던 모든 지방에서 그들을 모아들여 이곳으로 돌아오게 하여 안전히 살게 할 것이라(렘 32:37).

미래의 귀환은 이스라엘이 과거에 경험한 그 어떤 귀환과도 다를 것이다. 그들이 경험한 과거의 귀환들은 귀환 후 결코 평화와 안식이 없다. 그러나 이번 귀환 때는 모세가 축복한 말씀처럼, "이스라엘이 안전히 거할" 것이다(신 33:28).

하나님은 약속을 지키시는 신실성과 지킬 수 있는 전능성을 가지고 계시기에 조상들에게 약속한 대로(렘 3:18; 7:7; 11:3-5; 30:3) 행하실 것이다. 그래서 다음의 말씀을 이루실 것이다.

> 내가 기쁨으로 그들에게 복을 주되 분명히 나의 마음과 정성을 다하여 그들을 이 땅에 심으리라(렘 32:41).

그것은 이미 아브라함과 이삭과 야곱에게 약속하신 바를 성취하는 것이

---

[71] Walter C. Kaiser, 『마지막 때에 관한 설교』, 96.

다(창 12:1-3, 7; 17:7-9; 28:4, 13-15).

하나님은 마지막 때에 이스라엘을 한 번 더 고국 땅으로 돌아가게 할 때, '화평의 언약'을 세워 영원한 언약이 되게 하실 것이다(겔 37:26). 여호와가 그들 가운데 그분의 성소를 세워 영원히 이르게 하시므로, 그들의 하나님이 되고 그들은 하나님의 백성이 될 것이다(겔 37:26-27). 즉, 이스라엘 땅에 여호와께서 성소를 세우시고 영원토록 있게 하실 것이다. 하나님이 이스라엘을 거룩하게 함으로 열국이 알고 놀랄 것이다(겔 37:28).[72]

안전히 살게 한다는 것은 하나님께서 당신의 거룩하신 이름을 위하여 이스라엘을 약속의 땅으로 다시 모아(겔 36:22-24), 죄가 정결해지며(겔 36:25-33), 새 마음과 새 영을 받게 될 것(겔 36:26-27)이라는 의미다.[73] 이것이 하나님이 에스겔에게 보여 주신 이스라엘 회복에 관한 환상의 결론이다.

7. 약속의 땅과 이스라엘

이스라엘은 약속의 땅을 소유한다. '마지막 때'에 관한 구약의 교리 중에서 논란이 가장 뜨거운 주제는 이스라엘 땅의 문제다. 아셀 인트레이터(Asher Intrater)는 이렇게 주장한다.

하나님 나라는 지상의 것과 영적인 것의 조화이다.[74]

---

[72] Walter C. Kaiser, 『마지막 때에 관한 설교』, 97.
[73] Walter C. Kaiser, 『마지막 때에 관한 설교』, 87.
[74] Asher Intrater, 『아브라함의 점심 데이트』 (서울: 다윗의 장막, 2014), 118.

죽어서 천국에 가는 것이 끝이라면 부활은 필요 없다. 그에 따르면, "부활의 몸의 약속에는 지구의 회복이 전제된다."[75] 언약 가운데 하나님이 땅에 대해 약속하신 부분을 바르게 이해하는 것은 이스라엘과 교회의 관계를 이해하는 가장 중요한 부분이다. 스가랴 10:8-10이 이것을 증명한다.

> 내가 그들을 향하여 휘파람을 불어 그들을 모을 것은 내가 그들을 구속했음이라 그들이 전에 번성하던 것같이 번성하리라 내가 그들을 여러 백성들 가운데 흩으려니와 그들이 먼 곳에서 나를 기억하고 그들이 살아서 그들의 자녀들과 함께 돌아올지라 내가 그들을 애굽 땅에서 돌아오게 하며 그들을 앗수르에서부터 모으며 길르앗 땅과 레바논으로 그들을 이끌어 가리니 그들이 거할 곳이 부족하리라(슥 10:8-10).

구약성경의 약속 중 아브라함과 그 자손에게 이스라엘 땅을 주신다는 약속이 메시아의 초림과 재림에 관한 약속 다음으로 많은 구절에서 계시되고 있다. 르네 빠세(Rene Pache)는 이렇게 말한다.

> 예언의 유일한 완전 설명은 그것이 완성되는 것에 의해서만 우리에게 나타내게 되는 것이다.[76]

예수님의 초림은 성경 말씀의 많은 부분을 깨닫게 하고 많은 성경 말씀에 생명력을 불어넣는다. 이스라엘이 1948년 독립한 사건과 1967년 예루살렘의 회복은 많은 성경 구절을 깨닫고 살아나게 한다. 약 1,900년간의 유랑 생활 후에 나라가 세워지고 예루살렘이 회복된 것은 인간의 힘으로

75　Asher Intrater, 『아브라함의 점심 데이트』.
76　Rene Pache, 『그리스도와 재림』, 전준식 역 (서울: 마라나다, 1988), 8.

는 불가능한 일이다.

그것은 역사적으로 가장 위대한 기적 중 하나일 것이다. 성경이 진리라는 사실을 증거하는 사건들이다.[77] 카이저는 이렇게 말한다.

> 만약 하나님의 언약과 계획이 이스라엘 백성 및 국가라는 현실적 구체적 기반이 없는 것이라면, 교회에 주신 약속 역시, 과거의 역사나 모든 신자를 향한 계획과 연결되기 힘들 것이다. 만약 교회가 한 나라를 부르시고 땅을 주시겠다는 구체적인 약속에 뿌리를 두지 않았다면 교회는 과거의 확고한 근거를 잃은 채 또 하나의 종교 단체로 존재할 것이고 결코 세상을 이길 수 없을 것이다.[78]

하나님의 약속과 계획은 막연하거나 영적인 것만은 아니다. 가장 실제적이자 구체적인, 물질적 가나안 땅을 주시겠다는 것이다. 하나님께서 아브라함과 그 후손들에게 유럽과 아시아와 아프리카를 연결하는 다리이자 만나는 지점에 위치한 땅을 여호와 이레(창 22:14)로 준비하고 주시겠다고 예언했다. 때가 차매, 하나님은 대륙과 나라들을 연결하는 중앙에 위치한 이 작은 땅에 이스라엘을 두신다.[79]

> 아브람이 그 땅을 지나 세겜 땅 모레 상수리나무에 이르니 그때에 가나안 사람이 그 땅에 거주했더라(창 12:7).

---

[77] Keith Intrater, 『그 땅에 대해서 하나님은 진정 무엇이라고 하는가?』, 60
[78] Walter C. Kaiser, 『마지막 때에 관한 설교』, 99.
[79] Walter C. Kaiser, 『마지막 때에 관한 설교』, 100.

> 여호와께서 아브람에게 나타나 이르시되 내가 이 땅을 네 자손에게 주
> 리라 하신지라 자기에게 나타나신 여호와께 그가 그곳에서 제단을 쌓고
> (창 12:6).

창세기 12장에서 시작된 땅에 관한 언약은 창세기 15장에서 아래와 같이 구체화된다.

> 그날에 여호와께서 아브람과 더불어 언약을 세워 이르시되 내가 이 땅을
> 애굽강에서부터 그 큰 강 유브라데까지 네 자손에게 주노니, 곧 겐 족속과
> 그니스 족속과 갓몬 족속과 헷 족속과 브리스 족속과 르바 족속과 아모리
> 족속과 가나안 족속과 기르가스 족속과 여부스 족속의 땅이니라 하셨더라
> (창 15:18-21).

하나님의 영적인 축복은 중요한 요소이지만, 그 복을 누리기 위한 발판으로 실제 지리상에 존재하는 구체적인 땅을 위치와 범위까지 자세히 약속하고 당시 살고 있는 족속까지 밝혀 주고 있다. 그리고 이를 '영원한 언약'으로 확정시키는 구절이 창세기 17:7-8이다.

> 내가 내 언약을 나와 너 및 네 대대 후손 사이에 세워서 영원한 언약을 삼
> 고 너와 네 후손의 하나님이 되리라 내가 너와 네 후손에게 네가 거류하는
> 이 땅 곧 가나안 온 땅을 주어 영원한 기업이 되게 하고 나는 그들의 하나
> 님이 되리라(창 17:7-8).

땅의 회복 없이 영적 부흥만을 바라는 사람들도 많다. 땅이 회복되고 이스라엘이 메시아에게 돌아오고 메시아가 당신의 나라로 돌아오면 하나님

나라가 회복될 것이다.

그러므로 약속의 땅으로의 귀환은 이스라엘뿐 아니라 모두에게 중요한 사실이다. 그것은 하나님의 궁극적 목적인 "이스라엘이 하나님께로 돌아오는 전주곡"이다.[80] 이 시대 속에서 교회와 믿는 자들이 해야 할 마땅한 일은 하나님의 약속과 계획을 통한 만물을 회복하는 일에 동참하는 것이다.

1) 유대인의 첫 번째 귀환

여호수아서는 그 땅으로 돌아간 첫 번째 귀환을 기록한다. 창세기 15:13-25에서 계시한 바로 그 땅으로 귀환하기까지 약 600여 년 이상을 준비시키신 하나님께서 말씀대로 정확하게 인도한다. 이 귀환 사건을 위해 이삭이 태어나기도 전에 구체적으로 말씀하신다.

이 사건을 이루시기 위해 아브라함의 손자 야곱은 기근을 피해 가족들을 데리고 애굽으로 간다. 하나님은 애굽에서 이스라엘 민족을 이루시고 때가 되매 모세와 여호수아를 통해 약속의 땅으로 인도하신다. 다음 말씀의 성취이다.[81]

> 곧 광야와 이 레바논에서부터 큰 강 곧 유브라데강까지 헷 족속의 온 땅과 또 해지는 쪽 대해까지 너희의 영토가 되리라(수 1:4).

이스라엘 민족은 그 땅에서 이방신들을 숭배하고 심각한 도덕적 타락에

---

[80] Derek Prince, 『이스라엘과 교회의 운명』, 전은영 역 (서울: 엘리야, 2016), 61.
[81] Walter C. Kaiser, 『마지막 때에 관한 설교』, 102.

빠진다. 그로 인해 이스라엘은 앗수르와 바벨론에게 패하여 그 땅에서 추방되고 만다.[82]

앗수르 군대가 북쪽 열 지파를 모조리 포로로 잡아간 때는 주전 722년경이다. 그로부터 얼마 후 남쪽의 두 지파도 그 땅에서 추방되는데 바벨론의 느부갓네살에게 정복당한 시기는 주전 586년이다. 그리고 많은 유대인이 바벨론으로 잡혀간다.[83]

2) 유대인의 두 번째 귀환

유대 백성은 계속해서 하나님을 업신여기고 불순종하나 하나님은 그들에게 하신 약속을 잊지 않으신다. 예레미야 선지자를 통해 아래와 같이 여호와가 말씀하신다.

> 여호와께서 이와 같이 말씀하시니라 바벨론에서 칠십 년이 차면 내가 너희를 돌보고 나의 선한 말을 너희에게 성취하여 너희를 이곳으로 돌아오게 하리라(렘 29:10).

예레미야의 예언과 다니엘의 기도가 응답받는다. 에스라에 기록된 대로, 주전 536년에 약 50,000명의 유대인들이 바벨론에서 고향으로 돌아온다. 20년 간 내부 갈등을 겪은 후, 주전 516년에 예루살렘에 두 번째 성전을 재건한다. 주전 459년에 모세의 율법에 정통한 에스라가 바벨론에 살던 유대인들을 데리고 예루살렘으로 돌아간다. 그리고 로마 정부가 이스

---

[82] Walter C. Kaiser, 『성경적 종말론』, 13.
[83] Walter C. Kaiser, 『마지막 때에 관한 설교』, 103.

라엘에 호의를 베풀면서 주전 516년에 재건한 두 번째 성전을 주후 20년경 복원하기 시작하여 주후 64년에 완공된다.[84]

헤롯이 재건한 성전의 영광은 그리 오래가지 못했다. 주후 70년에 예루살렘이 로마에 함락되면서 성전이 불탔고, 요세푸스에 의하면, 예루살렘 성에서 절기를 지키던 순례자 110만 명이 로마인의 손에 학살되었고, 9만 7천 명이 포로로 잡혀갔다.[85]

주후 200-500년 사이에 바벨론에 살던 유대인들 중 일부가 이스라엘 땅으로 돌아간 기록이 있고, 페르시아 제국에 살던 유대인들 가운데 소수가 10-11세기에 예루살렘으로 돌아가 기드론 계곡 서편에 정착했다.[86] 조철환은 이렇게 말한다.

> 13세기부터 19세기에 걸쳐 유럽에 살던 유대인들이 종교 박해를 피해 이스라엘 땅으로 돌아가는 숫자가 증가한다. 1210년에 300명의 랍비와 그 후손들이 이스라엘 땅으로 돌아갔으나 그들의 대다수는 1229년 십자군의 손에 그리고 1291년 무슬림의 손에 학살된다.[87]

영국(1290년), 프랑스(1391년), 오스트리아(1421년), 그리고 스페인(1492년), 포르투갈(1498년)에서 추방된 유대인들의 일부도 고토로 돌아갔다.[88] 유대인들은 연이은 박해를 겪으면서 이방인과 기독교도들에 의해 그들의 땅에서 쫓겨난다.

---

84 Walter C. Kaiser, 『마지막 때에 관한 설교』, 104.
85 Flavius Josephus, 『요세푸스의 유대전쟁사』, 김지찬 역 (서울: 생명의말씀사, 1987), 602.
86 조철환, 『하나님은 이스라엘을 버리셨는가』 (서울: 엘리야, 2016), 86-87.
87 조철환, 『하나님은 이스라엘을 버리셨는가』, 87
88 조철환, 『하나님은 이스라엘을 버리셨는가』.

주후 70년	로마에 멸망
313-636년	비잔틴(동로마 제국)
636-1099년	아랍 이슬람(페르시아)
1099-1291년	십자군
1291-1517년	이집트 이슬람 맘루크 왕조
1517-1917년	오스만 터키 제국
1917-1948년	영국
1948년 5월14일	이스라엘 독립(요르단과 분할 통치)
1967년-현재	예루살렘 회복(성전산 내어줌)

<도표 2> 예루살렘 쟁탈의 역사

로마의 지배에서 비잔틴으로, 다음은 이슬람에게, 그리고 십자군에 이어서 맘루크가 지배했다. 맘루크의 지배에서 오스만 터키로, 이어 영국의 지배를 받으며 이스라엘은 약속된 땅에서 영원히 차단된 듯했다.[89]

3) 유대인의 세번째 귀환

일부 유대인이 1871년부터 약속의 땅으로 귀환하기 시작한다. 약 10년 사이에 약 25,000명의 유대인이 그 땅에 정착하지만 공식적인 선언이나 승인은 없다. 유대인들의 귀환에는 늘 사회적, 민족적 문제가 뒤따른다.[90]

---

[89] 김한호, 『이스라엘 핸드북』(안양: 사랑의 메시지, 2010), 4-5.
[90] Walter C. Kaiser, 『마지막 때에 관한 설교』, 105.

4) 바젤에서 예루살렘까지 70년

1897년 스위스 바젤에서 열린 시온주의 의회에서 '근대 이스라엘의 아버지'라고 불리우는 제1차 시온주의 의회를 추진한 데어도어 헤르츨(Theodore Herzl)이 유대인들의 고향 땅을 되찾아 유대 국가의 건설을 주창한다.[91] 오스만 터키 제국의 점령(1517-1917년) 아래 있던 팔레스타인 땅은 대부분 인구가 적고 경작하기 어려운 황폐한 땅이었다.[92]

초기 유대인 이민자들은 황무지를 개간하고 정착촌을 건설했다. 그러는 와중에 일자리가 늘면서 유목민으로 떠돌던 아랍 사람들도 몰려오기 시작했다. 그들은 '시온주의자 정착촌에서 노동하기 위하여 이민을 온 사람들'이다.[93]

유대인과 아랍인 인구가 증가하면서 번영하는 유대인들에 대한 시기와 분노로 폭력과 테러가 자주 발생했다.

제1차 세계대전(1914-1917년)은 중동의 정세와 국경을 완전히 바꿔 놓는다. 오스만 터키 제국의 중동 지역 지배는 정확히 400년 만에 끝난다. 제1차 세계대전 중 아세톤 생산법을 발견하여 대량의 폭발물 개발에 성공함으로 영국을 크게 도왔던 하임 와이즈만 박사를 위시하여 시온주의 유대인들이 영국 정부에 유대 국가 건설에 협력해줄 것을 요청한다.

1917년 영국 정부는 밸푸어 외무상이 기안한 '밸푸어 선언'을 발표함으로써 팔레스타인 땅에 유대인 국가 건설을 명문화한다. 한편, 영국군은 1917

---

[91] Derek Prince, 『하나님께서 결코 잊으신 이스라엘』 (서울: KIBI, 1991), 47.
[92] Norma Parrish Archbold, 『이스라엘의 산들 누구의 땅인가』, 오숙희 역 (안양: 사랑의 메시지, 2006), 51-52.
[93] Randall Price, 『중동문제 진실은 무엇인가』, 오소희 역 (안양: 사랑의 메시지, 2010), 30.

년 예루살렘 전투를 통해 오스만 터키 제국이 점령하고 있던 예루살렘을 점령한다. 이 전투에서 영국군 18,000명, 터키군 25,000명이 사망한다.[94]

프랑스와 인접한 해안 도시인 이탈리아 북서부의 휴양 도시인 산레모에서 제1차 세계대전 후, 1920년 연합국 최고회의(영국, 프랑스, 이탈리아, 일본, 미국)가 열렸다. 여기에 참가한 영국과 프랑스 대표가 협정을 맺었다. 산레모 협정은 400년간 오스만 터키 제국이 장악했던 중동 지역에 대한 분할 통치를 결의한다.

핵심 내용은 프랑스의 시리아 관할, 영국의 이라크와 팔레스타인 관할과 함께 유대인들을 위한 거주국을 팔레스타인에 설립하는 것이었다. 산레모 협정은 국제법상 나중의 유엔 결의안보다 우선하는 이스라엘의 건국의 토대가 되는 결의안이었다.[95] 프라이스는 이렇게 말한다.

> 1922년 제1차 세계대전 후 결성된 국제 연맹은 영국에게 팔레스타인 땅에 유대인 국가를 건설할 권한을 위임한다. 영국 정부는 팔레스타인 땅의 77%에 해당하는 요르단강 동쪽에는 팔레스타인 거주 아랍인들을 위한 트렌스요르단(오늘날 요르단)을, 팔레스타인 거주 유대인들에게는 요르단강 서쪽 23%에 해당하는 지역을 할당하는 두 국가 분할안을 실행한다.[96]

아랍인들이 일자리가 많은 유대인 지역에 몰려오면서 인구는 계속 늘어났다. 결과적으로, 두 민족 간의 마찰이 점점 심하게 일어나면서 아랍인들의 폭력과 테러도 잦아지기 시작했다. 조철환은 이렇게 말한다.

---

[94] 김인식,『하나님의 마스터플랜: 새 예루살렘의 비전』, 167.
[95] 김인식,『하나님의 마스터플랜: 새 예루살렘의 비전』.
[96] Randall Price,『중동문제 진실은 무엇인가』, 41.

1938년 7월에 32개국 대표가 프랑스 에비앙에서 '독일과 오스트리아에 있는 유대인들을 어떻게 구출할 것인가?'라는 의제로 모인다. 그러나 에비앙에 참석한 각국 대표는 유대인 수용을 거부한다. 각국 대표가 히틀러의 만행을 규탄하고 유대인 난민들을 받아들였다면 홀로코스트는 없었을 것이고, 제2차 세계대전도 일어나지 않았을 수도 있다. 그 결과, 유대인들을 거부했던 그 나라들은 제2차 세계대전 중 5천만 명 내지 7천만 명의 수많은 군인과 민간인이 희생된다.[97]

아랍인들에 대한 유화책으로 영국 정부는 1939년에 유대인 이주를 제한하는 백서를 발표하게 된다. 비극적인 사실은 영국의 친아랍 정책이 결과적으로 유럽의 대학살로 인해 팔레스타인으로 망명하려는 많은 유대인의 탈출구를 막게 되었다. 조철환은 이렇게 말한다.

1939년에서 1945년 사이에 전 세계 1,500만 명의 유대인중 600만 명이 아돌프 히틀러가 만든 악마적인 죽음의 수용소에서 살해당한다. 제2차 세계대전이 끝났지만 유대인 대학살에서 살아남은 유대인들은 더 이상 안주할 곳이 없었다. 국제 사회는 갈 곳 없어 비탄에 잠긴 유대인들을 임시수용소에 계속해서 방치할 수 없었다.
상상을 초월하게 끔찍한 만행의 진실이 점점 밝혀짐에 따라 전 세계에 유대인에 대한 동정심이 일어나 유대인의 조국 건설을 지원하려는 분위기가 고조되었다. 그러나 아랍 민족은 이스라엘의 건국을 반대했다. 팔레스타인 지역의 두 민족 간 갈등을 해결하지 못한 영국은 이 문제를 유엔에 상

---

[97] 조철환, 『하나님은 이스라엘을 버리셨는가』, 119-20.

정하게 되었다.[98]

    1947년 유엔은 팔레스타인 땅을 분할하여 유대 국가와 아랍 국가를 각각 설립하는 안을 결의했다. 미국 국무장관과 유엔대사가 모두 반대했음에도 불구하고 해리 S. 트루먼 대통령이 이 결의안을 강력하게 지지하도록 명령한 결과였다.
    임사라의 주장대로, "트루먼 대통령은 고레스 대제처럼 이스라엘 건국의 은인이 되어주었다."[99] 인간적인 관점에서 트루먼 대통령이 없었더라면 오늘날 이스라엘도 없을 것이다.
    유엔의 분할안은 이스라엘 입장에서 자국을 방어하기가 참으로 어려운 만족스럽지 못한 경계였다. 그러나 이스라엘은 반대 여론을 극복하고 건국을 위해 결국 그 안을 수용했다. 아랍 민족은 반발했지만 유엔은 투표로 이스라엘 건국을 승인했다.[100]
    1948년 5월 14일에 약 1,900년 동안 나라 없이 흩어졌던 유대 민족이 마침내 나라를 세운다. 그래서 이사야 66장이 역사 속에서 구체적으로 성취되었다.

> 시온은 진통을 하기 전에 해산하며 고통을 당하기 전에 남아를 낳았으니 이런 일을 들은 자가 누구이며 이런 일을 본 자가 누구이냐 나라가 어찌 하루에 생기겠으며 민족이 어찌 한순간에 태어나겠느냐 그러나 시온은 진통하는 즉시 그 아들을 순산했도다(사 66:7-8).

---

[98] 조철환, 『하나님은 이스라엘을 버리셨는가』, 169.
[99] 임사라, 『기적의 이스라엘』(서울: KIBI, 2003), 200.
[100] 김인식, 『하나님의 마스터플랜: 새 예루살렘의 비전』, 169.

그러나 이스라엘 나라가 세워지자마자 이스라엘 국가를 제거하려는 주변 아랍연합국으로 인해 제1차 중동 전쟁이 발발했다. 이 전쟁은 1948년 5월에서부터 1949년 3월까지 계속되었다. 막 태어난 이스라엘은 훈련된 정식 군대를 미처 갖추지 못한 미약한 상태였다.

이집트, 요르단, 레바논, 시리아, 이라크 그리고 사우디 병력으로 구성된 아랍 연합군은 최신 무기로 무장하고 있었다. 이스라엘은 아랍 연합군을 홀로 상대하여 전쟁을 치렀다.

결국, 유엔의 중재로 휴전 협정을 맺게 되었다. 전쟁의 결과, 본래 국제 관할 지역이던 예루살렘과 서안 지구는 요르단이 점령하고, 가자 지구는 이집트가 점령하게 되었다. 아랍 지도자들의 권고에 따라 전쟁 위협에 도주한 대부분이 팔레스타인 난민이 된 것이 전쟁의 후유증이었다.[101]

막 태어난 신생 국가인 이스라엘에 홀로코스트의 상처가 아물기도 전인 1967년 6월에 또 다시 전운이 감돌게 된다. 이스라엘을 둘러싼 주변 아랍 국가들인 시리아, 이집트, 요르단과 이라크는 25만 명의 군대 병력과 러시아가 제공한 탱크와 전투기를 이스라엘 국경 쪽으로 이동시켰다. 이스라엘을 공격할 아랍 연합군의 준비 태세가 끝난 것이다.[102]

> 당시 다수의 이스라엘 사람은 나라가 멸망에 처했다고 생각하고 극도의 불안과 두려움에 빠질 수밖에 없었다. 이 전쟁은 엄청난 사상자를 발생시키고 최소한 수만 명이 목숨을 잃을 것 같았다. 예루살렘의 지도자들은 많은 사람의 죽음을 예상했기에 실제로 예루살렘의 모든 국립공원을 공동묘지로 지정해 놓았다.

---

[101] 김인식, 『하나님의 마스터플랜: 새 예루살렘의 비전』, 170.
[102] 김한호, 『이스라엘 핸드북』, 13.

북쪽으로는 시리아, 동쪽으로는 요르단, 남쪽으로는 이집트 수적으로나 군사적으로나 이스라엘은 삼 면의 국경에서 열세인 상황이었다. 소련은 그동안 아랍 국가에 20억 불 규모의 엄청난 무기를 공급했다. 이스라엘의 적군들은 이스라엘보다 2배 이상의 많은 군인, 3배의 탱크들, 4배가 되는 전투기들을 전쟁터에 동원했다. 이스라엘은 장기전을 감당할 만한 군사력을 준비하지 못한 상태였고, 그것도 혼자서 자국을 방어해야만 했다.

그래서 이집트와 시리아의 공군 기지를 파괴하는 선제 공격을 감행했다. 전쟁 바로 직전에 이스라엘의 주적 이집트에는 아주 중대한 실수들과 작은 사고가 잇달아 일어났다. 이집트군의 연속된 실수들로 말미암아 선제 공격은 완벽하게 성공했다.[103]

이스라엘은 선제 공격으로 주도권을 잡고 일당백의 전쟁을 치렀다. 수에즈운하와 가자 지역을 공격하여 사흘 만에 아랍 군사들을 줄줄이 포로로 잡아들였다.

유대인 지역을 공격하는 요르단과의 전투에서 이스라엘은 구예루살렘을 되찾는 기적을 체험한다. 시리아의 공격을 반격하여 골란고원을 점령하고 다마스커스까지 진격했다.

수년 동안 준비하고 최신 무기로 무장한 아랍 연합군들의 공격이었지만 이스라엘을 당할 수 없었다. 모든 것을 아시는 전능하신 하나님께서 주도하신 전쟁이었다. 잃어버린 큰 임금의 성인 예루살렘을 찾기를 원하시는 것이 하나님의 뜻이었다.[104]

이스라엘은 전쟁사 중 가장 놀라운 승리를 거두며 예루살렘을 포함한

---

[103] 김인식, 『하나님의 마스터플랜: 새 예루살렘의 비전』, 171.
[104] 임사라, 『기적의 이스라엘』, 211.

유대와 사마리아 지역(웨스트 뱅크), 가자 지구, 골란고원과 시나이반도를 회복한다.[105]

6일 전쟁은 하나님 능력의 손이 유대인을 위해 움직이시는 것을 체험한 놀라운 사건이다. 아랍 이슬람 지도자들이 유대인들을 멸절시키겠다고 공언할 때 또 한 번의 홀로코스트 같은 대학살이 임박한 것처럼 보인다. 엿새 동안 유대인들은 자신을 방어하고 적들을 무찌르며 영토를 세 배로 늘린다. 예루살렘을 이천 년 만에 처음으로 재점령하고 다스리는 기회를 가지게 된 것이다. 전쟁이 끝나자마자 많은 사람이 하나님께서 직접 개입하시고 도우신 전쟁이었음을 깨달았다.[106]

바젤에서 가진 유대 국가의 건설의 비전이 성취되고, 예루살렘 회복까지 70년의 드라마가 아래의 도표처럼 펼쳐졌다.

6일 전쟁(1967년 6월 5일부터 10일까지)을 통해 예루살렘이 회복된 것은 하나님의 뜻이요 하나님의 섭리였다. 하나님의 역사로 1897년 데어도어 헤르츨이 유대 국가의 건국을 주창하게 되었다.

1897년	시온주의 의회	시작
1917년	밸푸어 선언	20년
1947년	유엔 분리안 통과	50년
1967년	예루살렘 회복	70년
예루살렘 회복 과정 70년		

<도표 3> 예루살렘 회복 과정 70년

---

[105] 김인식, 『하나님의 마스터플랜: 새 예루살렘의 비전』, 171.
[106] 김인식, 『하나님의 마스터플랜: 새 예루살렘의 비전』, 171-72.

그리고 20년 뒤 1917년 밸푸어 선언이 발표된다. 50년 뒤에 1947년 유엔에서 이스라엘 건국을 승인하게 되고 70년 뒤에 예루살렘을 회복했다. 예루살렘 회복은 역사를 주권적으로 통치하시는 하나님의 작품이다.

1973년 아랍 연합군이 무방비 상태 속에 있는 대속죄일에 이스라엘을 불시에 공격했지만, 이스라엘은 거의 패망의 위기에서 다시 승리한다. 여러 차례 실패한 주변 아랍국들은 팔레스타인의 민중 봉기 전략과 테러 전술로 주로 민간인들을 공격하여 혼란을 부추기고 있다.[107]

8. 점령인가 회복인가

유엔에서 통과된 분할안에 의하여 1948년 이스라엘은 독립을 선언했다. 하지만, 아랍은 할당된 영토를 거부하고 연합하여 이스라엘을 침공하므로, 결과적으로 많은 난민이 발생했다. 김한호는 이렇게 말한다.

> 아랍 지도자들은 팔레스타인에 거주하는 아랍인들에게 일주일, 즉 유대인들을 대학살하는 기간 동안 잠시 떠나라고 명령한다. 팔레스타인 아랍인들 대부분이 이스라엘 군인을 본 적도 없이 자발적으로 떠나며, 자신들의 집으로 곧 돌아온다는 희망을 품은 채, 요르단, 레바논 등지로 피난한다. 그러나 전쟁은 이스라엘의 승리로 돌아간다.
> 그래서 이스라엘에 남아 있던 아랍인들은 모두 이스라엘 시민권을 받았으나, 도피한 형제 아랍국에서 시민권을 얻지 못하고 현재까지 난민으로 취급받고 있다. 또 한 번의 난민 사건은 1948년에서 1967년 사이 요르단이

---

[107] 김인식, 『하나님의 마스터플랜: 새 예루살렘의 비전』, 173.

서안 지구를, 이집트가 가자 지구를 합병한 것이었는데, 이 경우에도 두 지역의 팔레스타인 아랍인들은 시민으로 흡수되지 못한 채 난민으로 남고 만다.

이 지역들은 1967년 6일전쟁으로 이스라엘의 영토가 된 이후 지속적으로 이스라엘-팔레스타인 갈등의 원인이 된다. 아랍 국가들은 팔레스타인 주민을 자국의 시민으로 흡수하기를 거부하며, 오히려 그들을 반이스라엘 선전 도구로 이용하고 있다. 또한, 보통 난민촌이라고 하면 천막으로 된 빈민촌을 연상하지만, 이스라엘의 '팔레스타인 난민촌'에는 아파트와 상점이 즐비한 도심지를 갖춘 나블루스, 툴카름 같은 도시가 포함되어 있다.[108]

이스라엘은 피난 온 유대인들을 모두 수용하고 피난가지 않은 아랍인들에게도 시민권을 부여한다. 반면, 아랍 국가들은 지금까지도 아랍인들을 난민촌에 방치한 채 돌보지 않고 있다. 적들로 둘러싸인 이스라엘은 늘 안보 위협과 테러에 시달리고 있다. 무엇보다도 주권자이신 하나님께서 그 땅을 유대인들에게 영원히 주셨기 때문에 그들은 자신의 나라를 세울 권리가 있다(대상 16:17-18).[109]

역사상 1,900년 동안 강제로 뿔뿔이 흩어져 살던 민족이 옛 고향에 다시 돌아와 조국을 건설한 예는 존재하지 않는다. 오직 이스라엘 한 나라만이 그것을 이루었으며, 그것이 바로 하나님께서 선언하신 것이었기 때문이다 (렘 30:3-11; 31:7-8). 역사학자든 사회과학자든 인본주의적 종교학자든 아무

---

[108] 김한호, 『이스라엘 핸드북』, 12.
[109] 김인식, 『하나님의 마스터플랜: 새 예루살렘의 비전』, 174.

도 이 전무후무한 사건을 예측하거나 이론적으로 어떻게 설명할 수 없지만, 인간적인 논리를 떠나 오로지 성경을 믿고 의존한 소수의 사람은 정확히 예측할 수 있다.¹¹⁰

오늘날 그리스도인들은 에스겔 37장에 예언된 것처럼, '마른 뼈'들이 모여서 나라가 재건되는 것을 목격하는, 매우 큰 특권을 누리고 있는 셈이다. 반면, 사탄은 반유대주의를 지금도 다양하게 발전시키고 있다. 이스라엘의 파멸을 추구하는 BDS(Boycott, Divestment and Sanctions) 운동은 이스라엘 상품 불매, 투자 회수, 제재하자는 운동으로 확산 중이다. BDS 운동의 목적은 '이스라엘을 정치적 게토로 추방'하는 것이다.¹¹¹

한때 공산 국가들이 세계의 자유 민주주의 국가의 위협이 되었던 것처럼, 현재 이스라엘 주위에 있는 이슬람 국가들은 이스라엘뿐 아니라 전 세계 자유 민주주의 국가의 위협이 되어가고 있다. 이스라엘 주변 이슬람 국가들은 회교 원리주의자들이 정권을 잡음으로써 전 세계를 회교로 개종시키려는 테러의 본거지가 되어가고 있다.

터키는 급속히 반이스라엘로 전환하며 러시아 및 이란과 결속하고 있다. 미국의 오바마 행정부는 몇 년 전 이스라엘이 1967년 이전의 국가 경계로 돌아가도록 요구한다. 지금의 트럼프 정부는 친이스라엘로 미국 대사관을 예루살렘으로 옮기겠다고 공포한다.¹¹²

---

110 김인식, 『하나님의 마스터플랜: 새 예루살렘의 비전』.
111 Jed Babbin and Herbert London, *The BDS War against Israel* (New York: London Center for Policy Rearch, 2014), 4.
112 김인식, 『하나님의 마스터플랜: 새 예루살렘의 비전』, 175.

미국은 2018년 5월 14일 실제로 미국 대사관을 예루살렘으로 옮겼다. 미국은 박해를 받으며 전 세계를 유리하던 '유대인들의 피난처'이다.[113] 미국은 이스라엘 독립에 중요한 역할을 감당했을 뿐 아니라, 이제 예루살렘을 이스라엘 수도로 인정하고 대사관을 그곳으로 옮김으로 이스라엘 건국 70주년을 맞이하며 새로운 전진을 가져오게 될 것이다.

이스라엘은 미국이 필요하고 미국은 이스라엘이 필요하다. 이스라엘이 기대하는 기적은 트럼프가 미국 대사관을 예루살렘으로 옮겨 예루살렘이 이스라엘의 수도임을 확인하는 것이다. 원래 미국 의회와 상원이 1995년에 이것을 하려고 투표를 했지만, 어떠한 대통령도 추진할 용기가 없었다.[114]

> 예루살렘은 유대인들이 약 삼천 년 전부터 그곳에 나라를 세우고 살아온 이스라엘의 수도이다. 강대국의 점령에 의해 추방당한 동안도 결코 포기하지 않고 사모하고 기도하고 기다려 온다. 그리고 언제나 소수 사람은 남아서 핍박과 고난 속에서도 고토를 지켜 온다. 예루살렘은 여러 제국이 정복하고 짓밟은 가운데서도 변함없이 유대인들이 항상 다수이다. 그곳을 유대인이 관할했을 때만이 종교의 자유와 평화가 보존된다.[115]

주후 70년 로마가 유대 민족을 이방 나라로 추방한 지 약 1,900년의 세월이 흘렀다. 전 세계에 흩어진 유대 민족은 결코 예루살렘으로의 귀환과 유대 국가의 건설에 대한 소망을 포기하지 않는다. 또한, 오늘날 이스라엘에서 발굴되는 유적은 이스라엘만이 그 땅에 존재했던 유일한 국가인 것

---

[113] 김인식, 『하나님의 마스터플랜: 새 예루살렘의 비전』, 243.
[114] Maoz, *Israel Report* (January 2017), 8.
[115] 김인식, 『하나님의 마스터플랜: 새 예루살렘의 비전』, 176.

을 확증해 주고 있다.¹¹⁶

현대 이스라엘의 건국은 역사성을 바탕으로 한 국제법을 따른 합법적인 건국이다. 그러나 인본주의가 주도하는 유엔에는 이스라엘 건국을 점령이라고 말하는 나라들이 다수이다. 무엇보다 많은 그리스도인조차 이런 불신앙과 세속 논리를 따라서 스스로 전능하신 하나님을 제한하고 신실하신 하나님의 말씀과 약속을 부인하는 현실이다.¹¹⁷

1864년 공식 문서에 의하면, 당시 예루살렘에는 유대인이 최다수를 이루고 있었다.¹¹⁸

1897년	스위스/바젤/시온주의 의회(데어도어 헤르츨)
1917년	밸푸어 선언-유대 국가 건설 약속
1920년	산레모 협정-유대인 거주국 건설 약속(이스라엘의 마그나 카르타)
1922년	국제 연맹 결의안(영국에 유대 국가 건설에 대한 권투 위임)
1924년	팔레스타인에 대한 영미 조약
1939-1945년	유대인 6백만 명-죽음
1947년	유엔 분할안 가결
1948년	이스라엘 건국 – 제1차 중동 전쟁(May 1948-March 1949)
1956년	수에즈 전쟁
1967년	6일 전쟁(June 5-10) 예루살렘 회복(성전산 돌려줌)
1973년	욤 키푸르 전쟁
1948년 이후	아랍 테러리즘(주변 국가들과 팔레스타인 단체들의 공식 정책)
현재	반유대주의 진화 BDS 운동(이스라엘 상품 불매, 투자 회수, 제재)

<도표 4> 시온주의 120년의 역사

---

116 김인식, 『하나님의 마스터플랜: 새 예루살렘의 비전』.
117 김인식, 『하나님의 마스터플랜: 새 예루살렘의 비전』.
118 Norma Parrish Archbold, 『이스라엘의 산들 누구의 땅인가』, 21.

1897년 스위스 바젤에서 데어도어 헤르츨의 리더십 속에 가진 모임에서부터 본격적인 시온주의 운동이 시작되었다. 시온주의 120년의 역사는 다음과 같다.[119]

이스라엘 국가는 역사적, 외교적, 군사적으로 그리고 '국제법상 그 땅에 존속할 합법성과 정당성'을 가지고 있다. 1947년 유엔 승인 아래 1948년 독립 선언과 연이은 독립 전쟁에서의 승리로 '국제 사회가 이스라엘을 인정'해 주었다.[120]

그러므로 자유 민주주의 국가들은 이스라엘을 보호하고 지지하는 것이 올바르고 정의로운 행동이다. 이스라엘은 중동 지역에서 유일한 자유민주주의 법치 국가이다. 거주민은 누구나 법에 의해 인간의 기본권을 보장받는다. 이스라엘을 지지할 때 '합법적인 정의의 편에 서는 것'이다.[121] 아브라함에게 "너를 축복하는 자에게는 내가 복을 내리고"(창 12:3)란 말씀처럼 개인과 나라와 민족이 진정 잘 살고 복 받는 길이 될 것이다.[122]

21세기에 접어든 지금도 이스라엘을 향한 광범위하고 무작위적인 테러가 지속되고 있다. 엄청난 최신 무기들이 이스라엘을 겨누고 있고, 시시때때로 위협하는 적들에 둘러싸여 있다.

그러나 이스라엘은 기적적으로 살아 남아 오히려 눈부시게 발전하고 있다. 인구도 계속 증가하여 팔백오십만 명이 넘는다. 이스라엘로 이주한 러시아계 유대인들은 백만 명에서 백오십만 명에 달하며 에티오피아계 유대인들의 수도 상당하다.

---

[119] 김인식, 『하나님의 마스터플랜: 새 예루살렘의 비전』, 177.
[120] Norma Parrish Archbold, 『이스라엘의 산들 누구의 땅인가』, 61.
[121] 김인식, 『하나님의 마스터플랜: 새 예루살렘의 비전』, 177.
[122] 김인식, 『하나님의 마스터플랜: 새 예루살렘의 비전』.

이스라엘 귀환과 인구 현황(1882년-2018년)				
1882-1903년	제정러시아(예멘 일부 포함)		약 35,000명	
1904-1914년	러시아 박해로	최초 기부츠 세움	약 40,000명	
1917년	밸푸어 선언/영국의 통치 시작			
1919-1923년	동유럽(제1차 세계대전 여파)	팔레스타인	약 40,000명	
1924-1929년	폴란드/헝가리-반유대주의	중산층 가정 다수	약 82,000명	
1929-1939년	독일-나치즘	전문직 종사자 다수	약 250,000명	
아랍인/유대인 긴장 고조/아랍인 독립 요구-폭동/ 1940년도 유대인 인구 약 450,000명				
1945-1951년	유럽 아랍 지역 새로운 물결	홀로코스트 영향	약 688,000명	
1948년	5월 14일 독립 당시 유대인 인구는 65만 명			
1949-1950년	예맨 유대인 생존 위기	매직 카펫작전	약 49,000명	
1951-1952년	이라크(비행기)	에스라/느헤미야작전	약 120,000명	
1952-1964년	북아프리카		약 240,000명	
1948-1970년	아랍 국가	(이주 혹은 추방)	약 900,000명	
1979년	이란 혁명		약 30,000명	
1984-1985년	수단 – 에티오피아 유대인	(비행기)	약 7,000명	
1991년	에티오피아 유대인	(비행기)	14,325명	
1948-1967년	소련(6일 전쟁 후-외교 단절)		약 22,000명	
1989년	미하일 고르바초프 소련 수상 유대인 이주 제한 해제			
1991년 이후	구소련 지역 유대인	소련 붕괴	약 1,000,000명	
1999-2002년	아르헨티나/우루과이	정치 경제 위기	약 12,000명	
2000-2009년	프랑스-반유대주의		약 13,000명	
2013-2014년	프랑스-반유대주의/친팔레스타인주의/폭력/경제침체		약 6,000명	

2015년	IS가 프랑스 시사 주간지 「샬리 엡도」 편집인 살해		약 8,000명
1967-1973년	북미 유대인(6일 전쟁 승리)		약 60,000명
2009년	미국 유대인(세계 금융 위기)	(지난 36년 만에 최고)	3,324명
1882-2012년	전 세계 70국 이상	이스라엘 이주	총 3,620,000명
2018년 유대인 인구	세 계 14,700,000명	이 스 라 엘 6,600,000명	미 국 5,700,000명

<도표 5> 이스라엘 귀환과 인구 현황(1882년-2018년)

이들 유대인 집단은 복음 메시지에 많은 관심을 보여왔다.[123] 지난 1882년에서 2018년까지 유대인 인구 변화를 정리해보면 인구 급증을 확인할 수 있다(도표 5 참조).[124] 에스겔 39:28에 의하면, 아직 더 많은 유대인이 고토로 돌아갈 것이다.

> 전에는 내가 그들이 사로잡혀 여러 나라에 이르게 했거니와 후에는 내가 그들을 모아 고국 땅으로 돌아오게 하고 그 한 사람도 이방에 남기지 아니하리니 그들이 내가 여호와 자기들의 하나님인 줄을 알리라(겔 39:28).

아직도 유대인 총수의 절반 이상이 이스라엘밖에 있다.[125]

역사를 돌이켜 보면, 대다수 유대인은 팔레스타인으로 돌아가기를 원치

---

[123] Walter C. Kaiser, 『마지막 때에 관한 설교』, 107.
[124] 조철환, 『하나님은 이스라엘을 버리셨는가』, 87-91.
[125] 유대인의 숫자는 이스라엘 내 약 660만 명(45%), 이스라엘 밖 약 810만 명으로 총 약 1,470만 명이다. 그 중 미국에 사는 유대인 숫자는 약 570만 명(70%)이다(The Jewish Agency의 2018년 9월 보고).

않았다. 소수의 유대인이 간절히 돌아가고 싶어했으나, 만약 고토로 귀환하는 일이 유대인들에게만 맡겨졌다면, 실제로 돌아간 사람은 거의 없었을 것이고, 하나님의 계획은 좌절되었을 것이다.

그런데 그때 홀로코스트가 닥친다. 홀로코스트를 당한 사람들의 고통과 공포를 생각하면 마음이 몹시 괴롭지만, 결과적으로 그것은 하나님의 계획을 실현하는 촉진제가 되었다. 홀로코스트 외의 다른 어떤 사건도 유대인들로 하여금 그들이 수백 년간 거주해 왔던 유럽 땅을 떠나게 하지 못했을 것이다. 홀로코스트의 환난을 겪으면서 유대인들은 다시 그들의 땅을 바라보지 않을 수 없게 되었다.[126]

하나님은 측량할 수 없을 만큼 사랑이 깊으신 분이지만, 이와 반대로 하나님은 당신이 예정한 계획을 실행하기 위해 무서운 분이시기도 하다.[127]

9. 유대인들의 예루살렘 지향성

첫째, 회당에서 예배를 드리는 방향은 항상 예루살렘이다.
둘째, 유대인들의 기본 기도문인 '**아미다**[128]' 기도 항목 중 시온으로의 귀환 기원이 포함된다.
셋째, 유월절과 대속죄일의 마지막 기도 내용은 'Next Year in Jerusalem'이다.

---

126 Randall Price, 『중동문제 진실은 무엇인가』, 73.
127 Randall Price, 『중동문제 진실은 무엇인가』.
128 **아미다**(*Amidah*, '일어서서 드리는 기도'의 의미)는 매일 드리는 세 차례의 기도 시간에 모두 포함되는 중심이 되는 기도 순서이며, 19개의 찬송시로 구성되어 있다.

넷째, 매번의 식사 기도에는 하나님이 '예루살렘을 세우시는 분'으로 지칭된다.
다섯째, 성전과 예루살렘 파괴를 기억하기 위해 유대인들이 지키는 관습이 있다.

① 옛 성전이 서 있었던 성전산을 접근하면서 옷을 찢는다.
② 집을 회반죽으로 칠하면서 작은 한 부분은 미완성인 채로 남겨 놓는다.
③ 가장 즐거운 결혼식 마지막 순서로 포도주 잔을 땅에 떨어뜨려 깨는 관습이 있다.

이처럼, 유대인들은 예루살렘을 지향하는 관습을 가지고 있다.

> 예루살렘아 내가 너를 잊을진대 내 오른손이 그의 재주를 잊을지로다 (시 137:5).

유대인들은 누구나 시편 기자의 심령을 마음 중심에 지니고 있다.[129] 이방 그리스도인들의 사명 중 하나가 알리야[130]를 돕는 일이다. 예레미야 31:10은 이렇게 말씀한다.

---

[129] 권혁승, "시온주의와 이스라엘 독립 그리고 하나님의 역사," 「성경적 신학적으로 보는 이스라엘과 하나님의 구원계획」 제1회 목회자 이스라엘 세미나 자료 (2016년 10월), 20-21참조.

[130] 알리야 (עלייה, Aliyah)는 유대인 디아스포라들이 유대인의 땅인 에레츠 이스라엘로 돌아오는 것이다.

> 이방들이여 너희는 여호와의 말씀을 듣고 먼 섬에 전파하여 이르기를 이스라엘을 흩으신 자가 그를 모으시고 목자가 그 양 떼에게 행함 같이 그를 지키시리로다 (렘 31:10).

하나님의 최종 목적은 유대인들을 이스라엘 땅에 물리적으로 귀환시키시는 것이 아니다. 그것은 하나님의 궁극적인 목적, 곧 이스라엘이 하나님께로 돌아오는 일의 전주곡에 불과하다.[131]

이방 그리스도인이 풍성하게 축복을 받으면 유대인이 그것을 보고 시기하며 끌릴 것이다. 이방 그리스도인이 유대인에 대한 역사적인 핍박의 과오를 회개하고 겸손히 진 빚을 인식하면 영적 장벽이 제거되어 유대인이 그리스도께로 나아오게 될 것이다. 예수를 믿는 이방인과 예수를 믿는 유대인들의 수가 찰 때 메시아 예수의 재림과 모든 사람을 위한 하나님 나라의 충만함이 도래하게 될 것이다.[132]

10. 요약

이 장에서는 카이저의 이스라엘 종말론을 기술했다. 카이저는 먼저 이스라엘의 미래가 끝났다는 대체신학의 오류를 지적하며 이스라엘에는 미래가 있고 이스라엘은 구원을 넘어 회복될 것을 성경은 약속한다고 주장한다.

카이저는 하나님이 아브라함, 이삭, 야곱, 그리고 다윗과 맺은 언약은

---

[131] Derek Prince, 『이스라엘과 교회의 운명』, 72.
[132] Daniel Juster and Keith Intrator, 『마지막 때의 교회와 이스라엘』, 김주성 역 (서울: 이스라엘, 2010), 175.

조건 없는 일방적 영원한 언약이기 때문에 반드시 성취된다는 전제 아래 종말론을 서술한다. 종말론에 관한 언약 중에 가나안 땅 언약을 가장 핵심으로 이해한다. 하나님의 전능성과 신실성은 반드시 이스라엘을 가나안 땅으로 돌아가게 한다.

카이저는 이스라엘 종말론을 에스겔 36장을 통해 이스라엘이 고국 땅으로 돌아오고(민족적 회복) 맑은 물로 정결케 되고 새 영과 새 마음(영적 회복)을 받게 되는 이스라엘 회복 과정으로 이해한다.

결과적으로, 하나님과 백성들의 관계가 회복(관계 회복)되고 황폐한 땅이 에덴 동산(땅의 회복)같이 될 것을 바라본다. 에스겔 37장에서 둘이 하나(국가 회복)가 되고 다윗이 영원히 그들의 왕(메시아 왕국)이 될 것으로 이해한다.

하나님께 불가능한 것은 없다. 이스라엘을 그 땅으로 돌아가게 하시는 일도 마찬가지다. 하나님은 자기 자신을 부정하시거나 약속하신 바를 행하지 않으시는 것만 제외하고는 무엇이든 하실 수 있다.

하나님이 전 세계에 흩어지는 유대인들을 다시 이스라엘 땅으로 돌아오게 하실 것이다. 하나님이 이스라엘을 그들의 땅에 다시 심으실 것이다. 하나님은 다시금 그들의 하나님이 되시며 그들은 그분의 백성이 될 것이다.

이런 이스라엘 종말의 현상들이 이미 구체적으로 성취되고 있는 그러나 아직 완전히 이루어지지 않은 마지막 때를 우리는 살아가고 있다.

제4장

월터 C. 카이저의 다윗 가문의 '새 왕'과 '큰 왕의 성' 이해

이 장에서는 카이저의 다윗 가문의 새 왕과 큰 왕의 성 이해에 관하여 기술한다. 예수 그리스도는 역사의 알파와 오메가로 종말에 일어나는 모든 일의 중심이자 핵심이다.

카이저의 언급대로, 미래에 일어날 사건의 가장 중요한 가르침은 예수님의 재림이다.[1] 예수님이 부활하시고 엠마오로 가는 길에서 두 제자를 책망하신 것은 구약성경 말씀을 통해 초림의 예수를 알아야 마땅함을 전제하신 것이다.

> 그들이 그 찌른 바 그를 바라보고 그를 위하여 애통하기를 독자를 위하여 애통하듯하며 그를 위하여 통곡하기를(슥 12:10).

이 구절은 메시아의 초림과 재림을 동일하게 가르친다. '찔린다'는 표현은 초림의 십자가 사건이요, '애통한다'는 것은 재림의 사건이다.[2]

---

1   Walter C. Kaiser, 『마지막 때에 관한 설교』, 117.
2   Walter C. Kaiser, 『마지막 때에 관한 설교』, 118.

다윗 가문의 새 왕이 오셔서 예루살렘을 중심으로 다스리는 그 날을 계획하신 역사를 주관하는 하나님은 언약을 주고 성취를 통해 역사를 이끌어가신다.

카이저는 시내산 언약을 '아브라함 언약의 연장'으로 이해한다.[3] 또한 다윗 언약의 핵심은 다윗 후손이 왕이 될 것이며 그 왕국은 영원하다는 것이다. 이것은 구원의 역사에 있어서 가장 중요하며 아브라함 언약과 새 언약(렘 31:31-34)을 결속시킨다고 주장한다.[4]

1. 아브라함 언약

하나님께서 아브람을 찾아와 언약을 맺는다. 아래의 성경 구절처럼 아브라함을 복되게 하시고 열방을 위한 축복의 통로로 삼는다.

> 여호와께서 아브람에게 이르시되 너는 너의 고향과 친척과 아버지의 집을 떠나 내가 네게 보여 줄 땅으로 가라 내가 너로 큰 민족을 이루고 네게 복을 주어 네 이름을 창대하게 하리니 너는 복이 될지라 너를 축복하는 자에게는 내가 복을 내리고 너를 저주하는 자에게는 내가 저주하리니 땅의 모든 족속이 너로 말미암아 복을 얻을 것이라 하신지라(창 12:1-3).

> 내가 내 언약을 나와 너 및 네 대대 후손 사이에 세워서 영원한 언약을 삼고 너와 네 후손의 하나님이 되리라(창 17:7).

3　Walter C. Kaiser, 『구약성경신학』, 최종진 역 (서울: 대한기독교출판사, 1991), 130-40.
4　Walter C. Kaiser, 『구약성경신학』, 196.

하나님은 아브람에게 언약을 주시려고 고향과 친척과 아버지의 집을 떠나 보여줄 땅으로 가게 하신다. 하나님의 언약 백성이 된다는 사실은 지금까지 추구해오던 자기중심적인 삶에서 하나님 제일주의로 삶의 태도를 바꾸는 것을 의미한다. 아브라함 언약은 하나님께서 자기를 두고 맹세하신 이스라엘과 맺으신 기본적인 언약이며 모든 후속 언약의 토대가 된다.[5]

아브라함 언약은 후손과 땅과 모든 족속이 받는 복의 세 가지 기본 요소를 지닌다. 아브라함 언약의 내용은 아브라함을 조상으로 이스라엘 민족을 형성시켜 가나안 땅으로 이끄는 복이다. 그곳에서 실제적으로 나라를 세우고 모든 족속을 하나님께로 인도하는 제사장 나라의 사명을 감당하게 하는 복을 의미한다.[6]

하나님께서 일방적으로 세우신 아브라함 언약은 무조건적인 영원한 언약으로 전능하신 하나님의 신실성 때문에 반드시 이루어질 언약이다.[7]

2. 가나안 땅 언약

아브라함도 하나님께서 주신다는 땅에 대해 처음에는 확신이 없다. 아브라함은 하나님께 다음과 같이 여쭌다.

주 여호와여 내가 이 땅을 소유로 받을 것을 무엇으로 알리이까(창 15:8).

하나님은 아래와 같이 조각난 희생 제물 사이로 지나가심으로 일방적이

---

[5] 김인식, 『하나님의 마스터플랜: 새 예루살렘의 비전』, 71.
[6] Walter C. Kaiser, 『구약성경과 선교』, 임윤택 역 (서울: 기독교문서선교회, 2005), 28.
[7] 김인식, 『하나님의 마스터플랜: 새 예루살렘의 비전』, 71.

고 무조건적으로 약속을 보장하신다(창 15:17).

> 그 날에 여호와께서 아브람과 더불어 언약을 세워 이르시되 내가 이 땅을 애굽강에서부터 그 큰 강 유브라데까지 네 자손에게 주노니 곧 겐 족속과 그니스 족속과 갓몬 족속과 헷 족속과 브리스 족속과 르바 족속과 아모리 족속과 가나안 족속과 기르가스 족속과 여부스 족속의 땅이니라 하셨더라 (창 15:18-21).

> 이는 야곱에게 세우신 율례 곧 이스라엘에게 하신 영원한 언약이라 이르시기를 내가 가나안 땅을 네게 주어 너희 기업의 지경이 되게 하리라 하셨도다(대상 16:17-18).

 가나안 땅은 약속의 땅 혹은 이스라엘 땅으로 젖과 꿀이 흐르는 땅으로도 표현된다(창 12:1; 13:14-17; 17:7-8; 신 30:1-10; 시 105:7-11). 남쪽으로 애굽강(와디 미쯔라임)에서부터 시나이반도를 지나는 전 영역과 동쪽으로 유브라데강까지 이르는 레바논과 시리아의 넓은 지역이 포함된 땅으로 아브람과 그의 자손들에게 약속하신 땅이다.
 오늘날의 가자 지구와 서안 지구(웨스트뱅크)도 그 안에 포함된다. 약속의 땅 언약은 아래의 말씀대로 하나님께서 이스라엘에게 하신 무조건적 영원한 언약이다.[8]

> 보라 내가 노여움과 분함과 큰 분노로 그들을 쫓아 보내었던 모든 지방에서 그들을 모아들여 이곳으로 돌아오게 하여 안전히 살게 할 것이라 그들

---

8 김인식, 『하나님의 마스터플랜: 새 예루살렘의 비전』, 72.

은 내 백성이 되겠고 나는 그들의 하나님이 될 것이며 내가 그들에게 한 마음과 한 길을 주어 자기들과 자기 후손의 복을 위하여 항상 나를 경외하게 하고 내가 그들에게 복을 주기 위하여 그들을 떠나지 아니하리라 하는 영원한 언약을 그들에게 세우고 나를 경외함을 그들의 마음에 두어 나를 떠나지 않게 하고 내가 기쁨으로 그들에게 복을 주되 분명히 나의 마음과 정성을 다하여 그들을 이 땅에 심으리라(렘 32:37-41).

내가 그들을 그들의 땅에 심으니 그들이 내가 준 땅에서 다시 뽑히지 아니하리라 네 하나님 여호와의 말씀이니라(암 9:15).

하나님께서 이스라엘 백성들을 모든 지방에서 돌아오게 하고 약속의 땅에 안전하게 살도록 할 것이다. 가나안 땅 언약은 영원한 언약이기에 그들을 이 땅에 심고 다시는 뽑히지 않도록 지킬 것이다.

오늘날 우리는 이 말씀이 이루어지고 있음을 눈으로 바라보는 세대에 살고 있다. 성경을 정확무오한 하나님의 말씀으로 믿는다고 말하는 기독교인들은 아담의 후손들이 죄에서 구원받는 것을 의심하지 않는다. 그러나 하나님께서 정확무오한 하나님의 말씀대로 땅의 통치권을 회복하고 계심을 믿지 않는 자들이 너무 많은 것이 오늘의 현실이다.[9]

3. 모세 언약

이스라엘의 부르심은 아래의 출애굽기 19:5-6의 말씀대로 하나님의 말

---

9 김인식, 『하나님의 마스터플랜: 새 예루살렘의 비전』, 73.

씀을 청종함으로 하나님의 귀중품이 되고 제사장 나라가 되고 헌신된 백성이 되어 만민을 구원하기 위함이다.

> 세계가 다 내게 속하였나니 너희가 내 말을 잘 듣고 내 언약을 지키면 너희는 모든 민족 중에서 내 소유가 되겠고 너희가 내게 대하여 제사장 나라가 되며 거룩한 백성이 되리라 너는 이 말을 이스라엘 자손에게 전할지니라(출 19:5-6).

제단과 백성들에게 피를 뿌리는 언약식을 통해 여호와 하나님은 실제적으로 이스라엘의 하나님이 되시고 이스라엘은 하나님의 언약 백성이 된다(출 24:6-8).

제사장 나라가 된다는 것은 하나님과 온 세상 나라들 사이에서 중재자로서의 거룩한 역할을 감당하는 것이다. 온 세상 사람들이 하나님께 가까이 나아가도록 도와주고 그들로 하여금 하나님의 진리와 사랑과 정의를 깨닫고 복주심을 누리도록 도와주는 역할을 하는 나라가 되도록 부르셨다는 것이다.[10]

하나님은 이스라엘이 '순종하고 언약을 지키는 백성'이 되어야 한다는 조건을 달아 '소유,' '제사장의 나라,' '거룩한 백성'이라는 칭호를 주신다.[11] 율법을 주심으로 이런 사실이 증명된다. 곧 하나님께 대한 순종은 인생의 본분이며 하나님 백성의 본분이다.

이스라엘이 제사장 나라임에 틀림없는 사실은 '여호와의 절기를 그들에게 맡기셨다'는 것이다. 이스라엘만 '여호와의 절기를 지키는 민족'이다.

---

[10] 김인식, 『하나님의 마스터플랜: 새 예루살렘의 비전』, 78.
[11] John MacArthur, 『맥아더 성경주석』, 135.

출애굽기 34:24에서 이렇게 말씀하고 있다.

> 내가 이방 나라들을 네 앞에서 쫓아내고 네 지경을 넓히리니 네가 매년 세 번씩 여호와 네 하나님을 뵈려고 올 때에 아무도 네 땅을 탐내지 못하리라 (출 34:24).

이 말씀처럼 땅을 주시고 지경을 넓히시는 것도 절기를 지키기 위함이다. 모세 율법과 성막의 목적은 죄를 깨닫고 제사로 용서받아 하나님과의 관계를 회복하는 것이다. 절기를 지키는 목적도 하나님께 찬양과 영광을 돌려 관계를 회복하는 것이다.[12]

출애굽기 25:8-9에서 이렇게 말씀하고 있다.

> 내가 그들 중에 거할 성소를 그들이 나를 위하여 짓되 무릇 내가 네게 보이는 모양대로 장막을 짓고 기구들도 그 모양을 따라 지을지니라(출 25:8-9).

하나님은 이 말씀으로 율법과 더불어 성소에 대해 계시해 주신다. 하나님은 성막을 통해 이스라엘 백성과 함께 거하시고 친히 통치하기를 원하신다.

---

[12] 강성구, 『모에드와 하그: 이스라엘의 거룩한 절기들과 예수 그리스도』(서울: 서로사랑, 2001), 3.

4. 다윗 언약

하나님께서는 나단 선지자를 통해 다윗에게 언약을 주신다. 다윗 언약의 내용은 모든 원수로부터 벗어나 편히 쉬게 한다는 것, 자신의 몸에서 날 자식을 주심으로 다윗의 왕위를 영원히 견고케 한다는 것, 그 자식으로 하여금 여호와의 이름을 위하여 집을 건축하게 하시겠다는 것이다(삼하 7:11-13, 16).

다윗이 언약의 수혜자가 될 수 있었던 것은 다윗이 하나님께 바친 충성 때문이 아니라 하나님의 주권적인 뜻에 따른 것이다. 다윗의 왕위를 영원히 견고하게 하는 것은 하나님의 확고한 의지였다. 다윗 언약은 하나님 언약의 특성상 어떤 경우라도 '결코 무효화하거나 취소될 수 없다.'[13] 하지만, 죄가 가볍게 다루어지는 것은 아니다. 징계를 통해 죄의 심각성을 깨닫게 하고 속죄의 방편을 통해 회복한다.

다윗 왕가의 왕은 신적인 왕의 대리자로 이 땅에 하나님의 통치가 실현되는 하나님 나라를 건설해야 하는 것이다.[14] 다윗 언약은 이스라엘의 과거 역사 속에서 예비적으로 성취되었지만, 앞으로 참 다윗 왕의 실체로 오시는 예수 그리스도 안에서 최종적이며 종말론적으로 그리고 온전히 성취될 것을 바라보게 된다.[15]

5. 언약의 통일성과 점진성

언약신학에서는 언약의 통일성을 주장한다. 언약은 노아 언약, 아브라

---

[13] 김진수, "다윗 언약에 관한 연구," 「신학정론」 제37권 1호 (2015년 5월): 32.
[14] 김진수, "다윗 언약에 관한 연구," 32-33.
[15] 김인식, 『하나님의 마스터플랜: 새 예루살렘의 비전』, 84-85.

함 언약, 모세 언약, 다윗 언약 등 다양성을 가지고 있으나 구조나 주제에 있어서 통일성을 가지고 있다. 팔머 O. 로버슨(Palmer O. Roberson)이 주장하는 대로, 결론은 "나는 너희 하나님이 되고 너희는 나의 백성이 된다"라는 것이다.[16]

아브라함, 모세, 그리고 다윗 언약은 동일한 구원에 대한 약속을 담고 있으며, 뒤의 것은 앞의 언약을 근거로 하여 한 단계식 발전된 것이다. 모세를 통한 언약을 근거로 하여 한 단계씩 발전된 것으로 보는 것이다. 모세를 통한 이스라엘의 구원은 아브라함 언약을 근거로 하여 시작한다(출 2:24; 3:6, 15; 4:5 등). 모세 언약은 아브라함 언약의 한 단계를 실현한 것으로 보아야 한다.[17]

노아 언약은 만물의 회복에 대한 약속이다. 이 노아 언약을 실현시키기 위해 하나님은 아브라함을 택하고 불렀으므로 아브라함 언약은 노아 언약을 실현하기 위한 약속으로 보아야 할 것이다.[18]

아브라함 언약에서 하나님께서는 후손에 대한 약속, 땅에 대한 약속, 그리고 축복에 대한 약속을 주신다(창 12; 18; 22장 등). 이 축복은 이스라엘 자신들만의 것이 아니라 세계를 향한 축복이다. 모세 언약은 아브라함에게 준 자손과 땅과 복에 대한 약속의 실현이다.

또 다윗 언약은 모세 언약에서 기대한 자손들이 그들의 땅에서 얻을 복, 곧 안식을 실현시키기 위한 것이며, 새 언약은 위의 모든 언약의 궁극적이고 완전한 실현을 위한 것이다.[19]

---

[16] Palmer O. Roberson, 『계약신학과 이스라엘』, 김의원 역 (서울: 기독교문서선교회, 1999), 53.
[17] 한정건, 『종말론 입문』 (서울: 기독교문서선교회, 1994), 70.
[18] 한정건, 『종말론 입문』.
[19] 한정건, 『종말론 입문』, 70-71.

6. 여호와의 싹

예수님은 역사의 주인공이시며 종말에 일어나는 모든 사건의 중심이자 핵심이다. '여호와의 싹'은 사복음서 중 주님의 신성을 자주 언급하는 요한복음의 특징[20]과 어울린다. '그 날'(사 4:2)은 구약성경에서 종말의 때를 의미하는 전문 용어다.[21] 그 날은 메시아의 시대로 예수님의 재림 시에 일어날 사건들을 포함한다.

이사야는 다시 오실 메시아를 '여호와의 싹'(사 4:2)으로 표현하여 메시아는 하나님이시라는 것을 강조한다. '싹'(체마흐)(사 4:2; 렘 23:5; 33:15; 슥 3:8; 6:12)은 성경에서 메시아적 용어로 자주 사용된다.[22]

1) 의로운 가지

"의로운 가지"는 사복음서 중 마태복음의 특징[23]과 부합된다. 예레미야는 메시아가 다윗 왕의 계보에서 난 자손임을 보여 주는 메시아의 왕족 신분을 강조하여 "다윗에게서 한 의로운 가지"(렘 23:5)라고 칭한다. 메시아는 다윗의 가문이라는 나무에서 난 가지로 묘사된다.[24]

2) 내 종 싹

"내 종 싹"은 사복음서 중 종으로 오신 예수를 기록한 마가복음의 특징

---

[20] 요한복음에서 주님의 신성을 보여 주는 성경 구절은 요 1:1; 1:18; 20:28 등이다.
[21] 한정건,『이사야의 메시아 예언』(서울: 기독교문서선교회, 2006), 95.
[22] 한정건,『이사야의 메시아 예언』, 96.
[23] 마태복음에는 '왕'과 '왕국'이라는 단어가 75번 쓰였다. 왕으로 오신 예수를 나타내는 성경 구절은 마 2:1-2; 15:22; 27:11; 27:37이다.
[24] John MacArthur,『맥아더 성경주석』, 736.

[25]과 어울린다. 스가랴는 메시아가 섬김을 받으려 함이 아니라 다른 사람들을 섬기고 자기 목숨을 많은 사람의 대속물로 주기 위해 오실 것을 강조하여 "내 종 싹"(슥 3:8)으로 표현한다.

'내 종'은 선지자들이 메시아를 가리켜 사용한 호칭으로 완전한 순종과 겸손을 의미하고 '싹' 역시 메시아를 가리키며 그분이 비천한 데서 존귀하게 되며 결실할 것을 의미한다. 특히, '싹'(체마흐)은 장차 시온을 다스릴 의로운 다윗 왕의 도래를 예언하고 있다.[26]

3) 싹이라 이름하는 사람

또한, 스가랴는 메시아를 '싹이라 이름하는 사람'(슥 6:12)으로 표현하여 메시아가 하나님이시면서 동시에 완전한 사람이라는 사실을 강조한다. 사복음서 중 사람으로 오신 예수를 부각시키고 있는 누가복음의 내용[27]과 어울린다.

4) 다윗의 씨

바울이 예수 그리스도를 '다윗의 씨'(롬 1:3; 딤후 2:8)라고 표현할 때, 메시아는 하나님의 거룩한 자로 죽임을 당하지 않고 부활하신 분이다. 또한, 다윗 왕국 위에 앉으시며 영원히 다스리실 다윗 언약을 성취시킬 분으로 기억하라고 한다.[28]

---

[25] 마가복음의 섬기기 위해 종으로 오신 예수에 관한 성경 구절은 10:45이다.
[26] 장세훈, 『스가랴』(서울: SFC출판부, 2017), 161.
[27] 누가복음의 사람으로 오신 예수에 관한 성경 구절은 19:10이다.
[28] 김진옥, "다윗의 씨(롬 1:3-4)에 대한 고찰," 「신학정론」 제37권 1호 (2015년 5월): 231.

초대교회의 교부들은 이 네 가지 '싹'이라는 명칭을 바탕으로 주님의 모습을 그리면서, 이것을 사복음서와 연관 지어 복음서의 특징을 표현한다.²⁹ 여기에 로마서를 추가한다.

	마태복음	마가복음	누가복음	요한복음	로마서
메시아의 다양한 면	다윗에게 한 의로운 가지 (렘 23:5)	내 종 싹 (슥 3:8)	싹이라 이름하는 사람(슥 6:12)	여호와의 싹 (사 4:2)	다윗의 씨 (롬 1:3)
예수를 보는 시각	약속된 메시아 (슥 9:9)	순종과 희생의 종 (사 42:1)	흠없는 인자 (슥 6:12)	성육신하신 성자(사 40:9)	부활하신 그리스도 (딤후 2:8)
그리스도의 사역	왕으로 오심 (마 2:2)	종으로 오심 (막 10:45)	사람으로 오심 (눅 19:10)	성자로 오심 (요 1:1)	왕으로 다시 오심
대상	유대인	로마인	헬라인	만민	만민
주제	그리스도가 약속된 하나님 나라를 도래시킴	그리스도가 하나님 아버지께 순종하여 세상을 이김	그리스도가 완전한 인간의 모습으로 하나님과 인간 사이에 중보자가 되심	그리스도의 신성과 그에 대한 믿음의 당위성	메시아 왕국을 영원히 다스리실 분

<도표 6> 네 가지 싹에 대한 초대 교부들의 사용법

다윗 언약의 성취는 아브라함 언약이 성취되어지는 수단이 되고 있다.³⁰ 다윗 언약은 다윗의 후손인 예수에게서 그 성취가 이루어지고 있기에 이 약속은 여전히 실패하지 않는다. 다윗의 아들이 하나님의 아들이시며 (삼하 7:14), 그의 보좌는 영원하다.³¹ 존 오스왈드는 이렇게 말한다.

카이저는 메시아가 다시 오심으로 "그 땅의 소산이 영화롭고 아름다울 것"(사 4:2)을 메시아가 유대 땅에 새로운 활력을 부어 주실 것으로 이해한

---

29 Walter C. Kaiser, 『마지막 때에 관한 설교』, 131.
30 David E. Holwerda, 『예수와 이스라엘』, 류호영 역 (서울: 기독교문서선교회, 1993), 53.
31 David E. Holwerda, 『예수와 이스라엘』, 54.

다. 델리취는 '여호와의 싹'은 그리스도의 신성을 반영하고 '그 땅의 소산'은 그리스도의 인성을 반영하는 것으로 본다.[32]

싹이 메시아라면 이스라엘의 실제적이고 지속적인 소산은 하나님의 선물로 보아야 할 것이다. 메시아는 땅의 필요를 채워주실 뿐 아니라 죄를 사하심으로 거룩하고 청결하게 하시는 하나님이심을 보여 준다(사 4:3-4).

다시 오실 메시아는 광야에서 이스라엘을 구름 기둥 불 기둥으로 보호하시고 인도하였던 것처럼 하나님의 임재와 영광이 다시 이스라엘 위에 임하게 할 것이다(사 4:5).

7. 메시아의 지배와 통치 규모

어거스틴(Augustine)은 모든 시편이 메시아를 예언한다고 보았지만, 카이저는 메시아를 예언한 시편은 열세 편으로 시편 2, 16, 22, 40, 45, 68, 72, 89, 109, 110, 118, 132편으로 본다.[33]

시편 72편은 대관식 시편으로 솔로몬 즉위식에서 그의 형통함을 비는 시편이다. 신약 저자들 가운데 이 시편을 메시아에게 적용하는 사람은 없지만 다윗 계보의 왕들과 메시아의 통치는 서로 연결됨으로 여기서 메시아에 대한 암시 구절들을 간과해서는 안 된다.[34]

카이저는 시편 72편에서 장 전체에 미래형 시제가 사용되고 있고, 과장법 또한 사용된다는 점에서 직접적으로 메시아를 나타낸 시편으로 본다.

---

[32] John Oswald, 『이사야』, 이용중 역 (서울: 부흥과개혁사, 2015), 173.
[33] Walter C. Kaiser, 『마지막 때에 관한 설교』, 136.
[34] John MacArthur, 『맥아더 성경주석』, 563.

이 시를 쓴 솔로몬 왕 자신이 찬란한 영광의 시대를 다스렸지만 그 시에 표현한 바를 성취하지는 못했기 때문이다. 솔로몬의 통치는 미래에 평화와 번영 가운데 통치하실 보좌에 앉으시기에 합당하신 메시아에 대한 '형상화와 표현 및 가문'을 보여 준다.[35]

> 알렉산드리아학파는 풍유적인(allegorical) 방법으로 성경을 해석한다. 안디옥학파는 과거의 역사적인 현실에서 의미의 근거를 찾아낸다. 과거를 통해 찾은 의미로 미래를 동일하게 바라볼 수 있다. 안디옥학파는 역사적인 의미는 어떤 것을 뜻하고 미래에 성취되는 일은 다른 것을 의미한다고 가르치지 않는다. '과장적'이거나 '비유적'으로 제시된 본문의 동일한 하나의 의미는, 비록 종종 다발적으로 성취되기는 하지만, 여전히 한 가지 뜻, 한 가지 의미를 갖는다고 주장한다.[36]

시편 72편은 다윗과 가문에 주어진 언약이 "모든 왕이 부복하며…모든 민족이 섬기는…그의 이름이 영구하고 해와 같이 장구하리라"(시 72:11, 17)는 과장법을 통해 다윗 자손의 왕이신 '메시아의 때에 최종적으로 실현된다'는 것을 보여 준다.[37] 시편 72편의 진정한 성취는 메시아가 온 세상을 다스리시는 때에 이루어질 것으로 소망한다. 시편 기자는 역사와 예언 모두를 동시에 보여 준다. 과거 역사적 관점과 궁극적 성취를 나타내는 과장법적 표현을 함께 담고 있다.

---

35 Walter C. Kaiser, 『마지막 때에 관한 설교』, 137.
36 Walter C. Kaiser, 『마지막 때에 관한 설교』, 138.
37 Walter C. Kaiser, 『마지막 때에 관한 설교』, 142.

8. 메시아의 공의로운 통치

메시아의 공의로운 통치가 있다(시 72:1-4). 솔로몬은 일찍이 하나님께서 다윗에게 주신 다윗 언약(삼하 7:12-13)의 후계자임을 상기시킨다. 열방과 만유와의 관계를 포함하는 하나님의 이름인 '엘로힘'께 하나님으로부터 나오는 덕목인 주의 판단력과 주의 공의 두 가지를 그 왕에게 주시도록 요청한다.[38]

하나님의 언약에 뿌리를 둔 다윗 왕조의 영원하고도 공의로운 통치에 대해 고상한 소망을 피력한 것이다. 공의의 정치를 하여 가난한 자들을 돌보고 억울함을 풀어주며 압박하는 자들을 꺾을 것이다. 나아가, 그것은 다윗 왕조의 왕들을 초월하는 신적인 왕 메시아 통치의 미래를 내다본 것이기도 하다.[39]

1) 메시아의 우주적인 통치(시 72:5-11)

메시아가 통치하는 날에 의인이 흥왕하여 평강의 풍성함을 경험하게 될 것이다(7절). 공의로운 왕이 다스리는 나라의 영역은 넓어지고 이 의로운 왕의 통치는 아래와 같이 더욱 확장될 것이다.

① 지리적으로, 바다에서부터 바다까지, 즉 온 세상을 포함한다(8절).
② 군사적으로, 그의 통치에 반대하는 모든 적까지 이제는 다스릴 것이다(9절).

---

[38] Walter C. Kaiser, 『마지막 때에 관한 설교』, 146.
[39] Walter C. Kaiser, 『마지막 때에 관한 설교』.

③ 경제적으로, 온 세계에서 오는 조공과 예물을 받을 것이다(10절).
④ 정치적으로, 모든 지배자가 의로운 왕의 통치 아래 부복하며 섬길 것이다(11절).

오직 메시아의 통치로만 가능한 모습을 나타내주고 있다.[40]

2) 메시아의 백성을 긍휼히 여기는 통치(시 72:12-14)

메시아는 '가난한 자,' '궁핍한 자'를 불쌍히 여겨 그들의 부르짖음을 듣고 구원하신다. 압박과 강포에 짓눌린 자들을 구원할 것이다. 다시 말해, 그는 극빈자들과 사회에서 버려진 이들의 편에 설 것이다. 메시아는 약한 자들의 생명을 소중히 여길 것이다.[41]

3) 메시아의 형통함의 복을 받는 통치(시 72:15-17)

시편 기자의 기도는 다음 세 가지의 복을 말한다.[42]

① 다윗 왕조의 영구함
② 경제적 번영과 왕성함
③ 메시아를 통해 사람들과 모든 민족이 복을 받음

---

[40] Walter C. Kaiser, 『마지막 때에 관한 설교』, 148-49.
[41] Walter C. Kaiser, 『마지막 때에 관한 설교』, 149-50.
[42] Walter C. Kaiser, 『성경적 종말론』, 25.

4) 메시아의 영광스러운 통치(시 72:18-20)

메시아는 '기이한 일들'을 행하는 분이다. '기이한 일'은 이스라엘의 하나님이 애굽의 재앙 가운데 바로에게 행하신 일을 나타낼 때도 쓰인다. 하나님의 이름을 시간적으로는 영원히 찬양해야 마땅하다. 공간적으로는 온 땅에 그분의 영광이 충만하기를 기원한다.[43]

요약하면, 다윗 가문의 새 왕 메시아는 정의와 공의로 다스리는 왕으로 등장하여 마지막 때에 압제당하는 자, 가난한 자, 궁핍한 자를 도우실 것이다. 메시아의 통치 아래 평강과 번영과 공의가 편만할 것이다. 메시아의 통치는 영원하며 왕이 나와 그분 앞에 절하고 예물을 드릴 것이다.[44]

9. 큰 왕의 성

다윗 가문의 새 왕이 오셔서 큰 왕의 성인 예루살렘을 중심으로 다스릴 것이고 예루살렘은 예배의 중심지가 될 것이다(시 48:1-2). 예루살렘(히, ירשלים[예루샬라임])은 평화의 기초(the foundation of the peace)라는 뜻으로 '성산,' '시온,' '시온 산성,' '하나님의 성,' '살렘,' '외인의 성읍,' '여부스,' '아리엘' 등 여러 가지로 표현되고 있다.

히브리어 '예루샬라임'은 쌍수로 예루살렘이 땅에도 있고 하늘에도 있음을 말한다. 하나님은 땅의 예루살렘을 회복시키시고 하늘에 예루살렘을 지어가고 계신다.[45] 예루살렘이란 단어만으로도 성경에 767회(구약 629

---

[43] Walter C. Kaiser, 『마지막 때에 관한 설교』, 152
[44] Walter C. Kaiser, 『마지막 때에 관한 설교』, 153-54.
[45] 김인식, 『하나님의 마스터플랜: 새 예루살렘의 비전』, 73.

회, 신약 138회) 쓰이고 있으며, 시온까지 포함하면 900회 이상 사용되고 있다.[46] 스가랴 8장은 아래와 같이 구약성경 종말론의 핵심인 예루살렘의 미래에 관한 중요한 요소들을 알려 준다.[47]

① 예루살렘은 여호와가 거하시는 곳으로 진리의 성읍이 될 것이다 (슥 8:3).
② 예루살렘의 길거리에 노는 아이들과 장수하는 노인들이 가득할 것이다 (슥 8:4-5).
③ 이스라엘이 전 세계로부터 와서 예루살렘에 거주하게 될 것이다 (슥 8:7-8).
④ 포도나무가 열매를 맺고 땅이 소산물을 내고 하늘이 이슬을 내릴 것이다(슥 8:12).
⑤ 이스라엘이 여러 나라에서 저주가 되었으나 이제는 복이 될 것이다 (슥 8:13).
⑥ 예루살렘 주민들이 진리를 말하고 율법에 순종할 것이다(슥 8:16-17).
⑦ 여러 백성이 여호와를 찾고 은혜를 구하려고 시온으로 나아올 것이다(슥 8:20-23).

예루살렘은 오늘날 갈등의 핵이다. 예루살렘은 아담이 범죄한 곳이요 저주가 시작된 곳이다. 인류 구속과 회복을 위해 하나님의 아들이 죽어야 하는 곳이다. 인류 구원과 회복이 이곳에서부터 시작되어야 하기 때문이다.

---

[46] 김인식, 『하나님의 마스터플랜: 새 예루살렘의 비전』, 74.
[47] Walter C. Kaiser, 『마지막 때에 관한 설교』, 122-23.

사탄은 자기의 운명을 알고 최대한 방해하고 있다. 이스라엘 건국은 예루살렘 회복을 위한 과정이다. 하나님 나라도 수도가 회복되어야 나라가 진정 회복되는 것이기 때문이다.[48]

하나님은 아브라함을 택하고 이스라엘 땅을 보여 주시고 예루살렘을 보여 주신다.

10. 예루살렘은 하나님 관심의 도시

살렘 왕 멜기세덱이 떡과 포도주를 가지고 나왔으니 그는 지극히 높으신 하나님의 제사장이었더라(창 14:18).

살렘은 예루살렘의 옛 이름이다. 멜기세덱은 '의의 왕'이란 뜻이다. 다윗보다 10세기 이전 인물인 그는 예루살렘의 왕이요 제사장(king-priest)이다.[49] 성경 역사 속에 갑자기 등장하여 아브라함에게 예물을 받고 축복을 베푼 신비로운 인물이다. 성경은 이 같은 그의 신비하고 독특한 신분에 근거하여 영원한 왕이며 제사장이신 그리스도를 예표하는 인물로 삼는다.[50]

멜기세덱은 구약성경에 잠깐 나타나는 아주 신비한 인물 중 한 사람이다(히 7:1-3). 이 땅에 오신 예수님의 모습이 약 2천년 전 이 사람의 존재 속에 선명하게 담겨 있다.

이 사람은 실제 존재했던 구약 인물이다.[51] 그는 아브라함과 동시대 인

---

[48] 김인식, 『하나님의 마스터플랜: 새 예루살렘의 비전』, 74.
[49] 김인식, 『하나님의 마스터플랜: 새 예루살렘의 비전』.
[50] John MacArthur, 『맥아더 성경주석』, 73.
[51] 김인식, 『하나님의 마스터플랜: 새 예루살렘의 비전』, 75.

물로 살렘 왕이었으며 아브라함이 조카 롯을 구하고 그돌라오멜과 여러 왕을 물리치고 돌아오는 중에 그를 만난다.

그때 아브라함은 전쟁에서 얻은 노략물의 십일조를 그에게 바친다. 그때 멜기세덱은 아브라함에게 떡과 포도주를 준다. 이것은 주님의 최후의 만찬과 예수님의 죽으심에 대한 상징으로 '성만찬 모형'이다.[52]

그 후 약 천 년이 흐른 뒤 다윗은 오실 메시아에 대해 예언하면서 멜기세덱을 다시 한번 언급한다.[53] 히브리서 기자는 예수님을 레위 지파나 아론 자손이 아닌 "멜기세덱의 반차를 따른 제사장"이라고 기록한다(히 5:10).

그리고 멜기세덱은 탄생, 아비, 어미, 족보, 죽음 등에 대한 기록이 전혀 없는 아주 독특한 사람으로 묘사한다. 이러한 면에서, 히브리서 기자는 멜기세덱을 통해 예수 그리스도를 설명하였던 것이다.[54]

1) 예루살렘, 하나님께서 친히 준비하신 땅

아브라함이 브엘세바에 거할 때, 하나님께서 그를 시험하시려고 독자 이삭을 모리아산으로 데리고 가서 번제로 드리라 명한다. 아브라함은 100세에 겨우 생긴 외아들 이삭을 모리아산에서 번제를 드리라는 기막히는 시험을 받게 된다. 이삭이 아버지 아브라함에게 이렇게 물었다.

불과 나무는 있거니와 번제할 어린 양은 어디 있나이까(창 22:7).

---

[52] Albert Barnes, 『창세기(상)』, 최종대 역 (서울: 크리스천서적, 1987), 398.
[53] 여호와는 맹세하고 변하지 아니하시리라 이르시기를 너는 멜기세덱의 서열을 따라 영원한 제사장이라 하셨도다(시 110:4).
[54] 김인식, 『하나님의 마스터플랜: 새 예루살렘의 비전』, 75-76.

아들의 질문을 들은 아브라함은 다음과 같이 대답한다.

하나님께서 자기를 위하여 친히 준비하시리라(창 22:8).

아브라함은 지금까지 자신의 인생을 주관하신 하나님의 섭리를 체험한 후, 전능하고 신실하신 하나님께서 자기를 위하여 친히 준비하리라는 '여호와 이레'의 신앙을 확고하게 가지게 되었다.[55] 히브리 기자는 아브라함의 신앙 상태를 다음과 같이 기록하고 있다.

아브라함은 시험을 받을 때에 믿음으로 이삭을 드렸으니 그는 약속들을 받은 자로되 그 외아들을 드렸느니라 그에게 이미 말씀하시기를 네 자손이라 칭할 자는 이삭으로 말미암으리라 하셨으니 그가 하나님이 능히 이삭을 죽은 자 가운데서 다시 살리실 줄로 생각한지라 비유컨대 그를 죽은 자 가운데서 도로 받은 것이니라(히 11:17-19).

아브라함은 이삭이 기적으로 태어났으며 여호와 하나님의 약속을 받은 자임을 확신하여 혹 자신이 번제로 죽여 하나님께 드린다 할지라도 전능하신 하나님께서 다시 부활시키실 줄로 생각하였던 것이다. 이미 아브라함에게 부활의 신앙이 있기에, 그는 조금도 주저 없이 이삭을 묶어 번제로 드리려 했던 것이다.[56]

그곳에서 약 80km에 달하는 거리에 멀리 떨어진 모리아산까지 3일 길을

---

[55] 김인식, 『하나님의 마스터플랜: 새 예루살렘의 비전』, 76.
[56] 이상근, 『갈라디아서·히브리서』 (서울: 성등사, 1973), 326.

걸어가 모리아산 아래 도착하여 그의 종은 그 아래에 기다리라고 하고 "내가 아이와 함께 저기 가서 경배하고 너희에게 돌아오리라" 하고 말하며 사환을 모리아산에서 기다리게 한다. 이때 아브라함은 이삭과 함께 돌아오리라고 말하여 여호와 이레를 믿고 이삭과 함께 돌아올 것을 확신하고 있었다.

약 80km에 달하는 거리에 떨어진 모리아산에 가서 번제를 드리라고 명하신 이유는 무엇일까?

'아브라함이 그 땅 이름을 여호와 이레'(창 22:14)라 한 것처럼 모리아산은 인류 구원의 대역사를 위해 하나님께서 친히 준비하신 땅이기 때문이다.[57]

하나님께서 준비하신 바로 그곳은 예수님이 십자가에 못 박히고 3일 후에 부활할 곳임을 이삭을 통해 약 이천 년 전에 미리 보여 주신 것이다. 그러므로 아브라함이 걸어간 3일 길은 '예수께서 3일 후에 부활할 것'을 보여 준 것이다.[58]

아브라함이 그 땅 이름을 여호와 이레라 하였으므로 오늘날까지 사람들이 이르기를 여호와의 산에서 준비되리라 하더라(창 22:14).

이삭을 바친 이 사건을 통해 아브라함이 그 땅 이름을 여호와 이레라 했다는 사실을 놓치지 말아야 할 것이다. 그곳은 중앙 성소인 성전을 세우기 위해 준비된 땅이다. 아담과 하와가 범죄한 장소요 바로 그곳이 인류 대속을 위하여 하나님의 아들이 제물로 드려지기 위해 예비된 땅이다.

---

[57] 김인식, 『하나님의 마스터플랜: 새 예루살렘의 비전』, 77.
[58] 김인식, 『하나님의 마스터플랜: 새 예루살렘의 비전』.

이곳은 메시아가 죽으시고 부활하시고 승천하시고 다시 오실 땅으로 새 하늘 새 땅 새 예루살렘의 중심으로 특별히 준비한 땅이다.[59]

2) 예루살렘, 하나님의 이름을 두시려고 택하신 곳

예루살렘은 하나님의 이름을 두시기 위해 택하신 곳이다.

> 여호와께서 자기의 이름을 두시려고 택하신 곳에서 소와 양으로 네 하나님 여호와께 유월절 제사를 드리되(신 16:2).

여기서 '이름을 두다'라는 말의 히브리어의 원래 의미는 '이름이 거기에 살게 하다'이다. 그러므로 하나님께서 어떤 장소를 택하시고 그곳에 그의 이름을 거주하게 하신다는 뜻이다.

구약성경에서 '하나님'과 그 하나님의 '이름'은 같은 뜻으로 쓰이는 경우가 많다. 결국, 하나님의 '이름이 있는 곳'이란 '하나님이 계신 곳'이다.[60] 장일선은 이렇게 말한다.

> 이름은 그 이름을 가지고 있는 이의 현존 그 자체다. 그러므로 하나님께서 당신의 이름을 두시려고 택하신 곳은 곧 당신의 이름이 거기서 거주하도록 택하신 곳이다. 바로 하나님께서 몸소 거주하고 계시면서 예배를 받으시는 곳을 뜻한다. 우리 쪽에서 본다면 하나님께서 계시는 '예배 장소'를 일컫는 것이다. 그러므로 하나님께서 그의 이름을 두시려고 택하신 곳이

---

[59] 장영일, 『구약신학의 역사적 기초』(서울: 장신대학교출판부, 2001), 31.
[60] 김인식, 『하나님의 마스터플랜: 새 예루살렘의 비전』, 80

란 '하나님께서 예배하며 섬기라고 택하신 곳'이다.[61]

> 네 하나님 여호와께서 자기의 이름을 두시려고 택하신 곳에서 네 하나님 여호와 앞에서 즐거워할지니라(신 16:11; 참고. 신 12:5, 11, 21; 14:23-24; 16:2, 6).

하나님이 오직 한곳만을 택하여 예배 처소로 삼게 하시는 이유는 세 가지였다.

① 이스라엘 백성들의 여호와 신앙을 순수하게 보존시킬 수 있다.
② 이스라엘 12지파들을 같은 신앙을 가진 하나의 민족 공동체로 강하게 결속시킬 수 있다.
③ 이스라엘의 유일한 중앙 성소로 주변 나라들에 대해 하나님께서 이스라엘 중에 함께하신다는 사실을 증거한다. 후일 유다 지파 내의 예루살렘 성읍에 '솔로몬 성전'이 건립됨으로써 역사적으로 성취된다.[62]

> 모든 남자는 일 년에 세 번 곧 무교절과 칠칠절과 초막절에 네 하나님 여호와께서 택하신 곳에서 여호와를 뵈옵되 빈손으로 여호와를 뵈옵지 말고(신 16:16).

긴 여행을 감당할 수 없는 환자나 노인은 제외되지만 이스라엘 남자는

---

[61] 장일선, 『신명기』(서울: 대한기독교서회, 1993), 246.
[62] 김정우, "구약성경의 영감과 난제에 대한 논평," 「성경과 신학」 제9권 (1990): 55.

모두 절기에 참석해야 했다. 숙박할 곳이 없는 자들을 위해 개인 집을 개방하기도 하고, 혹은 광장이나 교외에 장막을 치고 머물기도 했다.[63]

이곳이 바로 아담이 범죄한 장소인 에덴 동산의 중앙이기에 죄 없으신 하나님의 아들이 흠 없는 어린양으로 희생 제물로 드려져야 할 바로 그곳이다.[64]

3) 예루살렘, 하나님의 긍휼과 화해가 임한 곳

역대상 21장에는 다윗이 인구 조사한 사실을 보도하고 있다. 하나님보다는 군대를 의지하려는 발상에서 시행한 인구 조사는 하나님을 격노케 한다. 갓 선지자를 통해 전달된 하나님의 징계 방법은 삼 년간의 기근이나 석 달 동안 대적에게 쫓기거나 삼 일 동안 온역이 전 이스라엘을 휩쓰는 것 중에서 하나를 택하라는 것이다.

다윗이 고민 중에 택하게 된 온역으로 인해 이스라엘 백성들 7만 명이 죽는다. 하나님은 전염병을 중지시키는 조건으로 오르난의 타작 마당에서 제사를 지내라고 하신다. 다윗은 여부스 족속의 오르난이라고 하는 사람에게 값을 많이 지불하고 땅을 구입하여 번제와 화목제를 드렸으며, 하나님께서 그것을 받으셨다.[65]

> 번제는 다윗 자신과 이스라엘 백성들이 하나님께 범한 죄를 사함 받기 위함이고, 화목제는 죄 용서에 따른 감사 및 이제부터 하나님과 화해를 이루고 친교가 회복되었다는 의미에서 드려진다. 아라우나와 오르난은 동일

---

63 김인식, 『하나님의 마스터플랜: 새 예루살렘의 비전』, 81.
64 김인식, 『하나님의 마스터플랜: 새 예루살렘의 비전』.
65 임태수, 『성서주석: 역대상』(서울: 대한기독교서회, 2007), 355-56.

인물로 그들의 타작 마당은 하나님의 긍휼과 화해가 임한 장소이다.[66]

다윗이 이르되 이는 여호와 하나님의 성전이요 이는 이스라엘의 번제단이라 했더라(대상 22:1).

야곱이 잠을 잔 루스를 벧엘이라고 성별한 것(창 28:17-19)처럼 타작 마당을 성별하기로 한 것이다. 다윗은 하나님의 응답이 있는 곳 바로 이곳이 하나님의 성전 자리임을 깨닫게 되었다.[67]

4) 예루살렘, 솔로몬 성전

역대하 3장과 6장에는 솔로몬 성전에 관한 말씀이 나온다. 이 말씀들은 다음과 같다.

솔로몬이 예루살렘 모리아산에 여호와의 전 건축하기를 시작하니 그곳은 전에 여호와께서 그의 아버지 다윗에게 나타나신 곳이요 여부스 사람 오르난의 타작 마당에 다윗이 정한 곳이라(대하 3:1).

내가 내 백성을 애굽 땅에서 인도하여 낸 날부터 내 이름을 둘 만한 집을 건축하기 위하여 이스라엘 모든 지파 가운데서 아무 성읍도 택하지 아니했으며 내 백성 이스라엘의 주권자가 될 사람을 아무도 택하지 아니했더니 예루살렘을 택하여 내 이름을 거기 두고 또 다윗을 택하여 내 백성 이스라엘을 다스리게 했노라 하신지라(대하 6:5-6).

---

[66] 김인식, 『하나님의 마스터플랜: 새 예루살렘의 비전』, 87.
[67] John Peter Lange, 『역대기』, 배영철 역 (서울: 백합출판사, 1981), 285.

솔로몬이 모리아산에 성전을 짓는 것은 하나님과의 만남이라는 차원에서 이스라엘 역사상 가장 중요한 의미가 있는 장소이기 때문이다. 아브라함이 하나님의 말씀을 전적으로 순종하여 100세에 얻은 독자 이삭을 희생제물로 바치려 한 곳으로 그의 믿음이 입증받은 장소이다. 또한, 모세를 통해 하나님 이름을 두시려 택하신 곳으로 계시하신 장소이다.

하나님께서 이스라엘 백성 위에 내린 3일 온역 재앙을 멈추기 위해 다윗 왕이 아라우나 타작 마당을 구입하여 제단을 쌓고 하나님께 희생 제사를 드림으로서 응답받은 장소이기도 하다.[68]

다시 열왕기상 9장과 시편 132편으로 돌아가자.

이 말씀들은 다음과 같다.

> 여호와께서 그에게 이르시되 네 기도와 네가 내 앞에서 간구한 바를 내가 들었은즉 나는 네가 건축한 이 성전을 거룩하게 구별하여 내 이름을 영원히 그곳에 두며 내 눈길과 내 마음이 항상 거기에 있으리니(왕상 9:3).

> 여호와께서 시온을 택하시고 자기 거처를 삼고자 하여 이르시기를 이는 내가 영원히 쉴 곳이라 내가 여기 거주할 것은 이를 원했음이로다 (시 132:13-14).

하나님은 자기의 기쁘신 뜻을 따라 수많은 성읍 중에 오직 예루살렘을 택하시고 지상적 거처로 삼으시고 솔로몬을 통해 성전을 건축하게 하신다.[69]

---

[68] 김인식, 『하나님의 마스터플랜: 새 예루살렘의 비전』, 88.
[69] 이상근, 『시편』 (서울: 성등사, 1994), 497.

5) 예루살렘 언약

에스겔 16장은 다음과 같이 예루살렘에 관한 말씀을 기록하고 있다.

> 나 주 여호와가 이같이 말하노라 네가 맹세를 멸시하여 언약을 배반했은 즉 내가 네 행한 대로 네게 행하리라 그러나 내가 너의 어렸을 때에 너와 세운 언약을 기억하고 너와 영원한 언약을 세우리라(겔 16:59-60).

하나님과 예루살렘 사이의 관계를 새롭게 회복시킬 것을 가리킨다. 때가 되면 자비로우신 하나님은 죄 많던 예루살렘을 용서하심으로 관계를 새롭게 회복하실 것이다.[70]

하나님은 다윗의 왕권을 다시 일으킬 것이고 다시 자기 백성 가운데 거주할 것이다. 이 언약은 영원한 언약으로 아브라함 언약, 모세 언약, 다윗 언약, 그리고 새 언약까지 포괄한다.[71]

이사야 4:2-5은 이렇게 말씀하고 있다.

> 그 날에 여호와의 싹이 아름답고 영화로울 것이요 그 땅의 소산은 이스라엘의 피난한 자를 위하여 영화롭고 아름다울 것이며, 시온에 남아있는 자, 예루살렘에 머물러 있는 자 곧 예루살렘 안에 생존한 자 중 기록된 모든 사람은 거룩하다 칭함을 얻으리니 이는 주께서 심판하는 영과 소멸하는 영으로 시온의 딸들의 더러움을 씻기시며 예루살렘의 피를 그 중에서 청결하게 하실 때가 됨이라 여호와께서 거하시는 온 시온산과 모든 집회 위

---

[70] 김인식, 『하나님의 마스터플랜: 새 예루살렘의 비전』, 93.
[71] Willem Glashouwer, 『Why 이스라엘?』, 정원일 역 (서울: 하늘양식, 2014), 65.

에 낮이면 구름과 연기, 밤이면 화염의 빛을 만드시고 그 모든 영광 위에 덮개를 두시며(사 4:2-5).

때가 되면 예루살렘을 새롭게 하실 것이다. 솔로몬 왕이 지은 성전에서 기도를 마치매 불이 하늘에서 내려와 제물들을 사르고 여호와의 영광이 성전에 가득했다(대하 7:1).

에스겔은 바벨론이 그 성전을 파괴하기 얼마 전에 여호와의 영광이 그곳을 떠나는 것을 본다(겔 10:3-5; 11:22-23). 본래 하나님의 영광은 성전의 지성소 안에 계시고 그곳에 계셔야만 한다.[72]

그러나 여호와의 영광이 성전 문지방에 이르고 성읍 가운데에서부터 올라가 성읍 동쪽 산에 머물렀다(겔 10:4; 11:23). 때가 되면 하나님의 영광이 다시 성전으로 돌아오는 것을 본다. 하나님의 영광이 동쪽으로부터 온다(겔 43:2). 여호와의 영광이 동문을 통해 성전으로 들어가고(겔 43:4), 여호와의 영광이 성전에 가득하다(겔 43:5).[73]

에스겔 43:7은 이렇게 말씀하고 있다.

> 그가 내게 이르시되 인자야 이는 내 보좌의 처소, 내 발을 두는 처소, 내가 이스라엘 족속 가운데에 영원히 있을 곳이라 이스라엘 족속 곧 그들과 그들의 왕들이 음행하며 그 죽은 왕들의 시체로 다시는 내 거룩한 이름을 더럽히지 아니하리라(겔 43:7).

마침내 여호와의 영광이 성전으로 다시 돌아오며 하나님은 "이스라엘

---

[72] 천종수, 『QA 성경』, 1161.
[73] Walter C. Kaiser, 『마지막 때에 관한 설교』, 226.

족속 가운데 영원히 거할 것"이다.⁷⁴ "내 보좌의 처소"란 영광의 하나님이 천년왕국의 성전을 거할 처소로 삼고 영원히 함께하시겠다고 말씀하는 것이다.⁷⁵ 이사야 65:17-19은 이렇게 말씀하고 있다.

> 보라 내가 새 하늘과 새 땅을 창조하나니 이전 것은 기억되거나 마음에 생각나지 아니할 것이라 너희는 내가 창조하는 것으로 말미암아 영원히 기뻐하며 즐거워할지니라 보라 내가 예루살렘을 즐거운 성으로 창조하며 그 백성을 기쁨으로 삼고 내가 예루살렘을 즐거워하며 나의 백성을 기뻐하리니 우는 소리와 부르짖는 소리가 그 가운데에서 다시는 들리지 아니할 것이며(사 65:17-19).

"새 하늘과 새 땅"은 지금 우리가 숨쉬고 살아가고 있는 하늘과 땅이 갱신된 것이다. 이 땅은 죄로 말미암아 저주받은 심히 오염된 곳이다. 그러나 '새 하늘과 새 땅은 회복된 세계이다.'⁷⁶ 바로 영원한 천국으로 죄가 없는 곳이요 저주와 불행이 없는 곳이다.

하나님께서 새롭게 회복하실 새 세계는 지금 세상과는 비교할 수 없는 '너무 현저히 변화된 곳'임을 보여 준다.⁷⁷ 지금의 세상은 눈물의 골짜기이지만 새로운 세계는 우는 소리가 없고 부르짖는 절박함이 없는 평안과 기쁨이 넘치는 곳이다. 새 하늘 새 땅의 중심인 예루살렘도 기쁨과 즐거움이 충만한 성이 될 것이다.

세상이 새롭게 되어 다시 오신 주님이 만왕의 왕으로 자기 영광의 보좌

---

74 김인식, 『하나님의 마스터플랜: 새 예루살렘의 비전』, 94.
75 강병도, 『호크마 종합주석: 에스겔-다니엘』 (서울: 기독지혜사, 1994), 537.
76 김인식, 『하나님의 마스터플랜: 새 예루살렘의 비전』, 95.
77 김인식, 『하나님의 마스터플랜: 새 예루살렘의 비전』.

에 앉을 때(마 19:28), 주님이 친히 말씀하신 큰 임금의 성(마 5:35)인 예루살렘이 모든 산 위에 우뚝 서게 되고 만방이 모여들게 된다(사 2:1-4). 아브라함이 그 땅 이름을 '여호와 이레'(창 22:14)라고 한 말씀의 의미가 온전히 이루어질 것이다.[78]

6) 예루살렘, 메시아가 만방을 가르칠 평화의 중심지

말일에 예루살렘은 만방이 모여드는 성이 될 것이다(사 2:2). 이 구절에서 '말일에'는 종말을 가리키는 전문 용어이다. 이는 궁극적으로는 메시아가 세상에 다시 오시는 '주님의 날'을 의미한다.[79]

그러나 사도행전 2:17과 히브리서 1:2에 나타나는 바, 신약성경은 이 '말일'이 그리스도의 초림으로 시작되었다고 말한다. 주님의 초림이 다가오는 '마지막 때의 시작'을 연 것이다.[80] 카이저는 이렇게 말한다.

> 이사야 2:2-5에 나타나는 사건들은 우리 주 예수의 재림 때에 이루어질 일들이다. 그때에 예루살렘이 세상을 다스리시는 중심지가 되고 하나님이 열방을 심판하시며 마침내 세계 평화가 도래할 것이다.[81]

여호와 전의 산이 다른 모든 산보다 높이 솟아오른 꼭대기를 가질 것이고 영광스런 빛으로 둘러싸일 것이다. 역사의 종말은 만방의 백성들이 여

---

[78] 김인식, 『하나님의 마스터플랜: 새 예루살렘의 비전』.
[79] Walter C. Kaiser, 『마지막 때에 관한 설교』, 126.
[80] Walter C. Kaiser, 『마지막 때에 관한 설교』.
[81] Walter C. Kaiser, 『마지막 때에 관한 설교』, 127.

호와께 돌아오는 것으로 대단원을 맺는다.[82]

　주님이 다시 이 땅에 오실 때, 유대인과 이방인들이 예루살렘의 '거룩한 산'에 나아와 여호와께 예배하고 여호와의 길을 배울 것이다. 세상의 만국 백성들이 예루살렘으로 모여들어 위대하신 스승이신 여호와로 나아와 진리의 복음을 듣고 예배드리게 될 것이다. 하나님 자신이 친히 왕으로 군림하는 모습이다.[83]

(1) 만방을 가르치는 성

　예루살렘은 만방을 가르치는 성이 될 것이다(사 2:3). 각 나라와 족속의 많은 백성이 스스로 예루살렘에 가기를 소망할 것이다. 성별, 나이, 인종, 사회적 지위, 교육 수준, 교파 등 기존의 모든 장벽을 뛰어넘어 많은 사람이 다채로운 방식으로 서로 격려하면서 대규모로 나아올 것이다. 하나님의 길, 즉 진리의 바른 길을 알면 그 진리를 실천하는 삶을 살 수 있고 삶의 방향이 바뀔 수 있다.[84]

> 이전에는 선지자를 통해 같은 내용의 말씀을 들었으나 순종하지 않아 큰 변화가 없다. 그러나 이제는 왕이 친히 가르칠 때 자원적으로 듣기를 갈망하고 행하기를 결단하여 큰 변화가 일어난다. 다가올 그 날에 하나님이 진리의 길을 가르치실 때, 그분의 '율법'도 시온에서 나오며, 그분의 '말씀'이 예루살렘에서부터 나올 것이다. '야곱의 하나님의 전'은 과거 역사 가운데 한번도 수행한 적 없는 역할을 맡게 될 것이다.[85]

---

[82] 한정건, 『이사야의 메시아 예언』, 85.
[83] 한정건, 『이사야의 메시아 예언』.
[84] Walter C. Kaiser, 『마지막 때에 관한 설교』, 128.
[85] Walter C. Kaiser, 『마지막 때에 관한 설교』.

(2) 만방의 평화의 성

예루살렘은 만방의 평화의 성이 될 것이다(사 2:4). 그 날에는 여호와가 열방 사이에 판단하심으로 국제 간의 모든 문제는 하나님의 중재로 해결되어 전쟁할 필요가 없을 것이다.

전능하시고 지혜로우신 하나님께서 친히 재판관이 되심으로 억울함과 불공평이 없는 가장 정의롭고 공정하고 합리적인 재판을 베풀게 될 것이다.[86]

여호와의 정의가 새로 정립되면서 국가 방위를 염려하여 각종 방어와 공격 무기를 만들어야 했던 모든 필요는 사라진다. 대신, 이런 전쟁 무기는 산업용 기구나 농업 기구로 바뀔 것이다. 하나님께서 친히 나라 사이에 정확한 판결을 하심으로 나라와 나라 사이의 전쟁이 사라질 것이다. 그러므로 더 이상 전쟁 무기를 만들거나 전쟁 연습을 할 필요가 없을 것이다. '온전한 영속적인 평화'는 예수님 오신 후에 현실화될 것이다.[87]

11. 예루살렘이 중요한 근본적 이유

지구의 중심은 이스라엘이라고 말하면 편견이라고 반박하는 자들도 있지만 아시아 아프리카 유럽 대륙이 가장 가까이 만나는 지역이 이스라엘이다. 기독교, 이슬람교, 그리고 유대교가 이스라엘의 중심인 예루살렘에서 만난다.[88] 장영일은 이렇게 말한다.

---

[86] Walter C. Kaiser, 『마지막 때에 관한 설교』, 129.
[87] Bryan E. Beyer, 『이사야서의 역사적 신학적 강해』, 곽철호 역 (서울: 크리스찬출판사, 2009), 83.
[88] 장영일, 『구약신학의 역사적 기초』, 28.

지구가 둥글기 때문에 지구 중심에서 역사가 시작된다고 가정할 때 이스라엘은 역사의 출발점이요 동시에 종착점이라고 할 수 있다. 하늘과 땅을 창조하신 하나님께서 자기 백성을 선택하시고 중앙에 살게 하시는 것은 당연하다. 이스라엘 땅을 지구의 중심이자 세상의 중앙(겔 5:5; 38:12)이라 부르고 있다. 하나님께서 연초부터 연말까지 돌보아주시는 땅(신 11:12)이다. 젖과 꿀이 흐르는 땅이요 이스라엘에게 '유업'으로 주신 땅이다(레 20:24).[89]

1) 유대교의 전통과 미드라쉬 관점

유대교의 전통과 미드라쉬에 의하면, 우주 만물이 창조될 당시 창조주이신 야훼 하나님께서 예루살렘성 지하에 지구상의 모든 지하수가 발원하는 생수의 근원을 만드셨는데, 이 생수의 근원에서 에덴 동산을 적시던 네 개의 강들(창 2:10-14), 즉 비손, 기혼, 힛데겔과 유브라데가 갈라져 나왔다고 한다.[90]

예루살렘이 지구의 중심이자 우주의 중심이 된다는 증거로서 유대교 전통은 하지(summer solstice)가 되면 세상에서 이 성전산에 있는 바위만이 유일하게 그림자를 갖지 않는 바위로 존재한다는 사실을 증거로 든다.[91] 장영일은 이렇게 말한다.

하나님께서 믿음의 조상인 아브라함을 갈대아 우르에서 부르사 지시하는 땅 가나안으로 인도하신다. 그리고 지시하시는 산인 모리아산(오늘의 예루살렘)에서 약속의 아들 이삭을 제물로 드리게 하신다. 신약성경 저자들의

---

[89] 장영일, 『구약신학의 역사적 기초』, 29.
[90] 장영일, "다윗의 예루살렘 정복과 그 의미에 대한 연구," 「장신논단」 제20호 (2003): 27.
[91] 장영일, "다윗의 예루살렘 정복과 그 의미에 대한 연구."

관점에서 보면 예루살렘 성문 밖에서 온 인류의 죄를 대신하기 위해 제물로 바쳐져 십자가에 달려 돌아가신 하나님의 독생자 예수 그리스도에 대한 예고다.

그런 관점에서 다윗의 예루살렘을 수도로 정한 사건과 및 모리아산에서 제단을 쌓은 것과 성전 건축의 준비 사건도 아브라함과 다윗의 자손인 예수 그리스도의 십자가 사건을 예비한 것이었다고 볼 수 있다.[92]

이스라엘 국가 형성의 시발점에 발생한 출애굽 사건에서 이스라엘 백성이 도달해야 할 궁극적 목적지는 예루살렘(출 15:13, 17)이다. 역사의 말기에서 발생한 바벨론 귀환 사건(주전 539년)에서 포로로 잡혀갔던 유대인들이 궁극적으로 돌아와야 할 목적지도 예루살렘 성전이다.

결국, 바벨론 포로 생활을 마치고 예루살렘에 돌아와 성전을 재건한 이스라엘 백성들이 확인하고 자각한 결론은 예루살렘이 이스라엘 역사의 중심이라는 사실이다.[93]

가나안 땅과 그 중심인 예루살렘 갈보리산은 인류 역사의 심장부로 예정되어 있다. 여기서 인류의 구세주요 왕들의 왕이신 예수 그리스도는 사탄과의 최종적 대접전을 지구의 심장부인 바로 이곳에서 벌인다. 주님은 승리하시고 죄의 권세 마귀는 대패하며, 그런 의미에서 그곳은 인류 역사의 최고봉이 되었던 것이다.[94] 장영일은 이렇게 말한다.

> 이와 같이 하나님은 가나안 땅을 지구의 중심, 아니 세계 역사의 심장부로 선택하시사 그 땅의 중앙인 예루살렘을 이스라엘 역사의 총사령부(H.Q.)

---

[92] 장영일, "다윗의 예루살렘 정복과 그 의미에 대한 연구," 30.
[93] 장영일, "다윗의 예루살렘 정복과 그 의미에 대한 연구," 31.
[94] 장영일, 『구약신학의 역사적 기초』, 29.

로 삼으시고, 동시에 우리 주 예수 그리스도께서 하늘과 땅의 모든 권세를 부여 받으사 왕으로 즉위하실 우주적 으뜸 도시(Capital City)로 삼으신다. 여기서 전 인류를 구원할 진리의 말씀, 곧 (구약)성경이 일차적으로 완성되게 하시며, 마지막으로 여기서 하나님의 선교의 대단원이 막을 내리도록 계획하시사 종말로는 이곳에 하늘과 땅의 모든 권세를 가지신 만왕의 왕 예수께서 재림하심으로 인류 역사가 끝나고 신천신지로서의 천국이 시작되도록 예비하셨던 것이다.[95]

2) 에덴을 찾아서

대부분의 사람은 에덴 동산을 신화로 생각하나 하나님의 말씀을 문자적으로 믿는 그리스도인들은 에덴 동산이 실제 장소였다고 믿는다. 그러나 그들 사이에서도 에덴 동산의 위치는 논쟁거리 내지는 추측거리가 되고 있다.

성경에 등장하는 유브라데강과 힛데겔, 즉 티그리스강은 오늘날에도 지도상에 존재하기 때문에 에덴 동산이 이라크 북서쪽 혹은 터키의 산간 지역에 있었던 것으로 추측하는 이들이 많다.[96] 창세기 2:8-14에는 이렇게 말씀하고 있다.

여호와 하나님이 동방의 에덴에 동산을 창설하시고 그 지으신 사람을 거기 두시니라 여호와 하나님이 그 땅에서 보기에 아름답고 먹기에 좋은 나무가 나게 하시니 동산 가운데에는 생명나무와 선악을 알게 하는 나무도

---

[95] 장영일, 『구약신학의 역사적 기초』, 32.
[96] 김인식, 『하나님의 마스터플랜: 새 예루살렘의 비전』, 56.

있더라 강이 에덴에서 흘러 나와 동산을 적시고 거기서부터 갈라져 네 근원이 되었으니 첫째의 이름은 비손이라 금이 있는 하윌라 온 땅을 둘렀으며 그 땅의 금은 순금이요 그곳에는 베델리엄과 호마노도 있으며 둘째 강의 이름은 기혼이라 구스 온 땅을 둘렀고 셋째 강의 이름은 힛데겔이라 앗수르 동쪽으로 흘렀으며 넷째 강은 유브라데더라(창 2:8-14).

성경은 에덴 동산의 위치에 대해 중요한 단서를 제공해 주고 있다. 성경은 다른 두 개의 강 비손과 기혼이 지금은 지도에서 사라졌지만 에덴에서 흘러나왔다고 한다. 비손은 하윌라 온 땅을 흐르는 강이고, 기혼은 구스 온 땅을 흐르는 강이었다. 구스는 지금의 에티오피아와 수단의 고대 이름으로 이곳을 흘렀던 강이 기혼이다.[97]

얀 조제프 시몬스(Jan Jozef Simons)는 그의 저서 『구약성경의 지리적, 지형학적 본문들』(The Geographical and Topographical Texts of the Old Testament)에서 "하윌라 온 땅은 아라비아 반도 전체를 통칭할 수 있다"라고 한다.[98] 창세기 1:9-10은 이렇게 말씀하고 있다.

하나님이 이르시되 천하의 물이 한 곳으로 모이고 뭍이 드러나라 하시니 그대로 되니라 하나님이 뭍을 땅이라 부르시고 모인 물을 바다라 부르시니 하나님이 보시기에 좋았더라(창 1:9-10).

대부분의 지질학자들은 원래 한 덩어리였던 지구 대륙이 몇 쪽으로 분

---

[97] 김인식, 『하나님의 마스터플랜: 새 예루살렘의 비전』.
[98] Jan Jozef Simons, The Geographical and Topographical Texts of the Old Testament: A Concise Commentary in Xxxii Chapters (Leiden, E.J. Brill, 1959), 40-41.

리되어졌다는 것을 정설로 인정한다.⁹⁹ 하나로 존재하던 대륙이 떨어져 나가 점차적으로 대륙들이 분리되었다는 것이다. 이것이 대륙이동설(continental drift)로 통합된 판구조론(plate tectonics)으로 오늘날 주도적인 이론이 된다.¹⁰⁰

생물학자들도 대륙이동설을 지지하고 있다. 그 이유는 같은 종의 특이한 동식물들이 지리적으로 수천 수만 마일 떨어진 곳에서도 발견되기 때문이다.¹⁰¹ 성경은 창세기 7장 대홍수 때 거대한 지각 변동이 있었고 창세기 10장에 기록된 벨렉 때 땅이 나누어졌다고 기록한다.¹⁰²

> 에벨은 두 아들을 낳고 하나의 이름을 벨렉이라 했으니 그때에 세상이 나뉘었음이요 벨렉의 아우의 이름은 욕단이며(창 10:25).

이 말씀에서 벨렉 때에 '세상이 나뉘었다'라고 번역했는데, 바벨탑 사건 이후 인류가 나누어진 것을 말하는 것이 아니고 '땅이 나누어진 것'이다.¹⁰³ 장영일은 이렇게 말한다.

> 현대 지질학자들은 지구의 생성 과정을 말할 때, 본래 아프리카는 아시아 대륙에 붙어있었는데, 어느 시점에서 아시아 대륙으로부터 떨어져 나옴으로써 두 대륙 사이에 홍해가 생겼고, 이어서 2차적으로 가나안 땅이 아시

---

99 김인식, 『하나님의 마스터플랜: 새 예루살렘의 비전』, 57.
100 이재만, 『노아 홍수 콘서트』(서울: 두란노, 2009), 154-55의 판구조론에 대해 참고하라. Carol Hill 외 3인 공저, 『그랜드 캐니언, 오래된 지구의 기념비:노아 홍수 그랜드 캐니언을 설명할 수 있을까?』, 노동래 역 (서울: 새물결플러스, 2018), 129-132.
101 John MacArthur, 『우주와 인간의 시작』, 이심주 역 (서울: 부흥과개혁사, 2009), 71.
102 김인식, 『하나님의 마스터플랜: 새 예루살렘의 비전』, 57.
103 김인식, 『하나님의 마스터플랜: 새 예루살렘의 비전』, 58.

아 대륙으로부터 분리되는 과정에서 대협곡(The Great Rift Valley), 즉 요단 계곡도 생겨났다고 말한다.

이 협곡은 레바논 산지에서 시작되어 요단강을 타고 아라바를 거쳐 엘랏/아카바를 지나 홍해의 밑바닥을 따라 아프리카의 수단까지 이어지는 대협곡이다. 염분이 보통 바닷물의 열 배에 해당하는 사해의 짠물은 이 협곡이 생성되는 과정에서 지중해의 해수가 이스르엘 평원을 통해 협곡으로 흘러들어 사해에 고이고, 이 고인물이 중동의 강렬한 햇빛을 받아 졸아들어 생긴 것으로 본다.[104]

총신대학교 신학대학원에 있는 성지연구소 이문범 교수는 창세기 2:10-14에 근거하여 네 개의 강 근원지를 합치면 에덴 동산의 위치가 나온다고 한다. 노아 시대의 홍수 때 심각한 지형 변화가 일어났음을 고려해 아시아와 아프리카에 있는 근원지를 한곳에 끌어당기면 예루살렘 부근이 에덴 동산이 있었던 위치가 된다고 주장한다.[105]

고고학자인 하버드대학교 로렌스 E. 스태거(Lawrence E. Stager)는 "에덴이 예루살렘이다"(Jerusalem as Eden)에서 이렇게 말한다.

> 예루살렘의 유일한 샘의 이름이 '기혼'이고 이런 이름을 가진 곳은 이곳뿐임을 지적하며 고고학적으로 예루살렘이 에덴 동산임을 주장한다.[106]

---

[104] 장영일, 『구약신학의 역사적 기초』, 30-31.
[105] 이문범, "성서지리 에덴 동산은 어디인가?," http://www.365qt.com/ArticleView.asp?AID=7467
[106] Lawrence Stager, "Jerusalem as Eden," *Biblical Archaeology Review 26*, No.3 (May/June 2000): 36-47, 66.

창조과학자이며 지질학자인 게인즈 R. 존슨(Gaines R. Johnson)은 자신의 책인 『성경, 창세기와 지질학』(The Bible, Genesis & Geology)에서 이렇게 말한다.

> 성경은 강줄기가 에덴 동산에서 흘러나왔다고 하고 있다. 물의 원점은 레바논의 남쪽이며, 더 자세히 말하자면 현재의 이스라엘 중 예루살렘 인근이라고 할 수 있으며, 또는 디베랴 바다 속에서 솟고 있는 물줄기라고 할 수 있을 것이다.[107]

그는 이어서 이렇게 말한다.

> 에덴 동산의 강줄기는 바로 유다에서 시작한다. 그곳에서부터 네 갈래로 나누어진다. 기억할 것은 예루살렘이 바로 지각판 서쪽에 위치하고 있고 지금은 지각 변동으로 막혀있지만, 한때 큰 원천이 되었던 대수층의 근원이 바로 에덴 동산의 물줄기의 원천으로 보는 것이다. 그리고 과학적으로도 증명된 사실이지만, 중동 지역의 누비안(Nubian) 모래바위 대수층을 비롯하여 여러 개의 대수층을 발견할 수 있다.[108]

창세기 2:6은 "안개만 땅에서 올라와 온 지면을 적셨더라"고 쓰고, 2:10은 "강이 에덴에서 흘러 나와 동산을 적시고"라고 쓴다. 아담과 하와 당시 '안개'만 땅에서 올라와 온 지면을 적셨더라고 했는데, 땅속의 물이 압력에 의해 에덴에서 흘러나와 동산을 적시고 이런 물들이 모여 강을 이룰 수

---

[107] Gaines R. Johnson, "The Bible, Genesis & Geology," King James Version Bible. Org, http://www.kjvbible.org/rivers_of_the_garden_of_eden.html
[108] Gaines R. Johnson, "The Bible, Genesis & Geology," 103.

있다는 가능성을 인정해야 한다.[109]

지질학자들의 조사에 의하면, 예루살렘 성전산 아래에 거대한 지하수의 줄기가 있다고 한다.[110] 게인즈 R. 존슨은 연구의 종합적인 결론을 다음과 같이 내린다.

> 중동의 현대 지질학 및 지형은 에덴 동산과 4개의 강 출처의 정확한 위치를 쉽게 밝히지는 않지만, 성경과 성령의 인도로 그 지역의 지질학에 대한 법의학 연구를 통해 밝혀진다. 이들 이용 가능한 자료들은 현재의 이스라엘이 에덴 동산이며 또한 네 강의 중심이었음을 나타내고 있다.[111]

에덴 동산의 중앙이 예루살렘이라는 성경적 근거는 에스겔 31:8-9이다.

> 하나님의 동산의 백향목이 능히 그를 가리지 못하며 잣나무가 그 굵은 가지만 못하며 단풍나무가 그 가는 가지만 못하며 하나님의 동산의 어떤 나무도 그 아름다운 모양과 같지 못했도다. 내가 그 가지를 많게 하여 모양이 아름답게 했더니 하나님의 동산 에덴에 있는 모든 나무가 다 시기했느니라(겔 31:8-9).

---

[109] 김인식, 『하나님의 마스터플랜: 새 예루살렘의 비전』, 59.
[110] 김인식, 『하나님의 마스터플랜: 새 예루살렘의 비전』.
[111] Gaines R. Johnson, "The Bible, Genesis & Geology."

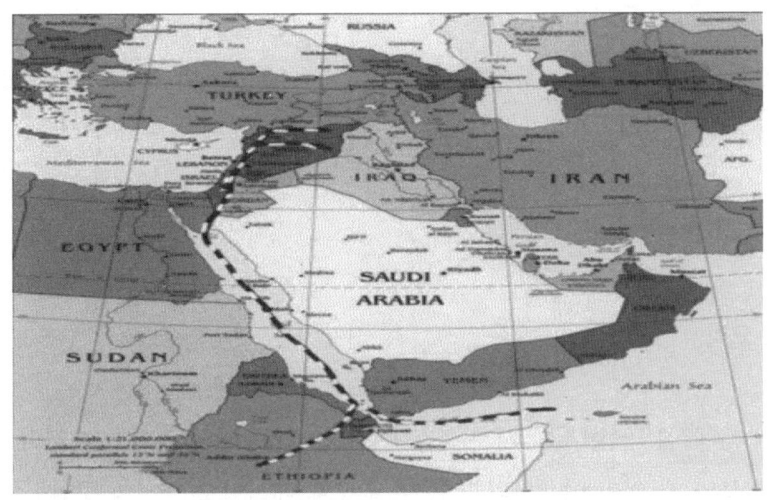

<그림 1> 에덴 동산에서 발원한 4강의 흐름 경로 추정 지도[112]

여기서 하나님의 동산을 이스라엘로 백향목은 이스라엘 지도자를 의미한다고 본다면, 하나님의 동산, 즉 에덴이 이스라엘이므로 에덴 중앙은 예루살렘이다.[113]

> 이스라엘은 "세상 중앙에 사는 백성"이다(겔 38:12). '세상'의 히브리어 '에레츠'는 땅이란 뜻으로 이스라엘은 땅의 중앙에 사는 백성이다. 에덴이 둥근 땅의 중앙이라고 볼 때, 이스라엘은 에덴이요 예루살렘은 에덴의 중앙이다. 예루살렘 골고다의 성묘교회 자리에는 '지구의 배꼽'이라는 표지석이 있다. 그곳이 세계 중심이라는 표식이다.[114]

이스라엘 땅은 지구 중심에 있고 예루살렘은 이스라엘 땅의 중심에 있

---

[112] Gaines R. Johnson, "The Bible, Genesis & Geology," 93.
[113] 김인식, 『하나님의 마스터플랜: 새 예루살렘의 비전』, 234.
[114] 김인식, 『하나님의 마스터플랜: 새 예루살렘의 비전』.

고 성전은 예루살렘의 중심에 있다. 예루살렘은 에덴 동산과 약속의 땅의 중앙이다. 하나님은 예루살렘을 나라들 가운데 두셨다(겔 5:5). 하나님은 예루살렘을 지리적으로도 지구의 중심에 두셨고 세계의 영적 센터로 만드셨다. 주님은 예루살렘으로 돌아오실 것이고 함께 하실 것이다(슥 8:3).[115]

12. 요약

이 장에서는 카이저의 다윗 가문의 새 왕과 큰 왕의 성을 기술했다. 다윗 가문의 새 왕인 여호와의 싹은 다시 오실 메시아로 역사의 주인공이시며 종말에 일어나는 모든 사건의 중심이자 핵심이다.

메시아가 통치하는 날에 의인이 흥왕하여 평강의 풍성함을 경험하게 될 것이다. 공의로운 왕이 다스리는 나라의 영역은 넓어지고 이 의로운 왕의 통치는 더욱 확장될 것이다. 지리적으로 바다로부터 바다까지, 즉 온 세상을 포함한다.

군사적으로, 그의 통치에 반대하는 모든 적까지 이제는 다스릴 것이다. 경제적으로, 온 세계에서 오는 조공과 예물을 받을 것이다. 정치적으로, 모든 지배자가 이 의로운 왕의 통치 아래 부복하며 그를 섬길 것이다.

예루살렘은 하나님의 관심 도시다. 하나님의 이름을 두시려고 택하신 곳이며 하나님께서 친히 준비하신 땅이다. 아브라함이 하나님의 말씀을 전적으로 순종하여 독자 이삭을 드림으로 믿음을 입증받은 장소이다. 예루살렘은 모세를 통해 하나님께서 자기의 이름을 두시려고 택하신 곳으로

---

[115] Peter Michas and Chrisrie Michas, "The Rod of an Almond Tree in God's Master Plan," 2010, http://www.messengers-of-messiah.org/GodsMasterPlan/Ch1(2014)JerusalemGardenEden.pdf

계시하신 곳이다.

다윗 왕이 그곳 아라우나 타작 마당에 제단을 쌓고 하나님께 희생 제사를 드림으로서 응답을 받은 장소이다. 하나님께서는 자기의 기쁘신 뜻을 따라 수많은 성읍 중에 예루살렘을 택하시고 지상적 거처로 삼아 솔로몬을 통해 성전을 건축하게 하신다.

메시아가 다시 이 땅에 오실 때, 유대인과 이방인들이 새 시온인 예루살렘의 '거룩한 산'에 나아와 여호와께 예배하고 여호와의 길을 배울 것이다. 세상의 만국 백성이 예루살렘으로 모여들어 위대하신 스승이신 여호와로 나아와 진리의 복음을 듣고 예배드리게 될 것이다. 하나님 자신이 친히 왕으로 군림하는 모습이다.

하나님은 이스라엘 땅을 지구의 중심으로 세계 역사의 심장부로 선택하신다. 메시아가 왕으로 즉위할 때 온 우주를 다스리는 중심 센터로 삼으신다. 하나님은 예루살렘을 지리적으로도 지구의 중심에 두시고 세계의 영적 센터로 만드신다. 주님은 예루살렘으로 돌아오실 것이고 함께하실 것이다.

제5장

월터 C. 카이저의 여호와의 날 이해

이 장에서는 카이저의 여호와의 날 이해에 관해 기술한다. 이스라엘은 하나님이 선택하신 축복의 도구요 통로다. 카이저는 하나님의 주권 계획은 이스라엘을 통해 세상 모든 나라에게 복을 주시는 것이라(창 12:3)고 선언한다. 바울도 아브라함의 자손을 통해 모든 나라를 축복하시는 이 약속을 '복음의 핵심'(갈 3:8) 내용으로 본다.[1]

여호와의 날은 사태가 심각해지는 시간으로 무서운 심판과 위대한 보호와 승리가 초자연적으로 있는 시간이다. 여호와의 날 시간은 24시간으로 이루어진 시간이 아니다. 이 땅에 주님이 다시 오심으로 메시아 왕국이라는 새로운 역사의 장을 펼치기 전 세대를 마무리하는 시간이 될 것이다.[2]

하나님께서 다니엘에게 '70주'의 시간으로 이 시기를 계시하신다. 약 490'년'으로 간주되는 이 70주는 세 시기, 즉 일곱 '주,' 예순두 '주,' 그리고 마지막 한 주로 구분된다. 마지막 한 주의 7년은 이스라엘 국가가 지난 역사 속에서 수많은 고난을 통과해 왔지만 가장 강도 높은 고난을 당하

---

1   Walter C. Kaiser, 『마지막 때에 관한 설교』, 155.
2   Walter C. Kaiser, 『마지막 때에 관한 설교』.

는 여호와의 날이 된다.³

마지막 7년이 시작되기 전에 곡과 마곡의 전쟁이 있을 것이다. 그때에 러시아와 이란의 연합 세력이 이스라엘 주변의 이슬람 국가들과 함께 이스라엘을 공격하지만 참담하게 실패할 것이다. 하나님께서 초자연적 방법으로 이스라엘을 구할 것이다.⁴ 카이저는 이렇게 말한다.

> 마지막 7년 중에 서방의 연합 세력을 등에 업은 적그리스도가 등장할 것이다. 현재 서방의 선진 일곱 국가가 이스라엘과 맺은 조약을 파기하고 성경에서 말하는 아마겟돈 전쟁을 시작한다. 이 전쟁 역시 주님이 모든 영광 중에 오실 때에야 양쪽 진영에 엄청난 손실을 입히고 끝나게 된다.⁵

카이저는 하나님의 뜻을 바로 알기 위해 성경 전체에서 이 구절 저 구절에서 모은 정보를 파편적으로 다루는 법을 최선으로 보지 않는다. 하나님의 백성을 위한 각 장의 전체적인 설명과 더불어 본문 전체 내용을 살피는 것이 가장 합당하다고 주장한다.

구약이 미래의 이런 사건들에 관해 얼마나 상세히 설명하고 있는지를 하나님의 모든 백성이 보고 놀라게 될 것으로 예상한다.⁶

천종수는 이렇게 말한다.

> '여호와의 날'은 '주의 날' 혹은 '그 날'로 종종 선지자들의 예언에서 나타나곤 한다. 여호와의 날은 대부분의 경우 하나님의 심판의 때를 의미한다.

---

3   Walter C. Kaiser, 『성경적 종말론』, 26.
4   Walter C. Kaiser, 『마지막 때에 관한 설교』, 156.
5   Walter C. Kaiser, 『마지막 때에 관한 설교』.
6   Walter C. Kaiser, 『마지막 때에 관한 설교』.

하나님께서 자신의 계획을 이루시기 위해 직접적으로 혹은 간접적으로 역사에 개입하는 때를 가리킨다.

이 말과 관련된 성경의 사건들을 살펴보면 이날은 무섭고 두려운 심판의 시기다. 이스라엘이 적국에게 침입을 당하며 기근과 전염병과 살육을 겪는 고통스러운 심판의 때를 말한다(욜 1:11; 2:1-2). 그러나 여호와의 날이 오직 심판과 고통만 있는 시기는 아니다. 하나님의 심판이 지나가고 나면 새롭게 정화된 자기 백성에게 용서와 구원을 베푸시는 은혜의 시기이기도 하다.[7]

주전 9세기경에 쓰인 요엘서는 '여호와의 날'을 5회나 언급한다(욜 1:15; 2:1, 11, 31; 3:14). 여호와의 날은 하나님께서 세상 역사에 간섭하셔서 그의 공의로 심판을 이루시는 날이다. 여호와의 날이 아주 가까이 왔다고 한다.

그 날은 슬픈 날, 멸망의 날, 주민들이 떠는 무시무시한 날이다. 어둡고 캄캄한 날이요 짙은 구름이 덮인 날로 심히 두렵다고 표현한다. 여호와의 날은 지금 닥친 일일 수도 있고, 더 큰 심판이 임할 거라는 서곡에 불과할 수도 있다. 그러나 그때가 언제든 항상 깨어 있고 하나님께 나아가 부르짖어야 한다고 말한다.[8]

요엘은 메뚜기 재앙을 징조로 하여 여호와께서 심판하실 날이 임박했음을 선언하면서 백성들의 회개를 촉구한다. 하나님은 세상의 역사를 주관하시면서 하나님의 마스터플랜을 실현시켜 나가신다.

하나님은 형식적인 제사를 싫어하시고 진실되며 살아 있는 예배를 원하신다. 요엘은 기도와 회개를 여러 차례 강조한다. 백성들이 범죄하면 하

---

[7] 천종수, 『QA 성경』, 1271.
[8] 이순한, 『소예언서강해(I)』 (서울: 한국기독교교육연구원, 1996), 193.

나님은 자연 재해와 군사적인 수단을 동원하여 범죄한 백성들을 경책하신다.[9]

하나님은 회개한 백성들을 회복시키시고 자연도 복구시키시는 사랑과 구원의 하나님이다. 때로 다른 민족을 통해 범죄한 이스라엘을 징벌하도록 허락하시지만, 여전히 남은 자를 보존하신다. 이스라엘을 혹독하게 대했던 이방 민족들을 큰 전쟁에 휘말리게 하고 궁극적으로 심판한다.[10]

카이저는 궁극적으로는 하나님의 인류 역사 경영에서 '여호와의 날,' 또는 간단히 '그 날' 혹은 '말일'과 같은 시간은 이 땅에 천년왕국이 오기 전에 주님의 재림과 관련된 시간으로 간주된다고 본다.[11]

'여호와의 날'이라는 주제를 이해하기 위해서 먼저 요엘 2:28-3:21까지의 말씀을 연구할 것을 권한다. 요엘서는 주전 800년대, 곧 주전 9세기에 쓰인 것으로 보인다. 요엘이 동료 선지자들보다 이 교리를 위한 요소들을 많이 제공하기에, 뒤따른 다른 선지자들이 이 책의 삼분의 일 가량이나 인용하기 때문이다.[12]

1. '여호와의 날'에 성령을 부어 주심

하나님은 '여호와의 날'에 성령을 부어 주신다(욜 2:28-32). 놀라운 것은 성령을 부어 주시겠다는 말씀이다. 이것을 사도행전에서는 시간적으로 명확하게 '말세에'라고 말씀하신다.

9　Walter C. Kaiser, 『마지막 때에 관한 설교』, 159.
10　이순한, 『소예언서강해(I)』, 207.
11　Walter C. Kaiser, 『성경적 종말론』, 26.
12　Walter C. Kaiser, 『마지막 때에 관한 설교』, 158.

말세에 내가 내 영을 부어 주리니(행 2:17).

'말세'라는 시간은 예수님께서 이 땅에 오셨을 때부터 다시 오실 때까지의 기간을 말한다. 하나님은 요엘 선지자를 통해 마지막 때에 온 백성에게 성령을 부어 주심으로 영적으로 풍성한 삶을 살도록 약속한다.[13]

우리 대부분은 '마지막 때' 혹은 '말세'를 메시아 예수님의 재림과 직접 연결해서 생각하는 경향이 있다. 그러나 신약성경은 '마지막 때'가 예수님의 초림 때부터 다시 오실 재림 때까지의 시간 전체를 포함한다고 가르친다.

히브리서는 시작하면서 '옛적에' 하나님이 선지자들을 통해 여러 모양으로 말씀하셨지만, "이 모든 날 마지막에는" 아들 예수를 통해 우리에게 말씀했다고 설명한다(히 1:1-2).[14]

이렇게 우리는 현 시대에 '이미' 이루어진 성취와 먼 미래를 기다리는 '아직은 아닌'의 성취가 공존하는 '시작된 종말론'이 의미하는 바를 알 수 있다.[15]

사도행전 2장 오순절 마가 다락방에 임하신 성령의 부어 주심은 '말세' 또는 '여호와의 날'의 첫 성취이다. 그러나 결코 그것으로 끝나지 않고 교회 시대인 오늘날에도 계속 성취되고 있다. 이는 우리 시대를 넘어 미래까지 지속될 것이다.

따라서, 교회 시대도 그 날의 끝이 될 수 없다. 궁극적인 성취는 그리스도의 재림을 기다리며, 그 재림의 날에 성령이 진정 이스라엘 국가에 크게

---

[13] Walter C. Kaiser, 『마지막 때에 관한 설교』, 163.
[14] Walter C. Kaiser, 『마지막 때에 관한 설교』, 160.
[15] Walter C. Kaiser, 『마지막 때에 관한 설교』, 161.

임하실 것이기 때문이다.[16]

중요한 것은 성령을 이스라엘에 부어 주시겠다는 선지자들 각각의 예언들이 이스라엘이 그 땅에 다시 돌아올 때 이루어진다는 점이다.[17] 20세기 초에 세계적으로 강력한 성령의 역사가 있었다. 영국 웨일즈 부흥과 미국 아주사 부흥 그리고 평양 대부흥 등의 강력한 성령의 역사들이 나타났다.[18]

성령의 역사는 계속된다. 이런 강력한 성령의 역사는 60년대 은사 운동 등으로 우리 시대를 넘어 미래까지 지속될 것이다.[19] 궁극적인 성취는 그리스도의 재림의 날에 성령이 진정 이스라엘 국가와 민족 위에 크게 임하실 것이다.[20] 그들에게 새 영을 두고 새 마음을 주어 진정 하나님의 백성이 되고 약속의 땅에 거하면서 하나님을 진정으로 섬기게 될 것을 에스겔 36장과 39장에서 아래와 같이 말씀한다.

> 또 새 영을 너희 속에 두고 새 마음을 너희에게 주되 너희 육신에서 굳은 마음을 제거하고 부드러운 마음을 줄 것이며 또 내 영을 너희 속에 두어 너희로 내 율례를 행하게 하리니 너희가 내 규례를 지켜 행할지라 내가 너희 조상들에게 준 땅에서 너희가 거주하면서 내 백성이 되고 나는 너희 하나님이 되리라(겔 36:26-28).

> 내가 그들을 만민 중에서 돌아오게 하고 적국 중에서 모아 내어 많은 민족

---

16 Walter C. Kaiser, 『성경적 종말론』, 28
17 Walter C. Kaiser, 『성경적 종말론』, 29
18 이재범, 『성령과 선교』 (서울: 보이스사, 1985), 70-71.
19 Synan Vinson, 『세계 오순절 성결운동의 역사』, 박명수, 이영훈 공역 (서울: 생명의말씀사, 2000), 283-84.
20 Walter C. Kaiser, 『마지막 때에 관한 설교』, 161.

이 보는 데에서 그들로 말미암아 나의 거룩함을 나타낼 때라(겔 39:27).

전에는 내가 그들이 사로잡혀 여러 나라에 이르게 했거니와 후에는 내가 그들을 모아 고국 땅으로 돌아오게 하고 그 한 사람도 이방에 남기지 아니하리니 그들이 내가 여호와 자기들의 하나님인 줄을 알리라(겔 39:28).

다시는 내 얼굴을 그들에게 가리지 아니하리니 이는 내가 내 영을 이스라엘 족속에게 쏟았음이라 주 여호와의 말씀이니라(겔 39:29).

카이저는 이 말씀을 이스라엘이 그 땅에 다시 돌아올 때 성령을 이스라엘에 부어 주시겠다는 것이라고 해석한다.[21] 그는 이렇게 말한다.

오순절이라는 단어는 구약성경에 나오지 않지만, 이는 '오십'을 뜻하는 헬라어에서 차용된 단어로, 사도행전 2:1, 20:16, 그리고 고린도전서 16:8에 나온다. 구약성경에는 이 절기가 "칠칠절"(출 34:22; 신 16:10; 대하 8:13) 또는 "맥추절"(출 23:16)이라 나오는데, 이는 유월절이 지나고 오십일 후를 말한다.

이제 오순절에 성령이 임하시는데, 그 전에는 보통 비가 내리듯 성령을 주셨다면, 후에는 큰 장마나 열대성 폭우가 쏟아지듯 부으실 것이다. 이는 선지자들이 선지서에 예언한 바와 정확히 일치한다. 예를 들어, 이사야 32:14-1과 44:3에서 선포한다. 에스겔 11:16-19은 성령의 약속을 말하며 에스겔 36:27-28, 37:12-14, 39:28-29에 반복하여 말한다.[22]

---

21 Walter C. Kaiser, 『마지막 때에 관한 설교』, 163.
22 Walter C. Kaiser, 『마지막 때에 관한 설교』, 162.

중요한 것은 성령을 이스라엘에 부어 주시겠다는 각각의 예언들이 이스라엘이 그 땅에 다시 돌아올 때 이루어진다는 점이다.²³

오순절 성령 강림 사건 당시(행 2장)만을 가리키는 것이 아니라 그리스도 승천 이후의 성령 시대(요 16:7-15), 즉 그리스도가 아버지께로부터 세상에 오셨다가 다시 세상을 떠나 아버지께로 돌아가신 후로부터(요 16:38) 다시 오실 그때(행 1:11)까지의 역사를 가리킨다고 볼 수 있다.²⁴ 성령의 부으심은 여호와의 날에 있을 종말론적 사건이다. 윤용진은 이렇게 말한다.

> 만민에게 성령을 부어 주실 것(욜 2:28-29)이라는 예언은 '의의 교사'로서 오실 메시아 예언(욜 2:23)과 더불어 요엘서의 중심축을 이루고 있다. '그 후에'(28절)라는 용어는 앞서 무엇인가 발생했다는 사실을 전제하고 있다. 성령 강림 사건은 그리스도의 십자가 구속 사건에 이어지는 구속사의 흐름이라는 데 이의가 있을 수 없다.
>
> 이사야 선지자도 이와 같은 구도에서 '의로써 통치하실 메시아의 오심'(사 32:1)과 '위에서부터 부어 주실 성령'(사 32:15)을 예언하고 있다. 그리스도의 십자가 고난과 부활이 하나님의 구속 계획을 성취한 것이라면, 오순절 성령 강림 사건은 그리스도께서 성취하신 하나님의 구속 계획의 완성이라고 할 수 있을 것이다. 이 두 가지 사건 모두 구약의 성도들이 대망하던 종말론적 사건들이다.²⁵

마지막 때에 임할 것이라는 성령의 부어 주심의 약속이 오순절, 사마리아, 가이사랴, 그리고 에베소에서 행해졌던 일련의 사건들 속에서 예비적

---

23 Walter C. Kaiser, 『성경적종말론』, 29
24 윤용진, "여호와 날의 이중성," 「성경과 신학」 제27권 (2000): 68.
25 윤용진, "여호와 날의 이중성," 67.

으로 성취되었다. 그리스도를 주로 받아들임으로써 하나님의 가족으로 인도될 때면 언제든지 성령이 임하신다. 그 모두가 그리스도의 재림과 연관된 복합적인 사건들 속에 임할 최종적인 부어 주심에 관련된다.[26]

마지막 때에 "여호와의 크고 두려운 날이 이르기 전에 해가 어두워지고 달이 핏빛같이 변할" 것이다(욜 2:31). 그리고 다음과 같은 현상이 일어날 것이다.

> 그 날 환난 후에 즉시 해가 어두워지며 달이 빛을 내지 아니하며 별들이 하늘에서 떨어지며 하늘의 권능들이 흔들리리라(마 24:29).

누구든지 여호와의 이름을 부르는 자는 구원을 얻는다. 하나님은 시온 산과 예루살렘에서 피할 자가 있을 것을 약속한다(욜 2:32). 그러나 믿지 않는 모든 자에겐 두렵고 무서운 재앙의 날이 될 것이다.[27]

2. 여호와의 날은 하나님의 때

우리 모두는 여호와의 날이 반드시 올 것을 의심치 않는다.
여호와의 날을 위한 하나님의 때는 언제인가?
물론 그 날과 그 시는 알 수 없지만 인류 역사의 흐름 속에서 징조는 알 수 있다. 요엘은 여호와의 날을 이렇게 주장한다.

---

[26] Walter C. Kaiser, 『신약의 구약사용』, 성기문 역 (서울: 크리스천 다이제스트, 2003), 163.
[27] Walter C. Kaiser, 『마지막 때에 관한 설교』, 164.

> 내가 유다와 예루살렘 가운데에서 사로잡힌 자를 돌아오게 할 그 때 (욜 3:1).

이는 결정적인 역사의 때요 종말의 때로써 '주님 재림의 날'이다.[28] 예레미야 16:14-15은 이를 증명한다.

> 여호와의 말씀이니라 그러나 보라 날이 이르리니 다시는 이스라엘 자손을 애굽 땅에서 인도하여 내신 여호와께서 살아 계심을 두고 맹세하지 아니하고 이스라엘 자손을 북방 땅과 그 쫓겨났던 모든 나라에서 인도하여 내신 여호와께서 살아 계심을 두고 맹세하리라 내가 그들을 그들의 조상들에게 준 그들의 땅으로 인도하여 들이리라(렘 16:14-15).

그 날은 이스라엘이 그 땅으로 돌아오는 날과 밀접한 관계가 있다는 것을 의미한다. 이 귀환은 바벨론 포로에서의 귀환 이상이며, 애굽에서 귀환하는 출애굽 사건 그 이상의 것이어야 한다.[29] 카이저는 이렇게 말한다.

> 예언의 시간표에서 우리가 어디쯤 위치하는지 알고 싶다면, 하나님의 시계와 같은 이스라엘을 주목할 필요가 있다. 이제 역사적으로 분명한 것은 바벨론 포로에서 돌아온 때에는 여호와의 날이 오지 않았다는 점이다. 대개 여호와의 날이 임하는 대상은 이스라엘을 박해하는 나라들이다. 하나님이 그들을 "여호사밧 골짜기"(욜 3:2)로 데려가셔서 심판하실 것인데, 그 골짜기는 대개 여호와가 심판하시는 장소를 의미한다. 하나님의 심판의

---

[28] Walter C. Kaiser, 『성경적 종말론』, 29.
[29] Walter C. Kaiser, 『마지막 때에 관한 설교』, 165.

대상이 되는 나라들이 하나씩 차례로 언급된다. 예를 들어, 오바댜서는 이스라엘의 대적이자 박해자로 에돔을 지목한다(참조. 옵 1:15, 8-10). 이사야는 바벨론을 거론한다(사 13:6, 9). 예레미야와 에스겔서는 이집트를 언급한다(렘 46:10; 겔 30:2-4). 다니엘서에, 미래 적그리스도의 전형인 '자기 마음대로 행하'는 왕은 안티오쿠스 4세 에피파네스(Antiochus IV Epiphanes)인 것으로 보인다(단 11:36-38). 요엘서에서는 페니키아와 블레셋이 하나님의 언약 백성의 적이다(욜 3:4-8).[30]

이스라엘을 대적하여 괴롭힌 나라들은 당대에 심판을 받는다. 그것이 끝이 아니라 마지막 심판의 때가 아직 남아 있다. 이런 심판은 다니엘의 일흔 번째 주의 환난의 때에 일어날 것이며 아마겟돈 전쟁으로 마무리될 것이다.[31]

3. 여호와의 날이 임하는 이유

하나님이 여호와의 날이 임하게 하시는 이유는 아래와 같다(욜 3:2-8).

첫째, 유대 백성을 나라들 가운데에 흩어버렸기 때문이다.
이스라엘이 흩어지게 된 가장 중요한 이유는 그들이 하나님께 대적하여 저지른 죄 때문이다. 유대 백성이 로마에게 박해를 당한 것은 이스라엘 자신의 죄의 결과이지만 하나님의 허락으로 일어난 일이다. 탈무드에도 유

---

30 Walter C. Kaiser, 『마지막 때에 관한 설교』, 165-66.
31 Walter C. Kaiser, 『마지막 때에 관한 설교』, 166.

대 백성이 로마에게 박해를 당한 것은 이스라엘 자신의 죄의 결과로 '하나님의 허락으로 일어난 일'로 이해한다.[32]

그렇지만 다른 모든 나라가 여호와의 날에 고통을 겪게 되는 이유는 그들이 이스라엘 나라를 강제로 흩어 놓았기 때문이다.[33] 앗수르에 의한 주전 722년 이스라엘 북왕국의 유배와 바벨론에 의한 주전 586년의 남왕국의 유배 그리고 주후 70년과 135년 사건 후 로마에 의한 유배가 있다. 카이저는 이렇게 말한다.

> 예수님은 감람산에서 말세의 징조를 말씀하시면서 앞으로 이방 나라들이 세상의 통치자 적그리스도의 명령 아래 이스라엘과 싸울 것이며 유대에 있는 자들이 도망가야 할 것을 말씀하신다.
>
> 그러므로 너희가 선지자 다니엘이 말한 바 멸망의 가증한 것이 거룩한 곳에 선 것을 보거든 그때에 유대에 있는 자들은 산으로 도망할지어다(참조. 마 24:15-16; 단 9:27).[34]

하랄 에케르트(Harald Eckert)는 이렇게 말한다.

> 또한, 디아스포라에서 유대인들의 강제 추방을 잊어선 안 된다. 가장 강력한 이주는 제2차 세계대전까지, 그리고 대전 중에 있었다. 1940년경 유럽의 1,200-1,300만 명의 유대인 중 약 6백만 명이 생명을 잃었다. 그리고

---

[32] Walter C. Kaiser, 『성경적 종말론』, 30.
[33] Harald Eckert, 『이스라엘, 나라들, 그리고 심판의 골짜기』, 정원일 역 (서울: 하늘양식, 2015), 59.
[34] Walter C. Kaiser, 『성경적 종말론』, 167.

나머지는 거의 강제적으로 추방당해야 했다.[35]

이스라엘은 속히 구원받을 것이다. 곧 주님의 재림으로 임할 여호와의 날에 대적하던 나라들이 심판을 받을 것이기 때문이다.[36]

둘째, 이방 나라들이 심판을 받는 이유는 이스라엘 땅을 나눈 것 때문이다.

앗수르의 사르곤 2세(Sargon II)는 사마리아를 포위 공격하고 점령한다. 그때 27,290명의 사마리아 거주민들을 데려간다. 그리고 사마리아를 재건하여 다른 지역 사람들을 이주시켜 전보다 더 많은 인구가 살게 만들었다.[37] 이 기록은 열왕기하 17:23-24과 일치한다.

> 여호와께서 그의 종 모든 선지자를 통해 하신 말씀대로 드디어 이스라엘을 그 앞에서 내쫓으신지라 이스라엘이 고향에서 앗수르에 사로잡혀 가서 오늘까지 이르렀더라 앗수르 왕이 바벨론과 구다와 아와와 하맛과 스발와임에서 사람을 옮겨다가 이스라엘 자손을 대신하여 사마리아 여러 성읍에 두매 그들이 사마리아를 차지하고 그 여러 성읍에 거주하니라 (왕하 17:23-24).

이로 말미암아 예수님의 공생애 당시 유다 백성들은 사마리아인들을 이방인처럼 취급한다. 백성들이 쫓겨나고 땅이 나뉘는 일은 여러 차례 있다. 70년 유대인의 반란과 135년 바르 코크바(Bar Kokbah) 독립 운동 때, 로마

---

[35] Harald Eckert, 『이스라엘, 나라들, 그리고 심판의 골짜기』, 59.
[36] Walter C. Kaiser, 『성경적 종말론』, 168.
[37] Walter C. Kaiser, 『성경적 종말론』.

장군 티투스(Titus)와 황제 하드리안(Hadrian)이 이스라엘 땅을 분할한다.[38]
다니엘 11:39은 아래와 같이 적그리스도가 그와 동일한 일을 하리라 말한다.

> 그는 이방신을 힘입어 크게 견고한 산성들을 점령할 것이요. 무릇 그를 안다 하는 자에게는 영광을 더하여 여러 백성을 다스리게도 하며 그에게서 뇌물을 받고 땅을 나눠 주기도 하리라(단 11:39).

땅의 주인이신 하나님께서 이미 이스라엘에 주신 땅을 다시 회복시킬 것이다. 그때 나라들은 하나님 앞에서 판결을 받을 것이다.[39] 에케르트는 이렇게 말한다.

> 매우 민감한 문제는 하나님이 유대인들에게 주셨던 땅을 유대인이 아닌 사람들의 힘에 의해 배분되는 사건이다. 국제 연맹과 유엔, 그리고 이슬람 국가와 세속적인 많은 개별 국가는 오늘날까지도 이런 식으로 사악한 동기를 가진 반면, 다른 이들은 좀 더 나은 신앙으로 행동한 것이다. 그러나 나라나 정부가 하나님의 법에 반대하는 입장을 취하고 있다는 사실이 역사적이고 정신적으로 유대인들에게 속했던 고유의 현황을 바꾸지는 못한다.[40]

셋째, 유대 백성을 노예로 삼았기 때문이다.
요엘 3:3-6을 보면, 이들은 소년을 기생과 바꾸고 술값으로 소녀를 주

---

[38] Walter C. Kaiser, 『성경적 종말론』, 169.
[39] Walter C. Kaiser, 『성경적 종말론』.
[40] Harald Eckert, 『이스라엘, 나라들, 그리고 심판의 골짜기』, 59.

는 일까지도 있었다. 나중에 헬라인들도 '노예 무역'을 했고, 그 이전에도 그리스와 두로 사이에 이루어졌다.[41] 이순한은 이렇게 말한다.

> 주후 70년 예루살렘이 함락된 뒤에는 티투스에 의해 노예로 팔려간다. 9만 7천 명의 노예 중 17세 이하는 공개적으로 판다. 더러는 애굽 광산에서 노동하도록 팔리고, 더러는 야외극장에서 짐승들과 결투를 하도록 따로 떼어 놓는다. 135년 하드리안 황제에 의해 유대인 포로 4명이 보리 한 됫박에 팔린다. 수리아 사령관 니가노르는 마카비 전쟁 때에 이렇듯 유대인 포로들이 붙잡힐 것을 예상하여 노예 상인과 더불어 흥정을 했다고 전하기도 한다.[42]

넷째, 여호와의 전에 속한 신성한 기물을 가져갔기 때문이다.

그 나라들은 유다의 보물들, 즉 성전의 성스러운 자산과 기물들을 약탈했기 때문에 심판받을 것이다.[43] 약탈한 보화들을 그들이 섬기는 우상의 신당에 장식하고 그들의 신이 도와서 전승했다는 증거로 삼는다. 예언이 선포된 주전 9세기에는 예루살렘이 약탈당하지 않았지만, 요엘은 주전 586년과 주전 165년에 일어난 일뿐 아니라, 주후 70년에 일어난 일까지 정확히 예언한다.[44] 에케르트는 이렇게 말한다.

> 하나님의 심판 기준은 하나님이 특별한 보호하심에 둔 3가지 초점은 아브라함, 이삭, 야곱의 하나님의 특별한 부르심과 연결된다. 여기서 유대인의

---

[41] Walter C. Kaiser, 『마지막 때에 관한 설교』, 170.
[42] 이순한, 『소예언서강해(I)』, 240.
[43] 이순한, 『소예언서강해(I)』, 243.
[44] Walter C. Kaiser, 『마지막 때에 관한 설교』, 170.

보호, 땅의 보호, 그리고 하나님이 이스라엘을 세상에서 축복하는 나라로 선택함과 부르심에 대해 말하고 있다.[45]

마태복음 25:31-46에서 염소 나라와 양의 나라를 구분하는 중심적인 기준과 일치한다. 고통과 환난의 시대에서 '여기 지극히 작은 내 형제'를 돕지 않은 나라들은 심판하실 때에 반드시 예수님으로부터 거부당하게 될 것이다.[46]

4. 여호와의 날에 열방을 대적하시는 하나님

그 날에 하나님은 열방을 대적하신다. 요엘은 그 날이 추수의 때라고 외친다. 그러므로 그 '낫'을 휘두르고, 하나님의 노여움의 상징으로 포도를 '포도주 틀'에 넣고 밟으라고 한다. 그 "포도주 독이 넘친다"라는 비유적 표현은 그들의 '악'으로 가득함을 의미한다(욜 3:13). 그러므로 이는 반드시 심판의 때에 짓밟혀야 한다. 카이저는 이렇게 말한다.

> 이스르엘 평원의 므깃도 근처 북쪽과 서쪽 지역이 아마겟돈 전쟁이 시작되는 지점이다. 그 전쟁은 예루살렘 부근에서 절정에 이를 것이다. 이스라엘을 대적하여 일어나는 세력들은 적그리스도에 속한 자들이다. 많은 이가 믿기로 적그리스도는 로마 제국의 재건과 복원을 이끄는 지도자이다.[47]

---

[45] Harald Eckert, 『이스라엘, 나라들, 그리고 심판의 골짜기』, 60.
[46] Harald Eckert, 『이스라엘, 나라들, 그리고 심판의 골짜기』, 61.
[47] Walter C. Kaiser, 『마지막 때에 관한 설교』, 171.

예수님께서 말씀하신 마태복음 24:29-31은 아래와 같이 적는다.

> 그 날 환난 후에 즉시 해가 어두워지며 달이 빛을 내지 아니하며 별들이 하늘에서 떨어지며 하늘의 권능들이 흔들리리라 그때에 인자의 징조가 하늘에서 보이겠고 그때에 땅의 모든 족속이 통곡하며 그들이 인자가 구름을 타고 능력과 큰 영광으로 오는 것을 보리라 그가 큰 나팔소리와 함께 천사들을 보내리니 그들이 그의 택하신 자들을 하늘 이 끝에서 저 끝까지 사방에서 모으리라 (마 24:29-31).

요엘이 예언한 것처럼 하늘과 땅이 진동할 때에 여호와가 "시온에서 부르짖고 예루살렘에서 목소리를 내시는" 것(욜 3:16)은 하나님의 택하신 자기 백성 이스라엘을 구원하기 위함이다.[48] 여호와는 "그의 백성의 피난처, 이스라엘 자손의 산성이 되실" 것을 강조한다.[49] 카이저는 이렇게 말한다.

> 스가랴 선지자도 동일한 사건을 보고 스가랴서에 묘사한다(슥 14:1-14). 사도 요한도 요한계시록 19:11-16에 밧모섬에서 본 것을 동일하게 기록한다. 그 나라들이 이제 이스라엘의 땅과 백성에게 최후 공격을 퍼부을 것이다. 그 결과는 완전히 패배함으로 끝날 것이다.[50]

이 전쟁 후에 여호와 자신이 이스라엘 자손의 방패와 보호벽이 되실 것이다.

---

[48] Walter C. Kaiser, 『마지막 때에 관한 설교』, 172.
[49] 이순한, 『소예언서강해(I)』, 249.
[50] Walter C. Kaiser, 『마지막 때에 관한 설교』, 172.

나는 내 성산 시온에 사는 너희 하나님 여호와인 줄 알 것이라 예루살렘이 거룩하리니 다시는 이방 사람이 그 가운데로 통행하지 못하리로다(욜 3:17).

비로소 하나님의 백성들이 하나님은 누구시며 어떤 분이신 줄을 깨닫게 될 것이다. 하나님이 영원히 함께하심으로 다시는 이방인들이 하나님의 백성들을 괴롭히지 못하게 될 것이다.[51] 종말론적 심판은 어디까지나 "구원의 완성에 목적이 있는 것"이다.[52]

5. 여호와의 날에 관한 카이저의 결론

카이저는 여호와의 날은 성령을 충만하게 받는 날이요 자기 백성들이 귀환하는 날이요 기업이 회복되는 날이다. 이스라엘의 대적들이 심판받는 날이지만 자기 백성은 보호와 영육을 받아 복을 받는 날이다. 무엇보다 하나님이 시온에 거하셔서 함께하시는 날이라고 다음과 같이 결론짓는다.

> 하나님은 여호와의 날에 이스라엘과 여호와를 믿는 모든 이에게 성령을 부어 주실 것을 약속하신다. 그 날은 하나님이 자기 백성을 그 땅으로 돌아오게 하시고, 유다와 예루살렘의 기업을 회복시키시는 때이다. 하나님의 지시와 다르게 이스라엘을 대한 나라들에게 하나님이 분노하신다.
> 여호와의 날, 그 모든 나라에 심판이 임할 것이다. 그러나 이는 이스라엘과 여호와를 믿는 세상 모든 사람에게 피난처를 제공하시는 때이기도 하

---

[51] Walter C. Kaiser, 『마지막 때에 관한 설교』.
[52] 이순한, 『소예언서강해(I)』, 249.

다. 하나님이 네 가지 복을 이스라엘에 부어 주실 것인데, 다시 그 땅의 풍성한 소산을 누리게 되며, 적들이 멸망하고, 이스라엘이 하나님께 죄를 용서받고 그 땅으로 돌아오며, 여호와가 시온에 거하실 것을 약속하신다.[53]

6. 여호와의 날의 양면성

선지서들 중 '여호와의 날'을 최초로 선포한 자는 요엘이라고 볼 수 있다. 그 날은 심판과 구원의 양면성을 띠고 있다.[54]

요엘서는 크게 두 부분으로 구분할 수 있다. '여호와의 날'이 전반부(욜 1:1-2:17)에서는 심판의 날로 나타나고, 후반부(욜 2:18-3:21)에서는 구원의 날로 나타난다. 전반부에서는 예루살렘과 유다에 대한 대적의 침공, 그로 인한 비극적 상황을 예고한다.

후반부에서는 번영과 안전 그리고 하나님의 영을 부어 주신다는 축복을 강조하고 다음으로 모든 대적을 심판하여 멸망시키고 예루살렘과 유다를 회복시킬 것을 말하고 있다. 이것은 여호와의 전쟁 차원에서 볼 때, 전반부는 '징벌의 전쟁'을,[55] 후반부는 '구원의 전쟁'[56]을 보여 주는 것이다.

전쟁의 대상을 '유다와 예루살렘'으로 강조하는 것은 요엘 선지자의 관심이 항상 하나님의 백성에게 집중되어 있음을 보여 주고(욜 3:6, 7), 이 어구의 반복적인 언급은 오랫동안 구축되어 온 언약의 중심(신 12장)이요 요엘 시대의 정치적 중심이었던 예루살렘이 여호와의 날 선포의 핵심 대상

---

[53] Walter C. Kaiser, 『마지막 때에 관한 설교』, 175.
[54] 윤용진, "여호와 날의 이중성," 60.
[55] 윤용진, "여호와 날의 이중성," 54.
[56] 윤용진, "여호와 날의 이중성," 56.

임을 강조한다. 예루살렘은 다른 모든 중요한 종말론적 주제와 관련되기 때문에 더욱 중요하다.[57]

여기서 징벌의 전쟁은 먼저는 자기 백성에 대한 여호와의 심판이다. 그러나 궁극적으로는 여호와의 승리로 자기 백성을 회복시키는 여호와의 날이 지니고 있는 '이중성의 묘미'를 발견한다.[58]

7. 여호와의 날과 이스라엘의 회복

하나님의 언약을 따라 심판받는 여호와의 날은 비극의 날로 이스라엘을 열국 중에 뿔뿔이 흩어지게 한다(레 26:33-39; 신 28:25-68). 선지자들은 절망적인 예언을 하면서도 회복의 날도 선포한다. 특히, 이사야와 예레미야, 에스겔 선지자는 하나님의 회복 언약(레 26:40-45; 신 30:1-10)에 근거하여 이스라엘의 회복, 즉 본토 귀환을 선포했다(사 11:11; 40-66; 렘 23:3; 30:3, 18-20; 겔 40-48).

예레미야는 70년이 차면 바벨론 포로 생활로부터의 귀환을 분명하게 선포한다(렘 25:11; 29:10). 에스겔은 여호와께서는 "내가 너희를 물로 정결케 할 것"이고 "새 영"과 "새 마음," "부드러운 마음"을 줄 것이며 "내 신(영)을 너희 속에 두어 내 율례와 규례를 지켜 행하게 하리라"고 말씀을 선포한다(겔 36:22-31).

그리고 예루살렘을 떠난 여호와의 영광이 다시 예루살렘 동편 문으로 돌아오는 환상을 본다. 새 성전의 문지방으로부터 생명수가 흘러나와 만

---

[57] Donald Gowan, 『구약성경의 종말론』, 34.
[58] 윤용진, "여호와 날의 이중성," 60.

물이 소성케 되는 환상은 미래에 있을 이스라엘의 회복을 잘 묘사해 준다 (겔 10:18-22; 11:22-24, 47-48).[59] 윤용진은 이렇게 말한다.

> 여호와의 날이 지니고 있는 이중성은 하나님의 언약에 기초하고 있다. 범죄한 자기 백성을 적으로 간주하여 치시는 여호와 전쟁의 궁극적 목적이 자기 백성의 회복에 있듯이 심판으로서의 여호와의 날도 자기 백성 이스라엘의 회복에 초점이 맞추어져 있다. 아담 언약(창 3:15)으로부터 노아 언약(창 9장), 아브라함 언약(창12; 15; 17; 22장), 모세 언약(출 19-23장), 다윗 언약(삼하 7:12-13), 그리고 예레미야를 통한 새 언약(렘 31:31-4)에 이르기까지 모든 언약의 핵심은 메시아를 통한 자기 백성의 구속, 즉 "너희는 내 백성이 되고, 나는 너희 하나님이 되려 함이니라"는 임마누엘 원리가 그 중심에 놓여 있다.[60]

요엘 2:26은 이렇게 말씀한다.

> 너희는 먹되 풍족히 먹고 너희를 기이히 대접한 너희 하나님 여호와의 이름을 찬송할 것이라. 내 백성이 영영히 수치를 당치 아니하리로다(욜 2:26).

여호와는 "자기 백성의 피난처요 이스라엘 자손의 산성"이 되실 것이다(욜 3:16). 그리고 그는 "영원히 시온에 거하실 것"이다(욜 3:21).

하나님의 백성 이스라엘을 이토록 놀랍게 지키시고 보호하시는 여호와

---

[59] 윤용진, "여호와 날의 이중성," 69.
[60] 윤용진, "여호와 날의 이중성," 70.

하나님은 당신의 이름을 영원히 찬송하게 하실 것이다. 요엘은 영영히 수치를 당하지 않을 그 날은 여호사밧의 골짜기, 곧 판결 골짜기에서 이스라엘 사면의 열국을 심판하시는 때라고 선포한다(욜 3:1-2, 12, 14).

요한계시록은 그리스도께서 모든 대적들을 멸망시키시고 영원히 통치하시게 된다는 사실을 가르쳐 준다(계 11:15). 그리스도께서 예루살렘에서 왕권을 세우시고 전 세계를 통치할 것이다.[61]

1) 우주적 종말론의 클라이막스

윤용진은 이렇게 말한다.

> 이사야 선지자와 사도 베드로 그리고 사도 요한은 종말론적인 여호와의 날에 '새 하늘과 새 땅'이 창조될 것을 선포(사 65:17; 66:22; 벧후 3:13; 계 21:1-4)하고 있다. 다른 선지자들의 메시지에서 이 용어를 찾아볼 수는 없지만 새 예루살렘에 관한 메시지 속에서 그 영광스러움을 엿볼 수 있다. 사도 요한이 소개하는 새 하늘과 새 땅의 장엄함과 화려함은 우주적 종말론의 클라이막스를 보는 것 같다.[62]

그 날과 그 때는 아무도 모르나 징조로서 예측하는 것이다(마 24:36). 하나님의 백성들에게 마지막 날은 두려워하거나 불안해 할 날이 아니라 소망 가운데 사모해야 할 복된 날이다. 왜냐하면, 영원한 하나님 나라에서 영원토록 주님과 더불어 온 우주를 통치할 것이기 때문이다.[63]

---

[61] Harald Eckert, 『이스라엘, 나라들, 그리고 심판의 골짜기』, 89
[62] 윤용진, "여호와 날의 이중성," 71.
[63] 윤용진, "여호와 날의 이중성," 77.

2) 구약성경과 여호와의 날

요엘은 하나님의 심판의 날을 "여호와의 크고 두려운 날"로 표현한다(욜 2:30-31). 예수님과 요한은 요엘의 말을 사용하여 여호와의 날의 두려운 심판에 대해 설명한다(마 24:29; 계 8:8-9; 16:8-9). 예레미야는 여호와의 날은 "야곱의 환난의 때지만 그가 환난에서 구하여낼 것"(렘 30:7)이라고 예언한다.

여호와의 날의 심판은 가혹함이 비교할 데 없이 가혹하지만 하나님의 백성은 회심하고(9절) 돌아와 태평과 안락을 누릴 것이다(10-11절). 스바냐 예언의 주제는 여호와 날의 도래에 있다. 하나님은 유다에 대한 책망과 심판(습 1:4-13; 3:1-8) 그리고 이방 나라들(습 2장)에 대해 심판을 경고하고 있다(습 1:14-18).

그러나 그 후에 하나님은 흩어져있는 하나님의 남은 자들(습 3:9-10)을 구원하고 회복시켜 안전하게 거하도록 하실 것이다(습 3:9-20). 스바냐는 신앙적으로 사회적으로 병들고 부패한 예루살렘과 유다를 책망으로 시작하여 '아름다운 꿈과 희망'으로 끝을 맺는다.[64]

구약성경에 나타나는 주의 날은 "여호와의 날"(사 13:6, 9; 암 5:18, 20), "그 날"(사 5:30; 욜 3:18), "그 날들," "그 때"(욜 3:1) 등으로 다양하게 표현되고 역사 속의 한 시점을 다룬다(사 13:6; 욜 1:15-2:11; 습 1:14-2:15). 그러나 한편 마지막 때에 있을 하나님의 결정적인 개입을 포함하고 있다.

주의 날은 아래와 같은 일들이 일어나는 날이다. 고든 R. 루이스(Gordon R. Lewis)와 브루스 A. 데마레스트(Bruce A. Demarest)는 이렇게 말한다.

---

[64] 박준서, 『이스라엘아 여호와의 날을 준비하라』(서울: 대한기독교서회, 2001), 219.

① 세상 끝날에 악한 이방 민족들에 대해 하나님이 행하실 심판(사 2:6-22; 13:9-16; 욜 3:18-19; 습 3:8; 욥 1:15-17)

② 세상 끝 날에 이스라엘에 대해 하나님이 행하실 심판(렘 30:7; 암 5:18-20; 슥 14:1-2)

③ 타락한 천사에 대한 심판(사 24:21-23)

④ 아마겟돈 전쟁(욜 3:11-16; 슥 12:4-9; 14:3)

⑤ 메시아의 재림(슥 14:4-5; 말 3:2)

⑥ 이스라엘의 회심(슥 12:10-14), 씻김(욜 3:21; 슥 13:1; 말 3:2-3), 땅의 회복(사 49:8-16; 렘 30:3-11; 암 9:11-15; 슥 10:6-100), 영적 번영(욜 3:18;욥 1:17)

⑦ 신자들의 구원의 완성(사 25:9; 사 27장; 욜 2:28-32; 말 4:2)

⑧ 메시아의 천년왕국 통치(사 2:2-5; 4:2; 24:22; 호 2:18-23; 미 4:1-5)

⑨ 절정의 사건인 새 하늘 새 땅(사 65:17-19; 66:22; 슥 14:6-11, 20-21)[65]

구약성경의 여호와의 날에 대한 그림은 밝은 배경(구원) 위에 어두운 시대(심판)를 그려 놓은 그림과 같을 것이다.[66]

3) 신약성경과 여호와의 날

이스라엘 땅과 전 세계에 영향을 줄 주의 날은 구약뿐 아니라 신약에서도 가르친다(사 13장; 살전 5장; 살후 2장). 구약의 선지자들은 주의 날이 나라들에 대한 심판, 이스라엘의 복귀, 그리고 심판이 따르는 지상 왕국과 관련이 있다고 예언한다(사 24-27장). 이 시나리오는 신약에서도 확인된다

---

[65] Gordon R. Lewis & Bruce A. Demarest,『통합신학(III)』, 김귀탁 역 (서울: 부흥과개혁사, 2011), 855.
[66] Gordon R. Lewis & Bruce A. Demarest,『통합신학(III)』.

(마 24-25장).⁶⁷

신약성경에서 "주의 날"(행 2:20; 살전 5:2; 살후 2:2; 벧후 3:10), "하나님의 날"(벧후 3:12), "큰 날"(유 1:6), "그 날"(that day, 마 7:22), "그 날"(the day, 고전 3:13; 히 10:25), "우리 주 예수 그리스도의 날"과 같은 표현은 모두 그리스도의 재림에 관련된 동일한 사건을 가리킨다. 의심할 것 없이 "주의 날"과 "그리스도의 날"은 같은 날이다. 신약성경에 따르면, 아래와 같은 사건들이 주의 날, 하나님의 날, 그리스도의 날을 구성한다. 루이스와 데마레스트는 이렇게 말한다.

① 아마겟돈 전쟁(계 16:14)
② 그리스도의 재림(고전 1:7-8; 살전 5:2, 4; 살후 2:2; 벧후 3:10)
③ 구원의 날(엡 4:30; 빌 1:6)
④ 불로 인한 물리적 우주의 근본적인 변화(벧후 3:10, 12)
⑤ 그리스도인에 대한 심판과 상급(고전 3:1-15; 딤후 4:8)
⑥ 그리스도의 천년왕국 통치
⑦ 둘째 부활과 비신자 및 악한 영들에 대한 심판(마 7:22; 롬 2:5; 벧후 2:9; 유 1:6)
⑧ 클라이맥스인 새 하늘과 새 땅(벧후 3:13)⁶⁸

신약에서 "주의 날," "여호와의 날," "그리스도의 날"은 믿는 자들에게는 구원과 축복의 날이지만 불신자들에게는 심판의 날이 될 것이다. 그리

67　Michael J. Vlach, *Premillennialism: Why There Must Be a Future Earthly Kingdom of Jesus* (Los Angeles: Theological Studies Press, 2015), 78.
68　Lewis and Demarest, 『통합신학(III)』, 886-87.

스도의 재림의 날은 어두운 배경 위에 그려진 밝은 그림과 같을 것이다.[69]

8. 여호와의 날에 하나님이 주시는 복

여호와의 날이 절정에 이를 때 하나님은 복을 주신다(욜 3:18-21). 여기서 '여호와의 날'이라는 명칭을 대신하여 '그 날에'라고 표현한다. 실제로 '그 날에'라는 명칭을 자주 사용해 왔기 때문에 선지자가 다른 수식어를 사용할 필요가 없다. 하나님이 그들의 상태에 따라 '심판하시고 복 주시는 때를 의미하는 특정한 날'을 가리킨다.[70] 이순한은 이렇게 말한다.

> 하나님의 심판은 결국 하나님 백성의 승리와 영광스러운 축복으로 끝난다. 영적으로는 여호와 신앙의 부흥을 가져온다. 국제적으로 악의 세력들을 제거하여 평화가 도래한다. 자연적으로는 환경의 변화로 풍요로움을 누리게 된다.[71]

여기서 요엘은 하나님이 그 언약 백성에게 부어 주실 네 가지 복을 설명한다.

첫 번째 복은 이스라엘의 땅을 회복하실 것을 약속한다(욜 3:18). 단, 포도주를 풍성하게 생산할 모습을 통해 완전히 회복된 땅을 묘사한다.

---

[69] Lewis and Demarest, 『통합신학(III)』.
[70] Walter C. Kaiser, 『마지막 때에 관한 설교』, 173
[71] 이순한, 『소예언서강해(I)』, 250.

메마른 땅이 비옥한 땅으로 변화되어 풍성한 결실을 거두게 된다는 것이다.[72]

두 번째 복은 이스라엘을 대적한 원수들의 멸망을 선포한다(욜 3:19). 심판의 결과 애굽은 황무지가 되고 에돔은 황무한 들이 될 것이다. 그들이 하나님의 백성을 오랫동안 괴롭힌 적들이기 때문이다.[73]
카이저는 이렇게 말한다.

> 애굽과 에돔이 둘 다 여기에 언급되는데, 이는 그들이 하나님의 백성을 오랫동안 괴롭힌 적들이기 때문이다. 이로써 이삭과 이스마엘 시대 때부터의 불화인 아랍과 유대 간 갈등이 끝날 것이다. 요엘이 말하는 에돔은 에서(야곱의 쌍둥이 형)의 자손으로 대개 아랍인들을 말한다.F[74]

세 번째 복은 이스라엘이 그 땅에 영원히 정착할 것을 예언한다(욜 3:20). 카이저는 이렇게 말한다.

> 한 나라가 약 1,900년 존재하지 않다가 1948년 5월 14일에 다시 살아난 것은 역사적으로 매우 경이로운 일이다. 이는 시오니즘(Zionism) 운동 같은 사회적 운동의 결과로 가능한 일이 아니며 전능하신 하나님의 은혜와 능력 때문으로 보아야 한다.[75]

네 번째 복은 하나님이 이스라엘을 용서하고 그 땅에 거할 것을 약속한다

---

[72] 이순한, 『소예언서강해(I)』, 252.
[73] 이순한, 『소예언서강해(I)』, 253.
[74] Walter C. Kaiser, 『성경적 종말론』, 32.
[75] Walter C. Kaiser, 『성경적 종말론』.

(욜 3:21).

많은 유대 백성이 이미 이스라엘 땅으로 돌아왔고 돌아오고 있지만 영적 변화는 소수만 누리고 있다. 스가랴 선지자는 언젠가 모든 이스라엘이 찔렀던 그분을 바라보고 크게 애통하리라고 예언한다(슥 12:10; 계 1:7). 정말로 '그 날'에 다윗의 족속과 예루살렘 주민을 위하여 "죄와 더러움을 씻는 샘이 열릴 것"이다(슥 13:1).[76]

이런 정결 및 회개와 더불어 메시아가 통치하는 황금기가 도래할 것이다. 그리고 "여호와께서 시온에 거할 것"이다(욜 3:21). 하나님께서 자기 백성을 구속하고, 그들의 환경을 새롭게 하셔서 그들과의 '관계를 완전히 정상화시킬 것'이다.[77]

9. 여호와의 날을 맞을 준비

예수님의 재림에 앞서 마지막 때에 있을 부흥을 요엘서는 기록하고 있다. 요한계시록처럼, 요엘서도 '예수님의 재림에 대한 갈망'을 담고 있다.[78]

> 여호와의 크고 두려운 날이 이르기 전에 해가 어두워지고 달이 핏빛같이 변하려니와(욜 2:31).

지상에서 빛과 어둠이 벌리는 최후의 전쟁이 요엘서의 주제이다. 그것

---

[76] Walter C. Kaiser, 『마지막 때에 관한 설교』, 175.
[77] 이순한, 『소예언서강해(I)』, 254.
[78] Juster and Intrator, 『마지막 때의 교회와 이스라엘』, 151.

은 메시아이신 우리 주 예수 그리스도의 재림과 '메시아가 지상 왕국을 직접 우리와 더불어 다스리실 것'이기 때문에 우리는 사모하고 갈망해야 한다. 그러나 그 날은 동시에 '심판과 환난의 두려운 때'라는 사실을 잊어선 안 된다.[79]

1) 강력한 중보 기도

오순절에 성령이 충만하게 임했던 것처럼, 두 번째 오순절인 말세 지말에 전 세계적인 성령의 충만한 역사로 이어질 것이다. 그것을 위한 '첫 번째 요소는 중보 기도'이다(욜 2:12, 15).[80]

이 중보 기도는 교회가 먼저 회개하며 하나님께 온전히 돌아와야 한다. 마음을 정결하게 하고 불순종을 회개해야 한다. 누구도 죄와 기도를 동시에 행할 수 없기 때문이다.[81] 그리고 이스라엘 사람들이 하나님의 강권적인 도우심이 없으면 멸망한다는 사실을 깨닫고 보호를 간구하는 것이다.[82]

교회가 중보해야 할 기도 제목은 무엇보다도 이스라엘이 하나님과 바른 관계로 회복되어 누리는 "이스라엘의 영적, 물리적 평화"이다(시 122:6).[83] 마지막 때에 깨어 있는 그리스도인들은 영적으로 경고의 나팔소리가 들려옴으로 양심이 살아나고 기도와 거룩함에 대해 간절함과 깊이가 더해질 것이다.[84]

---

[79] Juster and Intrator, 『마지막 때의 교회와 이스라엘』, 152.
[80] Juster and Intrator, 『마지막 때의 교회와 이스라엘』, 153.
[81] Lehman Strauss, 『응답받는 기도와 응답받지 못하는 기도』, 김지찬 역 (서울: 생명의말씀사, 1993), 28.
[82] Juster and Intrator, 『마지막 때의 교회와 이스라엘』, 153
[83] Juster and Intrator, 『마지막 때의 교회와 이스라엘』.
[84] Juster and Intrator, 『마지막 때의 교회와 이스라엘』.

2) 하나님의 땅에 대한 관심

하나님의 관심은 메시아 왕국의 중심인 이스라엘을 땅에 다시 세우시는 것이다. 요엘 2:18은 이렇게 예언한다.

> 그때에 여호와께서 자기의 땅을 극진히 사랑하시어 그의 백성을 불쌍히 여기실 것이라(욜 2:18).

장차 이스라엘의 땅과 백성들에 대한 하나님의 열심이 나타나실 것을 예견한다.[85]

마른 뼈가 부활하듯, 이스라엘 국가가 기적적으로 탄생하자 전 세계 그리스도인들은 이스라엘에 대한 많은 예언을 깨닫게 된다. 패배할 수밖에 없는 상황임에도 초자연적으로 여러 차례 승리한 이스라엘을 하나님께서 보호하신다는 것을 알게 된다. 하나님의 열심을 따라 그리스도인들도 하나님과 함께 움직이며 열심을 내야 한다.[86]

> 요엘은 "내가 다시는 너희가 나라들 가운데에서 욕을 당하지 않게 할 것이며"(욜 2:19)라고 예언한다. 유대인들이 나라를 잃고 이방 나라들 중에 흩어져서 살아갈 때 멸시와 천대를 받는다. 나라들 가운데서 수욕을 당하고 핍박을 받고 수치스러움을 당한다.

오늘날에도 이스라엘은 여전히 전 세계적으로 공격과 비난을 받고 있다. 공산주의, 이슬람, 테러 집단의 선동과 '인본주의적인 교회들과 반기독교

---

[85] 강병도, 『호크마 종합주석: 호세아-말라기』, 189.
[86] Juster and Intrator, 『마지막 때의 교회와 이스라엘』, 154.

적인 미디어'로부터 비난받고 있다.⁸⁷

때가 되어 하나님이 심판할 때 하나님의 집에서부터 시작되어 결국은 불신자들에게까지 미치게 될 것이다.⁸⁸

3) 북쪽 군대

이스라엘은 지형적으로 동쪽에는 사막이 있고 서쪽에는 바다가 있기 때문에 이스라엘을 공격하는 나라들은 주로 북쪽에서 내려오게 되기 때문에 '북쪽 군대'라 부른다.⁸⁹ 에스겔은 38-39장에서 마지막 때에 등장할 군대를 곡과 마곡이라고 예언한다.

그것은 러시아와 이스라엘 바로 북쪽의 이슬람 국가들을 가리키는 것으로 보인다.⁹⁰ 요엘 2:20에 의하면, 장차 어느 시점엔가 북쪽 군대의 갑작스런 침공 앞에 하나님이 개입하셔서 직접 물리치실 것이라 예언한다.

> 내가 북쪽 군대를 너희에게서 멀리 떠나게 하여 메마르고 적막한 땅으로 쫓아내리니 그 앞의 부대는 동해로, 그 뒤의 부대는 서해로 들어갈 것이라 상한 냄새가 일어나고 악취가 오르리니 이는 큰 일을 행했음이니라 하시리라(욜 2:20).

러시아는 2005년 이후 눈에 띄게 중동에 대한 개입을 증대하고 있고 중

---

⁸⁷ Juster and Intrator, 『마지막 때의 교회와 이스라엘』.
⁸⁸ Juster and Intrator, 『마지막 때의 교회와 이스라엘』, 155.
⁸⁹ 강병도, 『호크마 종합주석: 호세아-말라기』, 189.
⁹⁰ Juster and Intrator, 『마지막 때의 교회와 이스라엘』, 155.

동은 러시아의 제2의 무기 수출 지역이다. 레바논에서 이스라엘을 침공할 수 있을 만큼 충분한 러시아제 군장비가 발견되기도 한다.[91]

카이저는 이 북쪽 군대의 침공과 패배가 마지막 7년이 시작되기 전에 있을 전쟁으로 본다.[92] 인트레이터(Intrater)도 이 전쟁이 아마겟돈 전쟁이 아니라는 것을 유의해야 한다고 주장한다(욜 3장; 슥 14장; 계 19장). 그들은 북쪽 군대의 침공과 패배가 먼저 있고, 기적적인 부흥과 환난의 시기를 통과하며 그 끝에 아마겟돈 전쟁이 있다고 본다.[93]

곡과 마곡 전쟁에서는 적의 피해가 아마겟돈 전쟁에 비하면 크지 않고, 참여한 적의 인원도 많지 않다. 그러나 이 전쟁의 패배는 북쪽 군대가 '두 번째 침공을 할 핑계와 동기'가 될 것이다.[94]

곡과 마곡 전쟁에서는 북쪽 군대가 이스라엘의 산들 위에서 패배한다(겔 39:4). 그러나 아마겟돈 전쟁에서는 예루살렘성의 절반이 파괴되며 마지막 환난의 정점에서 예수님께서 하늘로부터 직접 개입하신다(슥 14:2-4; 계 19:4).[95]

4) 전반적 순서

요엘 2-3장의 순서를 따르면 아래와 같은 모습으로 진행될 것이다. 이 사건의 순서는 스가랴 12-14장, 에스겔 36-39장, 요한계시록 6-19장에 나타난 마지막 때의 모습과 유사하다.

---

[91] Juster and Intrator, 『마지막 때의 교회와 이스라엘』.
[92] Walter C. Kaiser, 『마지막 때에 관한 설교』, 155.
[93] Juster and Intrator, 『마지막 때의 교회와 이스라엘』, 155.
[94] Juster and Intrator, 『마지막 때의 교회와 이스라엘』, 156.
[95] Juster and Intrator, 『마지막 때의 교회와 이스라엘』.

① 중보 기도와 회개 운동(욜 2:12-15)
② 이스라엘의 영토 주장에 대한 관심 집중(욜 2:18)
③ 교회와 이스라엘에 대한 여론의 비난과 대처(욜 2:19)
④ 북쪽 군대의 첫 패배(욜 2:20)
⑤ 이스라엘(비유적으로 교회) 회복의 때(욜 2:21-26)
⑥ 기적적 부흥과 가혹한 핍박(욜 2:28-32)
⑦ 다국적 군대가 모여 이스라엘 침공(욜 3:1-14)
⑧ 하늘로부터 갑자기 거룩한 군대가 모여 나타남(욜 3:11)
⑨ 하나님이 예루살렘에 돌연히 놀랍게 개입하심(욜 3:16)
⑩ 이스라엘로부터 새로운 낙원 스타일의 생활 방식이 세워짐(욜 3:18)

이 사건의 진행 과정은 예수님께서 복음서에서 마지막 때에 대해 설명하신 내용과도 잘 부합한다.[96]

5) 갱신과 회복

북쪽 군대가 제거된 후(20절) 아름다운 갱신과 회복의 때가 따른다(21-27절). 요엘 선지자는 아래와 같이 예언한다.

> 땅이여 두려워하지 말고 기뻐하며 즐거워할지어다 여호와께서 큰 일을 행하셨음이로다 들짐승들아 두려워하지 말지어다 들의 풀이 싹이 나며 나무가 열매를 맺으며 무화과나무와 포도나무가 다 힘을 내는도다(욜 2:21-22).

---

[96] Juster and Intrator, 『마지막 때의 교회와 이스라엘』.

국가적으로 구원을 받고 자연계의 회복으로 옛날의 영광을 되찾은 하나님의 백성의 모습이다. 하나님이 하시는 큰 일은 언제나 '구원론적 사역'과 그것에 뒤따르는 '축복의 사역'이다.[97]

마가복음 11장에서 예수님께서는 무화과나무가 열매를 맺을 시기가 아닐 때 저주한다(막 11:21). 하나님께서 큰 일을 행하심으로 무화과나무 열매 맺을 때가 되고 하나님께서 축복하신다. 요엘 선지자는 이렇게 말씀한다.

> 시온의 자녀들아 너희는 너희 하나님 여호와로 말미암아 기뻐하며 즐거워할지어다 그가 너희를 위하여 비를 내리시되 이른 비를 너희에게 적당하게 주시리니 이른 비와 늦은 비가 예전과 같을 것이라(욜 2:23).

비는 중동에서 번영의 원천이다. 비가 적당한 때 내리지 않으면 재앙이나 마찬가지다. 이른 비는 10월, 11월에 내리는 가을비를 가리키는 것으로 땅을 부드럽게 경작하기 좋게 만들어 준다. 늦은 비는 봄비로 추수를 앞두고 곡식을 알차게 한다.[98] 저스터와 인트레이터는 이렇게 말한다.

> 영적으로 비는 부흥 시기에 하나님의 성령이 부어짐을 나타낸다. 이른 비와 늦은 비가 결부된 것은 엄청난 부흥을 나타낸다. 따라서, 그것은 지금까지 있었던 모든 부흥의 절정을 이룰 것이다. 성경에서 영적인 것과 물질적인 것은 결부되어 있다. 용서와 치유가 결부되어 있고 부흥과 번영도 결부되어 있다. 다시 한번 우리는 교회와 이스라엘의 운명이 서로 굳게 결부

---

97 이순한, 『소예언서강해(1)』, 217-218.
98 강병도, 『호크마 종합주석: 호세아-말라기』, 189.

되어 있음을 주목할 수 있다.[99]

마당에는 밀이 가득하고 독에는 새 포도주와 기름이 넘치리로다(욜 2:24).

밀, 포도주, 기름은 모두 농경 사회의 물질적 축복의 모습이다. 상징적으로, 밀은 하나님의 참된 말씀으로 새 포도주와 기름은 성령의 기쁨과 충만한 능력으로 이해할 수 있다.

어떤 사람들은 이 예언들이 교회 안의 회복만을 가리킨다고 말한다. 다른 사람들은 이스라엘 안의 회복만을 가리킨다고 말한다. 우리는 교회와 이스라엘 모두가 하나님이 땅 위에 운행하고 계신 동일한 회복의 영의 나타남이라고 본다. 사실, 하나님이 만물을 회복시키려 역사하고 계신다(행 3:21). 그리고 만물을 메시아의 리더십 아래 두려고 하신다(엡 1:10).[100]

회복에 대한 예언을 통해 하나님의 계획을 잘 이해해야 한다. 하나님은 마지막 때에 교회의 회복과 이스라엘의 회복을 통해 만물을 회복하시길 원하신다.

6) 여호와의 날과 새로운 세상의 비전

여호와의 크고 두려운 날의 절정은 바로 예수 그리스도의 재림이다. 예수님께서 돌아오시고 신자들은 변화되고 휴거될 것이며 죽은 자들이 부활한다.

---

[99] Juster and Intrator, 『마지막 때의 교회와 이스라엘』, 158.
[100] Juster and Intrator, 『마지막 때의 교회와 이스라엘』, 159.

가장 중요한 날로써 결국 모든 것은 이 시간을 위해 있다. 예수님이 돌아오실 때 이 세상은 끝나고 천년왕국이 시작된다.[101] 그리고 며칠이 지나 장막절이 시작될 것이다. 키이스 인트레이터(Keith Intrater)는 이렇게 말한다.

> 수콜(장막절)은 천년왕국을 기념하는 것이다. 또 다른 절기가 하나 남아있는데 그것은 수콜의 마지막 팔 일째 되는 날이다. 이레 동안의 축제 후에 팔 일째가 되는데 성경에서 이날은 역대로 가장 기쁜 날이라고 표현한다. 팔 일째 축제는 무엇을 의미하는가?
> 창세기 말씀으로 잠깐 돌아가 보면 하나님은 세상을 이레 동안 창조하신다. 이것은 일곱 기간이다. 히브리역은 사실 칠 개월로 되어 있는데 첫째 달(니산월)에 유월절이 있고 일곱째까지 이런 가을 절기들이 있다. 이 칠 개월은 창조의 칠 일과 아주 유사하다. 우리는 바로 지금 거의 6,000년째의 마지막에 있다. 7,000년째 되는 해는 예수님의 재림이다. 그것은 천년왕국이다. 천년왕국은 안식의 천 년째다. 우리가 그때로 들어서고 있는 것이다. 또 다른 날이 있다.
> 천년왕국, 곧 7,000년 이후에 또 무언가가 있을까?
> 있다. 요한계시록에 보면, 예수님의 천년왕국 이후에 어떤 시간이 완전히 끝나고 다시 시작하는 완전히 새로운 기간이 시작되는 것이다. 그것을 새 창조라 부른다. 이게 새 하늘과 새 땅이다. 이것이 8,000년째의 해이다. 이것은 새로운 시작인데, '쉬미니 아쩨렡,' 곧 팔 일째 날의 축제에 대한 것이다. 이날의 의미는 새 창조이다. 새 하늘과 새 땅이다. 정말 놀라운 것이다. 그것들을 다시 간략하게 설명하며 훑어본다면, 초림 때 세 가지는

---

[101] Keith Intrater, 『그 날이 속히 오리라』, KIBI 역 (서울: 두란노, 2004), 276.

예수님이 유월절에 십자가에 못 박히셨고 오멜에 부활하신다. 그리고 성령이 샤부옽 절기에 부어졌다.

가을에 있는 두 번째 그룹으로 와서는 재림과 관련되어 앞으로 일어날 일들이다. 그것들은 나팔절의 쇼파르가 울리는 가운데 마지막 때 있을 환난이다. 그리고 속죄일에는 재림이 있을 것이고 장막절에 천년왕국이다. 이 특별한 날이 마지막인데 팔 일째 되는 특별한 기쁨의 축제인 8,000번째의 해로 '쉬미니 아쩨렡,' 곧 새 하늘과 새 땅이다. 에덴 동산의 회복과 모든 것이 경이로우며 영원한 기쁨이 있다. 새 예루살렘, 곧 하늘과 땅이 서로 연합하고 낙원이 회복된다.[102]

모든 언약이 성취된 에덴의 완전한 회복의 날이다. 하나님께서 정하신 날 중 가장 행복한 날이다. 곧 팔 일째 되는 날의 축제이다.

10. 에스겔서의 곡과 마곡 전쟁의 배경

카이저는 하나님이 이스라엘을 구세주 메시아와 더불어 '세상에 복 주시기 위한 통로'로 삼으셨다(창 12:2-3, 7)는 사실을 생각지 않으면 유대 백성에 대한 증오심을 역사적으로 설명하기 어렵다고 주장한다.[103]

카이저가 말하는 유대 백성에 대한 증오심은 하나님께서 이스라엘을 복의 근원으로 삼기(창 12:2-3) 때문에 오는 것이다. 하나님은 이스라엘을 메시아를 통해 복 주시는 통로로 사용하고 계신다.

---

[102] Ashel Intrater, "Appointed Times," Revive Israel. https://www.youtube.com/watch?v=y-0Q7bS3IjSI
[103] Walter C. Kaiser,『마지막 때에 관한 설교』, 177.

여기에 하나님의 계획에 도전하는 사탄의 끊임없는 공격이 있는 것이다. 메시아께서 오실 날이 가까워오면서 또 다시 이스라엘을 공격하는 곡과 마곡 전쟁의 배경은 뿌리 깊은 반유대주의이다.

11. 반유대주의의 뿌리

예수님 탄생 이전 구약에서는 바로와 하만이 유대인들을 죽이려고 시도한 것이 대표적인 반유대주의의 표출이다. 예수님 탄생 직후에도 헤롯이 두 살 이하의 유대인 아이들을 죽이려 한다. 하나님께서 유대 민족과 온 인류의 구세주는 유대인으로 태어날 것이라는 언약을 유대 민족에게 주셨기 때문이다.

그 구세주가 자신을 멸하리라는 것을 알고 있는 사탄은 구원자가 태어나기 전에 유대인들을 모두 죽임으로 구세주의 출현을 저지하려고 시도한 것이다. 그것이 반유대주의가 예수님 탄생 전까지 나타난 결정적인 이유이다.

1) 예수님 초림 이후의 반유대주의

예수님 초림 이후의 반유대주의는 영원한 언약 때문에 존재한다. 하나님께서 이스라엘과 맺으신 언약은 예수님의 초림뿐 아니라 재림도 포함한다. 영원한 무조건적 언약으로 초림의 구세주는 고난의 종으로 오셔서 구속 사역을 이루신다.

재림의 주는 심판의 주로서 정복하는 왕으로 예루살렘으로 오셔서 그의 왕국을 세우고 다스리신다. 예수님께서 예루살렘 사람들에게 이렇게 말씀하신다.

너희는 찬송하리로다 주의 이름으로 오시는 이여 할 때까지 나를 보지 못할 것이다(마 23:39).

하나님께서 이스라엘과 맺으신 언약은 영원한 언약이기 때문에 예수님이 이 땅으로 유대인 가운데 오신 이후에도 여전히 유효하다. 예수님이 마지막에 다시 돌아오실 때도 초림 때와 마찬가지로 유대 민족을 찾아오실 것이다.

예수 그리스도의 재림은 선한 세력들을 승리하게 하고 사탄과 악한 세력들은 이 땅에서 쫓겨나게 할 것이다. 자신의 운명을 아는 사탄은 반유대주의로 이를 막으려는 것이다.

2) 사탄의 전략과 유대인

사탄의 전략은 유대인들이 예수가 메시아라는 사실을 못 믿게 하든지 다 죽이는 것이다. 유대 민족 자체가 원인으로 영적 전쟁이 일어나는 것은 아니다. 메시아 예수님이 유대 민족을 통해 오셨기 때문에 공격을 받는 것이다. 복음이 모든 민족에게 전해지고 유대인들이 예수가 메시아인 것을 알고 약속의 땅에서 환영할 때 메시아가 다시 오신다(마 24:14; 23:39).

모든 성경은 예수님에 대한 것으로 그분은 하나님의 마스터플랜의 주인공이다. 그러므로 영적 전쟁은 예수님 재림의 방해를 둘러싸고 벌어진다.

대부분의 유대인들은 반유대주의가 왜 존재하고 왜 그들이 이렇게 공격을 받고 있는지 알지 못한다. 모든 것은 예수님과 관련되어 있다. 세상과 사탄이 예수님을 유대인으로 보기 때문에 반유대주의가 존재한다. 유대인들은 그것을 원하지 않지만 영적 전쟁은 벌어지는 것이다.

세상에서 가장 중요한 분인 예수님께서 유대인이시며 예루살렘으로 재림할 것이기 때문이다(슥 14:4). 유대 민족이 온 세계적인 공격을 받는 것은 단순한 인종 문제나 민족 문제가 아니다. 이스라엘과 예루살렘이 전 세계적인 공격을 받는 것은 단순한 땅 문제가 아니라 하나님의 주권에 대한 인정 여부의 문제이다.

이런 이슈는 하나님 마스터플랜의 성취 과정 속에 일어나는 극히 중요한 사건들이다. 모든 역사와 하나님 계획의 중심에는 예수님이 계신다. 예수님은 하나님 아들이시며 다윗의 자손으로 하나님이시지만 유대인이신 것이 싸움의 근원이다. 반유대주의는 사탄의 전략으로 예수님이 다시 오셔서 그의 왕국을 이곳에 세우고 자기를 쫓아내지 못하게 하려는 시도인 것이다.

하나님이 언약을 통해 이스라엘을 세상에 복 주시기 위한 통로로 삼으시고(창 12:2-3, 7), 메시아를 통해 이루어가신다. 이 사실을 간과하면 유대 백성에 대한 증오심을 역사적으로 설명하기 어렵다.[104] 사탄은 두 가지 전략으로 메시아의 재림을 방해하고 있다.

3) 대체신학

사탄의 메시아 재림을 방해하는 전략 중 한 가지는 대체신학이다. 대체신학은 유대인들을 그리스도를 죽인 자들로 정죄한다. 그 결과, 하나님의 저주로 버림받으며 이스라엘의 모든 약속과 축복은 교회에 주어진다는 것이다. 그래서 유대인들이 마귀의 자식이며 '가인과 같이 영원히 방랑해야 하는 저주받은 자들'이라고 보았다.[105] 정연호는 이렇게 말한다.

---

[104] Walter C. Kaiser, 『마지막 때에 관한 설교』.
[105] 정연호, "이스라엘의 비전과 역사적 현실, 그리고 한국교회," 제2회 이스라엘 신학포럼 (2015), 17.

2세기 중엽까지 기독교는 자신의 종교적 정체성이 미약하다. 특히, 예배와 제의적 측면에서 그러하다. 그리하여 기독교의 자기 정체성 확립을 위한 일차적 과제는 기독교의 유대적 뿌리를 완전히 단절시키는 것이다.

이런 작업은 제2차 유대인 반란(132-135년) 이후 유대인에 대한 로마의 핍박과 더불어 본격화된다. 로마 제국 아래에 있던 이방 그리스도인들 중에는 교회에 다니면서 주변 유대인들의 절기와 예전(rituals) 등을 선호하여 좇아다니는 소위 유대주의자들도 있었다.

이들로 인해 그리스도인들 역시 유대인으로 오인되어 핍박을 받게 되자 교회는 유대교와의 단절을 서두르게 된다. 이런 단절 작업의 일환으로, 교회가 이스라엘을 대체했다고 보는 대체신학(supersessionism)이 등장한다. 유대교는 기독교에 의해, 하나님과의 언약에서 선민의 자리가 기독교인들에 의해 대체되었다는 주장이다. 교회는 새로운 이스라엘로서 하나님 언약의 복 또한 유대 백성으로부터 기독교인들에게로 옮겨졌다는 것이다.

주후 70년 유대 왕국이 멸망하고 예루살렘과 성전이 파괴되었으며 유대인들이 전 세계로 흩어졌다는 사실이 이런 신학을 역사적으로 입증하는 것이라고 한다.[106]

4) 반유대주의

사탄의 메시아 재림을 방해하는 전략 중 다른 한 가지는 대체신학으로 강화된 반유대주의다. 반유대주의로 후대에 가장 큰 영향력을 끼친 교부는 어거스틴(Augustine)과 존 크리소스톰(John Chrysostom)이다. 어거스틴은 유대인을 가인과 동일시한다. 정연호는 이렇게 말한다.

---

[106] 정연호, "이스라엘의 비전과 역사적 현실, 그리고 한국교회," 15.

가인이 살인 때문에 방랑했듯 유대인들은 그리스도를 죽인 죄에 대한 처벌로 열방에 흩어졌다고 한다. 그들은 더 이상 하나님의 말씀에 합당한 택함 받은 증인이 아니라, 그리스도를 반대하는 자들에게는 저들과 같은 운명이 기다리고 있음을 증거할 뿐이라고 한다. 가인이 표를 받듯이 유대인들도 열방 사람들과 구별되는 표를 받는데 할례와 율법이다.[107]

어거스틴의 이런 생각은 바로 중세 시대 때 교황의 유대인 차별 정책을 정당화하는 근거가 된다.

크리소스톰은 교회의 교사요 헬라 교부 중 가장 뛰어나 '황금의 입'으로 불린다. 그가 사역하는 동안에는 유대교와 기독교는 구별되지 않고 혼합적인 양상이었다. 유대교의 성전이 파괴되고 기독교가 일어난 것이 유대교는 더 이상 효용성 없음을 보여 주는 것이라 주장하면서 기독교 정체성 확립을 위해 노력한다. 마이클 L. 브라운(Michael L. Brown)에 의하면, 크리소스톰은 아래와 같이 주장한다.

유대 회당은 창녀의 집보다 더 나쁜 곳이다. 그곳은 악인들의 소굴이며 짐승 같은 자들의 쉼터다. 우상 숭배가 행해지는 귀신의 성전이다. 도적떼와 난봉군들의 피난처며 사탄의 소굴이다. 그것은 유대인 범죄자들의 모임이다. 그리스도를 죽인 자들이 모이는 곳이다. 술집보다 더 나쁜 곳이다. 도둑의 소굴이며 매춘 굴이며 죄악의 처소이며 사탄의 은신처이며 멸망의 구덩이요 무저갱이다.[108]

---

[107] 정연호, "이스라엘의 비전과 역사적 현실, 그리고 한국교회," 17.
[108] Michael L. Brown, 『유대 민족의 비극적 역사와 교회』, 김영우 역 (서울: 한사랑, 2008), 35.

크리소스톰은 유대인들과 유대교를 저주하고 회당을 비판함으로 기독교인들이 유대교와는 구별된 정체성을 가지도록 노력한다. 회당은 거룩한 장소였지만 하나님이 버린 회당은 결코 거룩하지 않고 악한 것이다. 처음으로 유대인들이 하나님을 죽인 자들로 묘사하고 악하고 속이는 자들이기 때문에 멀리해야 한다고 주장한다. 뛰어난 설교자였던 크리소스톰은 굉장한 영향력을 끼친다.

십자군은 경건한 목적을 가진 전사들도 있었지만 사실상 교황의 보호 아래 복무한 일시적인 군인도 많다. 교회에서 파문당한 사람이라도 십자군에 참여하면 완전히 용서를 받아 다시 교회로 돌아올 수도 있다. 십자군들은 전 유럽에서 유대인들 피의 흔적을 남긴다. 존 해기(John Hagee)는 이렇게 말한다.

> 제1차 십자군 전쟁 중 3개월간 독일에서 12,000명의 유대인들이 살해된다. 십자군들은 유대인들이 구세주를 죽였기 때문에 회개를 하거나 죽임을 당해야 한다고 외쳤다. 어떤 유대인 공동체들은 금과 은을 내놓으라는 십자군의 요구에 응함으로써 자기들의 생명을 구할 기회를 얻을 수 있었다. 하지만, 그런 요구에 응할 수 없었던 사람들은 하나님의 뜻에 따라 처형되었다. 다른 유대인들은 회당으로 달려가 문을 걸어 잠그고 마지막 기도를 드린 후 아내와 자식들을 죽였다. 십자군에게 고문을 당하고 또 죽임을 당하게 하지 않기 위해서였다. 아버지들은 여호와 하나님의 이름을 더럽히지 않기 위해 스스로 자살했다.[109]

십자군이 드디어 1099년 여름에 예루살렘을 점령하고 처음 일주일 간

---

[109] John Hagee, 『예루살렘 최후의 새벽』, 홍원팔 역(서울: 비전북출판사, 2002), 73-74.

행했던 일을 유대인 남녀노소를 불문하고 살해하는 일이었다. 해기는 이렇게 말한다.

> 900명 이상의 유대인 여자와 어린아이가 안전을 위해 회당으로 달려갔을 때 십자군들은 그곳에 불을 질렀다. 거대한 불길 속에서 비명 소리가 울려 퍼질 때 십자군들은 "그리스도여, 당신을 찬양하나이다"라는 찬송을 부르면서 회당 주위를 행군했다.
> 십자가를 예루살렘으로 운반한 사람들이 성만찬을 한 후 유대인 남자와 여자들 그리고 어린이들을 살해했다. 바로 그날 10,000명 이상의 유대인들을 죽였다. 십자군 군사들은 약탈물과 보물을 찾으면서 만나는 사람마다 남녀노소를 불문하고 죽였다.[110]

중세 시대의 반유대주의는 유대인들을 점점 더 악한 존재들로 미신적 신앙에 빠져있는 자들로서 기독교를 지키기 위해선 격리시켜야 한다는 여론이 조성되어 간다. 정연호는 이렇게 말한다.

> 유대인은 악이므로 기독교인들로부터 격리시켜야 한다. 유대인은 그리스도인의 피를 가지고 유월절 등 피의 제의를 행하는 자들이다. 이미 교부들이 주창한 내용처럼 유대인들을 기독교에 대한 가장 큰 죄인으로, 짐승(돼지)으로, 고리대금업자로, 악의 모델들이다. 그래서 교회가 취해야 할 근본 정책은 유대인들을 기독교 사회로부터 격리시켜 하나님께서 유대인들을 버리시고 그리스도인을 하나님의 백성으로 선택했다는 것을 증명해야

---

[110] John Hagee, 『예루살렘 최후의 새벽』, 76.

하는 것이다.[111]

그 결과, 1179년 제3차 라테란 공의회에서 '게토'를 만들기로 결의하게 되었다. 중세 때 대부분 그리스도인의 생각은 반복된 반유대적인 가르침으로 세뇌되었다.

그 결과, 거리에서 만나는 유대인들을 악마와 동일시하게 되고 학대와 살인을 부추기는 요인이 되었다. 유대인들은 인간의 어떤 천부적 권리도 부인되었다. 그들의 생존은 효용성 여부에 달렸고 효용성이 줄어들면 삶도 소유도 박탈당하지만 거부할 정치적 힘이 없었다. 정연호는 이렇게 말한다.

> 1179년 제3차 라테란 공의회에 교회법을 따르면, "유대인들은 기독교인들의 노예가 되어야 하며 동시에 인도주의적 고려에 따라 친절하게 다루어져야 한다." 중세 신학자 중 가장 영향력이 있었던 13세기의 도미니칸 수도회의 토마스 아퀴나스(Thomas Aquinas)는 브라반트(Brabent)의 공작에게 쓴 편지에서, "유대인들은 그의 죄의 결과로 영원한 노예가 될 운명에 처해졌습니다. 그 결과, 영주들은 유대인들의 재산을 자기들 것처럼 취급할 수 있습니다"라고 한다.[112]

1215년 로마에서 가진 제4차 라테란 공의회에서 유대인들에게 '유대인 배지' 착용을 의무화했다. 가톨릭 교인의 땅에 사는 모든 유대인은 남녀를 불문하고 구별하기 위하여 특별한 의복을 입도록 했다. 사악한 혼합은 회피하거나 평계할 수 없는 죄로 규정했다. 그 이유는 특히 '모세가 정한 것'

---

[111] 정연호, "이스라엘의 비전과 역사적 현실, 그리고 한국교회," 19.
[112] 정연호, "이스라엘의 비전과 역사적 현실, 그리고 한국교회," 20.

이기 때문이라는 것이었다.[113]

그리고 11세기가 시작하면서 기독교인들은 근거없는 악의에 찬 허위 루머로 유대인들을 핍박했다. 가장 잘못된 생각은 그리스도를 죽인 유대인들이 그리스도인 아이들을 죽인다는 것이었다. 악한 유대인들이 죄 없는 그리스도인 어린아이들을 살해해서 그 피를 마시고 무교병에 넣는 의식을 반복한다고 생각한다.

이런 악의에 찬 중상모략이 계속 이어오며 확대되어 유대인들에 대한 혐오감과 증오심이 점점 자라 드디어 유대인에 대한 대량 살해로 이어진다. 나치 또한 유대인들에 대한 그들의 선동 책략에서 이런 '중상모략'에 관한 신화'를 이용한다.[114]

영국과 프랑스에서는 유대인에 대한 혐오가 얼마나 컸는지 유대인과 결혼하거나 동거한 기독교인은 수간한 것으로 정죄되었다.[115] 정연호는 이렇게 말한다.

> 종교개혁자들도 종교적인 측면에서 구교에 대항하고 개혁하는 입장이었지만, 반유대적인 입장에서는 구교와 같이 연합했다. 루터교 학자인 오버만(H. Obermann)의 연구에 의하면, 멜랑히톤(Melanchthon)과 존 칼빈(John Calvin) 등 모든 위대한 개혁자들이 반유대적 입장에 서 있었다. 특히, 종교개혁의 아버지로 불리는 루터는 그간의 모든 반유대주의적 입장을 가장

---

[113] John Hagee, 『예루살렘 최후의 새벽』, 77.
[114] 정연호, "이스라엘의 비전과 역사적 현실, 그리고 한국교회," 20.
[115] Joshua Trachtenberg, *The Devil and the Jews: The Medieval Conception of the Jew and It's Relation to Modern Antisemitism* (Philadelphia; Jerusalem: The Jewish Publication Society, 1993), 187.

정교하게 정리한 신학자로 평가되었다.

루터는 개혁을 외치던 초기에는 구교의 유대인들에 대한 사악한 정책을 비난하면서도 유대인들에 대한 유화 정책을 취했다. 그러나 20년이 지나면서 유대인들이 개종할 기미가 보이지 않자 루터는 독일의 제후들에게 아주 사악한 정책을 취할 것을 탄원한다.

그로부터 그가 제시한 유대인 정책은 400년 후 사실상 현대 독일의 제후라고 할 수 있는 아돌프 히틀러에 의해 실행된다. 루터와 히틀러 모두 유대인의 종교와 문화를 박멸할 것을 주장했다. 그들에 대한 모든 법적 보호 장치를 철폐하고 유대인들의 재산을 징발하고 강제 노동을 시키고 정치적 보호 능력이 없는 유대인들의 추방을 주장한다.[116]

루터는 『유대인과 그들의 거짓말에 관해』(On Jews and their Lies)라는 책에서 "우리 기독교인들은 이 같은 저주받고 버림받은 유대인들을 어떻게 다루어야 할 것인가?"라고 질문했다. 그리고 그가 내린 답은 단호했다. 브라운은 이렇게 말한다.

첫째, 그들의 회당을 불태워야 한다.
둘째, 그들의 집도 부수고 파괴해야 한다.
셋째, 그들의 기도 책과 탈무드를 압수해야 한다.
넷째, 그들의 랍비들이 더 이상 가르치지 못하도록 해야 하며 가르칠 경우에는 사형에 처할 수 있도록 해야 한다.
다섯째, 유대인들 남녀들에게는 도리깨와 도끼와 괭이와 삽과 물레와 실 잣는 기구를 주어서 그들의 코로 땀을 흘려야만 밥을 먹을 수 있도록 해

---

[116] 정연호, "이스라엘의 비전과 역사적 현실, 그리고 한국교회," 21.

주어야 한다.

우리는 이 사악하고 게으른 자들을 우리 사회에서 쫓아내야 한다. 그리하여 그들을 없애버려야 한다.

요컨대, 자기 영지 안에 유대인들이 있는 친애하는 군주들과 귀족들이여! 만일 나의 제안이 합당치 않게 여겨지거든 이 상종 못할 사탄 같은 짐스러운 존재인 유대인들을 없앨 수 있는 더 좋은 방안을 찾아보시오.[117]

1933년 독일 루터교의 유명한 신학자 게르하르트 키텔(Gerhard Kittel)은 그의 조국이 유대인 문제를 어떻게 다루어야 할 것인지에 관한 책을 저술한다.

그의 『신약신학사전』은 전 세계의 거의 모든 신학교의 도서관에 소장되어 있으며 나도 신학교 1학년 때 이 책을 구입하고 가슴 뿌듯했던 시절이 떠오른다. 이 위대한 신학자도 다음과 같이 주장한다. 브라운은 이렇게 말한다.

유대인을 멸절시키는 것은 비기독교적인 것으로 옳지 못하다. 시오니즘도 불가능한 것은 유대인들이 너무 많아서 팔레스틴 땅에 다 들어갈 수 없고 아랍인들은 유대인들의 이주를 좋아하지 않을 것이기 때문이다.

동화 정책은 가장 나쁜 해결책이다. 독일 민족의 혈통이 오염될 수 있기 때문이다. 유대인들은 차별 대우와 모욕을 자기들의 운명으로 받아들여야 한다. 그들은 외지에서 객으로, 곧 이류 인간 및 거류민으로 대우받아야 한다.

어쨌든 유대인은 유대인이다. 그들은 고통하는 가운데 흩어짐의 고통을

---

[117] Michael L. Brown, 『유대 민족의 비극적 역사와 교회』, 40.

감수해야 하며 진정한 유대주의는 지상에서 쉼 없이 객으로 떠돌아다니고 집 없이 방랑해야 하는 그들의 상징으로서 존재한다.[118]

독일의 통치자인 제후들에게 주문했던 루터의 요구는 히틀러에 의해 추진되었고 당대 유명한 신학자의 주장으로 더욱 힘을 얻어 실천되었던 것이다.

교부 시대 이래로 내려온 반유대주의는 세기를 거치면서 점점 강화된다. 십자군 전쟁과 종교 재판과 흑사병 등으로 많은 유대인이 비참하게 죽어갔다. 서구 기독교인의 유대인에 대한 잘못된 인식과 오해는 혐오감과 증오감을 증폭시킨다. 당시 가장 자랑스럽던 기독교 국가에서 나치가 등장하고 유대인 문제에 대한 최종 해결책으로 유대인 600만 명을 죽이는 홀로코스트를 낳는다.

박해 시절 목숨을 걸고 유대인들을 도왔던 극소수 그리스도인을 제외한 대다수의 신학자와 목회자와 크리스천들은 공범이다. 이런 결과는 '예수'의 이름이 욕이 되고 십자가는 유대인들에게 저주의 상징이 되고 만다. 유대인들이 예수를 믿는 그 순간 이미 유대인이 아니고 민족의 배반자가 될 뿐이다. 결국, 반유대주의는 유대인들을 메시아 예수로부터 더 멀어지게 만들고 유대인과 이방인 간에 거대한 장벽을 초래했다.[119]

2018년 9월 기준으로 전 세계의 유대인은 약 1,470만 명, 이스라엘에 살고 있는 유대인은 약 660만 명 정도이다.[120] 이 중에서 전 세계적으로 '예수를 믿는 유대인,' 소위 '메시아닉 유대인'(Messianic Jew)의 숫자는 약

---

[118] Michael L. Brown, 『유대 민족의 비극적 역사와 교회』, 41-42.
[119] 정연호, "이스라엘의 비전과 역사적 현실, 그리고 한국교회," 22.
[120] *The Jerusalem Post*. 2018년 12월 12일 기사 참조.

30여만 명 정도로 추산되며, 이스라엘 내에는 3만 명 정도의 메시아닉 유대인과 약 350개 교회가 존재하는 것으로 추산되고 있다.

따라서, 전 세계적으로 예수를 믿는 유대인 신자의 비율은 약 2.0% 정도이고, 이스라엘 내에서는 0.5% 미만이다.

복음이 태어난 곳이 이스라엘이며 오순절 이후 폭풍 성장을 경험했던 예루살렘교회와 2세기 초까지 초대교회 신자들이 주로 유대인이었으나, 이상에서 보듯이 유대인 복음화율은 지극히 저조하다.

선교학적으로, 2% 미만의 복음화율을 가진 종족을 미전도 종족으로 부르고 있음에 비추어 볼 때, 이스라엘에 있는 유대인은 미전도 종족 중의 미전도 종족이라고 하겠다.

5) 반유대주의 절정에서 반전으로

1948년 5월 14일 이스라엘의 독립은 20세기 가장 중요한 역사적 사건이다. 이스라엘 독립은 정치적 군사적 사건 이전에 성경에 기록된 예언의 성취로 이루어진 하나님의 섭리다. 현대 이스라엘의 독립은 창조에서 새 창조로 나아가고 있는 하나님 마스터플랜의 중심 퍼즐인 이스라엘이 죽어 있다가 다시 살아나 역사에 등장한 사건이다.

지난 2,000년의 기독교 역사 속에서 이스라엘의 역사적 실체를 거부해 왔던 대체신학과 반유대주의는 이제 새로운 자각으로 이스라엘에 대해 마음을 열 때이다. 권혁승은 이렇게 말한다.

> 이스라엘의 역사적 실체를 거부해 온 대체신학은 초대교회 교부들의 주장에 근거를 두고 있다. 초대 교부들의 문헌들을 세밀하게 검토하며 연구한 마이클 블라치(Michael Vlach) 교수는 대체신학의 오류에 대하여 새로운 주

장을 내놓았다. 이들 문헌이 이스라엘에 대한 하나님의 심판을 언급하는 것은 사실이지만, 그와 더불어 이스라엘의 미래 소망도 함께 강조하고 있다는 것이 블라치 교수의 판단이다.

처벌적 대체주의로 알려진 이들의 신학적 입장은 교회가 이스라엘의 자리를 대체한다는 것이다. 그들의 주장을 뒷받침하는 사건은 주후 70년 로마에 의한 예루살렘의 멸망이다.

초대교회 교부들은 예루살렘 멸망이라는 하나님의 심판에도 불구하고 미래에 이스라엘의 구원이 있을 것이라는 점을 분명하게 제시했다. 그런 점에서 초대교회의 이스라엘에 대한 입장은 '심판을 통한 현재의 거부와 회복될 미래의 소망'으로 요약할 수 있다.

하나님께서는 이스라엘의 불순종 때문에 그들을 거부하신다. 그것은 잠정적 조치일 뿐 전적인 거부는 아니다. 바울이 로마서에서 이스라엘을 '하나님의 사랑받는 원수'(God's beloved enemy)라고 규명한 것은 그에 대한 적절한 표현이라 할 수 있다(롬 11:28).[121]

하나님은 결코 이스라엘을 버릴 수 없으시다. 신실하시고 전능하신 하나님은 반드시 무조건적으로 영원한 언약을 지키시기 때문이다. 이스라엘에 대한 심판의 선언도 그것으로 끝나는 것이 아니다. 영원한 언약 때문에 하나님은 반드시 회복시키신다.

바벨론에 의해 이스라엘이 멸망을 당했을 때 예레미야는 하나님의 심판을 받고 바벨론에 포로로 끌려간 동족 이스라엘에게 "하나님의 뜻은 평안이요 재앙이 아니라"고 회복과 소망을 선언한다(렘 29:11). 예수님도 예루

---

[121] 권혁승, "이스라엘 독립과 이방인의 때," 「크리스천투데이」 2018.09.19 칼럼 참조. http://www.christiantoday.co.kr/news/316231

살렘의 멸망을 예언하지만 또한 회복을 말씀하신다(마 23:37-39; 눅 21:24). 바울도 같은 입장에서 이스라엘이 현재 겪고 있는 심판과 미래에 있을 구원을 설득력 있게 제시한다(롬 9-11장).[122]

6) 반기독교적인 유대인

예수를 저주의 상징으로 알고 기독교와 거대한 장벽을 가지고 있는 유대인들이 국가적 구원의 역사를 체험하려면 하나님께서 강권적으로 역사하시는 바로 '주의 날'이어야 한다. 이스라엘이 대환난에 있을 극심한 고통 속에서 메시아를 알아볼 것이다. 예레미야 선지자는 이렇게 말씀하셨다.

> 여호와께서 이와 같이 말씀하시되 우리가 무서워 떠는 자의 소리를 들으니 두려움이요 평안함이 아니로다 너희는 자식을 해산하는 남자가 있는가 물어보라 어찌하여 모든 남자가 해산하는 여자같이 손을 자기 허리에 대고 모든 얼굴이 겁에 질려 새파래졌는가 슬프다 그 날이여 그와 같이 엄청난 날이 없으리라 그 날은 야곱의 환난의 때가 됨이로다 그러나 그가 환난에서 구해냄을 얻으리로다(렘 30:5-7).

그 증거는 다음 구절에 있다. 예레미야 선지자는 이렇게 말한다.

> 만군의 여호와의 말씀이라 그 날에 내가 네 목에서 그 멍에를 꺾어 버리며 네 포박을 끊으리니 다시는 이방인을 섬기지 않으리라 그들은 그들의 하나

---
[122] 권혁승, "이스라엘 독립과 이방인의 때."

님 여호와를 섬기며 내가 그들을 위하여 세울 그들의 왕 다윗을 섬기리라 (렘 30:8-9).

바벨론 포로 시대에는 그들이 조국으로 돌아왔어도 다윗 왕은 없었다. 예레미야 당시나 이후로 어떤 시대에도 다윗 왕은 없었다. 다윗의 왕권으로 오신 예수님도 거부한 그들이기에 이 일은 오직 대환난 후에 있을 천년왕국에서나 가능한 일이기 때문이다.

7) 곡과 마곡의 전쟁

곡과 마곡의 전쟁을 물리적인 전쟁이라기보다 영적 전쟁으로 보는 시각도 있다. 이우제는 이렇게 말한다.

> 곡과 마곡의 전투는 에스겔 38-39장을 배경으로 한다. 거기서 곡이라는 왕은 마곡이라는 지역을 통치하는 왕인데 강력한 연합군을 형성하여 포로에서 회복된 이스라엘을 공격한다. 결과는 곡을 필두로 한 연합군이 대패한다. 이런 전쟁 모티브를 그대로 가지고 와서 요한은 사탄이 획책하는 마지막 전쟁을 말한다. 이것은 아마겟돈 전쟁(겔 16:12-16)과도 맥을 같이하는 상징적 표현이다. 이 전쟁이 마지막 제3차 세계대전이 될 것이고 중동에서 벌어질 것으로 보는 학자들이 있다. 그러나 이 전쟁을 물리적인 전쟁이라기보다는 영적 전쟁으로 보는 것이 요한계시록의 의도에 더 부합한다고 말할 수 있다.[123]

---

[123] 이우제, 『천년의 승리 요한계시록』 (서울: 두란노아카데미, 2008), 423.

그러나 카이저는 단순한 영적 전쟁이 아니라 영적 전쟁을 내포하고 있는 물리적 그리고 실제적 전쟁으로 이해하고 주해한다. 이런 배경 속에 일어나는 이스라엘을 대적하는 곡과 마곡의 전쟁은 이스라엘에 공격을 강행하는 나라에게 유리하도록 끝나지 않을 것이다. 그들이 하는 일은 결국 하나님에 대한 공격이자 시간과 영원을 위한 그분의 계획에 대한 공격이기 때문이다.[124]

이스라엘의 적대적인 나라들이 함께 이스라엘을 갑자기 공격할 것이다. 그러나 하나님께서 직접 개입하심으로 절망적인 상황 속에 위대한 하나님의 손길을 보는 놀라운 때가 될 것이다. 이제 카이저가 주해한 에스겔 38:1-39:29을 살펴보도록 하겠다.

(1) 곡의 동맹국들(겔 38:1-6)

본문에서 곡은 마곡을 다스리는 왕의 이름이다. 마곡은 야벳의 아들인 마곡의 후손들이 거주했던 메대 북쪽의 땅, 곧 흑해 연안 지역으로 추정된다(창 10:2).[125]

'로스'는 러시아(Russia)라는 이름과 종종 동일시되었는데, 중세 시대 우크라이나 지역을 가리키는, 북쪽 바이킹 어원에서 비롯된 이름이다.[126] 카이저는 이렇게 말한다.

> '바사'(Persia)는 북쪽의 위협적인 존재인 곡의 미래 동맹국으로 확인된 첫 국가로서, 오늘날의 이란, 파키스탄, 아프가니스탄 지역에 해당한다. 이어 나오는 '구스'(Cush)는 아프리카에 위치한 나라로서, '에티오피아'로 추정

---

[124] Walter C. Kaiser, 『마지막 때에 관한 설교』, 178.
[125] 천종수, 『QA 성경』, 1211.
[126] Walter C. Kaiser, 『마지막 때에 관한 설교』, 180.

할 수 있다(수단이나 에리트레아까지 넓게 볼 수도 있음).

1세기 유대 역사가인 요세푸스(Josephus)도 이와 동일한 견해를 밝힌다. 요세푸스는 '붓'(Put)의 경우, 리비아 혹은 알제리와 튀니지로 확장하여 본다. 고멜은 정체를 밝히기가 더 어려운데, 창세기 10장에 야벳의 아들로 언급되기 때문이다. 요세푸스가 밝히길, 헬라인들이 갈라디아 사람들(Galatians)을 '고멜인'(Gomerites)이라 불렀으므로, 이들을 터키 출신 사람들로 볼 수 있다. 헬라인들은 '도갈마 족속'(Beth-togarmah)을 서쪽의 소아시아, 후에 터키로 알려진 지역에 거주한 프리지아인(Phrygians)과 관련 있다고 보았다.[127]

이스라엘을 둘러싼 주위 사방의 나라들이 연합하여 이스라엘을 공격할 것이다. 또한, '고멜'과 '도갈마'가 야벳의 혈통을(창 10:2, 3), '구스와 붓'이 함의 혈통(창 10:6)을, '바사'가 셈 계통을 지시한다는 점에서 이 전쟁은 인종과 민족 경계를 초월한 전 인류적 전쟁임을 알게 된다.[128]

이스라엘을 적대하여 공격하는 이 나라들이 북쪽에서 오는 곡인 러시아 지도자의 영향 속에 연합 전선을 구축할 것으로 짐작된다. 러시아는 핵무기와 탄도 미사일을 보유하고 있어 이스라엘 적대 세력들 중에서 리더십을 발휘할 것이다. 곡의 동맹국들 대부분이 이슬람이 우세한 국가들이고, 이란이 가장 먼저 언급된다는 점에서, 오늘날 상황을 볼 때 예언된 성경말씀의 정미함을 다시 상기하게 된다.[129]

이스라엘 네타냐휴 총리는 2018년 5월에 이란의 비밀핵기록보관소를 폭로했다. 도널드 트럼프 대통령이 2018년 5월 8일 미국의 이란 핵합의

---

[127] Walter C. Kaiser, 『마지막 때에 관한 설교』, 181.
[128] 강병도, 『호크마 종합주석: 에스겔-다니엘』, 477.
[129] Walter C. Kaiser, 『마지막 때에 관한 설교』, 182.

(JCPOA/포괄적 공동행동계획) 탈퇴를 공식 선언했다. 트럼프 대통령은 이날 백악관에서 가진 기자 회견을 통해 이렇게 말했다.

> 이란의 핵 합의는 거짓이었다는 분명한 증거를 지니고 있다. 이란은 핵무기 프로그램을 계속 추진해 왔다.[130]

네타냐후 총리는 2018년 9월 26일(현지 시간) 유엔총회 연설에서 이란 수도 테헤란에 있는 한 창고를 찍은 위성 사진을 공개하고 "이란의 비밀 핵무기 프로그램과 관련된 많은 장비와 물질을 저장하고 있는 창고"라고 주장한다.[131]

구스는 애굽 남쪽에 위치한 에티오피아와 수단으로 현재 이란과 러시아와 긴밀한 관계를 가지며 반유대주의, 반이스라엘을 표방하고 있다. 붓은 애굽 서쪽의 북아프리카에 위치한 옛 리비아, 알제리아와 튀니지까지로 확장하여 보는데, 반이스라엘 친러시아 국가이다.[132]

이성자는 이렇게 말한다.

> 고멜은 현재 터키로 지난 80년간 이스라엘과 좋은 관계이다. 최근에 터키 정부는 서방 세계에 등을 돌려 이란과 러시아와 가까워지고 있으며 이스라엘을 대적하고 있다. 최근에 터키와 러시아는 정치 경제 군사적 동맹을 강화하고 있다. 에르도완(Erdogan) 터키 대통령은 잠재적 공격성을 가

---

[130] 「조선일보」 2018년 5월 9일자. http://news.chosun.com/site/data/html_dir/2018/05/09/2018050900358.html
[131] 「조선일보」 2018년 9월 28일자. http://news.chosun.com/site/data/html_dir/2018/09/28/2018092801031.html
[132] Walter C. Kaiser, 『마지막 때에 관한 설교』, 181.

진 위협적인 인물로 부상한다. 그는 그 옛날 터키의 오토만 제국의 영광과 파워를 회복하고자 하는 꿈에 사로잡혀 있다. 에르도완 대통령은 자국의 안전과 방어를 위하여 최선을 다해야 하며 이를 위해 러시아와 협력할 것이다.[133]

도갈마 족속을 헬라인들은 "서쪽의 소아시아, 후에 터키로 알려진 지역에 거주한 프리지아인(Phrygians)과 관련 있다"라고 본다.[134] 대부분 이슬람이 우세한 국가들이며 반이스라엘, 친러시아로 이스라엘을 대적하고 있고 이스라엘을 지도상에서 없애려 하고 있다. 이성자는 이렇게 말한다.

> 오늘날 중동 지역은 너무나 정확하게 곡과 마곡의 전쟁을 위한 무대를 조성하고 있다. 이스라엘이라는 나라가 세워졌고 곡의 연합군들, 친러시아 친이슬람, 반이스라엘 국가들이 정확하게 성경 말씀대로 연합하고 있다. 이들과 가까운 나라가 북한이다. 한국과 이스라엘은 정치적으로 닮았다. 다 같이 나라를 잃어버리고 있다가 1948년 석 달의 시차를 두고 독립한다. 독립 후 얼마 안 되어 각각 전쟁을 치른다. 이스라엘은 4차례의 중동 전쟁, 대한민국은 6.25 전쟁을 치렀지만 두 나라가 경제적으로 눈부시게 성장하며 자유 민주주의 국가로 서 있다. 곡의 연합군은 친러시아이자 친이란 연합군이고 북한은 명백하게 이들 그룹에 속해 있기에 한국도 결코 무관하지 않다.[135]

러시아, 이란, 그리고 터키는 모두 지난날의 자랑스럽던 역사를 재연하

---

[133] 이성자, "이스라엘과 열방," 2018 제3회 이스라엘 목회자 세미나 (예루살렘), 114.
[134] Walter C. Kaiser, 『마지막 때에 관한 설교』, 182.
[135] 이성자, "이스라엘과 열방," 115.

고픈 야망을 가지고 있다. 러시아는 구소련 시절의 영광을, 이란은 고대 아시아의 강력했던 페르시아 왕국의 영광을, 터키는 근세 아시아의 강국으로 넓은 세계를 400년이나 통치했던 영광을 기억하고 재연하고 싶어 한다. 그러나 이들 세 나라는 오늘날 미국의 경제적인 압박을 받으면서 반미 진영을 형성하고 있다.

(2) 곡의 전쟁 목적과 동기(겔 38:7-13)

곡과 그의 모든 무리와 그와 함께한 많은 백성은 이스라엘 땅에 올라오되 광풍같이 이르고 구름같이 땅을 덮을 것이다. 카이저는 이렇게 말한다.

> 이 거대한 연합 세력은 "너와 네게 모인 무리들이 다 스스로 예비"하라는 지시를 받는다(7절). 이들은 '여러 날 후,' 곧 '말년에' 모두 군대로 소집될 것이며, "그 땅, 곧 오래 황폐했던 이스라엘 산에 이르니 그 땅 백성은 칼을 벗어나서 여러 나라에서 모여 들어오며 이방에서 나와 다 평안히 거주하는 중"이다(8절). 이런 묘사는 그들의 공격 대상이 되는 이스라엘을 잘 보여 준다.[136]

이스라엘은 현재 지난 70년 역사 중에서 가장 평안한 시대를 겪고 있다. 이슬람 세력과 연합한 러시아가 '문이나 빗장이 없어도 염려 없이 평안이 거하는' 이스라엘을 침략하는데, 그 이유 중 하나가 바로 "저들의 물건을 겁탈하고 노략하기 위한 것"(겔 38:12)이라고 설명하고 있다.

어쩌면 전쟁의 동기는 이스라엘의 경제적 부요를 약탈하기 위함일 수도 있다. 최근 발견된 이스라엘의 리바이어던(Leviathan)가스전의 가스 매장량

---

[136] Walter C. Kaiser, 『마지막 때에 관한 설교』, 183.

은 6,200억㎥로 추정된다. 이 정도면 세계 최대 해저 가스전 가운데 하나이자 지중해에선 최대 규모다. 매장량 2,500억㎥로 추정되는 타마르 가스전과 셰일석유 2,400억 배럴 매장으로 에너지 자원 수입국에서 사우디아라비아 부럽지 않은 자원 수출국으로 변신할 수 있게 된다.[137]

현재 이스라엘 해안에서 발견되고 있는 엄청난 규모의 천연가스와 또 석유 자원이 마곡 땅에 사는 곡이 이스라엘을 침략하는 주요한 원인이 될 수 있다는 뜻이다.

러시아는 이스라엘 지역에서 개발되고 있는 가스전과 유전들에 대한 야심을 드러내고 있는 상황이다. 러시아는 이미 군사 협력을 강화하고 있는 이란과 이슬람 세력들과 함께 이스라엘의 가스전과 유전을 강제로 차지하기 위한 전쟁을 벌이려 할 수도 있다. 카이저는 이렇게 말한다.

> 학자들은 '스바와 드단'의 경우 주로 사우디아라비아, 예멘, 오만, 쿠웨이트, 아랍 에미레이트를 포함하여 아라비아반도(남쪽 끝)에 거주하는 사람들로 보며, '다시스'는 오늘날 남스페인 지역을 부르는 명칭(서쪽 끝)으로 밝힌다. 이집트와 사우디가 이스라엘에 점점 더 친화 정책을 피고 있다. 독일, 핀란드, 네덜란드, 오스트리아, 미국 등 유럽과 서구의 국가들, NATO(북대서양 조약 기구)는 러시아와 동맹하지 않고, 이스라엘에 호의적일 것이다. 그러나 상당히 흥미롭게도, 캐나다, 영국, 미국은 이스라엘 공격에 가담하는 세력에 포함되지 않으며, 그렇다고 해서 그들이 이스라엘을 원조하거나 돕는 것도 아니다. 사실 이스라엘을 구하기 위해 도우러 오는 나라는 하나도 없다.[138]

---

[137] 「주간 동아」 2016년 7월 11일 기사.
[138] Walter C. Kaiser, 『성경적 종말론』, 35.

이스라엘은 '살아 계신 하나님의 장엄한 임재' 외에는 이 전쟁을 홀로 싸워야 하기 때문이다.[139]

핵무기를 가졌기 때문에 가장 큰 위협 요소인 러시아는 그루지야(Georgia), 크림(Crimea), 동부 우크라이나(eastern Ukraine)를 점령했다. 푸틴은 이란에 무기를 팔고 이란과 함께 나라를 파괴적으로 이끄는 시리아의 독재자 바샤르 알 아사드를 지원하고 있다.

도널드 트럼프 대통령은 시리아에서 화학 무기 공격이 자행돼 사망자가 대거 발생했다는 주장과 관련해 아사드 시리아 대통령을 '짐승'이라고 맹비난한다. "푸틴 대통령과 러시아, 이란은 짐승 같은 아사드를 지지한 책임이 있다"라고 비판한다.[140]

도널드 트럼프 대통령이 NATO 회원국에게 현재 목표의 두 배에 달하는 국내총생산(GDP)의 4%를 군비에 투입할 것을 촉구하고 있다.[141] 트럼프 대통령은 2017년 12월 6일 예루살렘을 이스라엘의 수도로 공식 선포하고, 2018년 5월 14일에 미국 대사관을 예루살렘으로 이전했다.

(3) 곡의 진군(겔 38:14-16)

러시아-이란 세력은 북쪽에서부터 '말을 타'고 내려올 것이다(15절). 여기서 전쟁 수단인 말을 현대적 의미로 바꾸면 탱크, 장갑차 등으로 이해할 수 있다.

> 구름이 땅을 덮음 같이 내 백성 이스라엘을 치러 오리라 곡아 끝 날에 내가 너를 이끌어다가 내 땅을 치게 하리니 이는 내가 너로 말미암아 이방

---

[139] Walter C. Kaiser, 『성경적 종말론』.
[140] 「뉴스핌」 2018년 04월 10일 기사 참조.
[141] BBC news, 2018년 7월 12일 기사 참조.

> 사람의 눈 앞에서 내 거룩함을 나타내어 그들이 다 나를 알게 하려 함이라
> (겔 38:16).

이 이스라엘 적대 세력들은 스스로 이스라엘을 치려고 계획하고 전쟁을 일으킨 것으로 여기지만, 이것은 역사의 주관자이신 하나님이 하시는 일임을 에스겔에게 알려 주신다.

(4) 곡에 임할 심판(겔 38:17-23)

마지막 때 이스라엘을 공격하는 국가들에 대한 초자연적인 하나님의 심판이 있을 것이다. 전쟁의 마지막 순간, 이스라엘에 더 이상 소망이 없어진 것처럼 보이는 순간, 하나님께서 개입하신다.

곡이 이스라엘을 칠 때 강력한 지진이 일어나 큰 충격과 영향을 줄 것이다. 이 지진으로 모든 산이 무너지고 절벽이 떨어지며 모든 성벽이 무너질 것이다(겔 38:19-20). 그리고 서로 싸우기 시작할 것이다. '러시아와 무슬림 세력이 결국 서로 대항' 할 것이다.[142] "쏟아지는 폭우와 큰 우박덩이와 불과 유황으로 그 모든 무리와 그와 함께 있는 많은 백성에게 비를 내리듯" 하는 초자연적인 심판이 임할 것이다(22절).

4) 곡을 쉽게 해치우실 하나님

전쟁은 하나님께 속한 것이니(대하 20:15), 전능하신 하나님은 곡을 쉽게 해치우실 것이다.

---

[142] Walter C. Kaiser, 『마지막 때에 관한 설교』, 185.

(1) 곡의 대학살(겔 39:1-8)

이스라엘을 치는 동맹국들은 이스라엘의 산으로 일제히 나아갈 것이며(2절) 이스라엘의 산 위에서 죽을 것이다(4절). 2절에 '이끌고'라는 '하팍스 레고메논'(*hapax legomenon*)은 '6분의 1을 남기다'라는 뜻의 히브리어 '시샤'(*shisha*)에서 파생된 단어다. 러시아-이란 동맹 세력의 약 83%가 죽음에 이를 것이다.[143] 엄청난 전리품을 곡에게서 빼앗을 것이다(겔 39:9-10). 많은 무기를 "일곱 해 동안"(9절) 불태우게 된다. 칠 년 동안 땔감이 충분히 준비된다.[144]

(2) 곡의 매장(겔 39:11-16)

곡군의 시체를 장사하는 데 7개월이나 걸리게 된다. 그것은 대승리를 의미하며 전적인 하나님의 역사였음으로 하나님의 영광이 나타나는 것이다. 곡 군사의 시체를 찾아 늘 순행하며 찾으면 장사하는 사람들이 하몬곡 골짜기에 장사하게 되는 것이다.[145]

(3) 하나님의 영광이 나타남(겔 39:17-29)

이스라엘의 고토 귀환과 함께 귀환 후에 있을 하나님의 지속적인 관심과 사랑을 강조하고 있다(25절). 마지막 때 이스라엘을 향한 하나님의 초자연적인 도우심이 있다(겔 39:25). 이제 육적 평안한 상태에서 과거의 영적 사정을 부끄러워하는 것이다(26절).

하나님은 이스라엘을 흩어진 만민 가운데서 돌아오게 하고 그들을 통해 열국 목전에서 그의 거룩하심을 나타내신다(27절). 하나님의 크신 사랑으

---

[143] Walter C. Kaiser, 『마지막 때에 관한 설교』, 186.
[144] John MacArthur, 『맥아더 성경주석』, 792.
[145] 이상근, 『에스겔·다니엘』, 280.

로 한 사람도 이방에 남는 자가 없도록 고토로 모아들이시겠다는 것이다(28절).[146]

마지막 때 유대인들이 하나님은 여호와 자기들의 하나님인 줄을 알게 된다(겔 39:28). 하나님이 얼굴을 그들에게 가리지 아니하시고, 그의 영을 이스라엘 족속에게 쏟아 부으실 것이다(29절). 메시아가 재림할 때, 그 성령을 주심으로 이스라엘을 다시 모으심이 완성될 것이다.[147] 카이저는 아래와 같이 결론 맺는다.

> 이스라엘을 치는 곡과 마곡 전쟁은 이스라엘의 유대 백성을 완전히 무찌르기 위해 아랍-이슬람 세계와 더불어 북쪽 나라 세력 중 하나에 의해 일어날 것이다.
> 그러나 이는 결국 공격한 나라들이 대패하는 형편없는 정복 계획이 되고 만다. 하나님이 이 전쟁에 놀랍게 개입하셔서 적들은 지금껏 전쟁 역사에서 볼 수 없었을 정도로 크게 파멸된다. 하나님이 자신의 위대함과 거룩함을 분명히 나타내셔서 모든 나라가 그분 한 분만이 만왕의 왕이시며 주의 주이심을 알게 된다. 다른 모든 나라가 이스라엘을 돕지 않으나 여호와가 그들을 놀랍게 구원하실 때 마침내 이스라엘 족속이 그들의 하나님 여호와 같은 분이 없음을 알게 된다.[148]

이스라엘은 구속사의 시계일 뿐 아니라 에덴 회복 역사의 시계이다. 이스라엘을 바로 볼 때 이 시대를 분별할 수 있다. 지금은 예루살렘이 유대인의 통치 속에 들어온 예루살렘 시대이다. 큰 임금의 성인 예루살렘으로

---

[146] 강병도, 『호크마 종합주석: 에스겔-다니엘』, 491.
[147] John MacArthur, 『맥아더 성경주석』, 792.
[148] Walter C. Kaiser, 『마지막 때에 관한 설교』, 190.

만왕의 왕이 오셔서 다스리실 때가 임박하고 있다.

12. 예수님의 재림 과정

예수 그리스도는 자기 백성을 구원하기 위해서(눅 21:28), 죄악 세상을 심판하기 위해(살후 1:7-8), 그리고 공평과 평화로 가득 찬 주님의 영원한 통치를 확립하기 위해(단 7:13-14) 다시 나타나시게 된다.
예수님의 초림은 말씀의 성취를 통해 오신 것처럼 예수님의 재림도 약속의 말씀을 따라 예언의 성취를 통해 오신다.

> 주 여호와께서는 자기의 비밀을 그 종 선지자들에게 보이지 아니하시고는 결코 행하심이 없으시리라(암 3:7).

그러므로 예수님이 다시 오시는 과정은 말씀을 따라오신다. 맥아더는 이렇게 말한다.

① 하나님의 약속을 따라 다시 오실 것이다. 구약의 메시아에 관한 약속들 333번 이상 중 100개 이상 초림 예언이고 나머지는 재림에 관한 예언이다(눅 4:17-21; 사 61:1-3; 시 2편; 사 9:6-7; 미 4:3; 렘 23:5; 슥 4:4-9).
② 예수님의 가르침을 따라 다시 오실 것이다(마 24:30-31; 요14:2-3; 막 14:62; 계 19장; 22:20).
③ 성령의 증언에 따라 다시 오실 것이다(고전 1:4-7; 벧후 1:20-21; 빌 3:20; 골 3:4; 살전 4:16-17; 히 9:28; 약 5:7-8 ; 벧전 1:13; 5:4; 요일 3:2).
④ 교회를 향한 하나님의 계획을 위해 다시 오실 것이다(계 19:6-9).

⑤ 세상의 타락을 심판하기 위하여 다시 오실 것이다(요 5:25-29; 살후 1:7-10; 계 19:11-16).

⑥ 예수님의 약속을 이루기 위하여 다시 오실 것이다(눅 21:25-27).

⑦ 사탄을 멸망시키기 위하여 다시 오실 것이다(계 19:20; 20:2-3, 10).

⑧ 성도들의 소망을 따라 다시 오실 것이다(벧전 1:7; 살후 1:4-7; 딤후 4:8; 요일 3:2).

⑨ 이스라엘에 대한 하나님의 계획에 따라 다시 오실 것이다(슥 12:10; 13:1; 14장; 롬 11:25-27; 11:23-24, 26).[149]

전 세계로부터 약속의 땅으로 귀환하고 곡과 마곡 전쟁을 거쳐 7년 대환난 끝에 주님은 오신다. 사탄은 주님 오심을 막기 위해 온 힘으로 이스라엘을 공격할 것이다. 사탄은 예수님의 초림을 막기 위해 이스라엘을 없애기 위해 전력을 다한다. 바로 왕을 통해, 하만을 통해 이스라엘 멸절을 시도한다. 헤롯을 통해 어린 아기들을 죽인다.

사탄은 집요하게 이스라엘 멸절을 통해 주님이 재림하지 못하도록 공격해 온다. 핍박과 멸절의 정점인 홀로코스트를 통해 많은 유대인이 죽지만 이스라엘 건국이라는 하나님의 기적적인 반전이 이루어진다.

이스라엘은 여전히 건재하다. 주님 오시기 위해 이스라엘이 구원을 받아야 하지만 완악한 역사를 통해 받은 핍박과 상처로 반기독교적인 마음으로 대부분은 닫혀 있다.

사탄은 여전히 이스라엘을 공격할 것이고 하나님은 그들을 보호할 것이다. 그러나 그 과정 속에 위대하신 하나님의 기적의 역사를 통해 급박한

---

[149] John MacArthur, 『재림의 증거-다시 오실 주님의 약속』, 김미연 역 (서울: 넥서스, 2010), 34-65.

상황 속에서 많은 이스라엘이 돌아올 것이다.

하나님은 "하나님의 눈동자"(슥 2:8)인 이스라엘을 대적하는 자들을 물리치신다. 하나님의 백성과 함께하심을 보여 주심으로 자신의 거룩성을 밝히 드러내신다(겔 38:16, 23; 39:7). 이스라엘이 회복되어 평안히 거하는 중(겔 38:8)에 자기 백성을 공격하는 원수들을 하나님은 심판한다.

결국, 대적자들은 그들의 죄로 인하여 심판받는 날이요 하나님은 권능을 보여 주시는 날이다(겔 39:21). 그리하여 이스라엘은 여호와께서 그들의 영원하신 하나님이심을 알게 될 것이다(겔 39:22). 이것이 "그리스도인들의 종말론적인 소망"이다(마 25:46; 눅 21:36; 살전 4:16; 고전 15:51-52; 계 21:1-2).[150]

13. 요약

이 장에서는 카이저의 여호와의 날을 기술했다.

첫째, 카이저는 궁극적으로 이 땅에 천년왕국이 오기 전에 주님의 재림과 관련된 시간을 '여호와의 날,' 또는 간단히 '그 날' 혹은 '말일'로 이해한다.

하나님은 여호와의 날에 이스라엘과 여호와를 믿는 모든 이에게 성령을 부어 주실 것이다. 그 날은 하나님이 자기 백성을 그 땅으로 돌아오게 하시고, 유다와 예루살렘의 기업을 회복시키시는 때다. 하나님의 뜻과 다르게 이스라엘을 대적하고 괴롭힌 나라들에게 심판이 임할 것이다. 그러나 이스라엘은 하나님께 죄를 용서받고 그 땅으로 돌아오며 여호와가 시온에

---

[150] 박철우, 『에스겔』 (서울: 대한기독교서회, 2010), 572.

거하실 것을 약속하신다.

둘째, 카이저는 하나님이 이스라엘을 구세주 메시아와 더불어 세상에 복을 주시기 위한 통로로 삼으시기 때문에 반유대주의가 존재한다고 이해한다.

반유대주의 존재 이유는 세상과 사탄이 예수님을 유대인으로 보기 때문이다. 예수님께서 유대인이시며 예루살렘으로 재림할 것이기 때문이다. 하나님 계획의 중심이신 예수님은 하나님의 아들이시며 다윗의 자손 유대인이다. 그것이 싸움의 근원으로 예수님이 다시 오셔서 그의 왕국을 이곳에 세우고 마귀를 쫓아내지 못하게 하려는 세력들이다.

셋째, 카이저는 반유대주의가 다시 극대화되어 이스라엘을 치는 곡과 마곡 전쟁을 유발하게 된다고 주장한다.

이스라엘의 유대 백성을 공격하여 지도상에서 완전히 없애기 위하여 아랍-이슬람 세계와 더불어 북쪽 나라 세력 중 하나에 의해 일어날 것으로 본다. 그러나 이는 결국 공격한 나라들이 하나님의 초자연적인 개입으로 역사에 볼 수 없는 참패를 당할 것이다.

하나님이 자신의 전능하심과 위대하심과 거룩함을 분명히 나타내실 것이다. 모든 나라가 그분 한 분만이 만왕의 왕이시며 만주의 주이심을 알게 될 것이다. 다른 모든 나라가 이스라엘을 돕지 않으나 여호와가 그들을 놀랍게 초자연적으로 구원하실 것이다.

마침내 이스라엘 족속이 그들의 하나님 여호와 같은 분이 없음을 알게 될 것이다.

제6장

월터 C. 카이저의 마지막 칠 년 이해

이 장에서는 카이저의 마지막 칠 년 이해에 관해 기술한다.

1. 다니엘의 일흔 주

지금 우리 모두는 종말의 시대를 살아가고 있다. 그러나 오늘 상당수의 목회자들과 성도들은 종말 의식도 종말에 대한 관심도 별로 없어 보인다. 한때 물의를 일으켰던 시한부 종말론의 부정적 결과이기도 하다. 지금은 어느 때보다 우리의 소망이신 다시 오실 그리스도에 관한 메시지가 더욱 필요한 때다.[1]

다니엘 9:24-27은 신구약 성경 가운데 가장 해석하기 어려운 구절이다. 이 구절에 대한 바른 이해 없이는 '성경의 종말론'을 이해할 수 없다.[2]

다니엘 9장의 주제는 '이스라엘 고난과 회복'이다.[3] 여기서 다니엘은 다

---

1 한정건, 『종말론 입문』(서울: 기독교문서선교회, 1994), 11.
2 한정건, 『종말론 강해』(서울: 기독교문서선교회, 1992), 95.
3 한정건, 『종말론 강해』, 98.

리오 왕 원년에 예레미야가 예언한 70년간 고난의 포로 기간이 다 차가고 있음을 깨닫고서 하나님께 기도한다. 다니엘의 기도 목적은 단순히 예루살렘성의 황폐함에 대해 이스라엘의 죄를 용서해 달라는 것이 아니고 이스라엘의 온전한 회복에 있다(단 9:16-19).

다니엘 선지자는 역사의 마지막 시기에 일어날 일련의 종말론적 사건들을 깨닫게 된다. 또한, 다니엘서는 종말론적 사건들의 시기에 관한 연대기적 단서를 짚어볼 수 있게 한다. 하나님은 다니엘의 간절한 기도에 응답한다. 다니엘이 기도할 때 가브리엘 천사가 와서 말씀을 전한다.

다니엘은 70년 고난의 기간이 차면 이스라엘의 포로 귀환으로 이스라엘이 회복될 것이라고 생각한다. 그러나 하나님은 이스라엘이 온전히 회복되려면 70년이 아니라, '일흔 이레'의 기간이 되어야 한다고 말씀하신 것이다. 아래의 다니엘 9:24이 잘 알려 준다.

> 네 백성과 네 거룩한 성을 위하여 일흔 이레를 기한으로 정했나니 허물이 그치며 죄가 끝나며 죄악이 용서되며 영원한 의가 드러나며 환상과 예언이 응하며 또 지극히 거룩한 이가 기름 부음을 받으리라(단 9:24).

먼저 염두에 두어야 할 것은 다니엘서의 일흔 이레의 예언은 어디까지나 이스라엘과 그 거룩한 성 예루살렘이 온전히 회복되는 기간이지 결코 예수 그리스도의 초림에 대한 예언이 아니라는 것이다.[4] 카이저는 이렇게 말한다.

> 이스라엘 백성과 거룩한 성 예루살렘을 위하여 '일흔 이레'의 기한이 정해

---

[4] Walter C. Kaiser, 『마지막 때에 관한 설교』, 199.

져 있다는 것인데, 이 일흔 '이레' 또는 일흔 '주'(weeks)를 대부분의 학자들은 하나님이 490년간 이스라엘 백성을 다루실 시간으로 인정한다.

그러나 이 490년은 일련의 사건이 연속하여 일어나는 것은 아니었다. 7년의 예순아홉 번째와 일흔 번째 '주' 사이에는 최소 한 번의 끊어짐이 있을 것이다. 이때 "기름 부음 받은 자가 끊어져 없어질 것"이며 그 "성읍과 성소가 무너질" 것이다(단 9:26).[5]

카이저는 예순아홉 번째와 일흔 번째 주 사이에 일어나는 두 사건을 주후 30년경 메시아의 죽음과 주후 70년의 성전 파괴를 차례로 가리킨다고 이해한다. 이것이 다니엘서에 나타난 두 단서에 대한 바른 이해라면, 그리고 "예순두 이레 후에"(26절)라는 문구가 그날부터 지금까지 계속되어온 휴지기를 가리킨다면, 메시아의 재림을 향하여 역사가 흘러가는 가운데 하나님이 특별한 일을 행하시는 시간을 칠 년으로 볼 수 있을 것이다. 마지막 때의 결정적인 역사의 순간들일 수 있다.[6] 카이저는 이렇게 말한다.

'적그리스도'라 불리는 자가 서방 국가들을 이끌 것이다. 그가 이스라엘과 언약을 맺어서 이스라엘이 제3성전을 건축하도록 할 것이다. 그러나 이 칠 년 중간에 적그리스도가 이스라엘과 맺은 언약을 파기할 것이다. 세계 모든 나라가 유대 백성과 예루살렘에 관한 골치 아픈 이 문제를 끝내기 위해 나오면서 아마겟돈 전쟁이 시작될 것이다. 이런 움직임은 세상의 모든 이방 나라들에 최후의 결정타가 될 것이다. 하나님이 개입하셔서 자신이 만유의 통치자이심을 놀랍게 나타내실 것이다.[7]

5　Walter C. Kaiser, 『마지막 때에 관한 설교』, 191.
6　Walter C. Kaiser, 『마지막 때에 관한 설교』, 192.
7　Walter C. Kaiser, 『마지막 때에 관한 설교』.

다니엘이 본 칠십 이레의 환상 속에 다음의 것들이 예시되어 있다.

① 포로 귀환과 성전 중건
② 그리스도의 성육신
③ 로마 군대에 의한 성전의 파괴
④ 적그리스도의 출현 등 이스라엘의 운명과 더불어 그리스도의 재림 직전에 있을 대환난 때의 종말론적 사건들[8]

다니엘 9:24-27을 통해 연구해야 할 중요한 항목들은 아래와 같다.

첫째, 전체 구절은 다니엘의 백성인 이스라엘을 비롯하여 예루살렘이라는 '거룩한 성'(24절)과 관련된다. 성경에 분명히 명시되어 있지만, 간과되기 쉬운 부분이다.

둘째, '기름 부음을 받은 자,' 곧 그 '왕'에 대한 언급이 나온다(26절). 이 둘은 각기 다른 사람인지 아니면 동일 인물인지의 문제이다.

셋째, 많은 주석가와 대부분의 성경 번역본은 24-26절을 해석할 때, '일흔 이레'가 세 부분, 즉 일곱 주, 예순두 주, 한 주로 나뉜다고 보지 않고, 두 부분, 즉 예순아홉 주와 한 주로 나뉘어 구성된다고 보는 것의 타당성의 문제이다.

넷째, 일흔 '이레' 또는 '주'(week)가 실제 연, 월, 일을 가리킬까?
그것이 실제 해(years)를 가리킨다면, 많은 사람의 결론처럼, 1년을 365+1/4일로 보는 '태양년'(solar years)이 맞을까, 아니면 1년을 360일로 보는 소위 '예언년'(prophetic years)이 맞을까 하는 문제이다.

---

8   강병도, 『호크마 종합주석: 에스겔-다니엘』, 726.

다섯째, 예순두 '이레' 후에 올 "기름 부음 받은 자"는 누구인가?
여섯째, 한 이레 동안 많은 사람과 언약을 맺을 '왕'은 누구인가?
일곱째, 그 이레의 중간, 즉 7년의 기간 중간에 그 언약을 파기하는 왕은 누구일까?
여덟째, 이 '왕'이 성전의 날개에 세울 포악하고 가증한 것(27절)은 무엇일까?
아홉째, 예언된 이 일흔 주의 여섯 가지 목적은 어디에 적용될까?[9]

2. 다니엘 9:24-27 주해 연구

본문 주해에 앞서 나오는 다니엘 9장의 23구절을 주목해야 한다. 다니엘은 70년 포로 생활에 관한 예레미야의 예언(렘 25:12; 29:10)을 읽고 있었다.

다니엘이 하나님께 간절히 기도했을 때 하나님은 가브리엘 천사를 보내심으로 응답한다. 하나님의 응답에서 다니엘은 70년 포로 생활 후에 '일흔 이레'라는 시기가 있다는 사실을 확실히 알게 된다.

1) '일흔 이레'의 기간(단 9:24상)

비판적인 자유주의자들은 다니엘 9:24-27이 주로 안티오커스 에피파네스 4세를 가리킨다고 한다. 그들은 미래를 알리는 예언이 아니라는 가정에 근거를 두고 있다.

---

9 Walter C. Kaiser, 『마지막 때에 관한 설교』, 194-95.

그들은 역사적 배경을 고찰해볼 때, 다니엘서가 아마도 후대에 기록된 것으로 추측한다. 저자가 실제적으로 이미 지나간 역사를 가지고 예언자의 옷을 입혔다는 것이다.[10]

성 어거스틴은 전통적인 메시아적 해석을 본질적 견해라고 진술한다. 이 부분의 예언이 육신을 입고 오시는 그리스도의 초림을 가리키는 것으로 본다. 초림의 중심점은 그의 죽음이라고 주장하며, 또한 주후 70년에 로마에 의해 예루살렘이 멸망된 사건도 말하고 있다고 주장한다.[11]

보수주의 학자들이 취한 일반적 해석은 미래의 연수를 지시하는 기간으로 생각하지 않고 상징적인 숫자로 생각한다. 70년 포로 생활을 끝낸 후에 하나님께서 그 백성의 구원을 성취할 불확정한 기간이 온다는 것이다.

처음 기간인 일곱 이레는 고레스 칙령(주전 538년)에서 시작하여 기름 부음을 받은 자요 왕이신 그리스도의 출현에 이르기까지다. 예순두 이레는 복음 전파와 죄인이 회개하는 시기라는 상징적인 표현으로 해석한다. 마지막 한 이레는 사악한 왕의 통치 시대, 곧 적그리스도의 통치 시대다. 그 끝에 세계의 종말이 임한다는 것이다.[12]

'일흔 이레'는 무엇을 의미하는가?

'일흔 이레'(쇠부임 쉬브임)의 문자적인 뜻은 '일곱들, 그것들의 칠십'으로, 이를 숫자화하면 '7 × 70'이 된다. 하지만, 이는 실제 역사적인 연수가 아니다. 이른바 어떤 내용이나 사건을 상징과 비유와 환상 등의 방법으로 전달하던 묵시 문학의 수단이 동원된 구속사적 예언의 숫자다. 즉, '일흔

---

10 간하배, 『다니엘서와 메시아 예언』, 정정숙 역 (서울: 개혁주의신행협회, 2007), 257.
11 간하배, 『다니엘서와 메시아 예언』, 252.
12 간하배, 『다니엘서와 메시아 예언』, 258.

이레'는 하나님의 백성을 중심으로 펼쳐지는 인류 구속사의 기본적인 구도를 제시해 주는 상징적 예언 수다.

이런 맥락에서 '일흔'은 거룩한 수 '칠'에 완전한 수 '십'을 곱한 것이고, '이레'(일곱) 역시 거룩한 수로서, 하나님의 거룩한 사역을 상징하는 숫자이다. 결국, '일흔 이레'는 하나님의 백성을 위한 하나님의 거룩하고 온전한 구원의 역사를 상징하는 숫자이다.[13]

그러나 자연스럽게 문자적 역사적으로 본문을 해석하는 것이 아니라 상징적으로 비유적으로 해석하면 구체적이고 실제적인 하나님의 역사 전개를 놓치게 될 것이다. 카이저는 이렇게 말한다.

> 이스라엘 백성들이 매 7년마다 토지 경작을 쉬는 땅의 안식년, 곧 하나님의 법(레 25:1-7)을 어겼으므로 칠십 년의 포로 생활을 겪을 것이라고 말한 예레미야의 예언(렘 25:12; 29:10)을 다니엘이 읽는다.
>
> 역대하 36:21은 이스라엘이 그 땅에서 사라짐으로 땅이 황폐하여 그 땅이 칠십 년의 안식을 누릴 수 있었다 한다. 이스라엘이 이 안식년 원칙을 약 490년 동안 중단한 사실을 명백히 보여 준다. 포로 기간이 70년이었던 것은 이스라엘이 7년을 단위로 하는 안식년을 70번 지키는 데 실패했기 때문으로 추측할 수 있다.
>
> 이런 이레 또는 주를 실제 일 또는 월로 이해하면 포로 기간을 너무 단축하게 되며, 490일 또는 490개월로 적용해 보더라도 주전 605년(다니엘이 포로로 잡혀간 해)부터 주전 538년(유대 백성의 귀환을 허락한 고레스 칙령이 반포된 해)까지 총 70년간 역사적으로 지속된 실제 포로 기간의 길이에 훨씬 못 미친다. 따라서, 카이저는 이 일흔 '이레' 또는 '주'(weeks)가 '연'(years)을

---

[13] 천종수, 『QA 성경』, 1250.

가리킨다고 보는 것이 가장 적합한 것으로 본다.[14]

70년이 중요하다.

70년의 포로 생활이 예언된 실제 연수였던 것처럼 하나님께서 완전한 회복을 위해 정하신 기간도 실제 연수로 보아야 할 것이다.[15]

2) '일흔 이레'의 목적 (단 9:24)

아모스 3:7은 이렇게 적는다.

주 여호와께서는 자기의 비밀을 그 종 선지자들에게 보이지 아니하시고는 결코 행하심이 없으시리라 (암 3:7).

하나님은 '일흔 이레' 기간에 행하실 역사적 사건들을 다니엘에게 보여 주신 것이다. 인류 구속을 위해 아브라함을 택하시고 메시아 초림까지 약 2천 년의 역사적 시간이 소요된다. 메시아의 초림에서 재림까지 약 2천 년의 세월이 흘러간다.

메시아가 다시 오셔서 악의 세력들을 제거하시고 직접 다스리시는 나라로 나아가는 결정적 역사의 과정을 알려 주시는 것이다. 하나님의 영광을 위하여 그리고 자기 백성들을 사랑하셔서 역사의 전환점을 미리 바라보고 준비하도록 그리고 소망 가운데 통과할 수 있도록 미리 알려 주신다.

---

14 Walter C. Kaiser, 『마지막 때에 관한 설교』, 198.
15 한정건, 『종말론 입문』, 123.

'일흔 이레'의 내용적 목적은 죄를 그치는 것과 영원한 의를 확립하는 것으로 여러 가지 목적이 있다.

(1) 첫 번째 목적: '허물을 그치게 하기'(단 9:24상).

이 단어는 어떻게 표현되든지, 모든 허물을 완전히 끝내도록 요청하는 것을 나타낸다. 이것이 여호와의 날이 도래하기 전에 어떤 식으로 성취될 지는 알기 어렵다. 주님의 초림 이후로도 수많은 허물과 죄가 저질러져 왔기 때문에 이 예언이 초림 때에 성취된 것으로 볼 수는 없다.[16]

(2) 두 번째 목적: '죄를 끝내기'(단 9:24중).

죄를 '마무리 짓다'라는 의미로 해석해야 한다. 첫 번째와 두 번째의 목적은 서로 밀접한 관계가 있으며 이들은 그리스도의 때까지 자행된 죄들을 나타냄이 아니라, 마지막 날까지 이르는 모든 죄를 가리킨다.

(3) 세 번째 목적: '죄악을 속죄하기'(단 9:24중).

메시아만이 죄를 속량할 수 있는 이유는 갈보리에서 죗값으로 자기 자신을 내어놓으셨기 때문이다. 온전한 속죄, 즉 십자가에 못 박혀서 '끊어져 없어질' 그리스도가 보혈을 흘리심으로써 죄를 가릴 실제적 기초가 마련된다는 뜻이다.[17]

(4) 네 번째 목적: '영원한 의를 드러내기'(단 9:24중).

본문의 구절은 '영원한 의'라고 명시한다. 하나님 백성의 죄가 그리스

---

[16] Walter C. Kaiser, 『마지막 때에 관한 설교』, 200.
[17] John MacArthur, 『맥아더 성경주석』, 813.

도의 통치로 사해지는 때를 가리킨다. 수백 년간의 배교를 버리고 완전히 변화된 다니엘의 동족에게 영원한 의가 드러난다.

(5) 다섯 번째 목적: '환상과 예언이 응하며'(단 9:24하).

'응한다'는 말은 히브리어로 '봉인하다'는 뜻의 '하탐'(khatam)이 사용되는데 여기엔 두 가지 의미가 있다.

첫째, 봉인한다는 것은 어떤 것이 진짜임을 증명한다는 의미로 그리스도의 강림으로 예전의 모든 예언이 인정받게 되는 것이다.

둘째, 사생활을 지키거나 안전한 보관을 위해 마감처리한다는 의미로 환상이 밀봉될 것이며 최종적으로 종결되어 끝난다는 것이다.[18]

(6) 여섯 번째 목적: '지극히 거룩한 이가 기름 부음을 받기'(단 9:24하).

'기름 붓다'는 하나님께 특별히 바치기 위해 구분짓는 행위를 말한다. 초기 여러 주석가는 '지극히 거룩한 이가 기름 부음을 받는 것'은 메시아를 가리키는 것으로 본다. 맥아더는 천년왕국에서 예배 중심지가 될 성전의 성소가 거룩하게 되는 것으로 본다.

앞의 세 가지 예언은 그리스도의 초림으로 원리적으로 성취되고 그의 재림으로 온전히 성취되며, 뒤의 세 가지 예언은 그리스도의 재림으로 완성된다.[19]

---

[18] John Calvin, 『구약성경주석(25): 다니엘II』, 성경주석출판간행회 편역 (서울: 성서교재간행사, 1987), 201.
[19] John MacArthur, 『맥아더 성경주석』, 813.

3) '일흔 이레'의 세 부분 (단 9:25-26)

25절에 일곱 '이레'와 예순두 '이레'가 언급된다. 예순두 이레가 26절에 다시 언급되고, 27절은 한 이레와 더불어 '그 이레의 절반'에 대해 말한다. 따라서, 그 일흔 이레는 세 부분으로 구성된다고 볼 수 있다. 카이저는 이렇게 말한다.

> 뛰어난 성경학자면서 당시 영국 런던경찰국의 수장을 지낸 로버트 앤더슨(Sir. Robert Anderson)이 1881년 『오실 왕』(The Coming Prince)이라는 책에서, 이 본문의 이레가 칠 년을 하나로 묶은 단위를 가리킨다고 주장한다. 그러나 여기서의 연수는 일 년을 365+1/4일로 보는 '태양년'이 아니며, 일 년이 총 360일이며 한 달을 30일로 계산하는 '예언년'이라고 보았다.
> 나아가, 그는 예루살렘성을 중건하라는 '말씀'을 아닥사스다 롱기마우스 왕이 주전 445년 3월 14일에 반포한 칙령(느 2:1)과 연결한다. 따라서, 1년을 360일로 놓고, 일흔 이레(49년)와 예순두 이레(434년)를 계산하면 173,880일(483×360일)이며, 이 날짜를 더해 보면 주후 32년, 니산월 십일, 즉 4월 6일, 종려 주일이다.[20]

카이저는 예언년이란 것을 인정하지 않으며 이 계산법을 지지하지 않는다. 한편, 켄달(Kendall) 박사는 종말론 세미나에서 아래와 같이 주장한다.

> 아닥사스다 왕은 주전 444년 3월 5일에 성을 건축하라는 명령을 내린다(느 2:1-8). 69이레는 48년이요 예언년(360일)으로 계산하면 173,880일이며 예

---

[20] Walter C. Kaiser, 『마지막 때에 관한 설교』, 205.

수님의 예루살렘 입성은 주후 33년 3월 20일에 일어난다. 주전 444년에서 주후 33년은 476년이고 476년에 평균치 365,242일을 곱하면 173,855일이다. 3월 5일에서 3월 30일까지의 차이 25일을 더하면 총 173,880일이 나온다.[21]

상당수 보수주의 학자들은 다니엘 9:25의 "예루살렘을 중건하라는 영이 날 때"를 에스라 1:1-3이 말하는 페르시아 왕 고레스의 통치 원년, 곧 주전 538년으로 본다. 그리고 다니엘 9:25의 "기름 부음을 받은 자, 곧 왕"을 예수 그리스도로 보아 그가 기름 부음을 받을 때까지 7이레와 62이레를 합한 69이레, 곧 483년이 걸릴 것으로 본다.

그러나 이렇게 해석할 경우, 예수 그리스도가 기름 부음 받을 때가 주전 55년이 되어 실제 연대에 훨씬 못 미치게 된다. 이 견해는 다니엘 9:24이 명시한 이스라엘 백성과 예루살렘성의 회복을 위한 70이레 기한을 예수 그리스도의 초림 사건에 맞추는 문제가 있다. 그리고 무엇보다 그들의 주장 연대가 실제 연대와 맞지 않고 불일치하는 문제가 있다.[22]

4) '일흔 이레'를 세 가지로 구분하는 계산법

카이저를 포함하여 대부분의 학자가 7이레와 62이레를 합한 69이레, 즉 483년을 중심으로 계산을 한다. 한정건은 이렇게 말한다.

그러나 다니엘 9:24-27의 본문 자체가 '일곱 이레,' '예순두 이레,' 마지막

---

[21] Robert Tillman Kendall, "종말론세미나 강의안," 2003년 인천승리감리교회에서, 65.
[22] 안영복, "특강5. 다니엘서의 70 이레, 어떻게 해석해야 하는가?," https://www.youtube.com/watch?v=OP_9OmuIH3M

'한 이레'의 3구분이기에 일흔 이레를 이렇게 3구분하는 것이 타당하다고 본다. 그 구분 사이에는 휴지기가 개입되어 있다. 첫 일흔 이레와 예순 두 이레 사이에 '예루살렘성이 중건되어 광장과 거리가 세워지는 일'의 기간이 개입되어 있고(단 9:25), 예순 두 이레와 마지막 한 이레 사이에도 '기름 부음 받은 자가 끊어지게 되는 일'(단 9:26)과 '장차 한 왕의 백성이 와서 예루살렘 성읍과 성소를 무너뜨리는 사건'(주후 70년)이 개입되어 있다.[23]

우선 다니엘 9:24의 예언은 이스라엘 백성과 그 거룩한 성 예루살렘의 온전한 회복을 위하여 그 기한을 일흔 이레로 정했다고 명시한다. 24절의 나머지 부분은 그러한 온전한 회복이 그리스도의 구속 사역을 기반으로 이루어질 것을 말하고 있다. 공동번역 성경에서의 다니엘 9:25은 좀 더 쉽게 이해하게 해 준다.

> 너는 똑똑히 알아라 너희가 돌아가 예루살렘을 재건하리라는 말씀이 계신 때부터 기름 부어 세운 영도자가 오기까지는 칠 주간이 흐를 것이다. 그 뒤에 육십이 주간 어려운 시대가 계속되겠지만, 그동안에 성을 쌓고 재건하게 될 것이다(단 9:25).

첫째 기간인 '예루살렘을 재건하리라는 말씀이 계신 때'는 예레미야가 70년 포로 생활이 끝나리라는 예언(렘 29:10-14)을 했을 때부터로 볼 수 있다. 이 예언은 유다왕 시드기야 제10년, 즉 587년에 주어진다(렘 32:1, 36-42).[24] 다니엘 9:25에 주전 587년부터 '기름 부어 세운 영도자가 오기까지 칠

---

[23] 한정건, 『종말론 입문』, 125-28.
[24] 한정건, 『종말론 입문』, 126.

주간'이라고 되어 있다. 페르시아의 고레스 왕은 이사야 45:1에 의하면, '기름 부음을 받은 고레스'라고 지칭하고 있다. 과연 그 말씀대로 고레스는 '일곱 이레,' 곧 49년이 지난 주전 538년에 세움을 받고 유대 백성들을 70년 만에 본토 예루살렘으로 돌아가게 하는 예레미야의 예언을 성취시킨다. 두 번째 62이레가 되기 전 휴지기 동안에 일어날 일을 다니엘 9:25의 하반절은 이렇게 말한다.

그 곤란한 동안에 성이 중건되어 광장과 거리가 세워질 것이라(단 9:25하).

역사를 연구해 보면, 느헤미야가 유다 총독으로 예루살렘성의 재건과 관련된 사역한 기간은 주전 445년부터 주전 408년으로 나타난다. 만일 주전 408년부터 시작하여 62 이레, 곧 434년이 지나면 바로 기름 부음 받은 자이신 메시아 예수님이 공적 사역을 시작한 주후 26년경이 되고 그렇게 일하시다가 3년 지나 십자가에 못 박히게 된다. 다니엘 9:26의 초두에 "62이레 후에 기름 부음을 받은 자가 끊어져 없어질 것이라"는 예언이 성취된 것으로 보는 것이다. 안영복은 이렇게 말한다.

느헤미야는 주전 445년에 예루살렘으로 귀환하여 성을 재건하는 일을 했으며 주전 433년에 페르시아로 돌아갔다가 주전 430년경에 다시 예루살렘으로 돌아와 사역한다. 엘리판틴 문서에 의하면, 주전 407년에 비고아스란 사람이 유다 총독으로 기록되어 있는 것으로 보아 느헤미야의 유다 총독으로서의 사역은 주전 408년에 끝난 것으로 본다.

이렇게 볼 때 예루살렘성의 재건과 관련된 느헤미야의 사역은 주전 408년부터 시작하여 62이레, 곧 434년이 지난 때가 되면 바로 기름 부음 받

은 자인 메시아 예수님이 공적 사역을 시작한 주후 26년이 된다.[25]

이 계산법의 장점은 본문처럼 일흔 이레를 세 구분하고 있는 데 있다. 본문이 세 기간으로 나뉘는 것에는 반드시 어떤 이유가 있을 것이다. 분명히 각 기간마다 어떤 의미와 목적과 특징이 있을 것이다. 첫 번째 기간은 이스라엘의 고난과 회복을 위한 바벨론 포로로서 겪는 이스라엘의 고난의 기간이다. 두 번째는 전쟁으로 인한 고난의 기간이다. 세 번째는 적그리스도로부터 당하는 고난으로 요약될 수 있다.

그 고난 끝에는 어떠한 회복이 예상된다. 그러나 앞의 회복들은 일시적인 혹은 부분적인 것에 불과하며 궁극적인 회복은 마지막 '한 이레'의 끝에 가서 이루어질 것이다. 한정건은 이렇게 말한다.

> 다시 설명한다면, 첫 번째 고난 이후 고레스에 의해 이스라엘이 회복될 것으로 예상된다. 그러나 여기서 이스라엘의 완전한 회복이 이루어질 수 없는 것은, 곧이어 다시 성이 중건되고 광장과 거리를 만들 것이라는 것으로 보아서 전쟁으로 인한 이스라엘의 고난의 기간이다.
>
> 이런 고난 뒤에 메시아의 탄생으로 회복되는 기대가 극도에 달할 것이다. 그러나 다니엘 본문은 '예순두 이레' 이후 메시아의 죽음을 언급하고 또 성과 성전이 파괴될 것임을 말함으로써 또 다른 암흑 시대가 예상됨을 암시한다.
>
> 결국, 메시아의 초림이 '일흔 이레' 후로 예상되는 이스라엘의 완전한 구속의 때가 아님을 말한다. 완전한 이스라엘의 구속은 다음에 남은 '한 이

---

[25] 안영복, "특강5. 다니엘서의 70 이레, 어떻게 해석해야 하는가?"

레'의 고난의 기간이 지난 후에 완성된다.²⁶

마지막 '한 이레'에서도 이스라엘에게 고난이 예상된다. 이 기간 중에 하나님께 드리는 제사와 예물이 금지되고 가증한 물건이 세워지며 성이 황폐하게 된다. 이 고난의 기간은 정한 때까지 계속되어 종말에 이를 것이다(단 9:27). 이로써 '일흔 이레'는 끝날 것이고 백성들의 죄악이 영원히 속함을 받을 것이며 거룩한 성이 회복된다(24절).²⁷

5) 기름 부음 받은 자의 끊어짐(단 9:26)

어떤 이들은 다니엘서가 미래의 예언을 기록한 것으로 인정하지 않고 마카비 때 쓰였다고 주장한다. 이들은 주전 171년에 무고하게 살해된 '대제사장 오니아스'가 바로 다니엘 9:26의 '끊어지는 자'라고 본다.²⁸ 그러나 카이저는 이렇게 말한다.

> 다니엘은 이 사건이 '예순두 이레' 후에 일어난다고 밝힌다. 많은 주석가는 앞의 예순아홉 주와 마지막 일흔 번째 주 사이에 간격이 있다고 생각한다. 두 가지 일이 일어나는데, 기름 부은 자(메시아)가 끊어지고 그 성읍과 성소가 파괴될 것이기 때문이다.
> 예루살렘의 성읍과 성소가 주후 70년에 로마에 의해 파괴되고, 주후 30년경 기름 부음 받은 자, 즉 그리스도가 죽임을 당하는 사건이 벌어지기 때문에, 70주의 공백기 또는 중단 기간이 40년 가량 있다고 보되, 이 간격이

---

26 한정건, 『종말론 입문』, 127.
27 한정건, 『종말론 입문』, 128.
28 Walter C. Kaiser, 『마지막 때에 관한 설교』, 206.

얼마나 오래 지속될지에 대해서는 아직 끝을 알 수 없다.²⁹

기름 부은 자가 끊어지고 성읍과 성소가 파괴된 것을 예수님의 십자가에서 죽으심과 주후 70년 로마의 티투스 장군이 이끈 군대가 예루살렘성과 성전을 파괴한 사건을 가리킨다고 이해한다.

그러면 일흔 번째 주는 언제일까?

예수님이 감람산에서 마지막 때 있을 큰 환난과 재림을 말씀하신 마태복음 24장에서 다니엘이 말한 '멸망의 가증한 것'(마 24:15)을 언급하신다. 그러므로 다니엘의 마지막 주를 재림이 가까운 이 시대의 마지막 때로 보아야 한다.

6) 통치자가 많은 사람들과 맺은 언약(단 9:27)

이 마지막 일흔 번째 주 동안에 다른 통치자가 나타나서 전반기에는 이스라엘과 화평의 언약을 맺을 것이다. 이는 화평한 말로 사람들을 미혹하여 환심을 얻게 되는 것을 뜻한다.

그러나 안티오쿠스 에피파네스 4세(Antiochus Epiphanes IV)가 주전 167년에 행한 것처럼, 그 일흔 번째 '주'의 칠 년 중간에 이스라엘과 맺은 언약을 깨뜨릴 것이다. 이 통치자는 한 이레 동안의 후반기에는 정체를 드러내고 제사와 예물을 그치게 할 것이다.

하나님의 백성들을 가혹하게 핍박하고 여호와 신앙을 철저하게 탄압할 것이다. 전례없는 박해와 큰 고통과 황폐함으로 무서운 공포의 때가 도래할 것이다. 이 통치자는 "종말까지 진노가 황폐하게 하는 자에게 쏟아"질

---

29 Walter C. Kaiser, 『마지막 때에 관한 설교』, 207.

때까지 "포악하여 가증한 것"을 세울 것이다(27절).[30]

다니엘 9:27의 '그'는 누구인가?

이 인물을 바로 밝히는 것이 종말론을 여는 열쇠가 된다.

"그"는 누구일까?

그는 다니엘 9:26의 '장차 한 왕'인 로마의 티투스 장군 같은 성향을 가진 마지막 대환난기에 나타날 '적그리스도'로 봄이 가장 성경적이다. 이유는 다음과 같다.

첫째 이유는 다니엘 9:27에 그가 "한 이레 동안의 언약을 굳게 맺고 그가 그 이레의 절반에 제사와 예물을 금지할 자"이기 때문이다. 그리고 "정한 종말까지 진노를 당할 황폐하게 하는 자"로 예언되어 있기 때문이다(살후 2:4 참조).

일부 학자들은 '제사와 예물'이라는 말을 피 흘리는 제사와 피 안 흘리는 제사 두 가지를 모두 포함하고 있다고 한다. 모든 제사의 금지를 말하는 것으로 이해하며 예수 그리스도의 놀라운 성취를 의미한다고 한다. 제사 제도가 주님이시요 구주이신 예수 그리스도로 말미암아 폐지되었다는 것이다.[31]

그 주장은 문맥과는 전혀 타당하지 않은 성경을 자연스럽게 문자적으로 보지 않는 자들의 오류일 뿐이다. 지금 예루살렘에는 제사와 예물을 드릴 성전을 세우기 위해 목숨 걸고 도전하는 사람들이 성전 기물들을 만들고 성전에서 섬길 제사장들을 훈련시키고 있다.

---

[30] Walter C. Kaiser, 『마지막 때에 관한 설교』, 208.
[31] 간하배, 『다니엘서와 메시아 예언』, 305.

둘째 이유는 다니엘 9:27에 "포학하여 가증한 것이 날개를 의지하여 설 것이라"고 예언하는데, 예수님께서 "다니엘이 말한 멸망의 가증한 것이 거룩한 곳에 선 것을 보거든…도망하라"(마 24:15-16)고 말씀하셨기 때문이다.

이렇게 볼 때 그는 대환난기에 나타날 인물인 적그리스도가 분명한 것이다.

셋째 이유는 다니엘 9:27에서 '그가' 하는 행동은 적그리스도의 사역으로 볼 수밖에 없는 성경의 증거들이 있기 때문이다. 그가 한 이레의 절반, 곧 3년 반에 행하는 행동은 바로 적그리스도의 행동임을 요한계시록과 다니엘서의 구절들이 증거하고 있기 때문이다(계 13:5; 단 12:7).[32]

중요한 것은 이 본문이 다니엘과 그의 백성 이스라엘과 관련된다는 점이다. 그리고 미래에 있을 이 모든 환난은 결과적으로 복을 가져다줄 것이다.

7) 카이저의 결론

카이저는 다니엘 9:24-27의 주해를 다음과 같이 결론짓는다.

> 예레미야 선지자가 예언한 70년의 포로 기간 후에 일어날 일에 대해 다니엘이 기도하자, 하나님이 천사 가브리엘을 보내셔서 이스라엘의 미래에 관해 490년, 즉 '일흔 이레'를 예언하신다.
>
> 그러나 이 490년은 끝까지 모두 연속적인 것이 아니라, 예순아홉째 주와 일흔 번째 주 사이에 상당한 간격이 있다. 이 490년에 대해 하나님이 말씀

---

[32] 안영복, "특강5. 다니엘서의 70 이레, 어떻게 해석해야 하는가?."

하신 여섯 가지 목적은 죄를 완전히 제거하는 것은 물론 '영원한 의'를 드러내고 모든 환상과 예언을 이루는 것까지의 모든 것을 포함한다.

칠 년 중 예순아홉 이레와 마지막 이레 사이에 간격이 있어 두 시기로 구분되는데 이 간격의 기간은 정확한 숫자로 명시되지 않는다. 그 간격 사이에 메시아가 끊어지고(주후 30년경) 예루살렘 성읍과 성소가 파괴된다(주후 70년). 칠 년의 마지막 한 이레의 절반 때에 적그리스도가 이스라엘과 맺은 언약을 파기하고, 새로 중건한 제3성전을 '포악하여 가증한 것'으로 더럽힐 것이다. 평화기 후 그리스도가 이 땅을 통치하고 다스리시는 '천 년과 영원한 나라'가 임한다.[33]

칠년대환난은 성경에 없기 때문에 인정하지 못하는 학자들이 있다. 서철원은 이렇게 말한다.

> 성경 어디에도 주님께서 다시 오시기 직전에 7년의 대대적 환난을 당한다는 기록이 없다. 그리스도인의 삶은 계속적으로 핍박과 환난을 당하는 삶이다. 주님이 마태복음 23, 24장에 예언하신 환난은 예루살렘 멸망과 그때 당한 환난을 말한다(마 23:37-39; 24:15-28).
> 이런 처참한 환난은 인류 역사상 다시 없는 일이다. 이런 환난이 주님 다시 오시기 직전에 일어난다는 제시는 성경 어디에도 없다. 세대론자들은 주의 재림 직전에 환난은 적그리스도에 의해서 이루어진다고 주장한다.
> 바울은 멸망의 아들, 곧 불법한 자, 대적자가 나타날 것을 말한다(살후 2:1-12). 주의 재림 직전에 적그리스도에 의해서 그리스도인들이 큰 환난과 핍박을 받을 것은 확실하다(계 13:4-8). 그리스도 자신도 재림 직전에 큰 환

---

[33] Walter C. Kaiser, 『마지막 때에 관한 설교』, 208-09.

난이 있을 것을 말씀하셨다. 성경 전체에서 칠년대환난은 제시되지 않는다.[34]

다수의 신학자가 칠년대환난은 성경에 없다고 주장한다. 그러나 이 문제는 한 이레를 실제 연수로 보아야 할 것인가 아닌가의 문제로 연결되어진다. 일흔 이레를 실제 연수로 본다면 한 이레도 실제 연수로 볼 수 있다. 일흔 이레는 바벨론 70년 포로로부터 출발한 계산이기 때문에 실제 연수로 볼 수 있는 근거는 충분하게 있다. 그러므로 한 이레도 7년으로 보아 무방할 것이다. 한 이레를 7년으로 본다면 칠년대환난이라는 말을 사용할 수 있는 것이다.[35]

그러나 다니엘 9:27에 '한 이레의 절반'이란 말이 나온다. 다니엘 7장에서는 작은 뿔로 묘사된 적그리스도는 '한 때와 두 때와 반 때' 동안 하나님을 대적하고 성도들을 괴롭힌다고 말한다(단 7:25). 다니엘 12장은 적그리스도에 의한 성도들의 환난의 기간을 '한 때 두 때 반 때'를 지나야 할 것이라 한다(단 12:7). 한정건은 이렇게 말한다.

> 요한계시록에는 삼 년 반의 기간이 여러 번 나타난다. 요한계시록 11:2에서 거룩한 성을 마흔 두 달(삼 년 반) 동안 짓밟을 것이고, 두 증인이 1,260일(삼 년 반)을 예언할 것이라고 기록하고 있다.
>
> 요한계시록 12:6은 용이 남자를 낳은 여자를 1,260일(삼 년 반) 동안 핍박할 것이다. 12:4에는 이것을 '한 때와 두 때와 반 때'로 말한다.
>
> 따라서, 다니엘서에서 나타나기 시작한 '한 때와 두 때와 반 때'는 삼년 반

---

[34] 서철원, 『교의신학 6권: 종말론』 (서울: 쿰란출판사, 2018), 254.
[35] 한정건, 『종말론 입문』, 130.

에 해당한다고 보아야 한다. 요한계시록 13:5에는 짐승이 하나님을 대항하고 성도를 괴롭히는 기간을 '마흔 두달'(삼 년 반)로 증언한다. 이 짐승은 용에게 '능력과 보좌와 큰 권세'를 받으며(계 13:2), 온 백성이 용과 짐승을 경배한다. 거의 모든 주석가는 이 짐승을 적그리스도의 활동의 기간으로 간주해야 한다.[36]

이상에서 우리는 적그리스도의 활동 기간이 '삼 년 반' 혹은 그와 유사한 기간들로 말해지고 있는 데에 유의할 필요가 있을 것이다. 따라서, 다니엘 9:7의 한 이레의 절반은 삼 년 반 혹은 그와 유사한 기간들로 말해지고 있는 데에 유의할 필요가 있을 것이다. 따라서, 다니엘 9:27의 한 이레의 절반은 삼 년 반 혹은 적어도 그와 유사한 기간으로 보는 것이 타당할 것이다. 안영복은 아래와 같이 주장한다.

> 다니엘 9:24-27은 성경의 종말론 해석의 열쇠가 되는 구절이다. 카이저는 일흔 이레를 예순아홉 번째 주와 일흔 번째 주로 2구분하지만, 성경 자체가 일흔 이레를 3구분하여 말하고 있기 때문에 일흔 이레를 3구분하여 해석하는 것이 타당하다.
> 특히, 마지막 한 이레는 하나님의 백성 이스라엘의 완전한 구속이 회복되기 위해 꼭 필요한 기간으로 정해진 종말 기간이다. 그 마지막 한 이레, 곧 7년을 '칠년대환난'라 일반적으로 말하지만, 사실은 '전 3년 반'은 적그리스도의 유혹의 기간, 평화의 기간이며 '후 3년 반'이 진정한 대환난기요 적그리스도의 활동기이다.
> 성경에 의하면, 이 대환난기 마지막에 인류 마지막의 우리에게는 아마겟

---

[36] 한정건, 『종말론 입문』, 131.

돈 전쟁이 일어나고 이 전쟁은 그리스도께서 심판주로 이 땅에 재림하심으로 끝난다.[37]

하나님은 대환난 때 적그리스도가 이런 악행을 저지르도록 허용하시다가 결국 이스라엘(단 12:7)과 세상의 죄와 죄인들을 심판하심으로써 승리하실 것이다. 이 심판 대상에는 적그리스도(계 19:20)와 심판을 받아 마땅한 모든 사람(마 13:41-43)이 포함된다.

3. 예루살렘에 새로 세워질 제3성전

에스겔 선지자는 에스겔 43장에서 하나님 보좌의 처소에 관해 적는다.

그가 내게 이르시되 인자야 이는 내 보좌의 처소, 내 발을 두는 처소, 내가 이스라엘 족속 가운데에 영원히 있을 곳이라(겔 43:7).

주전 2000년경 아브라함은 독자 이삭을 번제로 바치려 모리아산으로 올라간다(창 22:2; 대하 3:1). "아브라함이 그 땅 이름을 여호와 이레"(창 22:14)라고 한 것처럼, 모리아산은 인류 구원의 대역사를 위해 하나님께서 친히 준비하신 땅이었기 때문이다. 그곳은 하나님께서 자기의 이름을 두시려고 택하신 곳이다(신 12:5, 11, 21; 14:23-24; 16:2, 6, 11; 26:2).[38]

하나님이 준비하신 땅(창 22:14)을 다윗이 점령하여 그곳에서 번제와 화

---

[37] 안영복, "특강7. 인류의 마지막 전쟁, 어떻게 어디서 일어나는가?" https://www.youtube.com/watch?v=RiaLw264_co&t=669s

[38] 김인식, 『하나님의 마스터플랜: 새 예루살렘의 비전』, 80.

목제를 드린다. 다윗은 성전 건축을 준비하고 솔로몬은 주전 1,000년경 제1성전을 짓는다.

솔로몬이 지은 이 성전은 주전 586년 아브월 9일째에 바벨론에 의해 파괴된다(렘 52:13). 이후 두 번째 성전인 '스룹바벨 성전'이 학개, 스가랴 선지자와 스룹바벨 총독의 지도 아래 주전 520년부터 건립이 시작되어 주전 516년경에 준공된다.[39]

헤롯이 이 두 번째 성전을 약 46년간 복원 및 확장할 때 예수님께서 방문하시고 성전을 청결케 하신다. 제2성전은 예수님 말씀하신 것처럼 '돌 하나도 돌 위에 남아있지 않을' 정도로 철저히 로마에 의해 주후 70년 제1성전이 파괴된 날과 같은 아브월 9일째에 파괴된다.

신앙심 깊은 유대인들은 성전 파괴일에 크게 슬퍼하며 금식하며 기도한다. 성전 재건을 위해 유대 회당에서는 매일 기도한다. 그 뒤로 지금까지 성전은 재건되지 못하고 있다.[40]

예루살렘 성전이 서 있던 곳으로 믿고 있는 자리에 주후 691년 무슬림들은 바위돔 사원을 짓고 751년에 알악사 사원을 지어 지금까지 성전산을 차지하고 있다.[41]

신앙이 깊은 유대인들은 제3성전 건립을 위해 기도는 물론이고 목숨 걸고 혼신의 힘을 다하고 있다. 제3성전 건립이 그 무엇보다 중요한 것은 메시아가 재림하실 때 가능한 일이기 때문이다. 최근 실시한 여론 조사에 의하면 종교계 유대인 43%가 성전 재건을 원하고 세속적인 유대인들은 31%가 성전 재건을 원한다.[42]

예루살렘 전략연구소에서 실시한 여론 조사에 의하면, 유대인 이스라엘

---

[39] Walter C. Kaiser, 『마지막 때에 관한 설교』, 211.
[40] Walter C. Kaiser, 『마지막 때에 관한 설교』, 212-213.
[41] 김인식, 『하나님의 마스터플랜: 새 예루살렘의 비전』, 188.
[42] *Haaretz*, 2019년 1월 10일 기사 참조.

의 거의 4분의 3(72%)이 이스라엘이 성전산에 대한 주권을 유지해야 한다고 생각하고 있다. 그리고 68%는(이슬람 교도들만이 기도할 수 있는 현상과는 반대로) 유대인들이 성전산에서 기도하는 것이 중요하다고 생각한다.[43] 약 2,000년 동안 유대인들은 매일 다음의 기도를 드려 왔다.

여호와 우리 하나님.
당신의 백성 이스라엘과 그들의 기도를 기쁘게 받아주옵소서.
가장 거룩한 성소에서의 예배를 회복시켜 주옵소서.

주후 691년에 이 성전 기반 위에 무슬림들이 바위의 돔 사원을 세운다. 전 세계에 흩어져 있던 유대인들은 좌절과 안타까운 마음으로 더욱 간절히 사모하며 기도해 온다.[44]

1967년 6월 7일, 이스라엘 군대가 6일 전쟁 때 예루살렘의 옛 시가지로 진군하고 낙하산 부대원들이 성전산을 점령한다. 이스라엘 군대가 성전산을 차지하고 주후 691년 이후로 무슬림이 장악했던 그곳에 이스라엘 깃발이 휘날린다. 마침내 성전 재건의 기회가 온 것으로 알고 환호한다.
그러나 열흘 후 이스라엘 국방부 장관 모셰 다얀(Moshe Dayan)의 지시로 기를 내리고 다시 무슬림 정권에 돌려 준다. 이슬람과 갈등이 일어날 가능성이 너무나 심하여 제3차 세계대전까지도 일어날 수 있는 상황이었기 때문이다. 당시 이스라엘이 예전의 성전산을 소유하는 것은 정치적으로 군사적으로 큰 문제가 야기될 수 있다.[45]

---

[43] *The Jerusalem Post*, 2017년 11월 3일 기사 참조.
[44] Walter C. Kaiser, 『마지막 때에 관한 설교』, 213.
[45] Walter C. Kaiser, 『마지막 때에 관한 설교』, 214.

1967년에는 6일 전쟁 때 성전산에 최초로 도착한 이스라엘 낙하산 부대원 중 한 명이었던 랍비 이스라엘 아리엘(Yisrael Ariel)은 '성전연구소'(Temple Institute)를 세웠다.[46] 현재, 통곡의 벽에서 그리 멀지 않은 곳에서 아리엘은 동료들과 성전 기구들을 세심하게 연구하고 정성껏 제작하여 제3성전 건립을 준비하고 있다. 그들은 금, 은, 동, 목재를 재료로 사용하여 이 성물들을 복원하여 완성품 중 상당수를 본부에 전시하고 있다.

지금 현재도 제3성전 건립을 위해 열심히 기도하고 어떤 핍박도 각오하고 준비하고 있는 이들이 있다. 성전 건축을 위해 성전 기구를 포함하는 거의 모든 것을 준비하고 제사장들을 훈련시키고 제사장 옷을 제작한다. 때가 오면 '바로 건축할 수 있는 준비'를 하고 있다.[47]

최근 고고학자들의 조사와 연구 결과에 의하면, 솔로몬 성전이 현 위치보다 북쪽에 위치한다는 북쪽학설이 설득력을 얻고 있다. 바위돔 사원이나 알악사 사원과 상관없이 성전을 지을 수 있다는 것이다. 카이저는 이렇게 말한다.

> 1967년 6월에 성전산 재탈환 이후, 이스라엘 고고학자들은 윌슨의 아치(Wilson's Arch)로 알려진 지점에서부터 성전 기반 터의 서쪽 벽 측면을 따라 북쪽으로 274미터 길이의 터널을 뚫기 시작했다. 이 터널은 현재 예루살렘 길 높이의 61미터 아래에 위치한다. 이는 '랍비의 터널'로 알려져 있다. 거룩한 땅을 밟지 않고도 지성소가 있던 자리 가까이에 접근할 수 있어 랍비들이 이를 이용했기 때문이다.
>
> 랍비의 터널 덕분에 헤롯왕이 성전산에 놓았던 거대한 돌이 발견된다. 그

---

[46] Walter C. Kaiser, 『마지막 때에 관한 설교』, 215.
[47] 김인식, 『하나님의 마스터플랜: 새 예루살렘의 비전』, 188.

돌의 무게는 400톤 정도이고 크기는 가로 14미터, 세로 3미터, 높이 3미터로 추정된다. 그런데 이것은 윌슨의 아치에서 북쪽으로 수백 미터 떨어진 곳에서 발견되었다.

윌슨의 아치에서는 두 번째 성전 시대에 왼편에서 성전산으로 들어가던 문이 하나 발견되었다. 헤롯이 지은 서쪽 문은 미쉬나에 기록된 대로, 성전 기반을 가로질러 동쪽(황금의) 문과 정반대 방향에 위치했다. 이는 바위돔 사원이 원래 동쪽 문의 서쪽에 위치했던 성전보다 45미터 정도 남쪽에 지어졌다는 것을 의미한다. 새로 밝혀진 두 번째 성전의 본 위치는 조그만 아랍식 둥근 지붕의 위치를 통해서도 확인할 수 있는데, 이는 넓은 공터에 위치한 바위돔 사원의 북쪽에 있으면서, 동쪽 문의 중간에서부터 서쪽 문 언덕의 반대쪽과 일직선상에 위치한다.

이 둥근 지붕은 아랍어로 '꿉바 엘 아르와'(Qubbat el-Arwab), 즉 '영들의(또는 바람의) 돔'으로 알려져 있으며, 모리아산의 기반암 위에 홀로 서 있다. 이곳은 '꿉바 엘 알로우아'(Qubbat el-Alouah), 즉 '돌판의 돔'으로도 불린다. 유대인의 미쉬나에 언급된 바, 성전에 '에벤 쉐티야'(Eben Shetiyah)라는 주춧돌이 있었고 이 돌 위에 언약궤가 놓여 있었다. 이 모든 정보들을 토대로 할 때 흥미로운 결과는 바위돔이나 악사 사원을 굳이 침범하지 않고도 성전을 원래의 성전 기반 위에 재건할 수 있다는 점이다.[48]

위에서 말하는 성전의 위치가 옳다면 이것은 종교다원주의적인 회담을 통해 이스라엘과 아랍이 일종의 평화적인 합의로 성전을 재건할 수도 있다는 것을 의미한다. 아니면 적그리스도가 이스라엘 및 아랍 양측 모두에게 영토를 조금씩 나누는 언약을 제시할 수도 있을 것이다. 그러나 이 역

---

[48] Walter C. Kaiser, 『마지막 때에 관한 설교』, 216-17.

시 추측에 불과하며 이 이론을 반대하는 세력도 만만치 않다.

성경에서 가장 소외되지만 가장 많은 궁금증을 일으키는 부분이 에스겔 40-48장이다. 대부분의 사람은 문자적이 아닌 상징적으로 받아들이라고 말한다. 그러나 상세한 것까지 다 찾으려면 너무 어려워진다. 그래서 대부분 사람은 그 문제를 피하고 '우리 모두가 성령이 살아 있는 성전'이라고 한다. 그것이 하나님이 만드실 성전이고 제3성전은 없을 것이다.

하지만, 카이저는 성경에 있는 문자 그대로 제3성전이 이스라엘에 세워질 것이라고 생각한다. 우리가 무엇을 해야 한다고 말하는 9개의 장(겔 40-48장)이 있기 때문이다. 성령은 분명히 그렇게 말씀하신다. 그분은 우리를 위해 말씀을 주시는 분이다. 말씀을 해석하는 데 있어 피하거나 축소하기보다는 성령의 인도와 도우심을 구해야 한다.

이방 그리스도인들은 더욱 에스겔 40-48장을 이해하기가 어렵다. 에스겔 선지자가 환상에서 본 사람이 성전의 크기를 측량했는데 예루살렘 성전의 모습과는 많은 차이가 있다. 그러나 본문을 상징적으로 보면 더욱 난해하게 될 것이다. 실제적이고 자연스럽게 이해하는 것이 본문 해석에 가장 적합한 방법이라고 생각한다. 이는 '미래에 세워질 제3성전'을 나타내는 것이 분명하다고 카이저는 주장한다.[49] 카이저는 이렇게 말한다.

> 일부 해석가들은 에스겔의 이 본문에 묘사된 성전이 주님의 재림과 관련한 마지막 때에 이 땅에 세워질, 문자 그대로의 성전이라고 믿는다. 그러나 본문에 나오는 제사 및 제사장들이 경우 문자 그대로 해석하지 않도록 주의해야 한다.
> 그리스도가 죽으시고 부활하심으로 단번에 모든 사람을 위해 죄의 대가를

---

[49] Walter C. Kaiser, 『마지막 때에 관한 설교』, 218.

치르셨다(히 9:11-15; 10:1-4, 18). 그러므로 이런 제사 의식은 그리스도가 이미 행하신 일을 기념하는 것이거나, 과거의 예배 규정에 따라서 미래의 예배에 대해 설명하는 것이라고 본다.

그러나 그 날에 메시아가 그 자리에 계실 것이므로 어떻게 예배의 옛 형식으로 메시아가 십자가에서 행하신 일을 기념할 수 있을지는 알기 어렵다. 그분의 존전에서 그가 행하신 일을 기념하는 것은 아무래도 부적절할듯하다. 그럼에도 불구하고 그 견해는 타당하다.[50]

본문의 이런 측면은 매우 난해한 것이 틀림없지만, 카이저는 본문 그대로를 수용한다. 에스겔의 환상에서 보듯 환상으로 예언을 받았다고 해서 '문자적 의미'가 결코 약화되지 않는다.[51]

1) 새 건축물에 관한 환상(겔 40:1-4)

에스겔이 바벨론 땅의 포로 된 지 25년째 되던 해이고, 예루살렘성이 함락된 지 14년째 되던 해의 1월 10일이다. 에스겔이 바벨론 땅의 포로 된 때는 주전 597년이고, 예루살렘성이 함락된 때는 주전 586년이므로 말하자면 그 해는 주전 573년이다. 환상 중에 그발강가에서 예루살렘까지 여행하여 예언을 받았던 것이다. 눈으로 보고 귀로 들으며 마음으로 생각하여 이스라엘 족속에게 전해야 하는 것이다.

바벨론 포로로 끌려가 절망 속에 있는 이들에게 소망의 메시지를 주고자 에스겔은 하나님께서 보여 주신 환상을 구체적으로 서술한다(겔 40:4).

---

[50] Walter C. Kaiser, 『마지막 때에 관한 설교』, 220.
[51] John MacArthur, 『맥아더 성경주석』, 793.

예루살렘 성전이 불타는 모습을 충격 속에 보았던 이들에게 하나님이 메시아의 성전을 회복시킨다는 사실은 큰 위로와 소망이 된다. 맥아더는 이렇게 말한다.

> 메시아가 오셔서 불의한 자들을 심판하신 후(계 19:11-21), 이스라엘이 살아나 예배할 천년왕국을 묘사하는 역사적 예언의 연장으로 보아야 한다. 믿는 이방인들 역시 그 왕국에 참여할 것이며 믿지 않는 자들은 멸망당할 것이다. 에스겔은 자신이 보았던 내용을 모두 다 전해야 했다.[52]

예루살렘 성전을 잃고 커다란 상처와 절망 속에 빠진 바벨론 땅의 포로 된 선민들에게 장차 회복에의 비전을 심어 주기 위함이다. 그뿐만 아니라 하나님의 마스터플랜이라는 퍼즐 중 한 조각의 그림이기도 하다.

2) 새 성전의 바깥 뜰에 관한 환상(겔 40:5-27)

존 맥아더는 이렇게 말한다.

> 에스겔이 이스라엘로 끌려간 것으로 보아(2절) 이 성전은 하늘의 성전이 아니다. 전능하신 이와 어린양이 성전이 되시는 영원한 성전도 아니다(계 21:22). 그러므로 구체적으로 소개할 모든 지시 사항대로 지어질 이 성전은 천년왕국 시대의 성전이 분명하다.[53]

---

[52] John MacArthur, 『맥아더 성경주석』.
[53] John MacArthur, 『맥아더 성경주석』.

미래의 성전은 담으로 둘러싸여 있다. 축구 경기장 세 개만한 성전 구역을 둘러싼다. 성전을 사방으로 빙 둘러싸고 있는 보호벽이다. 따라서, 이 담은 세상의 속된 것으로부터 하나님의 거룩한 것을 분리시키는 경계선이다.

장차 회복에의 환상 중에 동쪽을 향한 문을 본다. 동쪽을 향한 문(6-16절)이 신학적으로나 건축학적으로 가장 중요하다. 그 이유는 동일한 크기의 나머지 문들을 설명하는 기초를 제공하기 때문이다. 무엇보다 메시아가 이 문을 통해 들어가실 것이기 때문이다.[54]

3) 새 성전의 안뜰에 관한 환상(겔 40:28-47)

제사장들의 방을 소개하고 있다. 그리스도가 죽으시고 부활하심으로 단번에 영원한 속죄를 이루셨고 다시 죄를 위하여 제사드릴 것이 없다(히 9:12; 10:18). 그런데 천년왕국에서 39-43절에서 암시하듯, 짐승의 제사를 왜 드리는지 의문이 생긴다. 존 맥아더는 이를 설명한다.

> 천년왕국에서도 짐승의 제사를 드리겠지만 구약 시대처럼 더 이상 효력을 갖지 못할 것이다. 그리스도가 오시기 전이나 후에도 희생 제사 자체는 인간을 구원하는 효력이 없다. 세상 죄를 지신 유일한 참 어린양으로서 그리스도를 가리킬 뿐이다. 주의 만찬은 갈보리를 기념하는 의식으로 결코 십자가 자체의 효력을 감소시키지 않는다. 이스라엘은 그들의 메시아를 배척했지만 그분을 영접하고 그 왕국에 들어갈 때 희생 제사로 그분을 기리고 기념할 것이다. 주의 만찬을 기념하지 못했으므로 천 년 동안 희생 제

54　Walter C. Kaiser, 『마지막 때에 관한 설교』, 223.

사를 드리고 그분을 기념하게 될 것이다.⁵⁵

이런 제사 의식은 그리스도가 이미 행하신 일을 기념하는 것이거나 과거의 예배 규정에 따라서 미래의 예배를 설명하는 것이라고 본다.

4) 여호와의 새로운 제3성전(겔 40:48-41:26)

성전 문 현관에 이르러 그 크기와 모습을 보고 성소와 지성소의 골방들 그리고 서쪽 건물과 성전의 넓이를 본다. 지성소 앞 성소에 위치한 여호와 앞의 상이라 하는 나무 제단과 그룹과 종려나무를 새긴 성전 문들이 있다. 강병도는 이렇게 말한다.

새로운 제3성전에 관해 이렇게 상세하게 서술한 이유는 에스겔이 바벨론 포로로 끌려간 이들에게 소망의 메시지를 주고자 했기 때문이다(겔 40:4; 43:10-12). 첫 번째 성전이 불탄 것을 보고 아직 충격이 가시지 않은 이들에게 하나님이 메시아의 성전을 회복시키실 것에 관해 말씀하시는 것이다.⁵⁶

반대론자들 가운데 에스겔 40-48장에 언급된 성전은 미래의 성전이 아니라 천국에 대한 묘사라고 보는 자들도 있다. 즉, 그 말씀이 지상에 내려오는 성전이나 제3성전의 청사진이 아니라고 생각한다. 사실, 주전 150년 사해 문서를 쓴 사람들은 에스겔서의 성전을 제3성전이 아닌 하나님이 통치하시는 하늘의 성전으로 이해하기도 한다.

---

55 John MacArthur, 『맥아더 성경주석』, 794.
56 강병도, 『호크마 종합주석: 에스겔-다니엘』, 537.

5) 구약과 신약에서 발견되는 제3성전

요한계시록 11:1-2은 아래와 같이 적는다.

> 또 내게 지팡이 같은 갈대를 주며 말하기를 일어나서 하나님의 성전과 제단과 그 안에서 경배하는 자들을 측량하되 성전 바깥 마당은 측량하지 말고 그냥 두라 이것은 이방인에게 주었은즉 그들이 거룩한 성을 마흔두 달 동안 짓밟으리라(계 11:1-2).

요한계시록 11:1-2에 사도 요한은 성전 밖이 파괴되고 안은 훼손되지 않았다고 말한다. 이것을 서기 70년에 예루살렘 성전에 실제로 일어났던 일로 이해하는 신학자들도 있다. 허셀 섕크스(Hershel Shanks)는 이렇게 말한다.

> 예루살렘과 성전을 위한 싸움은 격렬했다. 제롯당들의 주요 집합 장소이며 로마 군대의 주요 공격 목표가 된 곳은 성전이었다. 예루살렘 성전은 틀림없이 요새였지만 그래도 여전히 성전이었다. 제사장들은 죽음과 파괴가 사방에 둘러 있는 데도 모든 일상적인 의식을 지속했다.
> 유대인들은 고통 중에도 여전히 매일 두 마리의 양을 하나님께 기꺼이 제물로 바쳤다. 그들이 성공하리란 희망은 오직 하나님의 개입을 통해서만 이루어질 수 있었고, 제의가 올바르게 지켜져야 하나님께서 신실한 사람들을 도우시도록 설득할 수 있을 것이기 때문이었다. 그러나 하나님의 도움은 오지 않았다. 로마군들은 제롯당들을 패배시키고 성전을 완전히 불

태웠다.[57]

　그렇다면 요한이 요한계시록에서 성전 안이 보존되었다고 말한 것은 참 성전인 그리스도의 몸인 교회를 말하고 있다는 것이다. 성전은 파괴되었지만 참된 하나님은 살아 계시고 그리스도는 그의 자녀와 함께한다는 것이다. 신약에서는 교회가 참된 성소이며 주님은 교회의 왕이라고 한다. 그리고 하나님께서는 교회에 임재하신다고 말하기 때문이라고 한다.
　그러나 요한계시록 11장의 성전은 요한이 주후 70년 로마군에 의해 성전이 파괴된 이후에 본 환상이다. 성전없이 성전을 측량할 수 없을 것이다. 데살로니가후서 2:3-4은 아래와 같이 적는다.

> 누가 어떻게 하여도 너희가 미혹되지 말라 먼저 배교하는 일이 있고 저 불법의 사람 곧 멸망의 아들이 나타나기 전에는 그 날이 이르지 아니하리니 그는 대적하는 자라 신이라고 불리는 모든 것과 숭배함을 받는 것에 대항하여 그 위에 자기를 높이고 하나님의 성전에 앉아 자기를 하나님이라고 내세우느니라(살후 2:3-4).

　제3성전 반대론자들은 바울은 성전 안에서 자신을 하나님이라고 칭하는 사람에 관해 말하는 것이라고 주장한다. 그리고 이 일은 정확히 주후 39-40년에 일어났다고 이해한다. 로마의 황제인 가이우스가 칙령을 내려 예루살렘 성전에 자신의 동상을 세워 숭배할 수 있게 하라는 것이다.
　사도 바울은 이 사건에 대해 잘 알고 있었다. 이것은 실제로 일어난 일과 정확히 일치한다. 가이우스가 법령을 발표하기 전에 암살되었다는 것

---

[57] Hershel Shanks, 『고대 이스라엘』, 김유기 역 (서울: 한국신학연구소, 2005), 416.

만 제외하면 말이다. 신약에는 로마 황제가 유대인과 기독교인들에게 황제 숭배를 강요하는 시대가 또 등장한다. 그래서 페이트(Pate)는 데살로니가후서 2장이 초기 기독교인들에 대한 경고라고 생각한다. 로마 황제들은 권력을 행사하려 했고 자신이 신으로 여김을 받기를 원했다.[58] 마태복음 24:15에서 이렇게 말씀하고 있다.

> 그러므로 너희가 선지자 다니엘이 말한 바 멸망의 가증한 것이 거룩한 곳에 선 것을 보거든(읽는 자는 깨달을진저)(마 24:15).

이 말씀은 성전을 훼손하는 일에 대한 예수님의 예언의 말씀이다. 페이트는 예수님이 다니엘 9장을 언급한 것이라고 생각한다. 그분이 말씀하신 것은 한때 성전이 적그리스도에 의해 더럽혀진 것처럼 로마군에 의해 더럽혀질 것이라는 점이다.

로마군은 서기 70년 티투스 장군의 지휘 하에 성전을 파괴한다. 실제로 그 일이 일어난다. 티투스 장군은 예루살렘을 장악해서 성벽을 무너뜨리고 결국 예루살렘을 멸망시킨다. 티투스가 성전을 파괴하라고 명령한다. 실제로 로마군이 파괴했고 돌에 붙은 금들을 얻기 위해 로마 군인들은 성전을 불태워 금을 채취해 간다. 예수님이 예언했던 대로 돌 하나도 남지 않는다. 페이트는 서기 70년에 제2성전에 대한 주님의 예언이 정확히 이루어졌다고 생각한다.[59]

> 그가 장차 많은 사람과 더불어 한 이레 동안의 언약을 굳게 맺고 그가 그

---

[58] 김종철, 『제3성전 과연 세워질 것인가?:세계의 신학자들에게서 듣는다』 (서울: Brad Film Ministry, 2016), DVD 5 (마빈 페이트).
[59] 김종철, 『제3성전 과연 세워질 것인가?:세계의 신학자들에게서 듣는다』.

이레의 절반에 제사와 예물을 금지할 것이며 또 포악하여 가증한 것이 날개를 의지하여 설 것이며 또 이미 정한 종말까지 진노가 황폐하게 하는 자에게 쏟아지리라 했느니라 하니라 (단 9:27).

그는 다니엘 9장의 칠년대환난 시기를 주전 171-164년으로 본다. 주전 171년 시리아 통치자 안티오쿠스 에피파네스 4세는 유대인의 신앙을 지켜주겠다고 약속한다. 3년 반 뒤 그는 약속을 저버린다.

그는 성전에 들어가서 지성소를 돼지로 더럽힌다. 마카비 혁명의 운동가들은 주전 164년에 일어난 이 사건으로 성전이 파괴되고 훼손되었다고 한다. 그 일로 유대인은 격분한다. 유대인들은 마카비의 지휘 아래 에피파네스에 대항하는 반란을 일으킨다. 주전 164년 시작된 이 반란으로 그들은 에피파네스를 물리치고 성전을 되찾아 정화한다.[60] 유대인들은 지금도 하누카라는 기념일을 정하여 성전을 정화하고 주님께 재헌신하는 날로 삼고 있다. 이런 주장을 카이저는 아래와 같이 반박한다.

> 나는 적그리스도가 하나님의 성전에 앉아 자기 하나님라고 할 것을 믿는다. 성전이 지어지지 않으면 성전에 가증한 것이 결코 있을 수 없다. 에스겔서가 말하는 것이 환영이고 그런 성전은 없다고 본다면 성경이 오류라는 결론이 나온다.
> 하지만, 그것은 성경을 보는 개방적인 태도가 아니다. 예수님께서는 멸망의 가증한 것(마 24:15; 단 9:27)이 그 자리에 세워지는 것을 보면 때가 가까워졌음을 알라고 말씀하신다. 성전이 없다면 멸망의 가증한 것이 있을 수 없기 때문에 성전이 있을 거라고 생각하는 것이다. 성전이 없는데 멸망의

---

[60] John Bright, 『이스라엘 역사』, 박문재 역 (서울: 크리스천 다이제스트, 2016), 543.

가증한 것이 있다는 것은 말이 안 된다. 적그리스도는 3년 반 동안 자신을 위해 성전을 이용할 것이다. 첫 3년 반 동안은 유대인이 하나님을 모시는 곳이 될 것이다. 따라서, 처음에는 잘 이용될 것이다. 이후 3년 반 동안에 변하는 것이다.

다니엘서에도 나와 있다. 그 당시에는 안티오쿠스가 이집트를 점령했고 이집트와 시리아 전쟁이 계속 일어났으며. 주전 168년에는 안티오쿠스 에피파네스 4세가 신상을 세운다. 가증한 것이라고 부른다. 앞으로 올 성전에도 그는 같은 일을 할 것이며 그때 대환난의 후반부가 시작된다. 이 사건들은 함께 일어나며 그러기 위해서는 성전이 필요하다. 그런 일이 일어나는 배경이 필요하기 때문이다.[61]

위에 기록된 일이 일어나기 위해서는 예루살렘에 제3성전이 세워져야 한다. 성전 재건은 의심의 여지없이 아마겟돈이 일어나기 3년 반 전에 성전이 지어질 것이다. 하나님은 말씀하신 바를 반드시 행하시기 때문이다(민 23:19; 암 3:7). 말씀대로 적그리스도는 나타날 것이고 유황불 못에 던져질 것이다. 성전은 적그리스도의 덫이 될 것이다.

위의 말씀들과 지금의 현지 다수의 이스라엘 사람들이 원하고 있고 적극적인 자들이 모든 어려움을 극복하며 제3성전 건축을 준비하고 있음을 볼 때에 성전이 재건되며 적그리스도가 출현할 것이다. 말씀대로 그리스도께서 오셔서 적그리스도를 폐하실 것이다(살후 2:8; 계 19:20).

---

[61] 김종철, 『제3성전 과연 세워질 것인가?:세계의 신학자들에게서 듣는다』, DVD 1(월터 C. 카이저).

4. 에스겔 성전이 중요한 이유

에스겔 성전이 무엇보다 중요한 이유는 그곳이 '여호와 삼마'(여호와께서 거기 계시다)로 불리는 장소이기 때문이다(겔 48:35). 여호와가 에스겔 성전에 계시기 때문에 가볍게 다룰 수 없는 극히 중요한 곳이다.[62]

1) 성전에 들어가시는 하나님(겔 43:1-11)

하나님의 영광이 다시 성전에 거하러 돌아오신다. 영광 가운데 주가 재림하신 후 미래의 왕국에서 그분의 영광이 온전하게 드러날 것이다. 영광의 하나님은 천년왕국의 성전을 거하실 "내 보좌의 처소"(겔 43:7)로 삼겠다고 말씀하신다. 에스겔 선지자는 여호와의 영광이 성전으로 들어가시는 것을 묘사한다. 카이저는 이렇게 말한다.

> 앞서 지성소 안 그룹에서 올라와 성전 문지방으로 옮겨졌던 여호와의 영광(겔 10:4)이 여호와의 전으로 들어가는 동문에서 머물고(겔 10:19), 예루살렘의 동쪽, 감람산에 머문 후에(겔 11:23), 거기서 출발하여 이제 에스겔 43:2에 등장하기를 동쪽으로 와서 그 성전을 다시 가득 채운다(겔 43:2). 주전 586년 이전에 여호와의 영광이 성전과 예루살렘성에서 떠나시는 비참한 결과를 보거나 전해 들은 이들에게, 이제 미래의 진정한 소망을 보여주는 새로운 조짐이 보인다.[63]

---

[62] Walter C. Kaiser, 『마지막 때에 관한 설교』, 226.
[63] Walter C. Kaiser, 『마지막 때에 관한 설교』.

여호와의 영광이 다시 임하시면서 거룩함을 추구하도록 도전하신다. 여호와가 거룩한 백성 가운데 영원히 사실 것이다. 거룩하신 하나님은 그리스도의 피로 교제의 길을 여시고 항상 거룩하신 그리스도 안에서 교제하며 동행하기를 원하신다.

로버트 L. 소시는 다음과 같이 주장한다.

"내가 너희 마음에 성령을 주고 나의 법을 새기리라."
성령을 주신다고 하는 모든 예언이 구약 예레미야, 에스겔, 이사야에 있다. 그런 말씀과 함께 성전의 모습도 나온다. 어떤 면으로 보면 모든 것을 너무 영적으로만 해석하려는 경향이 있는 것 같다. 즉, 성전에서 주님을 마음에 모시거나 하는 것을 아예 부정해버리는 것이다.

모든 것이 영적이고 하늘의 것이며 지상의 것이 아니라는 것은 신플라톤주의에 가깝다. 그리스도가 우리 안에 살아 계시다는 생각은 어떤 물리적 장소에서 그를 모시지 않아도 된다는 의미는 아니다. 다만 주님의 영광이 세계로 퍼지는 어떤 특정한 장소란 필요치 않다. 모든 것이 영적이고 보이지 않기 때문이다.

이 두 가지 생각이 함께 어울러질 수 있다고 생각한다. 그분이 내 안에 계시고 내 몸이 성전이기 때문에 그 영광을 드러낼 성전이 필요 없다거나 지을 수 없다는 말은 아니다. 사람들은 구약에서 그것을 보지 못하는 것 같다. 구약에도 역시 같은 영적인 것이 담겨 있다. 우리가 성전이라고 말하지는 않지만 성령이 우리 안에 살기 때문에 우리가 성전이라면 그것이 진리를 가르쳐 주고 있다.

그러나 성경에서 제3성전이 있을 것이라고 말한다고 해서 그분이 그것을

원한다는 뜻은 아니다.⁶⁴

나는 마태복음 5:18 "천지가 없어지기 전에는 율법의 일점 일획도 결코 없어지지 아니하고 다 이루리라"라는 말씀처럼 성경을 총체적으로 보아야 한다고 믿는다. 성경 말씀대로 믿는 이들의 마음이 성전일 뿐 아니라 믿는 이들이 함께 모이는 예배당도 성전이요 예루살렘 성전처럼 에스겔 성전도 때가 되면 등장할 것이라 믿는다.

하나님의 말씀인 예언의 성취는 하나님의 목적이지만 목적을 이루기 위한 과정이나 수단도 있다고 믿는다. 성전에 적그리스도가 등장함은 천년왕국 통치를 향해 나아가는 과정이다.

2) 카이저의 결론

카이저는 이 주제에 대해 면밀하게 검토한 후에 다음과 같이 결론을 도출한다.

> 에스겔의 환상은 모든 사람이 우리가 여기서 살펴본 바와 동일한 방식으로 이해하는 것은 아니다. 그러나 본문에 그리스도의 교회를 나타내는 상징이나 비유 이상의 아주 상세한 묘사가 많은 비중으로 나오는 것은 분명하다. 많은 분량이 비유적으로 서술된 것은 이 성전을 과할 정도로 자세하고 정확하게 묘사하기 위한 것으로 볼 수 있다.
> 에스겔의 이 본문은 문자 그대로 예루살렘에 지어질 제3성전을 묘사하며,

---

64 김종철, 『제3성전 과연 세워질 것인가?:세계의 신학자들에게서 듣는다』, DVD 4(로버트 소시).

이 성전은 예수 그리스도가 이 땅을 통치하시는 천 년 동안 사용될 것이다 (사 2:3; 60:13; 렘 3:18; 욜 3:18; 미 4:2; 슥 14:16, 20-21).

무엇보다 가장 중요한 사실은 여호와가 땅 위의 이 성전에 임재하시며 거하신다는 점이다.[65]

무천년주의자들은 주님이 이 땅의 예루살렘을 천 년 동안 지배하는 일은 없다고 본다. 카이저는 전천년주의자이다. 예수님이 재림하실 것이고 그분이 다스리는 천년왕국이 올 것이며 예루살렘에는 성전이 생길 것이라고 생각한다. 이 모든 것은 유대인들이 돌아오는 것에 대해 어떻게 생각하느냐에 달려있다고 볼 수 있다.

지난 세기 초를 생각해 보라.

18세기 초에 이스라엘에 있던 유대인들은 약 만 명에 불과했다. 지금 그곳에는 6백6십만 명의 유대인이 있다. 그러니까 성경이 말하는 대규모의 귀환이 이미 이루어진 것을 보는 것이다.

3) 제3성전이 필요 없다는 주장

쿼치타침례대학 총장 페이트 C. 마빈(Pate, C. Marvin)은 주장한다.

신약을 보면 우리가 참 성전이라는 예수님의 말씀이 있다. 구약에서는 예수님이 오기 전까지 성전이 엄청난 역할을 한다. 하지만, 이제 예수님이 최후의 희생물이 되고 그가 참 성전이므로 사도행전에서 스데반도 같은 말한다. 그는 하나님께서 예수님으로 물리적 구조인 성전을 대체하셨다고

---

[65] Walter C. Kaiser, 『마지막 때에 관한 설교』, 227.

한다. 예수님을 경배하는 것이 하나님을 경배하는 것이고 하나님에게 오는 일이 특정한 장소에 오는 것으로 제한되지 않을 것이라고 말한다. 전 세계가 예수님을 믿는 믿음만으로 하나님에게 올 수 있다는 말이다.

사도 바울도 동의하고 있다. 그는 참된 성전인 교회에 대해 말한다. 이것은 고린도전서 3장과 고린도후서 6장에 나와 있다. 그는 예수님이 교회의 토대이자 머리라고 말한다. 에베소서 2장에서 바울은 교회가 참 성전이라고 말한다. 랍비이자 바리새인이던 바울은 이제 주님을 따르는 사람이다. 예수님이 유대인의 유산인 성전을 대체하셨다는 것을 알았기 때문이다.F[66]

페이트는 히브리서 저자가 구약성경에 있는 성막, 성전, 제사와 절기 모두 끝났다고 말한다고 주장한다. 그것들이 예수님에 의해, 즉 하늘의 성전에 의해 대체되었다고 강조한다. 예수님의 피로 단번에 세상의 모든 죄를 갚았기 때문에 더 이상의 희생이 필요 없고 절기를 기념할 필요도 없다는 것이다.

궁극적으로 축하할 것은 예수님 그분 자체이기 때문이다. 히브리서는 예수님의 새 언약, 그의 죽음과 부활이 옛 언약을 대신했다는 것을 명확히 말하고 있다. 그리고 절정 부분인 요한계시록 21-22장에서는 참 성전이 하늘에서 내려오는 것으로 묘사되고 있다.

그러므로 페이트는 예수 그리스도와 그의 사람들이 참 성전이 되었다고 확신한다. 어떤 건물이나 어떤 한 장소가 아닌 예수님 자신이 성전이요 그분은 전우주적이다. 예수님의 구속이 지닌 전우주적 차원과 보편성을 인정한다면 굳이 제3성전이 필요한 것은 아니다.

---

[66] 김종철, 『제3성전 과연 세워질 것인가?:세계의 신학자들에게서 듣는다』, DVD 5(마빈 페이트).

예수님은 "이 산에서도 말고 예루살렘에서도 말고 너희가 아버지께 예배할 때"(요 4:21)와 "영과 진리로 예배할 때"(요 4:23)가 온다고 말씀하셨기 때문에 제3성전을 필요 없다고 주장한다.

4) 제3성전이 필요하다는 주장

에스겔 선지자는 환상 가운데 미래에 세워질 성전을 본다(겔 40-48장). 성경에 기록된 에스겔이 본 성전은 어떤 부분보다도 해석의 차이가 많은 부분이다.

> 성경을 문자 그대로 해석하는 것과 영적 비유적으로 해석하는 것에는 큰 차이가 있다. 에스겔이 본 성전은 주님의 재림과 관련하여 마지막 때에 세워질 성전이라고 믿는다. 그러나 제사 의식은 이미 행하실 일을 기념하는 것이나 과거의 예배 규정에 따라 미래의 예배에 대해 설명하는 것으로 본질적으로 성취되는 것이라고 본다. 미래의 성전은 예수님께서 말씀하신 대로 '만민이 기도하는 집'일 것이다(사 56:7; 막 11:17).[67]

무엇보다도 중요한 것은 이곳이 '여호와 삼마'(여호와께서 거기 계시다)라고 불리는 장소라는 것이다(겔 48:35). 이 성전이 그렇게 중요한 것은 하나님께서 계시기 때문이다.[68]

교회를 상징하는 부분이나 비유적인 부분도 나오는 것이 분명하나 문자적으로 예루살렘에 지어질 성전을 묘사한다는 것을 놓치면 안 된다. 이 성

---

[67] 김인식, 『하나님의 마스터플랜: 새 예루살렘의 비전』, 189.
[68] Walter C. Kaiser, 『마지막 때에 관한 설교』, 226.

전은 예수님께서 이 땅을 다스리시는 '천 년 동안 사용하실 것'이다.[69] 이사야서와 스가랴서를 아래에서 읽게 된다.

> 많은 백성이 가며 이르기를 오라 우리가 여호와의 산에 오르며 야곱의 하나님의 전에 이르자 그가 그의 길을 우리에게 가르치실 것이라 우리가 그 길로 행하리라 하리니 이는 율법이 시온에서부터 나올 것이요 여호와의 말씀이 예루살렘에서 부터 나올 것임이니라(사 2:3).

> 예루살렘을 치러 왔던 이방 나라들 중에 남은 자가 해마다 올라와서 그 왕 만군의 여호와께 경배하며 초막절을 지킬 것이라(슥 14:16).

가장 중요한 본질은 하나님께서 땅 위에 있는 이 성전에 임재하시고 그곳에 함께 거한다는 사실이다. 여호와의 절기를 맡은 민족이 이스라엘이고 이 절기를 지킬 장소는 아브라함 때부터 계시되었고 모세를 통해 반복 가르쳐 주시며 다윗을 통해 점령하시고 솔로몬을 통해 성전을 짓게 하신 곳이 예루살렘이다.

> 절기(feast)라는 단어는 히브리어로 '모에드'(*moed*)로서 '약속,' '계절,' '회중,' '집회,' '신호,' '예행 연습'을 의미한다. 하나님께서 이스라엘에게 주신 봄의 절기는 유월절, 초실절, 오순절이다. 봄의 절기는 초림의 예수님을 상징하는 것으로 예수님께서 오심으로 이미 성취된다.
> 유월절 양으로 죽으셨고 초실절에 부활하시고 오순절에 약속하신 성령님을 보내주신다. 주님 초림 때까지 예행 연습을 하다가 때가 차매 주님 오

---

[69] Walter C. Kaiser, 『마지막 때에 관한 설교』, 227.

셔서 성취시킨 것이다. 주님의 재림을 상징하는 가을의 절기로 나팔절, 대속죄일, 초막절이 있다. 가을의 절기는 주의 재림을 상징하는 절기로 일종의 예행 연습이다. 그렇기 때문에 주님 오시기 전에 유대인들은 모여야 하고 성전에서 절기를 지켜야 한다.

하나님께서 유대인들을 약속의 땅으로 모으시는 것도 결국 절기를 회복시켜 주님의 재림을 예행 연습을 시키려고 예루살렘으로 다시 모으시는 것이다. 절기를 통해 예행 연습을 시키시고 주님이 오셔서 성취하시는 것이다. 결국, 초막절의 주인이신 만왕의 왕 예수님께서 오셔서 천년왕국을 다스릴 것이다.[70]

신구약 성경은 앞으로 예루살렘에 세워질 성전에 관해 말씀하고 있다. 그리스도인에게 있어서는 다시 죄를 위하여 제사 드릴 것이 없고(히 10:18) 자신이 하나님의 성전이다(고전 3:16). 그러므로 그리스도인들에게는 제3성전 이야기가 참 불편하게 들릴 수 있다. 그러나 달리 생각해볼 때 반드시 그러한 것은 아니다.

예루살렘 제1성전(주전 959년-586년)과 제2성전(주전 516년-주후 70년)이 959년간 존재한다. 그리고 예수님 부활 승천 후 성령 강림으로 시작된 교회와 성전은 함께 약 40년간 존재한다.

초대교회 성도들은 성전에 모이기를 힘쓴다(행 2:46). 경건한 유대인들은 하루 세 번 성전에 올라가 기도드린다. 베드로와 요한도 성전에 기도하러 올라가다가 나면서 못 걷게 된 이를 예수님 이름으로 고쳐 준다(행 3:1; 3:6-10).

---

[70] 김인식, 『하나님의 마스터플랜: 새 예루살렘의 비전』, 190.

많은 사람이 모이므로 복음을 전파할 수 있는 좋은 기회도 된다. 앞으로 성전이 세워지고 주님 오실 때까지 얼마 동안 교회와 함께 존재한다고 해서 불편할 필요는 없다.[71]

초대교회 베드로를 위시한 사도들처럼 성전에 가서 주님 오실 때까지 복음을 전할 수도 있을 것이다. 그리하여 주님이 오실 때 온 이스라엘이 구원을 받을 것이다(롬 11:26). 이스라엘은 진정한 기독교 국가가 될 것이다. 예루살렘은 주님이 오셔서 다스리는 나라의 센터가 될 것이다.

혹자는 환난기에 성전은 파괴되고 메시아가 다시 성전을 세울 것이라고 생각하기도 한다. 제3성전에 관해 신실하신 하나님께서 말씀하시기 때문에 우리는 있을 줄 아는 것이다. 제3성전은 만물을 회복시키기 위한 목적이 아니라 목적을 이루는 과정에 필요한 것이다.

5. 미래의 적그리스도

다니엘 선지자는 미래의 적그리스도를 아래와 같이 적는다.

> 그 왕은 자기 마음대로 행하며 스스로 높여 모든 신보다 크다 하며 비상한 말로 신들의 신을 대적하며 형통하기를 분노하심이 그칠 때까지 하리니 이는 그 작정된 일을 반드시 이룰 것임이라(단 11:36).

주전 5세기에 하나님은 선지자 다니엘에게 바벨론, 메대, 바사, 헬라,

---

[71] 김인식, 『하나님의 마스터플랜: 새 예루살렘의 비전』, 191.

그리고 로마 제국 등, 즉 네 개의 제국이 세계사에 등장할 것을 계시하신다(단 2:31-44; 7:17-27). 지나온 세계 역사 속에서 마호메트, 징기스칸, 나폴레옹, 대영 제국, 히틀러, 러시아 등 수많은 야심가가 세계를 정복하려고 시도했으나 아무도 성공하지 못한다.

그러나 '옛적부터 항상 계신 이'가 다니엘에게 설명해 주신 바에 의하면, 네 번째 제국인 로마 제국은 세계 역사의 마지막에 다시 새롭게 그리고 강력하게 등장한다. 다니엘 7:7-8에 의하면, 이 나라는 이전에 로마 제국이 다스려 왔던 거대한 옛 영토로부터 10개 국가가 일어나 연합한다. 이 나라는 큰 철로 된 치아를 가졌고, 희생자를 짓밟고 먹어 치우고 발목을 짓밟는 무섭고 두려우며 매우 강력한 나라이다.

이 제국에는 열 왕이 일어나는데, '작은 뿔'이 새로운 지도자로 나타나면서 열 왕 중 세 왕을 완전히 패배시키고 굴복시켜 절대 권력을 행사한다. 이 새로운 지도자는 바로 적그리스도로 자신의 정체를 들어낼 것이다. 대환난의 마지막 정점에 있을 아마겟돈 전쟁에서 메시아에게 잡혀 유황불 못에 던져지기까지 무소불능의 절대 권력을 휘두를 것이다.[72] 카이저는 이렇게 말한다.

> 제5제국, 즉 옛 로마 제국의 부활은 이전의 로마 제국이 다스렸던 지경과 유사할 것으로 추측된다. 어떤 이들은 1957년 장 모네(Jean Monnet)의 발기로 시작된 '유럽 경제 공동체'(EEC)로 이미 시작된 것으로 본다. 가맹국들은 다니엘이 미래의 열 뿔 또는 10개국 연합이라 예언한 바를 향해 잠정적인 첫 걸음을 부지불식간에 내딛었는지 모른다. 당시 이 조약의 설계자 중 한 명인 장 모네(Jean Monnet)는 결국 '일단 공동 시장에 관심이 생기면, 정

---

[72] Walter C. Kaiser, 『마지막 때에 관한 설교』, 230.

치적인 연맹도 자연스레 따라올 것이다'라고 말했다.[73]

그의 말대로 이런 초기 운동은 계속 발전하여 1993년 11월 마스트리히트 조약을 발효하며 EU(유럽 연합)가 출범한다. 여기서부터 완전경제통합 단계에 접어든다. 2013년 7월 1일 크로아티아 EU 가입으로 회원국이 총 28개국이 된다. 「조선일보」에 다음과 같이 보도되었다.

> 2016년 6월 24일 영국의 국민 투표에서 EU 탈퇴를 가결했다. 2017년 3월 29일 영국이 유럽 연합 탈퇴를 위한 리스본 조약 50조를 발동하여 탈퇴 협상을 시작했다. EU(유럽 연합) 27개 회원국 정상과 테리사 메이 영국 총리가 25일(현지 시각) 브렉시트(영국의 EU 탈퇴) 조건을 담은 합의문에 공식 서명했다. 1993년 EU가 정식으로 출범한 이후 25년 만에 처음으로 탈퇴하는 회원국이 나오는 것이다. 이날 오전 도날드 투스크 EU 정상회의 상임의장 주재로 열린 특별 정상회의에서 27개국 정상과 메이 총리는 585쪽에 달하는 브렉시트 합의문을 공식적으로 승인했다.[74]

다른 의견이 나오지 않아 35분 만에 일사천리로 처리됐다고 한다. 이로써 영국은 2019년 3월 29일 EU를 정식으로 탈퇴할 예정이다.

영국의 유럽 연합 탈퇴는 '하나의 강력한 정부'를 지향하는 유럽 연합에 대한 영국인들의 강력한 반발과 저항의 표시다. 영국이 유럽 연합을 거부한 이유는 유럽 연합이 영국에 가했던 압박과 통제 때문이다. 영국인들은 자유를 사랑하는 용감한 민족이다. 영국인들은 왕권의 독재를 종식시

---

[73] Walter C. Kaiser, 『마지막 때에 관한 설교』, 231-32.
[74] 「조선일보」, 2018년 11월 26일 기사 참조.

키고 민주주의를 최초로 시작했던 민족이다. 영국인들의 유럽 연합 탈퇴를 이런 시각에서 바라볼 필요가 있다.

유럽 연합은 그리스도인들에게는 예의 주시해야 할 대상이다. 왜냐하면, 유럽 연합은 예전의 로마 제국의 영토 안에 위치해 있기 때문이다. 그래서 유럽 연합의 태동은 로마 제국의 부활과 같다. 유럽 연합이 강력한 중앙 집권적인 구조로 발전해 나가는 것은 적그리스도의 독재를 위한 무대를 조성하고 있는 것으로 보인다.[75]

적그리스도가 무적의 지도자가 되게 만들 것이다. 요한계시록 13:1-8은 적그리스도의 이와 같은 특징들과 활동들을 상세히 묘사한다. 임박한 재림의 징조를 깨달아 그리스도의 재림을 더 잘 대비할 수 있어야 한다.[76] 카이저는 이렇게 말한다.

> 물론 적그리스도라는 용어는 구약성경에 등장하지 않고, 사도 요한이 요한일서 2:18, 22; 4:3과 요한이서 1:7에 사용한다. 그럼에도 불구하고 구약과 신약 모두, 미래에 올 이 자를 묘사하는 호칭이 많이 나오는데, 그는 '작은 뿔'(단 7:8), '뻔뻔스런 임금'(단 8:23, 표준새번역), '장차(올) 한 왕'(단 9:26), '황폐하게 하는 자'(단 9:27), '비천한 자'(단 11:21), '자기 마음대로 행하'는 '왕'(단 11:36), '못된 목자'(슥 11:17), '불법의 사람'(살후 2:3), '불법한 자'(살후 2:8), '짐승'(계 11:7; 13:1; 14:9; 15:2; 16:2; 17:3, 13; 19:20; 20:10)으로 불린다. 사도 요한이 많은 적그리스도가 일어난다고 했으므로(요일 2:18), 적그리스도라는 인물은, 특히 예루살렘과 여호와의 성전을 훼손한 자들을 포함하여, 유대 백성을 괴롭힌 일련의 적들을 통해 점진적으로 드러난다.[77]

---

75 김준식, 『요한의 증언(상)』 (서울: 아침향기, 2012), 246.
76 김준식, 『요한의 증언(상)』, 183.
77 Walter C. Kaiser, 『마지막 때에 관한 설교』, 232.

적그리스도는 그리스도를 대적하는 자, 그리스도의 위치에 대신 앉는 자, 그리스도의 권위에 도전하는 자 또는 거짓 그리스도를 뜻하는 것으로 정의할 수 있다.

요한은 "거짓말하는 자가 누구냐 예수께서 그리스도이심을 부인하는 자가 아니냐 아버지와 아들을 부인하는 그가 적그리스도니"(요일 2:22)라며 예수께서 그리스도임을 부인하는 자 즉 아버지와 아들을 부인하는 자가 적그리스도라고 규정한다. 적그리스도는 그리스도가 육체로 오심을 부인함으로 기독교 핵심 요소를 거부한다.

바울은 적그리스도는 '불법의 사람,' 곧 '멸망의 아들'(살후 2:3-4)로 하나님의 성전에 앉아 자기가 하나님이라고 내세울 것이라고 경고한다.

1) 현재적 적그리스도

요한일서 4:1-2는 아래와 같이 적는다.

> 이로써 너희가 하나님의 영을 알지니 곧 예수 그리스도께서 육체로 오신 것을 시인하는 영마다 하나님께 속한 것이요 예수를 시인하지 아니하는 영마다 하나님께 속한 것이 아니니 이것이 곧 적그리스도의 영이니라 오리라 한 말을 너희가 들었거니와 지금 벌써 세상에 있느니라(요일 4:1-2).

적그리스도는 현재 광범위하게 다양한 방법으로 활동하고 있는 존재다. 예수 그리스도가 육체로 오신 것을 시인하지 아니하는 영은 적그리스도의 영이다.

적그리스도의 영은 이미 활동하기 시작했고 많은 적그리스도가 현재에도 활동하고 있다. 하나님을 대적하는 자, 곧 예수 그리스도를 부인하고 불법을 행하는 자는 누구든지 적그리스도라 지칭할 수 있다. 그러므로 이런 적그리스도는 과거 현재 미래 언제나 활동하는 세력이 될 수 있고 여러 명이 될 수 있다.[78]

2) 미래의 적그리스도

안토니 후크마(Anthony Hoekema)는 마지막 때의 구체적인 표적들을 세 개의 범주로 분류한다.[79]

    1) 하나님의 은혜를 입증하는 표적들
      (1) 복음의 만국 전파
      (2) 온 이스라엘의 구원

    2) 하나님을 향한 적의를 보여 주는 표적들
      (1) 환난
      (2) 배교
      (3) 적그리스도

    3) 하나님의 심판을 보여 주는 표적들
      (1) 전쟁
      (2) 지진
      (3) 기근

---

[78] 한정건, 『종말론 입문』, 39.
[79] Anthony A. Hoekema, 『개혁주의 종말론』, 이용중 역 (서울: 부흥과개혁사, 2012), 197.

이런 마지막 시대적 표적들 가운데 가장 구체적이고 결정적인 표적은 적그리스도의 등장이다. 아래의 데살로니가후서 2:3-4은 이를 증명한다.

> 누가 어떻게 하여도 너희가 미혹되지 말라 먼저 배교하는 일이 있고 저 불법의 사람 곧 멸망의 아들이 나타나기 전에는 그 날이 이르지 아니하리니 그는 대적하는 자라 신이라고 불리는 모든 것과 숭배함을 받는 것에 대항하여 그 위에 자기를 높이고 하나님의 성전에 앉아 자기를 하나님이라고 내세우느니라(살후 2:3-4).

윌리엄 헨드릭슨(William Hendriksen)은 불법의 사람은 추상적 세력이나 집합적 개념이 아니라 명백한 종말론적인 사람이라고 주장한다. 신들 위에 자기를 높이고 하나님의 성전에 앉아 자기를 하나님이라고 내세울 자이다. 로마 황제들이나 로마 교황들도 될 수 없는 것은 불법의 사람은 그리스도의 재림 직전에 나타나서(3절) 주님께서 영광스럽게 강림하실 때 그리스도의 입의 기운에 죽임을 당할 자이기 때문이다(8절).[80]

3) 적그리스도의 정체성

다니엘 11:36-45에 나오는 '그 왕'의 정체에 대해 성경 해석가들의 의견이 분분하다. 역사에 실존한 안티오쿠스 에피파네스 4세(주전 215-163년)로 보는 해석가들이 많이 있다.

다니엘 11:20-45에 나오는 내용들이 당시 시대적인 상황과 유사한 점이 너무 많기 때문이다. 천종수는 이렇게 말한다.

---

80   William Hendriksen, 『데살로니가전후서』, 김용섭 역 (서울: 아가페출판사, 1984), 244.

독살된 셀류쿠스 4세를 이어(20절), 왕위에 오른 북방(수리아)왕 안티오쿠스 에피파네스 4세(주전 175-163년)에 관한 이야기로 보는 것이다. 즉, 본문은 그의 출현 및 득세(21-27절), 그에 의한 무자비하게 진행된 극심한 유대교 박해 사건(28-35절)을 서술한다.

그는 하나님과 이스라엘 간에 맺은 거룩한 언약의 관계를 깨트리는 일을 자행한다. 즉, 하나님의 율법을 따라 세워진 '야손'을 내쫓고 대신 자신이 지명한 '메넬라우스'를 대제사장직에 앉히는 신성 모독을 저지른다(28절). 제3차 애굽 원정은 로마 전투선단의 개입으로 실패한다(30절).

본국으로 철수한 그는 이때 이후로 헬라화 정책을 추진한다는 명목으로 가혹한 핍박 정책을 편다. 거룩한 언약을 배반하여 유대교 신앙을 버린 자들에게 권력과 재물을 주어 유대 사상의 근절에 앞장서게 한다(30절). 자신의 군대를 성전에 주둔시켜 온갖 가증한 일로 성소를 더럽히고 유대의 모든 제사와 절기와 안식일과 할례를 폐지한다. 거룩한 성전의 번제단 위에 '주피터 신상'을 세우고 모세 율법에 부정한 동물로 규정된 돼지고기를 제물로 바친다(31절).

유대교 신앙을 지키거나 가르치는 자들은 남녀노소를 불문하고 누구든지 가혹하게 핍박하고 학살한다(32-35절). 오직 스스로를 가장 크게 높여 최고의 신으로 신격화한다. 다만 그는 강한 신을 공경하는데 주피터이다(38절).[81]

이처럼 많은 성경 본문과 같은 사건들을 보면 다니엘 11장의 '그 왕'은 비천한 왕 '안티오쿠스 에피파네스 4세'로 본다. 그러나 그는 인류 역사의 종말에 등장하여 세상을 크게 미혹할 '적그리스도'의 모형적인 인물로 보아야 한다.

---

[81] 천종수, 『QA 성경』, 1253-54.

다니엘 11:36에 등장하는 왕이 적그리스도라고 생각하는 사람들은 다음과 같은 이유로 안티오쿠스는 적그리스도의 모형이요 적그리스도의 전신 중 하나라고 본다. 카이저는 이렇게 말한다.

> **첫째**, 안티오쿠스는 (그의 선임 왕들과 더불어) '북방 왕'(king of the North)으로 불린 적은 있으나(단 11:6) '그 왕'(the king)과 같이 관사가 붙은 명칭으로 불린 적은 없다. 또 다니엘 11:40에 보면, '그 왕'이라고 불리는 자는 '남방 왕'과 대적할 것이다.
> **둘째**, 문맥 속에 그와 그의 행적이 이미 나타나는데 그의 정권 말기 시점인 여기서 안티오쿠스가 누구인지 설명한다고 보면 다니엘 11:36-39에 나오는 '그 왕'의 특징과 정책들이 이상하다.
> **셋째**, 40-45절에 나오는 여러 가지 상세한 설명들이 안티오쿠스 시대의 사건들과 일치하지 않는다.
> **넷째**, 안티오쿠스는 앞서 다니엘서에 세 번 등장하나 프톨레미(Ptolemy)와 더불어 단 한 번 왕(king)으로 불린다(단 11:27).[82]

특별히, "애굽 땅도 면하지 못할 것이니 그가 권세로 애굽의 모든 금 은과 보물을 차지할 것이요 리비아 사람과 구스 사람이 그의 시종이 되리라"(단11:42-43)라는 말씀이 안티오쿠스 에피파네스 4세를 통해 역사 속에 이루어진 일이 없다.

앞으로 안티오쿠스보다 더욱 잔인하고 교활한 악의 화신인 새로운 지도자가 나타나 하나님의 백성들에게 엄청난 고통을 가져다줄 것이다. 그러므로 36절의 '그 왕'을 다시 역사 속에 등장하는 로마 제국의 미래 지도

---

[82] Walter C. Kaiser, 『마지막 때에 관한 설교』, 234.

자, 즉 적그리스도로 보는 것이 가장 타당하다.[83]

4) 적그리스도의 특징

카이저는 적그리스도의 특징과 등장에 관한 가르침을 위해 구약성경에서 이 주제를 가장 폭넓게 가르쳐 주는 다니엘 11:36-45을 본문으로 택하여 주해한다.

> 그 왕은 자기 마음대로 행하며 스스로 높여 모든 신보다 크다 하며 비상한 말로 신들의 신을 대적하며 형통하기를 분노하심이 그칠 때까지 하리니 이는 그 작정된 일을 반드시 이룰 것임이라(단 11:36).

적그리스도는 옛 로마 제국의 잔재에서 마지막 세계 통치자로 나올 것이며, 여호와가 그의 세계적 야망과 잔학한 행위를 완전히 그치게 하실 때까지 그가 압도적으로 성공할 것이다.

(1) 자기 마음대로 행하는 자이다(36a절)

미래 적그리스도는 거만하고 자기중심적인 태도를 보일 것이다. 안티오쿠스 에피파네스 4세처럼 원하는 모든 것을 할 것이다. 그러나 다니엘 7:25과 8:24(계 13:7; 17:13)에 예언된 미래 적그리스도는 역사에서 이미 드러난 안티오쿠스 4세보다 더 거만하고 고집이 세고 뻔뻔할 것이다.[84]

---

83 이동원, 『이렇게 종말을 대비하라』(서울: 나침반출판사, 2009), 177.
84 Walter C. Kaiser, 『마지막 때에 관한 설교』, 235.

(2) 스스로 높여 모든 신보다 크다 할 것이다(36b절)

미래 적그리스도는 자신을 모든 사람보다 높일 뿐 아니라 자신을 신격화하여 하나님보다도 크다 할 것이다. 그 결과, '지극히 높으신 이를 말로 대적'하는 것도 이 때문이다(단 7:25; 살후 2:4 참조). 그는 그리스 신들을 경배하고 유대인들도 그렇게 하도록 강요할 것이다. 그럼에도 불구하고 자기 자신을 다른 모든 신보다 높이고 하나님의 이름을 비방하며(계 13:6), 하나님의 법을 고치려 하는 포악함을 보여 줄 것이다(단 7:25).[85]

(3) 비상한 말로 신들의 신을 대적할 것이다(11:36b)

카이저는 이렇게 말한다

> 미래 적그리스도가 하는 말들은 매우 특이하며 너무 놀랍고 믿기 힘들 것이다. 그러나 그는 너무나 대담하여 누구도 감히 시도하지 못했을 아주 새로운 방식으로 하나님을 대적하는 말을 할 것이다. 영어 성경(NIV)에 '비상한 말'(unheard-of things)로 번역된 단어는 히브리어로 '팔라'(pala)로, 이는 '놀랍고 굉장하고(또는) 무시무시한 것'을 뜻하는 히브리어의 복수형 나팔(Naphal) 어간 분사이다.[86]

(4) 분노하심이 그칠 때까지 형통할 것이다(36d절)

미래 적그리스도는 마지막 종말 때까지 놀라웁게 형통할 것이다. 분노하심의 때'란 정한 마지막 때이다. 다니엘의 일흔 주를 가리키며 칠 년의 마지막을 가리킨다.

---

[85] 이동원, 『이렇게 종말을 대비하라』, 181.
[86] Walter C. Kaiser, 『마지막 때에 관한 설교』, 235.

적그리스도는 마지막 자신의 종말 때까지 승승장구하며 전력으로 온 힘을 다하여 나라들과 이스라엘을 공격할 것이다. 그것은 이스라엘 백성들이 당할 환난의 마지막 때이다. 그러나 이 또한 하나님의 계획 속에 이스라엘의 구원의 날로 적그리스도의 패배의 날이 작정되어 있는 것이다(단 11:36e).[87]

(5) 적그리스도는 세 가지 영역을 돌아보지 아니할 것이다(37절)

미래 적그리스도는 조상들의 신들을 돌아보지 않을 것이며, '여자들이 흠모하는 것'도 돌아보지 아니하며, 어떤 신도 돌아보지 않을 것이다. 내려오는 유산과 전통과 문화적인 교훈도 별 의미를 부여하지 않기 때문이다. 여자에게 무관심한 비정상적인 태도나 비인간적인 모습은 인류를 멸절시키려는 사탄의 오랜 적대감의 표출일 것이다. 다른 신들을 돌아보지 않는 것은 자신을 신격화하는 데 더욱 관심이 있기 때문이다.[88]

(6) 조상들이 알지 못하던 신을 공경할 것이다(38절)

미래 적그리스도는 전통적으로 중시된 어떤 신보다 강한 신을 공경할 것이다. 카이저는 이렇게 말한다.

> '강한'(fortresses)이라는 단어는 견고한 곳을 의미한다. 그에게 강한 신은 자신의 군사 계획, 군사력, 요새이다. 이전의 로마 제국은 그들의 신과 종교 활동을 매우 중시했지만 미래에 되살아날 로마 제국의 지도자는 신들에 대한 경배나 공경을 부정하는 대신 군사 활동에만 강조점을 둘 것이다. 옛

---

[87] Walter C. Kaiser, 『마지막 때에 관한 설교』, 236.
[88] Walter C. Kaiser, 『마지막 때에 관한 설교』.

로마인들처럼 금, 은, 보석을 드려 옛 신들을 공경하는 게 아니라, 금, 은과 보물을 전쟁, 군사 장비와 무기를 갖추는 데 드릴 것이다. 적그리스도는 대담하고 뻔뻔하여 견고한 산성들에 대한 공격을 주저하지 않을 것이며, 이 지도자는 사탄의 도움을 입어 승승장구할 것이다.[89]

(7) 뇌물을 받고 땅과 권세를 나눠 줄 것이다(39절)

적그리스도가 점령한 자들 중에서 자신을 인정하고 뇌물을 가져다 주고 자기에게 동조하는 자들에게 권력을 나눌 것이다. 높은 직위를 주거나 정복한 영토를 다스리는 신하로 만들 것이다. 물질적인 보상을 상급으로 수여하며 미혹할 것이다.[90]

5) 적그리스도의 전쟁과 확실한 멸망

적그리스도에 관한 이 본문의 후반부는 환난의 중간 시기에 그가 많은 나라들을 대적하여 전쟁을 치르게 되는 모습들을 보여 준다(40-45절). 카이저는 이렇게 말한다.

'마지막 때에'(40절)라는 표현은 다니엘 12:1의 '그때에'와도 연결된다. 역사적으로는 북방 왕 안티오쿠스 4세에 의한 유대교 박해가 극심하던 그의 말엽을 가리키고, 종말론적으로는 적그리스도에 의한 기독교 박해가 절정에 이른 마지막 한 이레 중 후반기 삼 년 반의 말엽을 가리킨다.

다니엘은 '그때에'라는 표현을 서두에 쓰고 곧 바로 마지막 때의 종말론적

---

[89] Walter C. Kaiser, 『마지막 때에 관한 설교』, 237.
[90] 강병도, 『호크마 종합주석: 에스겔-다니엘』, 753.

인 시간표에 나타날 가장 중요한 사건 세 가지, 즉 이스라엘의 대환난, 죽은 자의 부활, 의인의 최후의 상급(단 12:1-3)을 언급한다. 적그리스도가 전방으로 활약하며, 세 왕, 즉 북방 왕(시리아로 추정), 남방 왕(애굽), 동방 왕(동방에서 오는 2억 명의 군사들과 동일한 인물로 볼 수 있음. 계 9:16; 16:12 참조)을 죽이는 데 성공한다(단 7:8-20, 24 참조).[91]

남방 왕은 아랍 세계를 대표하는 이집트의 지도자일 수 있다. 이 지도자는 적그리스도를 숫양같이 들이받으며 제국을 세우려는 계획을 좌절시키려 한다(단 8:4). 그러나 계략에 말려들어 패배할 것이다. 카이저는 이렇게 말한다.

북방 왕은 안티오쿠스 에피파네스 4세로 볼 수 있지만 현재의 역사를 고려할 때 오히려 현재 러시아 국가로 해석하기도 한다. 그러나 곡과 마곡의 전쟁이 칠년대환난보다 먼저 일어난다면 러시아의 지도자가 그렇게 빨리 재기하는 것은 불가능해 보인다.

북방 왕이 적그리스도가 될 수 없는 이유는 적그리스도의 권력 기반은 로마이지 시리아가 아니다. 모스크바가 예루살렘에서 남북으로 직선 거리에 있기에 러시아를 북방 왕으로 볼 수도 있다. 그러나 에스겔 38-39장의 곡과 마곡 전쟁이 대환난 시대의 초기나 그 직전에 일어나는 것이 맞는다면 성경이 보여 주는 것처럼 엄청난 사상자가 발생하는 군사적 약화를 감안할 때 합당하지 않다.[92]

---

[91] Walter C. Kaiser, 『마지막 때에 관한 설교』, 238.
[92] Walter C. Kaiser, 『마지막 때에 관한 설교』, 239.

40절에 열거된 무기들, 즉 병거와 마병과 많은 배는 오늘날 전쟁에서 사용되는 무기들을 당시의 무기로 표현한 것이다. 그러나 특별한 사정으로 옛 전쟁 방식으로 돌아간다는 것을 배제할 수 없다. 적그리스도가 애굽을 정복하면서 아프리카 정복을 위한 길이 열릴 것이다(겔 11:42-43).

애굽의 금, 은과 보물을 적그리스도가 가져가고 리비아와 에티오피아를 정복할 것이다. 적그리스도는 많은 나라들을 침략하여 '물이 넘침같이'(40절) 나라들과 땅들을 휩쓸 것이다.[93] 카이저는 아래와 같이 주장한다.

> 적그리스도는 종교를 상관 않기에 유대인들이 예루살렘 제3성전에서 하나님을 다시 경배하여도 전혀 거리끼지 않을 것이다. 게다가 이스라엘 땅은 열방들이 오랫동안 노려온 곳으로 그에게 특히 중요한 자랑거리가 될 것이다. 사탄은 그가 이스라엘과 맺은 언약을 파기하도록 영향을 미쳐 이 새 성전에서 드리는 예배들을 모두 중단시키고, 그의 전신 안티오쿠스 에피파네스를 모방하여 그 성전에 '포악하여 가증한 것'을 세울 것이다(단 9:27).[94]

다니엘 11:45은 적그리스도의 최후를 예언하고 있다. 이미 적그리스도의 권력은 절정에 이르렀기에 이스라엘은 두려움에 몸서리칠 것이다. 그리스도가 능력 가운데 임하실 때 거짓 선지자가 적그리스도를 도와줄 것이다.

그러나 이때 그리스도의 입에서 나오는 예리한 '검'에 그들은 당할 것이며(계 19:15) 거짓 선지자는 적그리스도 및 그의 군대와 더불어 유황불못에서 최후를 맞이하게 될 것이다(계 19:20).[95]

---

[93] Walter C. Kaiser, 『마지막 때에 관한 설교』.
[94] Walter C. Kaiser, 『마지막 때에 관한 설교』, 240.
[95] Walter C. Kaiser, 『마지막 때에 관한 설교』, 241-42.

카이저는 다음과 같이 적그리스도를 규정한다.

> 적그리스도는 하나님과 메시아를 대적하는 마지막 세계 정복자로서 예루살렘 성전을 모독하고 하나님을 예배하는 곳을 빼앗으려 할 것이다. 그는 가능한 모든 방법으로 하나님의 통치를 거부하고 반유대주의적 반성경적 시대정신을 반영할 것이다.
> 적그리스도는 그의 많은 전신이 부정적인 특성을 보인 것처럼 비열하기 그지없는 자로서 자기 마음대로 행하고 자기 자신을 높일 것이다. 그리스도가 재림하셔서 적그리스도의 행적과 군대를 무너뜨리실 뿐 아니라 의로운 정부를 세우시고 다음 천 년간 다스리실 것이다.[96]

6. 아마겟돈 전쟁

카이저가 이해하는 마지막 칠 년 사건은 아마겟돈 전쟁으로 종지부를 찍는다. 카이저는 스가랴 9-11장은 알렉산더 대왕의 승리부터 메시아의 초림까지를 포함하는 것으로 이해한다. 그리고 스가랴 12-14장은 역사의 영광스런 완성을 위해 다시 오실 메시아 예수 그리스도의 재림을 준비하는 일련의 사건들의 기록으로 본다.

카이저는 아래와 같이 본문에 나오는 이스라엘은 지형적, 정치적, 민족적인 이스라엘이라고 단언한다.

> 이스라엘을 비유적 영적으로 해석하여 이스라엘이 오늘날 교회를 의미한

---

[96] Walter C. Kaiser, 『마지막 때에 관한 설교』, 242.

다고 보는 경우 크게 어리석음을 범하게 된다. 스가랴 13:8에 삼분의 이는 멸망한다는 말씀이 교회의 '삼분의 이'가 멸망당한다는 의미가 되기 때문이다.[97]

이스라엘의 사명은 메시아의 탄생, 십자가, 부활, 승천 후 끝났고, 성령 강림 후 교회로 대체되었다는 대체신학은 용납될 수 없다. 하나님은 아마겟돈을 통해 역사의 영광스런 완성을 준비하신다.

1) 열방들의 예루살렘 공격

열방들이 예루살렘을 마지막으로 칠 것이다(슥 14:1-3). 이스라엘 역사에 수많은 사건이 있었지만 본문은 세계 역사상 가장 어둡고 고통스럽고 잔인한 사건을 기록한다.

많은 유대 백성이 전 세계적으로 대부분 불신앙 가운데 그 땅에 다시 모일 때 일어나는 사건이다. 긴 시간은 아니지만 평화와 번영의 시기가 있은 후 큰 위기가 그들에게 엄습하며 마지막 때로 나아가게 된다. 카이저는 이렇게 말한다.

> 이스라엘과 적그리스도가 함께 맺은 조약이 삼 년 반 만에 파기될 것이다. 이 조약에서 이스라엘이 메시아가 아닌 한 사람에게 충성을 맹세한다. 적그리스도가 여기서 약속을 깨고 이스라엘 민족에 집단 학살을 행하기로 하면서 이스라엘은 속고 만다. 세상의 여러 나라가 적그리스도에 동조하

---

[97] Walter C. Kaiser, 『마지막 때에 관한 설교』, 244.

여 이스라엘과 예루살렘을 향해 진격할 것이다.[98]

2) 예루살렘 포위(슥 14:1-2)

하나님을 대적하는 이방의 모든 세력에게 예루살렘은 그들을 취하게 하는 잔(슥 12:2)이요 무거운 돌(슥 12:3)이 된다. 드디어 그들이 예루살렘을 포위 공격할 것이나 이 위기는 다윗의 집과 예루살렘 주민들에게는 은총과 구원의 날이 될 것이다(슥 12:10-13:6). 카이저는 이렇게 말한다.

> 이스라엘이 적들에게 포위당한 때를 '여호와의 날'(a day of the Lord)이라 표현한다(슥 14:1). 예루살렘성을 치는 마지막 전투 때에 일어날 일들은 상상하기 어려울 정도로 무섭다. 예루살렘을 공격하는 이방 나라의 마지막 일시적인 승리로 성읍이 함락되고 가옥이 약탈되고 부녀들이 욕을 당하고 주민의 절반이 사로잡혀 가는 환난의 때이다(슥 14:2). 그러나 열방들을 모아 예루살렘을 치러 오게 하신 분은 하나님이심을 기억해야 한다(슥 14:2).[99]

하나님은 종종 악한 자들을 심판의 도구로 사용하셔서 자기 백성들은 정결케 하신다. 예레미야 30:5-7에서는 이 날이 '야곱의 환난의 때'로 불린다. 이스라엘 온 땅에서 삼분의 이는 멸망할 것이다. 그러나 남은 삼분의 일은 이 환난의 불을 통과하며 하나님의 백성으로, 즉 남은 자로서 연단될 것이다.[100]

---

[98] Walter C. Kaiser, 『마지막 때에 관한 설교』, 246.
[99] Walter C. Kaiser, 『마지막 때에 관한 설교』.
[100] Walter C. Kaiser, 『마지막 때에 관한 설교』, 247.

3) 남은 자들을 구하시는 하나님

적그리스도와 이방 나라들의 승리가 확실한 것처럼 보일 때 여호와가 직접 "나가사 그 이방 나라들을 치시되, 이왕의 전쟁 날에 싸운 것 같이" 할 것이다(슥 14:3).

여호와는 용사요 전사이다(출 15:3). 하나님이 전쟁에 들어가실 때는 반드시 승리하시고 "전쟁은 여호와께 속한 것"(삼상 17:47)임을 증거한다. 전쟁에 능하신 하나님(시 24:8)은 예루살렘에 일어날 이 마지막 전쟁에서 권능을 보이시고 승리하셔서 우주적인 왕권을 온 땅 위에 수립하실 것이다.[101]

4) 이 땅에 다시 오시는 메시아

스가랴 14:4이 "그의 발이 예루살렘 앞, 곧 동쪽 감람산에 서실 것"이라 말한 것처럼 예수님은 문자 그대로 기드론 골짜기 동쪽 감람산으로 재림할 것이다.

예수님이 부활하시고 감람산에서 하늘로 승천하실 때 흰 옷 입은 두 사람이 "너희 가운데서 하늘로 올려지신 이 예수는 하늘로 가심을 본 그대로 오시리라"(행 1:11)고 제자들에게 가르쳐준 것과 동일한 것이다. 글라스하우어는 이렇게 말한다.

> 여호와의 영광이 솔로몬이 지은 성전에 임했다(대하 7:1-2). 그러나 에스겔은 바벨론에게 성전이 파괴되기 전에 하나님의 영광이 그곳을 떠나는 것

---

101 장세훈, 『스가랴』, 468.

을 본다. 지성소에 머물러 있던 하나님의 영광이 성전 문지방으로(겔 10:4, 18) 그리고 성전 바깥 동문으로 마침내 예루살렘 성읍의 동쪽 감람산(겔 11:23)을 거쳐 예루살렘 성읍을 떠나가신다. 에스겔 43:2-5에 의하면, 에스겔은 하나님의 영광이 동쪽으로부터 와서 동문을 통해 성전에 들어가 성전을 가득 채우시는 것을 본다(겔 43:2-5).[102]

'그 날'은 스가랴 14장에만 '여호와의 날'을 포함하면 8차례 등장하는 예수님 재림과 관련된 사건들과 연결되는 시기로 '나라가 임하시오며'라는, 주님 가르쳐 주신 기도의 응답의 날이다.

주님이 감람산에 임하실 때 놀라운 일들이 일어날 것이다. 감람산 한가운데가 동서로 갈라지고 산 절반은 북으로 산 절반은 남으로 옮겨지며 그 사이로 예루살렘 공격에 살아남은 자들이 피하는 골짜기가 생길 것이다(슥 14:4-5). 카이저는 이렇게 말한다.

> 요한계시록에 보면(계 16:18-19), 일곱째 대접이 큰 지진의 형태를 띤 하나님의 진노로 가득한데, 이 지진으로 예루살렘이 세 갈래로 갈라지고 동시에 만국들도 무너질 것이다. 지진으로 게바에서 림몬까지 이르는 큰 평원이 생길 것이다(슥 14:10). 다시 말해, 베냐민과 유다가 사는 중앙 산악 지역이 그 날의 지진 활동 때문에 융기될 것이다. 아라바와 같이 평평해질 것이다.[103]

"터가 높고 아름다워 온 세계가 즐거워"(시 48:2)하는 예루살렘은 여전

---

[102] Willem Glashouwer, 『Why 이스라엘?』, 65.
[103] Walter C. Kaiser, 『마지막 때에 관한 설교』, 249.

히 동일하나 위상은 변하여 천년왕국의 종교적, 정치적 중심이 될 것이다. 이스라엘의 소망이시며 교회의 소망이신 여호와 하나님이 '거룩한 자들'과 함께 위대한 모습으로 임할 것이다(슥 14:5). 카이저는 이렇게 말한다.

> 그분과 함께할 거룩한 자들은 천사들을 가리킨다(신 33:3; 욥 15:15; 시 89:5-7). 그러나 이 용어는 성도들을 가리키기도 한다(레 11:44-45; 대하 35:3; 시 16:3; 34:9; 단 8:24). 또한, 신약성경은 '주님이 천사들 및 성도들과 함께 재림하신다'고 기록한다(살전 3:13; 유 1:14).[104]

존 피터 랑게(John Peter Lange)는 '거룩한 자들'을 '거룩한 천사들'[105]로 이상근은 '하늘의 천군과 천사'[106]로 해석한다. 이순한은 '보편적 대심판 자리와 구원받은 성도들이 주의 영접을 받는 곳'[107]으로 이해한다. 맥아더는 "천사들 또는 유대 신자들 이방인 신자들을 모두 가리킬 수 있다"[108]라고 주해한다. 카이저는 이렇게 말한다.

> 메시아가 다시 오시는 그 날에는 여호와의 영광의 빛이 너무 밝아서 평소의 빛이 필요 없을 것이다. 찬란한 태양도 은은한 달빛도 영롱한 별빛도 눈부신 영광의 빛 아래 사라질 것이다(슥 14:6). 여호와의 영광의 빛이 우리를 따뜻하게 감싸줄 것이며 저녁이 와도 여전히 빛이 있을 것이다(슥 14:7).

---

[104] Walter C. Kaiser, 『마지막 때에 관한 설교』, 250.
[105] John Peter Lange, 『학개·스가랴·말라기』, 배영철 역 (서울: 백합출판사, 1984), 313.
[106] 이상근, 『소예언서』 (서울: 성등사, 1993), 420.
[107] 이순한, 『소예언서강해(I)』, 547.
[108] John MacArthur, 『맥아더 성경주석』, 901.

인류 역사 속에서 처음으로 경험하는 놀라운 날일 것이다. 생소하지만 그러나 우리는 모든 것을 아시는 주님의 영원한 사랑과 전능하심을 믿기에 주님께 모든 것을 맡기고 자유와 기쁨과 평안과 소망을 누리게 된다.[109]

믿는 이들은 메시아가 오셔서 다스리실 그 나라를 사모하며 "복스러운 소망과 우리의 크신 하나님 구주 예수 그리스도의 영광이 나타나심"(딛 2:13)을 기다리며 깨어 있어야 한다.

5) 메시아의 왕국 수립

때가 차매 메시아 왕국이 모든 것 위에 세워질 것이다(슥 14:8-15). 그 날에 생수가 예루살렘에서 솟아 나서 그 물의 절반은 동해로 흐르고 다른 절반은 서해인 지중해로 흐를 것이며 이 물은 여름에든 겨울에든 그치지 않고 흐를 것이다(슥 14:8). 이와 같이 아래의 성경 구절을 통해 확인한다.

> 한 시내가 있어 나뉘어 흘러 하나님의 성, 곧 지존하신 이의 성소를 기쁘게 하도다(시 46:4).

> 여호와의 성전에서 샘이 흘러나와서 싯딤 골짜기에 대리라(욜 3:18).

에스겔 선지자는 새롭게 회복된 성전의 문지방에서 흘러내리는 물이 요르단 사막 전체에 흐르며 바다와 강이 살아나고 물고기와 과일이 풍성한 환경으로 변화될 것이라 말한다(겔 47:1-12).

---

[109] Walter C. Kaiser, 『마지막 때에 관한 설교』, 250.

그 날에 여호와가 온 천하의 왕이 되실 것이다(9절). 세상 나라가 그리스도의 나라가 되어 주님이 직접 세세토록 왕 노릇 할 것이다(계 11:15). 여호와는 온 땅의 왕으로 '홀로 한 분'이신 유일한 왕이시며 만왕의 왕이다(계 19:16).

그리고 여호와의 우주적인 통치와 왕권은 다윗 왕조의 회복을 당연히 거부한다고 주장하는 학자들이 있다.[110] 그러나 장세훈은 여호와의 우주적 통치 때문에 다윗 왕조의 회복은 필요하지 않다고 주장할 필요는 없다고 말한다. 새 창조의 다양한 관점으로 보면 이해가 가능하다는 것이다. 여호와께서 다시 왕으로 다스릴 새로운 시대가 되면 그의 통치를 수행할 '새로운 다윗 왕이 도래할 것'이라고 주장한다.[111]

화평이 다시는 흔들리지 않을 것이다(슥 14:10-11). 게바(예루살렘 북쪽 6마일로 유다의 북쪽 경계선)에서 림몬(남서쪽 35마일로 유대의 남방 경계선)까지 이전에 베냐민과 유다가 거주했던 땅은 아라바같이 평평해질 것이다(10절). 또한, 예루살렘은 지형적으로 높이 솟아오를 것이다. 카이저는 이렇게 말한다.

> 북쪽의 베냐민 문이 언급되는데, 이것이 에브라임 문과 동일한 것으로 추정되는 이유는 북으로 가는 길이 베냐민을 거쳐 에브라임 족속에 이르기 때문이다. '첫 문' 또는 '첫 문 자리'가 스가랴 시대에는 없었지만 예루살렘의 북동쪽 모퉁이에 있었다. '모퉁이 문'은 성의 북서쪽에 있었다.
> '하나넬 망대'는 성벽 북쪽 부분에 있었던 것으로 보이며 '왕의 포도주를 짜는 곳'은 성의 남쪽에 위치한 왕의 정원에 있었다. 이로써 우리는 그 성

---

[110] David L. Peterson, *Zechariah 9-14 and Malachi* (Louisville: Westerminster John Knox Press, 1995), 149.
[111] 장세훈, 『스가랴』, 475.

의 북쪽과 남쪽의 경계를 알 수 있다.[112]

여기에 언급되는 예루살렘의 문들은 그 성이 그대로 남아 있으며 거기에 사람들이 다시 평안히 살게 될 것을 보여 준다(11절). 지형적인 큰 변화가 있어도 예루살렘 본 모습은 사라지지 않는다.

(1) 예루살렘성에 임하는 세 가지 복

첫째, '사람이 그 가운데 살' 것이다. 예루살렘은 주님이 다스리는 우주적 통치의 중심지가 되어 더 이상 잡혀가거나 도망하지 않아도 된다. '살며'(야솨브)는 원뜻이 '앉다,' '남아 있다,' '안정하다'란 뜻으로 앉아있어도 괜찮을 정도로 안정된 모습으로 거주하는 것을 의미한다.

둘째, '다시는 저주가 있지 아니'할 것이다. '저주'(헤렘)는 '멸절'이란 뜻으로 이전과 같이 죄로 인해 파괴되지 않고 메시아의 통치 속에 완전한 보호를 누리게 될 것이다.

셋째, '예루살렘이 평안히 설'것이다. '평안히'(베타흐)는 '안전하게 거할 수 있는 피난처,' '신뢰할 수 있는 피난처'를 의미한다. 예루살렘이 신실한 남은 자들의 궁극적인 안식처가 되고 영원한 보호를 받을 것이다. 하나님이 함께하시는 예루살렘성은 더 이상 침략을 당하는 곳이 아니라 '온 열방을 다스리는 우주적 통치의 중심지'가 될 것이다.[113]

(2) 이스라엘 적들의 멸망(슥 14:12-15)

이스라엘 적들은 세 가지 무기에 당할 것이다.

---

[112] Walter C. Kaiser, 『마지막 때에 관한 설교』, 252.
[113] 장세훈, 『스가랴』, 477.

첫째, 전염병으로 큰 고통을 받을 것이다(12절).

내리실 '재앙'(마게파)은 주로 전염병을 말한다. 적국들이 '섰을 때에 그들의 살이 썩을' 것이다. 갑작스럽고 심각한 전염병으로 고통받을 것이다. '그들의 눈동자가 눈구멍 속에서 썩으며 그들의 혀가 입 속에서 썩을 것'이다. '썩다'라는 말이 세 번이나 반복되는 것은 치명적인 심각한 질병임을 강조해 준다.

둘째, 예루살렘성을 공격한 자들에게 '크게 요란'이 일어날 것이다(13절).

여호와는 기드온 때나 산헤립이 예루살렘을 치려고 했을 때처럼 큰 함성 소리를 듣게 하실 것이다. 적의 군사들이 놀라서 혼란에 빠져 서로를 공격하여 자중지란에 빠질 것이다.

셋째, 유다의 남은 자가 전투에 참여하여 적과 싸울 것이며(14상절), 그 결과로 금 은과 의복을 전리품으로 심히 많이 모을 것이다(14하절).[114]

7. 온 천하의 왕께 드리는 예배

천년왕국 때 온 천하의 왕께 드리는 예배가 시작된다(슥 14:16-21).

1) 온 세상의 예배 중심지인 예루살렘

예루살렘을 치러 왔던 이방 나라들 중에 살아남은 자들이 해마다 예루

---

[114] 장세훈, 『스가랴』, 477-478.

살렘으로 올라가서 만왕의 왕 만군의 주 여호와를 경배하며 초막절을 지킬 것이다(16절). 초막절은 유대 종교력 7월 15일부터 일주일 동안 초막을 짓고 거하면서 광야 생활을 기념했던 절기이다. 아울러 한 해의 수확을 마무리하면서 풍성한 소출을 주신 하나님의 은혜에 감사하는 절기이다.

메시아 왕국에서 초막절을 예루살렘을 중심으로 세계적으로 지키며 하나님의 은혜와 축복을 감사하며 경배할 것이다. 초막절은 여호와를 구속자요 창조자로 경축하는 매우 중요한 신앙고백적 절기가 될 것이다.[115]

2) 예배의 필요성(슥 14:17-19)

매년 예루살렘에 하나님을 경배하러 올라가기를 거부하는 애굽과 이방 나라들에게 비가 내리지 않아 백성들이 가뭄을 겪으며 수확을 거두지 못할 것이라 경고한다(18절).

애굽은 나일강이 늘 쉼 없이 흘렀기 때문에 비의 유무에 큰 영향을 받지 않음으로 예루살렘에서 드리는 예배를 소홀히 할 가능성이 많아 언급된 것 같아 보인다.[116]

3) 이스라엘의 예배 중심 역할(슥 14:20-21)

이스라엘은 예배할 것이다. 모든 것이 여호와가 사용하시도록 구별되어 드려질 것이다. '말 방울,' '여호와의 전에 있는 모든 솥,' '예루살렘과 유다의 모든 솥'이 여호와의 성물이 될 것이다(20절). 그 날에는 여호와께서 성

---

[115] 장세훈, 『스가랴』, 480.
[116] Walter C. Kaiser, 『마지막 때에 관한 설교』, 255.

결이 보편화될 것이다. 도적적 영적으로 부패하고 타락한 가나안 사람들은 앞으로 세워질 성결한 하나님 나라에서 배제될 것이다(21절). 그 날에는 이스라엘이나 여호와께 경배하러 나아오는 다른 모든 이방도 성결을 추구할 것이다.[117]

4) 카이저의 결론

시편 72편은 해가 비치는 모든 곳을 예수님이 다스리실 것을 약속한다. 메시아는 한 곳도 예외 없이 온 땅을 다스릴 것이다. 스가랴 선지자는 14장에서 메시아가 이 땅을 접수하고 다스리는 모습을 보여 준다. 카이저는 이렇게 말한다.

> 이방 나라들이 예루살렘을 치고 하나님이 구속사 가운데 보이신 언약 계획을 망가뜨리려 최종적으로 시도할 것이다. 그러나 하나님을 거부하고 그분의 계획을 저지하려고 노력하던 이들은 멸망할 것이다. 그리스도가 감람산 위에 서시면 땅이 둘로 갈라져 예루살렘의 맹렬한 공격을 피해 도피하는 자들을 위한 골짜기가 생길 것이다.

> 베냐민과 유다 땅은 높이 솟아올라 아라바와 같이 평평해질 것이며 예루살렘성 역시 지형에 변화가 일어날 것이다. 그 날에 여호와가 천하의 유일한 왕이 되시며 여호와를 경배하는 자들이 그분의 이름만 높일 것이다.[118]

---

[117] 장세훈, 『스가랴』, 480.
[118] Walter C. Kaiser, 『마지막 때에 관한 설교』, 256.

천년왕국이 시작되기 전에 반드시 거쳐야 할 큰 전쟁 아마겟돈 전쟁의 모습이다. 카이저는 아마겟돈 전쟁을 스가랴 14장을 중심으로 서술하면서 요한계시록 16:18-19에서 발생한 큰 지진의 결과로 게바에서 림몬까지 이르는 큰 평원이 생기는 것을 연결한다(슥 14:10).[119]

유브라데 전쟁과 아마겟돈 전쟁을 구별하는 학자도 있지만 대부분 학자는 큰 강 유브라데에서 시작되는 동일한 전쟁의 연결된 상황으로 본다. 유브라데강은 이스라엘 동쪽 경계이다. 그곳을 건너올 동방의 왕들은 사탄의 세력 밑에 있는 지상의 통치자들이다.

최후의 결정적인 전투를 위해 온 세상이 이스라엘에 모이기 시작할 것이다. 이 전쟁은 그리스도가 다시 오시면서 끝날 '하나님과 그리스도에 대항하는 큰 전쟁'이다.[120]

안영복은 요한계시록 16:12-16을 통해 인류 마지막 전쟁의 모습을 아래와 같이 설명한다.

> 인류의 마지막 전쟁은 귀신의 영들이 왕들을 전쟁터로 이끈다. 이는 용(사탄)과 짐승(적그리스도)과 거짓 선지자의 입에서 나온 더러운 세 영으로 하나님을 대적한 악한 영이다.
>
> 마지막 때에 악한 영들에게 이끌림을 받아 전 세계 불신 세력들이 하나님을 대적하려고 전쟁터로 모여든다. 인류의 마지막 전쟁인 아마겟돈 전쟁은 악의 삼위일체인 사탄과 적그리스도와 거짓 선지자의 합동 작전으로 연합군을 형성하여 일어나는 전쟁인 것이 분명하다.
>
> 이 인류의 마지막 전쟁은 하나님의 초자연적 개입이 함께하는 전쟁이다.

---

[119] Walter C. Kaiser, 『마지막 때에 관한 설교』, 249.
[120] John MacArthur, 『맥아더 성경주석』, 1663.

요한계시록 16장에 기록된 진노의 일곱 대접들이 동시다발적으로 땅에 부어진다.

이때에 '짐승의 표를 받은 사람들과 그 우상에게 경배하는 자들,' 곧 불신자들에게 악하고 독한 종기가 생기고, 바다가 피같이 되어 모든 바다 생물이 죽으며, 같이 피가 되어 사람들이 피를 마시게 되고, 태양열이 강해져 사람들이 크게 태움을 받으며, 나라가 온통 어두워지고, 종기와 아픔으로 혀를 깨물게 되고, 큰 지진이 일어나 바벨론성과 다른 성들이 무너지며, 섬도 산악도 사라지는 그런 엄청난 사건들이 발생한다고 말해 준다. 사상 초유의 놀라운 사건들이 일어난다고 증언한다.[121]

이 전쟁은 스가랴 14:1-5의 전쟁과 연결해서 이해해야 한다. 이 인류의 마지막 전쟁은 하나님이 이방 나라들을 모아 예루살렘과 싸우게 하는 전쟁이다. 그러나 결국 하나님이 개입하여 싸우실 것이며, 주께서 그 거룩한 천사들과 함께 '이스라엘 앞, 곧 동쪽 감람산'에 임하실 것이라고 예언되어 있다.

교회 시대가 바로 천년왕국이라고 보는 무천년설의 입장에서는 예루살렘을 교회로 영적으로 상징적으로 해석한다. 아마겟돈 전쟁은 교회, 곧 그리스도를 믿는 하나님의 백성과 사탄의 사주를 받은 적그리스도의 연합군 사이에 벌어지는 전쟁으로 이해한다.

권성수는 아마겟돈 전쟁의 성격을 창세기 3장부터 지금까지 계속되어 온 영적인 전쟁의 마지막 국면이고 마귀군과 그리스도군, 세상과 교회 간의 전쟁(계 17:14)으로 정리한다. 마지막 날이 다가오면서 심화되는 전쟁이

---

[121] 안영복, "특강7. 인류의 마지막 전쟁, 어떻게 어디서 일어나는가?," https://www.youtube.com/watch?v=RiaLw264_co&t=669s

고, 그 결과, '그리스도군이 승리할 것'이 확실한 전쟁이다.[122]

그러나 본문에 대한 자연스런 해석은 사탄의 사주를 받은 적그리스도와 거짓 선지자의 합동 작전으로 연합군을 형성하여 하나님의 백성인 이스라엘(예루살렘)과 더불어 실제로 벌이는 인류의 마지막 역사적 전쟁이다. 인류 마지막 전쟁이 일어날 장소는 아마겟돈이다. 권성수는 이렇게 말한다.

> 아마겟돈은 히브리어로 '할 므깃도'라고 하는데, '므깃도의 산' 혹은 '므깃도의 언덕'이란 뜻이다. 므깃도의 언덕은 이스라엘의 가장 전략적인 요충지이다. 아마겟돈은 지리적으로는 예루살렘 서북쪽에 있는 갈멜산 아래쪽의 므깃도(삿 5:19)라는 지역이다. 이곳은 전쟁이 자주 일어났던 곳이며 군사나 정치적으로 중요한 곳이다(수 12:21; 삿 5:19).
> 유다 왕 아하시야가 예후에게 죽임을 당한 곳이자(왕하 9:27) 요시야 왕이 애굽의 바로 느고와 싸우다가 전사한 곳이기도 하다(왕하 23:29). 또한, 1917년에 영국 군대가 터키 군대를 격퇴한 곳이 바로 이곳이며 십자군 전쟁을 비롯한 여러 격전이 벌어진 곳도 므깃도이다.
> 애굽에서 올라갈 때든지 앗수르에서 내려올 때에 므깃도를 점령하면, 일천 개의 도시를 점령하는 것보다 더 낫다고 할 만큼 므깃도는 전략적 요충지다. 나폴레옹은 세계 전체를 살펴보았을 때 가장 적절한 전쟁터가 바로 므깃도라고 말했다고 한다."[123]

그러나 스가랴 14:2-5을 보면 이미 언급한 바와 같이 마지막 전쟁의 무대는 예루살렘이 될 것이라고 한다. 인류 마지막 전쟁은 아마겟돈, 곧 므

---

[122] 권성수, 『요한계시록』(서울: 햇불, 1999), 354.
[123] 권성수, 『요한계시록』, 350.

깃도의 언덕에서 시작하여 예루살렘에서 끝난다.

인류의 마지막 전쟁은 이스라엘이 주요 무대가 될 것이 분명하다. 심판주로 재림할 예수 그리스도는 그가 감람산에서 승천하시면서 "너희 가운데서 하늘로 올리우신 이 예수는 하늘로 가심을 본 그대로 오시리라"고 약속한 대로(행 1:11-12), 예루살렘 앞 감람산으로 재림하셔서 모든 민족을 심판하실 것이다. 인류의 마지막 전쟁인 아마겟돈 전쟁은 온 세계의 연합군이 이스라엘을 대항하여 일어나며 우리 주님께서 심판주로 예루살렘의 감람산에 임하심으로 끝날 것이다.

결론은 하나님은 세계 열강의 공격으로부터 이스라엘을 구하실 것이다. 그때 이스라엘은 회개하고 전에 배척한 메시아를 영접하게 될 것이다. 그리고 이스라엘은 평화와 축복과 공의가 넘치는 메시아의 영광의 나라에 참여할 것이다.

8. 요약

이 장에서는 카이저의 마지막 칠 년 이해에 관해 기술했다. 카이저는 다니엘의 '일흔 이레' 예언을 상징적으로 비유적으로 해석하면 구체적이고 실제적인 하나님의 역사 전개를 놓치게 됨으로 자연스럽게 문자적 역사적으로 본문을 해석하는 것이 옳다고 주장한다.

이 490년은 끝까지 모두 연속적인 것이 아니라, 예순아홉째 주와 일흔번째 주 사이에 상당한 간격이 있다. 칠 년 중 예순아홉 이레와 마지막 이레 사이에 간격이 있어 두 시기로 구분되는데, 이 간격의 기간은 정확한 숫자로 명시되지 않는다. 그 간격 사이에 메시아가 끊어지고(주후 30년경) 예루살렘 성읍과 성소가 파괴된다(주후 70년).

칠 년의 마지막 한 이레의 절반 때에 적그리스도가 이스라엘과 맺은 언약을 파기하고, 새로 중건한 제3성전을 '포악하여 가증한 것'으로 더럽힐 것이다. 그 이후에 그리스도가 이 땅을 통치하고 다스리시는 천 년과 영원한 나라가 임한다.

카이저는 에스겔의 환상은 교회를 나타내는 상징이나 비유 이상으로 아주 상세한 묘사가 많은 비중으로 나오는 것을 주목한다. 많은 분량이 비유적으로 서술된 것은 이 성전을 과할 정도로 자세하고 정확하게 묘사하기 위한 것으로 볼 수 있다.

카이저는 에스겔의 환상을 문자 그대로 예루살렘에 지어질 제3성전을 묘사하는 것으로 본다. 그리고 이 성전은 예수 그리스도가 이 땅을 통치하는 천 년 동안 사용될 것이다. 무엇보다 가장 중요한 사실은 여호와가 땅 위의 이 성전에 임재하시며 거하신다는 점이다.

카이저가 규정하는 적그리스도는 하나님과 메시아를 대적하는 마지막 세계 정복자이다. 예루살렘 성전을 모독하고 하나님을 예배하는 곳을 차지하려 할 것이다. 그는 가능한 모든 방법으로 하나님 통치를 거부하고 반유대주의적, 반성경적 정신을 반영할 것이다.

적그리스도는 그의 많은 전신들이 부정적인 특성을 보인 것처럼 비열하기 그지없는 자로서 자기 마음대로 행하고 자기 자신을 높일 것이다. 그리스도가 재림하셔서 적그리스도의 행적과 군대를 무너뜨리실 뿐 아니라 의로운 나라를 세우시고 다음 천 년간 다스리실 것이다.

이방 나라들이 예루살렘을 공격하여 하나님이 주신 언약 계획을 망가뜨리려고 최종적으로 시도할 것이다. 그러나 하나님을 거부하고 그분의 계획을 저지하려고 노력하던 이들은 멸망할 것이다. 그리스도가 감람산 위에 서시면 땅이 둘로 갈라져 예루살렘의 맹렬한 공격을 피해 도피하는 자들을 위한 골짜기가 생길 것이다.

베냐민과 유다 땅은 높이 솟아올라 아라바와 같이 평평해질 것이며 예루살렘성 역시 지형에 변화가 일어날 것이다. 그 날에 여호와가 천하의 유일한 왕이 되시며 여호와를 경배하는 자들이 그분의 이름만 높일 것이다.

제7장

월터 C. 카이저의 영원한 나라의 도래 이해

    이 장에서는 카이저 구약성경 연구에 나타난 영원한 나라의 도래에 관해 기술한다. 카이저는 영원한 나라의 도래를 다루면서 초대교회에서 첫 3세기까지 대부분의 교회들의 입장은 전천년설이었다는 사실을 상기시킨다. 19세기에서 20세기로 넘어갈 즈음에도 개혁파와 장로교파 배경을 가진 자들의 다섯 명 중 네 명은 전천년주의자였다고 주장한다.[1]

1. 하나님의 천년왕국과 통치

    카이저는 뜨거운 논쟁 주제인 천년왕국의 구약성경 부분을 다룬다. 천년왕국은 성경신학의 결론 부분이기에 이 천년왕국론만 보아도 신학이 어떻게 형성되었는지를 가늠해 볼 수 있을 만큼 중요하다.[2] 카이저는 무천년주의자들의 성경에서 천년왕국을 다루는 곳은 요한계시록 20:1-6, 즉 한

---

1   Walter C. Kaiser, 『마지막 때에 관한 설교』, 257.
2   한정건, 『종말론 입문』, 180.

군대밖에 없다는 주장을 거부하면서 이사야 24:1-23을 주해함으로 우리가 하나님의 말씀에 더욱 충실해야 할 것을 요청한다.[3]

1) 온 세상을 심판하실 하나님

하나님이 앞으로 온 세상을 심판하실 것이다(사 24:1-13). 이사야는 앞으로 하나님이 행하실 무서운 일들을 선포한다. 온 세상의 모든 사람에 대한 하나님의 철저한 심판을 예언한다. 하나님이 자연과 인간 세상을 공허하게 하고 황무하게 한다는 것이다(사 24:1, 3). 온 땅이 황폐해지고 완전히 버려질 때 '높은 군대'[4]조차 하나님의 심판에 박살난다(사 24:21-22). 하나님은 온 세상을 노아 홍수 때보다도 더 심하게 심판하여 인류의 역사 가운데 행하신 어떠한 심판보다 훨씬 더 무섭고 처참할 것이다.[5]

하나님의 심판은 공정하셔서 가진 자나 가지지 못한 자나 지위나 부나 신분에 관계없이 모두가 똑같이 심판받을 것이다(사 24:2). 역사의 끝에는 분명히 무섭고 두려운 심판이 온다. 하나님이 직접 큰 파괴를 일으키셔서 이 세상을 끝내실 것이다(사 24:3-6). 카이저는 이렇게 말한다.

> 결국, "저주가 땅을 삼켰다"는 이 저주는 레위기 26:25-45과 신명기 11:26-28과 28:15-68에 예언된 하나님의 백성이 하나님의 말씀을 듣고 순종하지 않을 때 일어나는 저주와 일치한다. 세상 사람들은 이제 도덕적 타락에 빠졌고 그 가운데 세상은 비틀거리고 있다. 그렇기 때문에 그 땅의

---

3 Walter C. Kaiser, 『마지막 때에 관한 설교』, 257.
4 공중권세 잡은 사탄과 그를 추종하는 타락한 천사들의 군대(유 1:6; 엡 6:12).
5 Walter C. Kaiser, 『마지막 때에 관한 설교』, 262.

주민들이 불타는 징벌을 받는다.⁶

땅이 황폐함으로 기쁨이 사라지고 즐거워할 이유가 없다. 즐거운 축제도 소고 치는 기쁨도 악기에 맞추어 부르던 노래소리도 다 사라진다(사 24:7-9).

강하고 아름답고 화려했던 성읍들이 이제는 약탈을 당하여 황폐하고 혼란상태 속에 축제가 사라지고 즐거움이 없어질 것이다. 이런 일들이 세계 민족 중에 일어날 것이다. 그러나 포도를 거둔 후에 '남은 포도를 줍듯 하나님이 남은 자들을 구할 것'이다.⁷

2) 온 세상의 찬양을 받으실 하나님

하나님이 온 세상의 찬양을 받으실 것이다(사 24:14-16). 심판을 피한 소수의 살아남은 자들은 소리를 높이고 기뻐서 외칠 것이다. 하나님은 자기 백성을 버리지 아니하신다. 하나님의 진노의 심판은 악인들에게는 두려움을 주지만 하나님을 기다린 백성들은 기뻐할 것이다. 심판 후에 도래할 하나님 나라의 실현을 기뻐하는 찬양이다.

3) 온 땅을 벌하실 하나님

하나님이 온 땅을 벌하실 것이다(사 24:16b-20). 이사야는 하나님 진노의 심판이 임할 때까지 온 땅에는 계속해서 배신과 배신이 횡횡할 것을 바

---

6 Walter C. Kaiser, 『마지막 때에 관한 설교』, 266.
7 Walter C. Kaiser, 『마지막 때에 관한 설교』, 268.

라본다. 하나님은 노아 시대에 하늘 창문을 열고 온 땅을 대홍수로 심판하신다. 그와 같이 세상 종말에도 하나님이 하늘 문을 여시고 무서운 진노의 심판을 이 땅 위에 쏟아부으심으로 세상을 뒤흔드시고 황폐케 하실 것이다.

4) 왕으로서 통치할 하나님

하나님이 '여러 날 후에' 왕으로서 통치한다(사 24:21-23). 이 중요한 예언의 마지막 부분은 '그 날에'라는 문구로 시작한다. '그 날'은 하나님이 역사 가운데 지금의 때를 마감하고 미래에 올 영원한 나라를 예비하시는 때이다. 카이저는 이렇게 말한다.

하나님은 "높은 데에서 높은 군대를 벌하실" 뿐 아니라 "땅에서 땅의 왕들"도 심판하신다(21절). 높은 군대는 자기 지위를 떠난 천사요(유 1:6) 하늘에 있는 악의 영들이다(엡 6:12). "공중의 권세 잡은 자"(엡 2:2), "용과 그의 사자들"(계 12:7-9; 20:1-3)로도 불리는 사탄이 이들을 직접 이끈다.

사탄과 그의 군대는 기고만장하던 세력이 꺾이고 "죄수가 깊은 옥에 모임같이 모일" 것이다(사 24:22). 이 옥에 갇혀 결박당하면서 인간 또는 이 세상을 더 이상 공격하지 못한다(벧후 2:4; 계 9:2, 3; 17:8).[8]

메시아가 다스리시는 천년지상왕국 마지막 때 사탄은 잠시 풀려난 후 최후 심판을 받을 것이다(계 20:7-10). 카이저는 이렇게 말한다.

> 이사야 24:22의 '여러 날 후에'(히브리어로 '우메로브 야밈'[umerov yamim])라는 표현이 요한계시록 20:7의 '천 년'(헬라어로 '칠리아 에떼'[chilia etē])이라는 표

---

8   Walter C. Kaiser, 『마지막 때에 관한 설교』, 271.

현과 동등하다. 두 본문의 사건이 동일하고 옥에 갇힌 사탄과 그의 졸개들이 특징적으로 나타나기 때문이다. 나아가 이사야 24장의 '여러 날 후에' 그리고 요한계시록 20장의 천 년이 있기 전에 임하는 심판들은 같은 시간 후에 오는 것으로 동일하다.[9]

하나님은 사탄과 타락한 천사들을 벌하실 뿐 아니라 적그리스도와 그 군대를 따른 세상의 왕들도 벌하실 것이다. 사탄과 그의 군대들은 우리 주님의 재림 시에 완전히 패할 것이다. 이처럼 이사야의 예언과 요한계시록에서 요한이 본 환상들은 자매편을 이룬다. 요한이 나중에 요한계시록 20:1-7에 밝힌 것처럼, 천 년이 끝나면 사탄이 갇혀 있던 옥에서 잠시 놓이지만 결국은 불과 유황 못에 던져지고 만다(계 20:10).

이사야는 하나님의 통치가 이 땅에 시작되면서 모든 그리스도인을 대표하는 시온의 장로들이 기뻐한다고 말한다(사 24:23). 천년왕국과 그리스도의 통치가 끝난 후에 하나님 나라의 마지막 단계가 이 땅에 도래할 것이다(계 21:2). 이사야 24:1-23 주해에 대한 카이저의 결론은 아래와 같다.

> 하나님은 역사 가운데 악한 나라들의 통치를 일련의 심판을 통해 끝내신다. 죄와 악에 관여하고 세상에 큰 피해를 일으킨 사탄과 그의 사자들을 하나님이 역사의 마지막에 한 번 더 심판하실 것이다.
> 그 사이에 사탄과 그 부하들은 '여러 날(=천 년)' 동안 갇히고 평화와 안정의 시대에 그리스도가 시온(예루살렘)에서부터 이 땅을 통치하실 것이다. 주님이 예루살렘에서 왕이 되시고 영원히 지속될 통치를 시작하시면 그분

---

[9] Walter C. Kaiser, 『마지막 때에 관한 설교』.

의 위엄과 광명 앞에서 해와 달의 광명이 수치를 당할 것이다.[10]

어떤 사람들의 주장처럼 성경에서 천년왕국을 다루는 곳은 요한계시록 20:1-6 한 군데밖에 없다는 주장은 잘못된 것이다. 크레이그 블레이징(Craig Blaising)도 이사야 24-25장을 통해 중간기 왕국의 가능성은 본다. 이사야 24장은 주님의 날에 관한 전형적인 예언으로 하나님의 심판으로 땅 위에 큰 환난이 임할 것을 묘사한다.

이사야 25:6-9은 하나님의 영원한 나라의 모습을 보여 준다. 하나님은 시온에서 왕으로서 모든 백성을 통치한다. 하나님의 존전에서 기쁜 잔치가 있다. 그러나 가장 중요한 것은 하나님께서 사망을 영원히 멸한다는 것이다. 하나님께서 눈물을 씻기시고 백성의 수치를 제하여 영원한 평화 가운데서 함께한다. 이런 두 문단 사이에 이사야 24:21-23이 나온다.[11] 브레이징은 이렇게 말한다.

> 주님의 날과 영원한 하나님 나라 사이에 끼어있는 '여러 날'이라는 기간은 중간기적 왕국이다. 요한계시록 20장은 이사야에 쓰인 이 문단을 해석한 것으로 이해될 수 있다. 이사야 24장의 주님의 날은 요한계시록 6-19장에서 확장되어 표현되었다. 요한계시록 19장에서 그리스도께서는 "땅의 왕들을 벌하시기 위해"(사 24:21) 재림하신다.
> 그리스도가 재림하실 때, 그리스도께서는 그리스도를 반대하는 이 땅의 왕들을 심판하신다. 그리고 그 제국의 통치자를 잡아 불 못에 집어 넣으신다(계 17:14; 19:17-21). 또한, 그리스도는 높은 군대를 심판하신다(사 24:21). 여러 날 동안 옥에 갇혔다는 이사야서의 말(사 24:22)은 요한계시록 20:1-3의 사탄에게 적용된다. 천사가 '무저갱에 던져 잠그고 그 위에 인봉하여

---

10 Walter C. Kaiser, 『마지막 때에 관한 설교』, 270-273.
11 Craig A. Blaising, 『하나님 나라와 언약』, 371.

천 년이 차도록 다시는 만국을 미혹하지 못하게' 한다. 이사야는 '여러 날 후에 형벌을 받을 것이라'고 말한다.¹²

마이클 블라치는 창조와 타락 그리고 영원한 나라로 회복되는 과정 속의 연결을 도식화하면서 아래와 같이 중간기적 왕국(천년왕국)의 필요성을 부각시킨다.¹³

〈창세기 1:26-28(창조)〉
하나님의 영광을 위하여 땅을 다스려야 할 인간

↓

〈시편 8편(타락한 세상)〉
타락한 세상에서도 다스릴 권리를 가진 인간

↓

〈히브리서 2:5-8(타락한 세상, 시 8:6)〉
다스릴 권리가 있어도 이 세대 속에서 발생하지 않음

↓

〈에베소서 1:22(하늘)〉
예수님 승천으로 다스릴 권리 소유

↓

---

12 Craig A. Blaising, 『하나님 나라와 언약』, 371-372.
13 Micheal J. Vlach, *Premillennialism: Why There Must Be a Future Earthly Kingdom of Jesus* (L A: Theological Studies Press, 2017), 22.

⟨고린도전서 15:28(천년왕국)⟩
예수님 마지막 아담 재림 후
땅을 다스릴 사명 성취
⟨요한계시록 2:26-27; 3:21; 5:10(천년왕국)⟩
성도들과 함께 통치

⟨요한계시록 22:3, 5(영원한 나라)⟩
하나님과 예수님이 보좌 위에 계시고
성도들이 영원히 다스림

<그림 2> 중간기적 왕국 연결

5) 무천년설

무천년설은 주후 4세기부터 교부 어거스틴의 주도 아래 널리 인정되었다. 이전 시기에는 전천년설이 지배적이었지만, 점차 쇠퇴하여 전천년설을 '제한없는 물질의 축복과 과도히 다른 욕망들을 채우려는 견해'로 보기도 했다.[14] 안영복은 이렇게 말한다.

> 어거스틴 이후 종교개혁자 존 칼빈을 이어 지금에 이르러서는 윌리엄 콕스(William Cox), 윌리엄 헨드릭슨(William Hendriksen), 아브라함 카이퍼(Abraham Kuyper), 레온 모리스(Leon Morris), 게르할더스 보스(Geerhardus Vos)

---

[14] 정성욱, 『역사적 전천년설』 (서울: 기독교문사, 2014), 263.

등에 의해 전승되고, 미국 칼빈신학교 조직신학 교수이었던 루이스 벌코프(Louis Berkhoof)와 그의 제자 안토니 A. 후크마(Anthony A. Hoekema)에 의해 확고하게 개혁신학적 종말론 해석의 입장으로 굳혀지고 있다.[15]

무천년설을 대표할 만한 신학자 후크마의 설명을 중심으로 무천년설의 주장을 정리해 본다.[16]

① 요한계시록의 천년왕국이 없다는 것이 아니다. 미래의 일이 아니라 현재 실현되는 과정 중에 있다고 믿는다. 그러므로 무천년이라는 말보다 현천년이라는 말이 더 정확하다.
② 요한계시록 20:1-3의 '사탄의 결박'은 그리스도의 십자가 사건으로 이루어진 것이다.
③ 사탄이 결박된 '천 년'의 기간은 상징적인 기간이다. 그리스도의 초림부터 재림까지의 신약 시대라고 본다. 사탄의 결박이 비록 그리스도의 재림 직전에 끝나기는 하지만 그리스도의 초림과 재림 사이의 전 기간 동안 효력을 발휘하는 것으로 해석한다.
④ 요한계시록 20:4-6에서 언급된 천년왕국을 현재 죽은 신자들의 영혼이 하늘에서 그리스도와 함께 통치하는 것을 묘사하는 말로 해석한다.
⑤ 내세의 새로운 땅 위에 임할 미래의 영광스럽고 완벽한 나라를 고대하면서도 승리하신 그리스도가 말씀과 성령으로 자기 백성을 다스리고 계시므로 하나님 나라가 지금 이 세상에 현존한다고 믿는다.
⑥ 그리스도가 죄와 악에 대해 결정적인 승리를 거두셨다는 사실에도 불

---

[15] 안영복, 『천년왕국 연구』 (텍사스: 안디옥신학교 신학자료실, 2013), 4.
[16] Anthony A. Hoekema, 『개혁주의 종말론』, 246-47.

구하고 악의 왕국은 세상 끝까지 계속해서 하나님 나라와 나란히 존재할 것이다.
⑦ 우리는 이미 지금 많은 종말론적 복을 누리고 있지만(시작된 종말론) 최종 상태의 도래를 알릴 그리스도의 재림과 관련된 장차 있을 일련의 극적인 사건들을 바라본다(미래 종말론).
⑧ 복음이 온 열방에 전해지고 이스라엘의 충만한 수가 회심하는 일이 그리스도의 재림 전에 완결될 것으로 예상한다.
⑨ 재림 이전에 있을 인격적인 적그리스도의 출현뿐만 아니라 강화된 형태의 환난과 배교를 예상한다.
⑩ 그리스도의 재림을 두 국면을 포함한 사건이 아니라 단일한 사건으로 이해한다. 그리스도가 재림하실 때 신자와 불신자 모두 전체적인 부활이 있을 것이다. 부활 후에 그때까지 살아 있는 신자들은 변형되어 영화롭게 될 것이다. 부활한 신자들과 변화된 신자들은 그다음에 구름 속으로 끌어올려져 공중에서 주님을 영접하게 될 것이다.
⑪ 모든 신자의 '휴거' 후에 그리스도는 땅으로의 강림을 마치시고 최후의 심판을 행하실 것이다. 심판 후에 불신자들은 영원한 형벌에 처해지는 반면 신자들은 새 하늘과 새 땅의 복을 영원히 누리게 될 것이다.

무천년주의자는 이스라엘과 맺어진 언약과 약속들은 영적으로 교회에서 성취되고 있다고 주장한다. 이들은 전천년주의자들보다 '성경을 상징적으로 해석하는 경향'이 더 강하다.[17]

---

[17] Lewis and Demarest, 『통합신학(III)』, 810.

(1) 무천년설의 난점

요한계시록 20장에 6번이나 반복해서 언급된 명확한 표현인 '천 년'을 단순히 신약교회 시대의 상징으로 해석하는 것은 적절하지 못하다. 김효성은 이렇게 말한다.

> 신약성경이 현세와 내세 사이에서 일시적인 천년왕국을 단 한 곳에서만 가르친다고 해서, 이 사실 때문에 천년왕국의 존재를 부인할 근거가 되지는 못한다. "주 여호와께서는 자기의 비밀을 그 종 선지자들에게 보이지 아니하시고는 결코 행하심이 없으시리라"(암 3:7)는 말씀은 역으로 하나님께서 선지자들에게 보여 주신 것은 반드시 행하신다는 확언이다.
> 예수님도 율법과 예언의 말씀들을 완전하게 하기 위해 오셨다(마 5:17-18). 요한계시록 22:18-19에서 주께서는 요한계시록 예언의 말씀들을 가감하는 자들에게는 엄중히 경고하셨다.[18]

요한계시록을 보면 사탄은 땅으로 추방당하고(계 12:10) 그리스도를 대적한다(계 13-17장). 그리스도는 재림하시고(계 19:11-16) 사탄이 결박된다(계 20:2-3). 일련의 구체적인 역사적 사건들로 진행되고 있다. 이 모든 것이 그리스도의 십자가 사건과만 관련된다고 해석하는 것은 잘못이다.

요한계시록 20:2의 '사탄의 결박'이 십자가상에서 이미 일어난 것처럼 주장하지만, 현 세상은 결코 사탄이 결박된 세상으로 보이지 않는다. '무저갱'을 '억압 상태'로 해석하는 것은 무리다. '무저갱'은 헬라어로 '아뷧소스'(ἁβυσσος)인데, 이는 '밑이 없고 끝이 없는 곳,' '끝없이 깊은 곳'을 뜻한다. 또 다른 말로는 '끝이 없는 구덩이'라고 표현할 수 있다.

---

[18] 김효성, 『조직신학』 (서울: 옛신앙, 2018), 586.

무저갱은 귀신이 가기 두려워하는 곳이요 귀신이 때가 되면 가야 할 곳이다. 귀신은 무저갱으로 들어가라 하지 마시기를 간구한다(눅 8:31). 무저갱은 하나님에 의해 제한받고 있는 곳이다. 요한은 "다섯째 천사가 나팔을 불매 내가 보니 하늘에서 땅에 떨어진 별 하나가 있는데 저가 무저갱의 열쇠를 받았더라 저가 무저갱을 여니"(계 9:1-2)라고 기록한다.

하나님의 천사가 무저갱의 열쇠를 가지고 지키는 곳이다(계 20:1, 3). 무저갱은 마귀가 형벌 전, 곧 지옥에 들어가기 전에 천 년 동안 갇힐 곳이다. '무저갱에 던져 잠그고 그 위에 인봉하여 천 년이 차도록 다시는 만국을 미혹하지 못하게 했다가 그 후에는 반드시 잠깐 놓이리라"(계 20:3)고 말씀한다. 무저갱에 마귀가 갇혀 있는 동안 그는 활동만 못할 뿐이지 그의 모든 기능이 마비되거나 상실되어버리는 것은 아니다.

그러기에 성경은 마귀가 천 년 동안 무저갱에 갇혔다가 다시 나와 잠깐 동안 활동한다고 말씀한다. 무저갱은 옥으로 사용되는 곳이다. 성경은 "천 년이 차매 사탄이 그 옥에서 놓여"(계 20:7)라고 말씀한다. 하나님이 마귀를 가두시는 옥으로 무저갱을 사용하시는 것이다.[19]

사탄이 무저갱에 갇힌 것이 아니라 오히려 "마귀가 우는 사자같이 두루 다니며 삼킬 자를 찾는"(벧전 5:8) 상황이고, 야고보가 "마귀를 대적하라"(약 4:7)고 가르치는 것을 보니 그러한 주장이 현실에 전혀 부합되지 않는다.

요한계시록 20:5의 '첫째 부활'을 그리스도의 재림 때에 일어날 성도들의 육체적 부활로 보지 않고 그리스도를 믿고 영혼이 거듭나는 중생이나

---

[19] 안디옥신학교, 『무저갱이란 어떤 곳입니까?』 (텍사스: 안디옥신학교 신학자료실, 2018).

혹은 믿는 성도들이 죽어 육체로부터 해방되는 것을 의미한다고 해석하는 것은 성경의 본래적인 의미를 왜곡한 해석으로 볼 수밖에 없다(고전 15:51; 살전 4:16-17).

요한계시록 20장에서 천 년 동안 용이 무저갱에 갇히는데, 같은 기간에 대해 12장에서 용이 교회를 핍박하고 있다는 것은 모순이다.[20]

무천년설은 말세에 관한 많은 예언을 설명하지 못한다. 성도들이 지금 땅에서 왕 노릇 하고 있다고 볼 수 없다.[21] 천년왕국에 대한 거부는 교리적이다. 성경적인 석의에 근거한 것이라기보다는 흔히 교리적인 고찰에 의한 거부이다.

6) 후천년설

후천년설은 천년왕국 후에 예수님이 재림한다는 설로 역사적 낙관론을 갖고 있다. 전 세계에 복음이 전파되어 종국에 가서는 천 년 동안 영적 평화와 부요가 절정에 이른 다음 예수님이 재림한다는 설이다. 무천년설과 마찬가지로 기본적으로 어거스틴의 신학을 기초로 출발했다. 그리스도의 재림과 최후 심판 및 하나님의 영원한 도성의 설립이 천년왕국의 마지막에 가서 이루어진다고 본다.

그리고 하나님 나라와 교회를 동일시한다. 그 나라가 전 지구상에 그리스도의 영적 통치권을 확립한 후에야 그리스도의 재림이 있게 될 것이다. 토마스 아퀴나스(Thomas Aquinas)는 어거스틴의 신학을 이어 후천년설을 발전시킨다.[22]

---

20 한정건, 『종말론 입문』, 206.
21 이광복, 『천년왕국논쟁』(서울: 훈돌, 1994), 178.
22 안영복, "특강6. 요한계시록 20장의 천년왕국설, 어떤 것이 옳은가?," https://www.youtube.com/watch?v=lq1v1urgUq0

한편, 19세기 자유주의자들은 일반적으로 후천년주의자다. 또한, 미국 프린스턴신학교를 중심하여 그 당시의 시대적인 정신이 되었던 실증적 과학주의의 영향을 받은 찰스 핫지(Charles Hodge, 1797-1878)와 A.A. 하지 (A.A. Hodge, 1823-1886)와 B.B. 월필드(B.B. Warfield, 1851-1921) 등은 후천년 설(postmillenialims)을 주장한다.[23]

20세기에 와서는 로레인 뵈트너(Loraine Boettner)와 같은 개혁신학자는 사회, 교육, 공학, 정치, 영적 분야의 진보로 점차 천년왕국의 황금 시대로 들어설 것을 주장하여 미국 장로교 및 개혁신학계에서 영향을 준다.[24]

후천년주의자들의 보편적 주장은 복음 전파가 세상을 종교적으로, 경제적으로, 정치적으로 크게 변혁시킬 것이라 주장한다.

물론, 그렇다고 해서 모든 사람이 회심하고 모든 악이 제거되는 것은 아닐 것이다. 하지만, 그리스도가 재림하게 될 시기에 세상은 크게 기독교화될 것이라 본다.

무천년설과 마찬가지로 사탄의 결박을 상징적으로 해석한다. '첫째 부활'(계 20:4-6)은 신실한 순교자들이 하늘에서 그리스도와 함께 다스리기 위해 높아지는 것을 의미한다. 이스라엘의 미래에 대한 구약성경의 예언은 교회에 적용된다고 주장한다. 메시아가 이미 오셨기 때문에 하나님은 교회와 구별된 이스라엘 국가에 대한 특별한 목적을 갖고 계시지 않는다.

후천년설은 과학 혁명, 부흥 시대, 근대 선교의 시작에 자극받아 18세기와 19세기 초에 유행한다. 두 차례의 세계대전으로 관심이 급감하지만 최근에 후천년설에 대한 관심이 다시 일어나고 있다.[25]

---

[23] 목창균, 『종말론 논쟁』(서울: 두란노, 1998), 277.
[24] Lewis and Demarest, 『통합신학(III)』, 819.
[25] Lewis and Demarest, 『통합신학(III)』, 816-817.

(1) 후천년설의 난점

후천년설의 난점은 말세의 징조들에 대한 성경의 교훈과 조화되지 않는다는 점이다. 성경은 말세에 고통하는 시대, 배교의 시대가 올 것을 예언한다(마 24:11; 딤후 3:1-2; 4:3-4).

후천년설은 요한계시록 19-20장의 사건들의 순서에 조화되지 않는다. 후천년설은 대환난을 재림 직전의 징조로 보면서 천 년간 사탄의 결박과 첫째 부활과 천 년 동안 왕 노릇 함을 대환난 시대보다 앞에 두어야 하는 것은 부자연스럽다.[26] 김효성은 이렇게 말한다.

> 후천년설은 특히 제1, 2차 세계대전 후 현시대의 불안한 상황과 조화되지 않는다. 21세기는 밝은 전망보다는 어두운 전망을 가지고 있다. 어느 시대나 그러했겠지만, 현시대는 이단, 배교, 기근, 질병, 전쟁, 낙태, 동성애 등 여러 가지 문제를 안고 있다. 신약교회 시대 후기의 복음의 황금 시대라는 관념은 현실성이 없어 보인다.
> 최근 급진주의 신학자들 역시 진화론을 수용하여 후천년설을 사회 개혁 이론으로 발전시키고 있으며, 그리스도의 육체적이며 실제적으로 있을 재림을 '평화'와 '정의'로 보고 있다. 그러나 역사와 사회의 진화(또는, 발전, 진행)는 '평화와 정의 시대'로 향한다고 보기 어렵다. 우리가 사는 세계가 점점 향상되어 가는 것으로 보기에는 현실적으로 걸림돌이 너무나 많다.[27]

그러므로 후천년설은 성경에 근거를 두기보다는 역사적 낙관주의에 편승하여 이 세상이 오히려 악화되어간다는 점을 간과한 인본주의적 발상에

---

[26] 김효성, 『조직신학』, 585.
[27] 김효성, 『조직신학』, 586.

서 기인한 것이라는 점에서 별로 큰 설득력이 없다.²⁸

7) 세대주의 전천년설

19세기 스코틀랜드 목사 에드워드 어빙(Edward lrning, 1792-1834)의 예언 대회 영향을 받은 영국 플리머스 형제단의 지도자 넬슨 다비(J.N. Darvy, 1800-1882)가 전천년설(premillenialism)의 세대주의적 견해를 만들어낸다. 안영복은 이렇게 말한다.

> 넬슨 다비는 대환난 전에 비밀 휴거(a secret rapture)가 있을 것을 가르쳤고, 성경에 기록된 하나님의 역사적 경륜은 '세대'(dispensation)라고 하는 시기들의 연속을 통해 나타난다고 주장했다. 그 후 넬슨 다비의 이 세대주의적 해석학은 D.L. 무디(D.L. Moody, 1837-1899), C.I. 스코필드(C.I. Scofield, 1843-1921), 존 F. 월보드(John F. Walvoord) 등에 의하여 영국과 미국에 널리 보급되고, 지금은 전 세계 복음주의 교회와 신학계에서 세대주의 사상의 대폭적인 득세를 감지하지 않을 수 없게 되었다.²⁹

이외에도 많은 방송 사역자가 세대주의의 입장에서 그들의 사역을 수행해 나감으로 세대주의 사상을 널리 보급시킨다. 그 중 대표적인 사람들이 도널드 G. 반하우스(Donald G. Barnhouse), W.A. 크리스웰(W.A. Criswell), 찰스 스탠리(Charles Stanley), M.R. 디한(M.R. DeHaan), 워런 위어스비(W. Wiersbe), 찰스 스윈돌(Charles Swindoll) 등이다.³⁰

28　안영복, 『천년왕국 연구』, 8.
29　안영복, 『천년왕국 연구』, 3.
30　김준식, "세대주의 전천년설과 역사적 전천년설," http://loveofjesuschurch.com/745

세대주의 전천년설주의자들은 일반적으로 성경 해석에 있어 엄밀한 문자적 해석을 철저하게 추구한다. 이스라엘에 대한 계획과 교회에 대한 계획의 엄격한 구분을 추구한다. 하나는 땅, 곧 땅의 사람들과 땅과 관련된 대상들에 대한 것으로 이스라엘을 말한다. 다른 하나는 하늘, 곧 하늘의 사람들과 관련된 대상들에 대한 것으로 교회를 말한다.[31]

환난의 주된 목적은 이스라엘을 연단시켜 메시아에 대한 믿음을 갖게 하는 것이다(렘 30:7). 교회는 큰 환난의 목적 또는 대상이 아니다.[32]

하나님이 다윗 언약을 통해 조건 없이 이스라엘에 다윗의 후손이 약속의 땅을 다스리게 될 것을 보장했다고 주장한다.[33]

천년왕국에서 하나님은 성취되지 않은 이스라엘에 대한 언약과 에언들을 성취하심으로써 지상 계획의 심장부로 돌아오실 것이다. 따라서, 이스라엘은 약속의 땅에서 민족들보다 더 높아질 뿐만 아니라 성전이 다시 건축되고 동물 희생 제사가 그리스도의 속죄 제사에 대한 기념물로 다시 시행될 것이라 본다. 세대주의자가 보는 마지막 때에 일어날 사건의 순서는 다음과 같다.

> 교회 시대의 배교의 증가, 죽은 성도와 살아 있는 성도를 위한 그리스도의 은밀한 재림('그리스도의 날'에 휴거가 일어남, 살전 4:13-18)과 성령의 땅에서의 떠나심(살후 2:7). 하늘에서 벌어지는 어린양의 혼인 잔치, 믿지 않는 이방인과 불순종하는 이스라엘에 신적 진노가 쏟아지는 땅에서의 칠년대환난(다니엘의 일흔 이레), 적그리스도의 끔찍한 통치, 이스라엘의 남은 자의 회심(144,000명, 계 7:3-8), 이방인의 광범한 회심(계 7:9), 아마겟돈 전쟁. 이

---

31 Lewis Sperry Chafer, *Dispensatinalism* (Dallas: Dallas Seminary Press, 1951), 107.
32 Paul Enns, 『신학 핸드북』, 최치남 역 (서울: 생명의말씀사, 1989), 686.
33 한정건, 『종말론 입문』, 71.

어서 일어나는 사건은 다음과 같다.

아마겟돈 전쟁에서 원수를 멸망시키기 위해 '주의 날'에 성도들과 함께 영광으로 다시 오시는 그리스도의 재림(마 24:29-31; 계 19장), 사탄을 무저갱 속에 가둠, 하늘에서 휴거된 교회와 함께 있는 환난으로 죽은 순교자와 구약 성도들의 부활, 큰 환난 기간에 유대인을 학대한 죄에 기초를 둔 이방 인들에 대한 심판, 이스라엘에 대한 심판(겔 20:33-38), 그리스도가 재림하실 때 결혼하고 자녀를 낳고 죽을 살아 있는 신자들이 거주할 곳으로 예루살렘에 근거지를 둔 신정 왕국(천년왕국)을 설립하고 다스리신다.[34]

존 F. 월보드(John F. Walvoord)는 환난 전 휴거의 이유를 다음과 같이 제시한다.

① 큰 환난 관련 본문에는 교회가 언급되어 있지 않다(렘 30:4-11; 마 24:15-31; 계 4-19장).
② 교회는 신적 진노가 임할 때에 구원을 약속받았다(살전 5:9; 계 3:10).
③ 불법한 자가 등장하기 전 '억제하시는 분,' 곧 성령이 땅에서 떠나야 한다(성령의 떠나심에는 세대의 변화와 교회의 휴거가 함께 동반될 것이다).
④ 휴거는 임박한 사건이지만(살전 4;13-18; 고전 15:51-52) 재림은 그렇지 않다.
⑤ 어떤 사건들은 휴거와 재림 사이에 시차를 두고 일어나야 한다. 예를 들어, 하늘에서 일어나는 사건으로는 어린양의 혼인 잔치와 그리스도의 심판 보좌 앞에서 받는 신자들의 상이 있고, 땅에서 일어나는 사건으로는 죽지 않고 자연적인 몸으로 천년왕국에 들어갈 유대인

---

[34] Lewis and Demarest, 『통합신학(III)』, 833-34.

과 이방인의 회심과 믿지 않는 이스라엘(겔 20:34-38) 및 이방인 민족들(마 25:31-46)에 대한 심판 등이 있다.[35]

(1) 세대주의 전천년설 비판

금세기 최고의 신학자로 인정받는 안토니 후크마의 비판을 중심으로 기술한다.

후크마는 그리스도가 두 단계로 재림한다는 주장에 대한 성경적 근거가 약하다고 한다. 그리고 큰 환난을 묘사하는 신약의 구절들이 교회의 환난 전 휴거를 타당하게 설명해 주고 있지 못하다고 주장한다.[36] 후크마는 이렇게 말한다.

> 세대주의는 성경 계시와 기본적인 통일성을 충분히 정당하게 다루지 않는다. 한 시대와 다른 시대 사이의 불연속성의 원리가 이제 점진적 계시의 원리를 뒤엎어버리고 사실상 무효화하는 것이다. 하나님이 이스라엘과 교회에 대해 분리된 목표를 갖고 계시다는 가르침은 잘못된 것이다.
>
> 바울은 교회를 참 이스라엘로 인정함(갈 6:16)으로 구약 시대에 이스라엘이 받은 약속들이 신약 시대의 교회에서 성취되었음을 뜻할 것이다. 이스라엘에 대한 하나님의 현재의 목적은 이스라엘이 그리스도를 메시아로 믿고 이를 통해 하나님과 구속받은 백성, 즉 교회와의 하나의 교제에 속하게 되는 것이다.[37]

---

[35] Lewis and Demarest, 『통합신학(III)』, 837.
[36] Anthony A. Hoekema, 『개혁주의 종말론』, 236.
[37] Anthony A. Hoekema, 『개혁주의 종말론』, 280.

안토니 후크마는 천년왕국 시대에 유대인들이 가나안 땅으로 회복되는 것을 인정하지 않는다. 가나안 땅을 하나님의 백성이 영원히 상속받는 새 땅의 한 모형으로 이해한다. 땅에 관한 약속은 아브라함의 모든 영적 자손을 위해 새 땅에서 성취될 것이다.

땅에 관한 약속들을 이스라엘에 대해 문자적으로 성취되는 것으로만 보는 입장은 유대의 민족주의다. 모든 구속받은 하나님의 백성에 대한 하나님의 뜻을 오해하는 것이다. 구약은 천년왕국을 가르치지 않으며, 일반적으로 천년왕국을 묘사한다고 해석되는 구절들은 사실 하나님의 구속 사역의 절정인 새 땅을 묘사하는 것으로 이해한다.[38]

후크마는 하나님 나라의 지연에 대한 세대주의의 가르침은 비성경적이라고 주장한다. 그리스도가 당대의 유대인들에게 제안하신 나라는 세대주의자들의 주장처럼 그리스도가 지상의 보좌에 오르는 것이 아니다. 후크마는 세대주의자들의 천년왕국은 이스라엘 회복이 핵심이지만 요한계시록 20:4-6에 묘사된 천년왕국에는 그러한 언급이 없다고 주장하며 세대주의 전천년설을 거부한다.[39] 김효성은 이렇게 말한다.

> 가장 중요한 점은 신약성경이 구약 시대의 성전 제도, 제사들, 절기들 등 소위 의식법(儀式法)을 예수 그리스도의 속죄 사역으로 폐지되었다고 선언한다는 것이다.
>
> 그러므로 먹고 마시는 것과 절기나 월삭이나 안식일을 인하여 누구든지 너희를 폄론[판단]하지 못하게 하라. 이것들은 장래 일의 그림자이나 몸

---

[38] Anthony A. Hoekema, 『개혁주의 종말론』, 288.
[39] Anthony A. Hoekema, 『개혁주의 종말론』, 308.

은 그리스도의 것이니라(골 2:16-17).

새 언약이라 말씀하셨으매 첫것은 낡아지게 하신 것이니 낡아지고 쇠하는 것은 없어져가는 것이니라(히 8:13).

그러므로 예수께서 재림하신 후 천년왕국 시대에 구약 시대의 성전 제도와 제사들, 절기들이 다시 있을 것이라는 구약 예언들의 문자적 해석은 신약 시대의 계시의 빛 아래서 용납되기 어렵다.[40]

김효성은 구약성경의 의식법들이 예수 그리스도의 오심으로 폐지되었는데, 어떻게 그림자 같은 법들에 규정된 의식들이 그 실체(實體)가 오신 이후에도 행해질 수 있겠는가?

그러므로 세대주의적 견해는 받아들이기 어렵다고 주장한다.

8) 점진적 세대주의

최근 크레이그 블레이싱, 대럴 복, 데이비드 터너, 로버트 소시, 윌리엄 포스터와 기타 학자들은 스코필드, 체퍼, 라이리의 체계를 '수정 세대주의'나 '점진적 세대주의'로 불리는 사상으로 수정한다. 전통적 세대주의 사상에 대한 수정 내용은 다음과 같다.

이스라엘과 교회의 각각의 구원 원리로 간주된 율법과 은혜의 이분법은 거부된다. 이 거부를 옹호하는 자들은 분명히 신구약 성경 시대에 오직 하나의 구원 방법, 곧 믿음으로 말미암아 은혜로 얻는 구원이 있다고 주장

---

[40] 김효성, 『조직신학』, 587.

한다.⁴¹ 두 가지 새 언약, 곧 이스라엘에 대한 언약(렘 31:31-34)과 교회에 대한 언약(눅 22:20; 고전 11:25) 관념은 폐기된다. 예수님, 바울, 그리고 히브리서 기자에 언급된 새 언약은 예레미야에 의해 선포된 언약과 차이가 없다.⁴²

천국에 대한 새로운 이해가 등장한다. 하늘 나라와 하나님 나라를 구분하는 전통적인 구별은 신적 계시의 과정 속에서 구속의 나라의 통일성을 위해 포기된다. 나라는 현재적이면서 영적인 나라(이미)와 미래적이면서 제도적인 나라(아직) 두 국면을 가진 것으로 말해진다.⁴³

현세는 이전 역사와 아무 상관없는 역사적 삽화가 아니다. 오히려 초림과 재림 사이에 존재하는 중간 왕국의 통합적 발전 국면으로 간주되어야 한다. 루이스와 데마레스트는 이렇게 말한다.

> 하나님의 지상 백성으로서 이스라엘과 하나님의 하늘 백성으로서 교회 간의 절대적 구별은 폐기된다. 이 학자들은 더 이상 교회를 '신비의 천국'으로 부르지 않는다. 그들은 다윗에 대한 약속의 성취로서 미래에 지상적 이스라엘이 실재한다는 사실을 인정하지만 하나님의 한 백성으로서 믿는 이스라엘과 교회 간에 깊은 연속성이 존재한다고 본다. 다시 말하면, 하나님은 이스라엘과 교회에 대해 자신의 역사적 천국 구성에 따라 통일된 계획을 갖고 계신다.⁴⁴

바커(Barker)는 점진적 세대주의의 이 새로운 발전 단계를 '전통적 세대

---

41 Craig A. Blaising, 『하나님 나라와 언약』, 265.
42 Craig A. Blaising, 『하나님 나라와 언약』, 173.
43 Craig A. Blaising, 『하나님 나라와 언약』, 77.
44 Lewis and Demarest, 『통합신학(III)』, 691-693.

주의의 전천년왕국설과 전통적인 언약신학 간의 중간 입장'으로 본다.[45]

(1) 세대주의의 필수적인 신념과 흔한 오해들

세대주의를 바로 이해하는 것이 필요하다. 나는 비세대주의자로 세대주의를 바로 알기를 원한다. 비세대주의자들도 하나님 나라를 위해서 세대주의를 바로 알고 허수아비 논쟁을 그쳐야 한다.

세대주의를 통해 좋은 점은 배우고 잘못된 부분은 서로 고쳐나가야 한다고 믿는다. 마이클 블라치의 저서인『세대주의: 필수적인 신념과 흔한 오해들』을 중심으로 세대주의가 주장하는 바를 간략하게 다루려고 한다.

(2) 세대주의 안에 있는 연속성과 불연속성

세대주의는 주로 이스라엘과 교회 사이에 구별을 두기 때문에 종종 불연속성 체계로 오해하게 된다. 그러나 세대주의 역시 구약성경과 신약성경 사이의 연속성의 중대한 영역들을 확실하게 언급한다. 마이클 블라치는 이렇게 말한다.

> 세대주의자들은 구약의 줄거리와 신약의 줄거리 사이에 강한 연속성이 있다고 믿는다. 신약이 성경 줄거리에 상세한 점을 첨가하지만 그 줄거리 자체를 바꾸지 않는다. 전에 왔던 궤적을 변경하지 않는다. 세대주의자들은 언약들, 약속들, 그리고 구약의 예언들이 있고 예수님의 재림을 통해 문자적으로 성취될 것을 믿는다. 이것은 모든 특정한 것(예를 들면, 이스라엘, 이스라엘 땅)과 함께 모든 물질적이고 영적인 실체 그리고 우주적인 존재(예를 들면, 모든 나라와 그들의 땅들)를 포함한다.

---

[45] Lewis and Demarest,『통합신학(III)』, 693.

구원, 용서, 새 마음, 그리고 성령의 내주 같은 그러한 영적 실체들의 중요성을 긍정하면서, 세대주의자들은 예수님의 오심과 신약 시대와 함께 물리적인 실체들을 영적으로 보거나 능가하는 점을 믿지 않는다. 이것은 종종 신약을 능가하기, 변형하기, 바꾸기, 혹은 구약의 메시지를 영적으로 보는 비세대주의 체계와 대비시킨다.

되풀이하면, 세대주의는 구약에서 시작된 줄거리가 예수님의 두 번째로 오심을 통해 문자적으로 성취된다는 점을 확언한다. 그러나 그 줄거리는 바뀌지 않는다. 이것은 메시아 그리고 그의 역할, 이스라엘, 그 땅, 예루살렘, 그 성전, 나라들 등의 많은 실체를 포함한다.[46]

구약성경에서 약속된 왕국은 메시아 왕국이다. 선지자들과 시편 기자는 하나님께서 우주를 새롭게 하시고 문자대로 세계 여러 나라를 다스리시는 미래의 땅에 있을 메시아 왕국을 예언한다(사 2장; 11장; 25장; 시 2편). 세대주의자들은 예수께서 다시 오셔서 이 메시아 왕국을 다스릴 것을 믿는다.

신약이 지상 왕국을 부정하거나 영적으로만 보는 것은 아니다. 구약뿐 아니라 신약도 지상 왕국을 약속하고 있다(마 19:28). "천국이 가까이 왔느니라"(마 3:2; 4:17)는 세례 요한과 예수님의 말씀도 구약에서 예언된 지상의 왕국을 의미한다.

현재적으로 그리스도인의 마음을 통치하는 것이지만 미래에 문자적으로 지상 왕국을 세우시고 통치하실 것이다.[47] 그러나 대조적으로 비세대주의는 종종 구약의 약속된 지상 왕국을 하늘로부터 메시아의 영적인 현재적 통치로 본다.[48] 마이클 블라치는 이렇게 말한다.

---

46 Michael J. Vlach, *Dispensationalism* (LA: Theological Studies Press, 2017), 76.
47 John MacArthur, 『맥아더 성경주석』, 940.
48 Michael J. Vlach, *Dispensationalism*, 77.

구약의 이스라엘은 이스라엘 나라를 구성하는 아브라함, 이삭, 그리고 야곱의 민족적 후손으로 구성한다. 때때로 이 이스라엘인들은 구원받고 때로는 그렇지 않다. 이와 같이 신약에서 모두 73번이나 반복되는 이스라엘은 민족적 이스라엘인이거나 혹은 예수를 믿는 민족적 이스라엘인이다("하나님의 이스라엘," 갈 6:16).

이스라엘에 대한 개념에는 변화나 초월은 없다. 비록 믿는 이스라엘인과 함께 믿는 이방인을 포함하여 하나님의 백성이라는 개념의 확장은 있어도 (엡 2:11-22) 이스라엘을 이방인을 포함하여 확대하거나 혹은 확장하는 예는 없다. 그래서 신약의 '이스라엘'은 구약에서 발견된 이스라엘의 의미를 그대로 관철한다. 이것은 종종 이방인을 포함하기 위하여 이스라엘을 재정의하고 확대하고 초월하는 비세대주의 체계와 비교하면 대조적이다.[49]

신약도 계속적으로 이스라엘 땅과 예루살렘은 중요하게 다루고 있다. 예수님은 마지막 때에 예루살렘이 회복(눅 21:24; 마 24:15-22)된다는 사실과 유대인들이 예수님을 환영해야 한다는 사실(마 23:39)을 말씀하셨다. 그러므로 이스라엘 땅과 예루살렘은 세대주의가 '계속성을 주장하는 또 하나의 영역'이다.[50]

세대주의는 연속성과 불연속성 등 양편을 살피는 것을 건전한 성경적 균형이라고 믿는다. 세대주의 안에 주목할 불연속성의 주된 영역 중에서도 가장 중요한 세 가지가 있다.

---

[49] Michael J. Vlach, *Dispensationalism*.
[50] Michael J. Vlach, *Dispensationalism*, 78.

첫째, 세대주의는 이스라엘과 교회 사이에 있는 성경적 구별을 주장한다.

성경에서 이스라엘은 항상 민족적 구성을 의미한다. 이스라엘은 이스라엘 나라를 구성하는 아브라함, 이삭, 그리고 야곱의 육적 후손들을 의미한다.

일부 이스라엘인은 구원을 받았지만 다수는 아니다. 교회는 믿는 유대인들과 믿는 이방인들로 구성된 새 언약의 공동체이다. 교회는 믿는 이스라엘 사람들을 포함하기 때문에 그들을 '하나님의 이스라엘'(갈 6:16)이라는 표현을 사용하고 있다. 교회는 믿는 유대인들을 포함하지만 육적 이스라엘과 같은 것은 아니다. 마이클 블라치는 이렇게 말한다.

> 신약에서 '이스라엘'을 73번 언급하지만 교회로 언급하지 않고 더 나아가 이방인들을 이스라엘로 언급하지 않는다. 세대주의는 이스라엘은 이방인들에게 복을 가져다주는 그릇이라고 주장한다(창 12:2-3). 출애굽기 19장 이후로 이스라엘 나라는 세계에 대한 하나님의 목적을 위한 중보적 그릇이다. 이스라엘의 실패로 자신의 메시아를 거절한 정점에서 교회가 복음과 왕국 선포를 위해 예수님의 초림과 재림 사이인 이 시대에 하나님의 그릇이 된다. 하나님은 아직도 이스라엘의 남은 자를 구원하고 계신다 (롬 11:1-6).

그러나 이 시대에 교회는 모든 나라에 복음을 전하는 하나님 나라의 프로그램의 메신저이다. 하나님께서 미래에 온 이스라엘 나라를 구하실 때(롬 11:26) 이스라엘은 그때 나라들을 통치하실 메시아이신 예수님 아래에서 다시 한번 섬김의 역할과 나라들을 다스리는 중보적 역할을 가질 것이다 (사 2:2-4; 마 19:28; 계 19:15).

그러나 이 시대는 교회가 주로 하나님 나라 목적의 대행자이다. 이스라엘은 구약에 깊은 뿌리를 가진다. 그러나 교회는 메시아 예수를 믿는 모든 사람과 연결되어 있고 성령의 새 언약 사역을 경험한다. 그래서 교회는 성령이 예수의 제자들에게 임한 오순절에 시작된다(행 2장). 일부는 교회가 모든 시대의 하나님의 백성이기를 원하지만 이런 주장은 옳지 않다. 예수와 새 언약이 교회의 주 구성 요소이고, 오직 신약 성도들만 아직은 이것을 경험한다.[51]

둘째, 모세 언약은 시내산에서 이스라엘에게 주어진 언약으로 조건적이다(출 19:5-6).

대부분의 세대주의자들도 모세 언약은 그리스도의 죽으심으로 성취된 것으로 받아들인다(마 5:17). 지금은 모세법에 따른 아론의 제사장직이 아니라 새 언약과 관련되는 예수의 제사장직 아래에 있다고 믿는다. 또한, "제사 직분이 바꾸어졌은즉 율법도 반드시 바꾸어지리니"(히 7:12)라는 말씀처럼 세대주의자들도 그리스도인들은 삶의 법으로써 모세법이 아니라 그리스도의 법 아래 있다는 것을 믿는다.

그러나 그리스도의 법도 모세법과 많은 유사성을 가지는 것은 하나님의 도덕 기준은 여전히 남아 있기 때문이다. 바울이 모세법이 아니라 "그리스도의 법 아래 있다"(고전 9:21)라고 진술한 것처럼, 그리스도인은 이미 삶의 법칙으로 모세법에 매이지 않는다.[52]

---

[51] Michael J. Vlach, *Dispensationalism*, 79-80.
[52] John S. Feinberg, 『연속성과 불연속성』, 434.

셋째, 하나님의 백성의 개념은 다양하게 몇몇 세대를 통해 나타난다.

하나님의 백성은 모든 세대를 통해 '은혜와 믿음'의 동일한 방법으로 구원받기에 구원에는 연속성이 있다. 그러나 하나님의 백성의 개념은 다양하다. 마이클 블라치는 이렇게 말한다.

> 아담부터 모세까지는 이스라엘 나라가 없기에 하나님의 백성은 어떤 나라와도 관련되지 않다. 바울에 의하면, 이 시대는 사람들이 죄인이었던 시대다. 아담과 모세가 가졌던 특별하고 구체적인 계시의 말씀이 없다(롬 5:13-14 참조). 이스라엘이 나라가 되고 하나님의 백성의 개념은 이스라엘과 이스라엘로부터 오는 구원의 메시지로 더 강하게 연결된다.
>
> 모세 언약 시대 아래에서 믿는 자가 된다는 것은 일반적으로 이스라엘에 대한 개종자가 되는 것을 의미한다. 예수님과 새 언약 때문에 하나님의 백성 개념이 믿는 이스라엘인과 함께 믿는 이방인들을 포함하는 것으로 확장된다. 하나님의 백성 개념의 확장은 비세대주의자들이 믿는 것처럼 믿는 이방인들이 유대인이나 혹은 이스라엘이 되는 것을 의미하지 않는다. 그러나 그들은 믿는 이스라엘인과 함께 하나님의 백성이 된다.[53]

바울은 이것을 믿는 이방인과 유대인이 "한 새 사람"(엡 2:15)을 이루어 가는 모습으로 서술한다.

(3) 세대주의와 언약신학

지난 2세기 동안 세대주의와 언약신학은 복음주의 안에서 신학적 경쟁자다. 언약신학은 하나님의 목적을 이해하는 방법으로 다양한 신학적 언

---

[53] Michael J. Vlach, *Dispensationalism*, 82.

약들을 강조하며 16세기 후반에 발전된다. 결국, 언약신학은 세 가지 언약들과 관련된다.

① 구속 언약
② 행위 언약
③ 은혜 언약

마이클 블라치는 이렇게 말한다.

> 복음은 세대주의와 언약신학 사이를 중요하게 나누는 이슈가 아니다. 양쪽 모두 구원은 오직 믿음을 통한 오직 예수 그리스도 안에서 발견된다고 주장한다. 세대주의와 언약신학자들은 그리스도 안에서 형제들이다. 주요한 차이는 두 문제들, 즉 성서 해석학과 줄거리에 귀착된다.[54]

언약신학이 복음주의 안에서 세대주의의 주된 경쟁자이기 때문에 두 신학 간의 중요한 차이들을 설명하는 일은 중요하다.

(4) 성서 해석학

성서 해석학은 성경 본문을 바로 해석하기 위하여 성경 해석의 원리들을 취급한다. 세대주의자들은 성경의 모든 영역에 가능한 한 역사적이고 문법적이고 문자적인 해석을 적용한다. 종말론과 이스라엘 나라에 관련된 구약성경 구절들을 포함하여 이스라엘 땅, 성전, 예루살렘 등에 관한 구절들도 이런 해석법으로 해석한다.

---

[54] Michael J. Vlach, *Dispensationalism*, 86.

세대주의자들은 구약성경의 예언들과 약속들 그리고 언약의 모든 세부 항목이 처음 영감받은 성경 저자의 의도대로 성취되어져야 한다고 믿는다. 성경에서 물리적이고 국가적인 약속이 영적으로 성취된 예는 없기 때문이다. 신약성경이 구약성경의 약속들과 예언들을 재해석하거나 초월하거나 변형하거나 혹은 영해해서는 안 된다고 주장한다.

세대주의는 성경에서 보여지는 대로 이해하고 해석하려고 노력한다. 그 의미는 문자 표면에 있는 것이라고 믿기 때문이다.[55] 마이클 블라치는 이렇게 말한다.

> 성경 줄거리나 혹은 성경의 언약들과 약속들의 세부 항목의 중요성을 지우거나 초월하는 중요한 모형적 궤적이나 표준적인 진보는 없다. 역사적이고 문법적인 해석학은 성경에서 모형을 발견할 것이다. 그러나 성경 본문의 분명한 의미를 무시하는 '예표론적 해석'은 세대주의에서는 받아들여지지 않는다.
>
> 모세법과 같은 영역은 더 큰 새 언약 실체의 그림자이지만(히 10:1) 세대주의자들은 구약의 모든 것이 그림자라고 믿지 않는다. 이스라엘, 이스라엘 땅, 성전, 예루살렘, 나라들, 피조물의 회복 등을 포함한 약속의 언약들과 관련된 문제들은 그림자들이 아니다. 이런 문제들에 관한 약속들은 예언된 대로 성취되지 않으면 안 된다(마 15:18). 이 모든 것은 하나님의 약속들을 성취하실 메시아인 예수님 때문에 일어난다(고후 1:20; 엡 1:10).[56]

---

55 Michael J. Vlach, *Dispensationalism*, 87.
56 Michael J. Vlach, *Dispensationalism*.

세대주의자들은 성경 구절 자체를 중요시하고 우선시한다. 그러므로 성경 구절의 본래 의미는 다른 구절이 아니라 바로 그 구절 안에서 발견해야 하는 것이 원칙이다. 세대주의자들은 한 성경이 다른 성경보다 더 중요하다는 것을 믿지 않는다. 비록 새 것이 더 완전하다 할지라도 그들은 각 성경 안에 있는 각 구절의 완전함이 다른 구절들로 인해 무시됨이 없이 존중되어져야 한다고 주장한다.

신약은 더 새로운 계시를 제공할 수 있지만, 그것이 구약성경의 이전 구절들의 의미와 모순되거나 무시하지 않을 것이다. 세대주의자들은 모든 성경이 다른 성경과 조화됨을 믿는다. 그러므로 어떤 성경 구절을 '변형,' '초월,' '영해,' '재정의,' 혹은 '재해석' 하지 않는다.[57]

언약주의자들도 성경의 많은 영역에 있어서 역시 역사적이고 문법적인 해석을 시도한다. 그러나 그들은 예표론적이고 영적인 해석학이 성경의 어떤 영역에 적용할 필요가 있음을 믿는다. 특별히, 구약성경에서 이스라엘 나라에 관한 물리적 국가적 약속들에 관련된 구절들이 그러하다.

이런 것들은 더 큰 신약의 실체들에 대한 예표나 그림자로 종종 보는데 예수님과 교회 등이 그렇다. 언약적 해석학은 신약 해석과 구약의 재해석을 위해 자주 '신약 우선' 이라는 렌즈를 사용한다.[58] 마이클 블라치는 이렇게 말한다.

> 신약 우선 원칙은 구약에서 신약으로 바꾸는 것이 실체에 대해 그림자를 바꾸는 것이라는 생각에 적합하다. 그래서 구약에서의 물리적, 국가적 약속들은 예수님과 교회 안에서 성취되는 그림자고 모형이다. 이런 접근은

---

[57] Michael J. Vlach, *Dispensationalism*, 88.
[58] Michael J. Vlach, *Dispensationalism*.

구약의 영해와 관련될 수 있다.

킴 리들바거스(Kim Riddlebargers)가 말한 것처럼, 만약 신약 저자들은 구약 예언들을 비문자적 의미로 적용하여 영해했다면 구약 구절을 반대로가 아닌 신약 해석의 빛으로 보아야 한다고 주장한다..[59]

킴 리들바거스는 이스라엘과 성전이 예수 안에서 성취되었기 때문에 미래에 이스라엘과 성전의 문자적 성취는 없다고 주장한다. 언약신학과 세대주의 두 신학적 차이들은 주로 구약성경에 나타나는 물리적이고 국가적인 약속들과 언약들을 얼마나 문자적으로 해석하느냐의 차이다.

세대주의자들은 만약 이것들이 아직 성취되어 있지 않으면 성취되어야 할 실체들로 본다. 언약주의자들은 종종 이런 약속들과 언약들이 문자적 성취보다는 '예수 안에서 성취된 그림자나 모형'으로 본다.[60]

(5) 성경 줄거리

세대주의와 언약 신학의 또 다른 주된 차이는 성경 줄거리이다. 이것은 구약성경의 약속들과 언약들의 본질인 하나님의 마스터플랜의 성취 과정 중 이스라엘과 교회의 정체성과 역할에 관련된 주제들이다. 그리고 예수님의 초림으로 무엇이 성취되었으며 예수님의 재림으로 무엇이 성취될 것인가 하는 주제들과 관련된다.

결국, 두 신학 사이에 두 가지 주된 줄거리가 있다. 하나는 하나님의 목적 안에서 이스라엘 나라의 역할에 관한 것이다. 다른 하나는 현세대와 영원한 나라 사이에 하나님의 마스터플랜의 성취 과정 중 하나로 지상 왕국

---

[59] Michael J. Vlach, *Dispensationalism*, 88-89.
[60] Michael J. Vlach, *Dispensationalism*, 89.

시대가 있느냐 아니냐의 문제이다. 마이클 블라치는 이렇게 말한다.

> 언약주의는 예수를 참 이스라엘로, 구약성경에서 국가적 이스라엘에게 주신 구약의 약속들은 그분 안에서 성취를 발견하는 그림자들로 인식한다. 그리고 이방인들을 포함한 모든 믿는 자가 그리스도와 연합되었을 때 그들은 이스라엘과 또한 연합한다. 이것은 이스라엘이라는 개념이 이방인들을 포함하여 확장된 것을 의미한다.
>
> 그래서 예수 안에서 교회는 새롭고 참된 이스라엘이며 자기 백성을 위한 하나님 계획의 절정이다. 예수님이 참 이스라엘이고 예수 안에서 교회가 현재 이스라엘이기 때문에 이스라엘 나라의 국가적 회복이 필요 없다. 역시 예수 통치의 양상이 '아직은 아니'라고 인식하는 한편, 언약주의자들은 구약성경의 약속들과 언약들에 대한 초림의 성취를 심하게 강조하는 경향이 있다.
>
> 대부분 언약주의자들에게는 예수님의 다윗 천년기 통치 그리고 성도들의 통치가 현재 하늘로부터 일어나고 있다. 역시 구약으로부터 언약의 약속들이 대부분 현재 성취되고 있다. 그래서 이 시대가 성취와 통치의 시대이기 때문에 예수님의 미래의 땅의 통치가 필요 없다.[61]

세대주의도 언약신학과 동일하게 예수님의 참 유대인으로서의 정체성과 역할을 소중히 여긴다. 그러나 세대주의에 있어서 이스라엘에 대한 하나님의 계획은 메시아이신 예수 '참 유대인'을 통해 나라를 섬기는 역할에 관련된다.

세대주의에 있어서 참 유대인으로서의 예수님의 정체성은 이스라엘 나

---

[61] Michael J. Vlach, *Dispensationalism*, 88-89.

라를 회복시키는 자(사 49:6)로써 이스라엘 나라가 만방을 섬기는 사명을 감당케 하는 것이 항상 하나님의 계획이다(창 12:3; 사 61:6). 구약에서 실패한 이스라엘은 앞으로 임할 메시아 왕국에서 메시아 예수 아래에서 만방을 섬기는 사명을 감당할 것이다(미 4:1-2). 그것은 앞으로 오는 메시아의 천년왕국에 나라들이 존재할 것이기 때문이다(사 19:24-25; 계 19:15). 이스라엘이 국가적으로 오는 시대에 메시아 예수 아래에서 나라들을 섬기는 역할을 감당할 것이라 성경은 진술한다.[62]

하나님의 언약 성취를 통한 마스터플랜 성취 과정 중 국가적 이스라엘의 역할은 중요하다. 교회는 하나님의 마스터플랜 과정 속에 국가적 이스라엘을 대신하거나 대체하는 새 이스라엘이 아니다. 교회는 이 시대에 복음과 왕국을 선포하는 도구이다.

그러나 예수님이 나라들을 다스리기 위해 돌아오실 때 이스라엘은 여전히 나라들에 대한 역할을 가질 것이다(슥 8:23). 이 시대의 교회도 나라들에 대한 예수님의 다스림 아래서 역시 다스림에 참여할 것이다(계 2:26). 그러나 세대주의자들은 이스라엘 개념이 이방인들을 포함하여 확장되는 것을 믿지 않는다. 오히려 '하나님의 백성'의 개념은 믿는 이방인들을 포함하여 믿는 유대인들과 함께 확장되어 간다고 믿는다.

모든 믿는 자가 이스라엘이 되는 것은 하나님의 계획이 아니다. 하나님의 계획은 민족적 정체성을 잃지 않은 유대인들과 이방인들 양쪽을 포함하는 하나님의 백성 안에 민족적 다양성을 가지는 것이다. 그러므로 영원한 나라 안에서 조차 하나님의 백성은 '만국'으로 언급되어진다(계 21:24, 26).[63] 마이클 블라치는 이렇게 말한다.

---

[62] Michael J. Vlach, *Dispensationalism*, 90.
[63] Michael J. Vlach, *Dispensationalism*.

세대주의에 의하여, 성경 줄거리가 역시 중요한 것은 하나님의 영광을 위하여 마지막 아담인 메시아가 성공적으로 다스리실 앞으로 올 지상 왕국이 필요하기 때문이다. 땅을 다스릴 성공적인 왕국이 일어나야 한다. 하나님은 아담과 인류에게 창세기 1:26-28에서 하나님을 대신하여 땅을 성공적으로 다스리는 임무를 주신다.

그러나 왕국 위임 명령은 히브리 기자가 히브리서 2:5-8에서 증언한 어떤 것으로 현재로 성취되지 않는다. 첫째 아담이 실패한 영역에서 마지막 아담(예수)의 성공적인 통치가 있어야 하기 때문에 앞으로 올 예수님의 지상 왕국이 있어야 한다.

이 통치는 나라들과 관련되기 때문에 메시아는 이때에 그의 왕국을 다스릴 도구로서 이스라엘을 사용하실 것이다. 통치 도구인 이스라엘과 함께 나라들을 다스리시는 예수님의 오는 지상 왕국 통치는 성경 줄거리에 대한 세대주의 이해의 본질이다.[64]

언약주의자들은 세대주의의 해석학을 인정하지 않는다. 특히, 언약주의자들은 하나님의 마스터플랜 안에서 이스라엘에 관한 성경 줄거리와 메시아의 지상 왕국을 인정하지 않는다.

(6) 세대주의 정의

세대주의는 '성경의 모든 구절에 대해 역사적, 문법적 해석학의 적용을 강조하는, 주로 교회론과 종말론에 관련된 신학의 한 체계'이다.[65] 세대주의는 이스라엘과 교회를 구별하고 미래 구원과 메시아 지상 왕국에서의

---

[64] Michael J. Vlach, *Dispensationalism*, 89-91.
[65] Michael J. Vlach, *Dispensationalism*, 93.

이스라엘 나라의 역할을 확실하게 주장한다.

마이클 블라치는 세대주의의 한 가지 중요한 공헌으로 '구약의 무조건적 영원한 약속들과 언약들의 어떤 것도 영해하지 않는 것'이라고 주장한다.[66] 마이클 블라치는 이렇게 말한다.

> 하나님께서 성경 저자들을 이해하고 기록하도록 이끄신 것은 이스라엘 나라에 관해 계시된 것을 포함하여 문자적으로 성취될 것이다. 일부 구약의 약속들은 예수님의 초림과 함께 성취되었고 다른 것은 그의 재림을 기다리고 있다. 그러나 모든 것은 하나님께서 약속하신 그대로 성취될 것이다. 아직 성취되지 않은 약속들을 영해하거나 혹은 '예표론적 성취' 아래로 모을 필요가 없다. 그것들은 예수님의 오심과 관련하여 성취될 것이다. 그래서 세대주의는 바른 이해로 공헌한다. 구약에 계시된 성경 줄거리는 예수님의 두 번 오시는 과정을 통해 신약에서 성취될 같은 줄거리이다. 신약이 성경 줄거리를 재해석하거나 혹은 초월하지 않는다.[67]

안영복은 아래와 같이 이스라엘과 교회의 관계 그리고 천년왕국론에 관한 통찰을 주장한다.

> 이스라엘과 교회의 관계를 대립 혹은 단절로 보는 것은 옳지 않지만 '이스라엘'을 모두 '교회'로 대체시키는 해석 방법 역시 옳지 않다. 에베소서 2:15에 보면, 유대인과 이방인을 그리스도 안에서 '한 새 사람'으로 지어 화평하게 하는 것이 하나님의 뜻임을 알 수 있다. 유대인 교회와 이방인

---

66 Michael J. Vlach, *Dispensationalism*, 94.
67 Michael J. Vlach, *Dispensationalism*.

교회가 그리스도 안에서 한 새 사람, 곧 하나의 새로운 공동체 교회를 이루는 것이 하나님의 뜻임을 간과해서는 안 된다.

'세대주의적 전천년설'은 성경 해석학적 관점에서 문제가 많아서 받아들이기 어렵다. '후천년설'은 그 주장을 성경에 근거하기보다 오히려 역사적 낙관주의에 편승하여 이 세상이 점점 악화되어 가고 있는 것을 간과한 인본주의적 발상에서 나온 것이므로 역시 받아들이기 어렵다.

그러나 나머지 '역사적 전천년설'과 '무천년설'은 다 같이 개혁 신앙을 주장하는 사람들에게 서로 인정되고 있는 입장이다. 견해가 다르다고 서로 싸워서는 안 된다고 본다. 요한계시록 본문 해석상 더 성경적이라고 보여지는 견해는 역사적 전천년설이 아닌가 생각된다.[68]

역사적 전천년설의 대표적 학자인 조지 래드(G. E. Ladd)의 주장을 요약하면 아래와 같다.

> 천년왕국은 원수를 발 아래 굴복시키는 전 인류가 볼 수 있게 임하는 왕국이며, 아울러 역사 속에서 메시아의 왕국을 계시하는 것이다. 즉, 그리스도는 전 인류 역사의 주관자이시기에 지금도 분명히 역사하심은 틀림이 없으나 믿음으로 볼 수 있는 현실과 전 인류가 가시적으로 임할 그 왕국을 구별하는 것이다.
>
> 이것이 역사적 전천년설의 장점이자 '천년왕국'이 언급된 요한계시록 본문의 내용을 본문에 가장 충실하게 주해하는 것이라고 생각한다.[69]

---

[68] 안영복, 『천년왕국 연구』, 20.
[69] 이광복, 『천년왕국 논쟁』, 436.

나도 조지 래드의 주장에 공감하면서 이어서 역사적 전천년설을 상술해 보고자 한다.

9) 역사적 전천년설

역사주의적 전천년설이라고 부르는 이유는 초대교회의 신앙이 전천년설이었기 때문이다. 알렉산드리아의 우화주의자인 클레멘트나 오리겐의 해석 방법이 교회에 등장하기 전에는 대부분의 교회는 전천년설을 믿었다. 파피아스, 바나바, 이레니우스, 순교자 저스틴, 터툴리안 등이 모두 전천년설을 믿었다.[70] 역사적 전천년주의자들의 일반적 주장은 이렇다.[71]

첫째, 그리스도의 재림이 천년왕국 이전에 있을 것이라고 믿는다. 그러므로 전천년주의자들은 그리스도의 재림 이후 천 년의 기간 동안, 그리고 최종 상태가 시작되기 이전에 지상에서의 그리스도의 통치가 있을 것을 예상한다.

둘째, 그리스도가 다시 오시기 전에 열방의 복음화, 큰 환난, 큰 배교 내지 반역, 인격적인 적그리스도의 출현 등 여러 사건이 반드시 일어나야 한다. 교회는 이 마지막 환난을 통과해야 한다.

셋째, 그리스도의 재림은 두 단계의 사건이 아니라 단 한 번의 사건이 될 것이다. 그리스도가 다시 오실 때 죽었던 신자들은 부활할 것이고 그때까지 살아 있는 신자들은 변화되어 영화롭게 될 것이다. 이 공중에서의 만남 뒤에 신자들은 지상까지 강림하시는 그리스도와 동행할 것이다.

---

[70] 안영복, 『천년왕국 연구』, 9.
[71] Anthony A. Hoekema, 『개혁주의 종말론』, 255-256.

넷째, 그리스도가 지상에 강림하신 뒤 적그리스도는 죽임을 당하고 적그리스도의 억압적인 통치는 막을 내리게 된다. 이 시점이나 그 이전에 그때까지 살아 있던 대다수의 유대인은 자신의 죄를 회개한다. 그리스도를 그들의 메시아로 믿고 구원받으며 그들의 회심은 복의 근원이 될 것이다.

다섯째, 그리스도는 이제 자신의 천년왕국, 즉 대략 천 년 동안 지속될 나라를 세우신다. 예수님은 이제 가시적으로 온 세상을 다스리지만 예수님께 구속받은 백성도 예수님과 함께 다스린다. 이 구속된 백성에는 유대인과 이방인 모두 포함된다.

유대인은 대부분 이방인의 추수 이후 새로이 회심하지만 별개의 집단을 구성하지 않는다. 하나님의 백성은 오직 하나만 존재하기 때문이다. 천년왕국 동안에 그리스도와 함께 다스리는 이들은 새로이 죽은 자들 가운데서 부활한 이들과 그리스도가 재림하실 때 아직 살아 있던 신자들을 모두 포함한다.

여섯째, 이 시대에 지상에 여전히 존재하는 믿지 않는 민족들은 그리스도가 철장으로 제재하시고 다스리신다.

일곱째, 천년왕국을 최종 상태와 혼동해서는 안 된다. 죄와 사망은 여전히 존재하기 때문이다. 그러나 악은 크게 억제될 것이며 의가 지상에서 이전의 그 어느 때보다도 편만해질 것이다. 이 시대는 사회적, 정치적, 경제적 정의의 시대, 큰 평화와 번영의 시대가 될 것이다. 심지어 자연도 이 시대의 복된 상태를 반영할 것이다. 땅도 대단히 비옥해지고 사막도 장미처럼 피어날 것이다.

김효성은 역사적 전천년설이 요한계시록의 본문에 가장 적합하다고 인정하며 요한계시록의 사건들의 순서를 기술한다.

① 대환난 시대(계 6-18장)

② 그리스도의 재림(계 19:11-16)

③ 적그리스도와 거짓 선지자를 멸하심(계 19:19-21)

④ 천년 동안 사탄을 결박(계 20:2)

⑤ 첫째 부활(계 20:4-5)

⑥ 천 년 동안의 왕 노릇(계 20:4, 6)

⑦ 천 년 후 사탄이 놓여 땅의 백성들을 미혹하여 전쟁하게 함(계 20:7-9)

⑧ 하늘에서 불이 내려와 저희를 소멸함(계 20:9)

⑨ 사탄이 불 못에 던지움(계 20:10)

⑩ 마지막 심판(계 20:11-15)

이 사건들을 문자적 순서로 보면, 사탄이 결박되는 때는 예수 그리스도의 재림 직후, 즉 짐승과 거짓 선지자가 지옥불 못에 던지운 직후이다. 재림의 주께서 사탄으로 하여금 세계 만국을 미혹하지 못하게 하심으로 평화의 시대가 올 것이다.[72]

(1) 역사적 전천년설의 난점

안토니 후크마를 위시한 무천년설자들이 지적하는 역사적 전천년설의 문제점은 아래와 같다.

첫째, 요한계시록 20장은 재림에 뒤따를 지상에서의 천 년 통치에 대한 논란의 여지없는 증거를 제공하지 않는다.

둘째, 고린도전서 15:23-24은 그와 같은 지상에서의 천 년 통치에 대한

---

[72] 김효성, 『조직신학』, 588.

어떤 분명한 증거도 제시하지 않는다.

셋째, 영화롭게 되신 그리스도와 영화롭게 된 신자들이 죄와 사망이 여전히 존재하는 땅으로 되돌아온다면, 이는 그리스도와 신자들의 영화의 최종적 성격과 어긋날 것이다.

넷째, 전천년주의자들이 가르치는 지상에서의 천 년 통치는 현시대에도 다가올 시대에도 속하지 않으므로 신약의 종말론에 관한 가르침과 일치하지 않는다.[73]

(2) 후크마의 역사적 전천년설의 난점에 대한 대응

첫째, 요한계시록 20:1-6을 언어의 일반적인 의미를 결정하기 위해서는 동일한 문자적 역사적, 문법적 해석 원리를 사용해야 한다.

그리하면 그리스도가 다시 오셔서 천 년 동안 지상에 있는 실제 왕국에서 다스리신다고 해석할 수밖에 없다. '천년'을 상징으로 해석해야 할 아무런 이유를 본문 속에서 발견할 수 없다. "성경에 '년'이라는 표현이 사용될 때 그것이 문자적 의미가 아닌 상징으로 사용된 적이 없다"라고 맥아더는 주장한다.[74]

둘째, "그 후에는 마지막이니"(고전 15:24) 그리스도의 통치로 땅이 회복되는 일이 발생한다.

'마지막'은 끝났다는 말일 수도 있고 완성되고 성취되었다는 말일 수도 있다. 그리스도가 회복된 세계를 성부께 돌리고 천 년을 통치한 세계 역사의 절정에서 만물은 하나님이 원래 의도하셨던 새 하늘과 새 땅의 죄 없는 영광으로 회복될 것이다.[75]

---

[73] Anthony A. Hoekema, 『개혁주의 종말론』, 261.
[74] John MacArthur, 『맥아더 성경주석』, 1670.
[75] John MacArthur, 『맥아더 성경주석』, 1325.

셋째, '하늘에 있는 군대들'(계 19:14)에는 '희고 깨끗한 세마포 옷을 입고' 성도들도 이 군대에 포함된다.

그들이 다시 오는 것은 전쟁에서 예수를 돕기 위해서가 아니라 예수가 적들에게 이기신 다음에 함께 다스리기 위해서다(계 20:4; 고전 6:2; 딤후 2:12).[76]

넷째, 후크마는 지상에서의 천 년 통치는 현시대에도 다가올 시대에도 속하지 않는다고 주장한다.

그러나 성경을 자연스럽게 해석하면 대환난 시대(계 6-18장), 그리스도의 재림(계 19:11-16), 적그리스도와 거짓 선지자를 멸하심(계 19:19-21), 천 년 동안의 사탄의 결박(계 20:2), 첫째 부활(계 20:4-5), 천 년 동안의 왕 노릇(계 20:4, 6), 새 하늘, 새 땅, 새 예루살렘(계 21-22장)으로 전개된다.

(3) 수정된 역사적 전천년설

김준식은 네 가지 천년왕국설인 무천년설, 후천년설, 세대주의 전천년설, 역사적 전천년설 중에 역사적 전천년설이 가장 성경적이라고 주장한다. 그러나 역사적 전천년설을 그대로 받아들이기보다 성경적인 면에서 좀 더 수정되어야 한다고 주장한다.

> 세대주의 전천년설이나 역사적 전천년설에서는 칠년대환난을 일곱 인을 떼심과 일곱 나팔 재앙과 일곱 대접 재앙을 함께 포함시켰다. 이 칠년대환난 기간 중 세 가지 일곱 재앙들이 어떻게 전개되는지 알 수 없다. 칠년대환난 중에 어느 재앙이 전 삼 년 반에 속하고 어느 재앙 때에 후 삼 년 반이 되는지에 대한 언급이 없다.

---

[76] John MacArthur, 『맥아더 성경주석』, 1668.

나의 주장은 일곱 인을 떼심은 칠년대환난에 속하지 않고 1800년대부터 시작해서 현재까지 진행 중이란 것을 말씀드리고 싶다. 전 삼 년 반은 일곱 나팔 재앙이요 후 삼 년 반은 일곱 대접 재앙이라는 것이다. 성도들이 전 삼 년 반을 통과하여 일곱 나팔 재앙 중 마지막 나팔, 즉 일곱 번째 나팔이 울려 퍼질 때에 주님께서 성도들의 영혼과 함께 공중 강림하셔서 죽은 자들의 몸의 부활시켜 공중으로 휴거시킨다. 부활한 성도들이 하늘 나라에서 어린양의 혼인 잔치에 참여하는 동안 지상에서는 일곱 대접 심판이 일어난다.[77]

김준식은 역사적 전천년설에서는 어린양의 혼인 잔치가 생략되어있다고 지적한다. 그 이유는 주님 지상 재림 때에 공중으로 휴거되어 바로 지상으로 내려온다고 생각하기 때문이라는 것이다. 세대주의 전천년설에서는 어린양의 혼인 잔치를 인정하지만 환난전 휴거를 주장하기에 성경과 맞지 않다고 본다.

무천년설과 역사적 전천년설은 어린양의 혼인 잔치를 간과하고 있다고 지적한다. 어린양의 혼인 잔치는 요한계시록 19:7-9에 분명히 명기하고 있으므로 무시할 수 없다고 주장하며 환난 중 휴거로 수정할 것을 제의한다.

(4) 환난 중 휴거

환난 중 휴거 교리는 N. 해리슨, H.J. 오켄가, J.O. 버스웰, M. 테니, R. 컬버, R. 롱게네커, G.L. 아처 등이 지지한다.

휴거(살전 4:14-18)와 재림(살전 5:1-9)을 구분하는 이 견해의 지지자는

---

[77] 김준식, "후천년설과 수정된 역사적 전천년설," 2018. http://loveofjesuschurch.com/748

교회는 적그리스도가 등장한 다음 시작된 큰 환난 중간에, 그러나 큰 환난 후반기의 심각한 심판이 펼쳐지기 전에 휴거될 것이라 주장한다. 다양한 징조들이 두드러지게 나타나는 큰 환난 전반부(마 24:10-26)는 큰 환난의 예비적 단계로 본다.[78]

J.O. 버스웰은 요한계시록에 등장하는 일곱 인, 일곱 나팔, 일곱 대접을 아래와 같은 순서로 해석한다.

> 일곱 인은 교회 역사 전체에 걸쳐 성도들에게 임한 환난을 묘사한다. 일곱 나팔(그 중 6개는 휴거 전에 불린다)은 다가올 심판에 대해 경고한다. 일곱 대접(큰 환난 후반부에 쏟아질)은 신적 진노가 쏟아지는 것을 의미한다. 그리스도의 재림과 세상 종말의 "징조"(마 24:3)는 짐승(계 11:7), 곧 "불법의 사람"(살후 2:3)과 멸망의 가증한 것(마 24:15)에 대한 계시가 담겨있다. 짧지만 맹렬한 환난(신적 진노가 아님)이 이어져 성도들을 광야로 이끌고 간다. 이 맹렬한 고통의 시기는 택함을 받은 자를 위해 사흘 반으로 단축될 것이다(계 11:9-11).
>
> 큰 환난 중간에 일곱 번째 나팔이 울려 퍼지고(계 11:15-19. 참조. 마 24:30-31; 살전 4:16), 교회는 가시적으로 휴거될 것이다(세상 전체 영역에서 번개같이). 하나님의 택함 받은 자들이 공중에서 주님을 맞이하기 위해 구름 속에 함께 들려 올라가는 바로 그 순간에 적그리스도에게 죽임을 당한 "두 선지자가 '구름 속' 하늘로 휴거된다(계 11:11-12).
>
> 삼 년 반 동안 짐승은 땅에서 지배권을 행사하겠지만 적그리스도와 그의

---

[78] Lewis and Demarest, 『통합신학(III)』, 838.

군대들이 예루살렘을 정복하려고 아마겟돈에 모일 때 그리스도는 성도들과 함께 재림하여 그들을 박살낼 것이다. 그리스도는 사탄을 무저갱 속에 가두어버리고 '인간이 타락하기 전 에덴 동산에서 살았던 때와 어느 정도 비슷한 시대'로 천 년 동안 다스리실 것이다.[79]

조지 래드는 환난 중 휴거설을 인정하지 않는다. 인정하지 않는 이유는 성경은 우주적 대격변 직후(마 24:29)에 주님께서 하늘의 구름을 타시고 택한 자들을 모으기(마 24:31) 위하여 나타나실 것이라고 말씀하기 때문이다.[80]

10) 칼빈의 종말론

칼빈의 『기독교 강요』는 종말론을 다루지 않았다. 또한, 칼빈은 요한계시록 주석을 쓰지 않았다. 그러나 '칼빈 출생 500주년 신학 포럼'에서 한정건 교수는 천년왕국에 연관된 구약의 종말적 구절들 해석을 통해 칼빈이 지지하는 종말론을 유추하여 발표했다.

이사야 2:1-5에 의하면, 메시아의 통치권이 전 세계에 미치며 만방의 열방이 시온에 순례 오고 나라 사이는 전쟁이 없는 평화가 이루어지며 풍족한 소산을 누린다(미 4:5을 근거로 하여). 무천년설은 예수님 초림적인 사건, 전천년설은 재림 이후의 천년왕국 모습으로 본다.

칼빈은 이것은 우리 시대(교회)로 볼 수 없으며 예수님의 재림 때에 완전

---

[79] Lewis and Demarest, 『통합신학(III)』, 839-40.
[80] 이광복, 『휴거 논쟁』 (서울: 흰돌, 1995), 180.

한 통치와 평화가 있을 것을 주장한다. 또한, 이사야 11:6-9에 의하면, 짐승과 짐승 사이, 그리고 짐승과 사람 사이의 평화가 깃들고, 거기는 해 됨과 상함이 없고, 여호와를 아는 지식이 충만할 것이다. 무천년설은 대체로 교회 시대에 영적으로 이루어진 것으로 보며, 전천년설은 재림 후 만물의 회복(천년왕국적 모습)으로 본다. 칼빈은 재림 이후 자연의 완전한 회복으로 본다.[81]

이사야 2:1-5에 대하여 칼빈은 예수님의 재림 후에 있을 완전한 통치와 평화가 있을 것으로 주해한다. 이사야 11:6-9에 대하여서도 해 됨도 상함도 없고 여호와를 아는 지식이 충만한 모습을 예수님의 재림 후의 회복된 자연의 모습으로 주해한다. 이런 것을 볼 때 칼빈은 무천년설과 거리가 멀다는 것을 알 수 있다.

이사야 65:16-15 내용을 다음과 같이 분석해볼 수 있다.

"이제는 하나님의 종교밖에 없다(16절). 세상이 새 하늘과 새 땅으로 변화하고, 모든 환난이 없어진다(16-18절). 사람이 오래 산다(20절). 전쟁이 없는 평화와 풍족한 소산이 있다(21-22절). 짐승의 새끼까지 평화가 깃들 것이다(25절)."

이 내용에 대하여 무천년설에서는 영적인 이스라엘인 교회에 관한 묘사로 이해한다. 전천년설에서는 천년왕국에 관한 묘사로 주장한다. 칼빈은 재

---

[81] 한정건, "칼빈에게 종말론이 있는가: 칼빈의 종말론 우리의 종말론," 칼빈 출생 500주년 신학 포럼. 2009년 6월 9일, https://www.kirs.kr/index.php?document_srl=6442, 10

림 때에 이루어질 것이라고 주해한다. 칼빈은 믿는 자들이 새로워지지만 완전한 새로움은 마지막 재림 때에 일어날 것이라고 강조한다.[82]

칼빈은 성경을 철저하게 문자적-역사적(literal - historical)으로 해석한다. 그는 선지서들의 예언을 영해하는 것을 극히 경계한다. 그러한 그의 성경 해석 원리로 유추해볼 때, 요한계시록 20장의 해석을 전천년설로 해석했을 가능성이 많으며, 반면에 무천년설은 결코 아닐 것이다. 개혁주의 종말론도 이런 해석 원리 위에 세워져야 한다.

2. 천년왕국 존재 이유

천년왕국이 있어야 하는 이유는 그리스도는 세계 역사 속에 그의 나라를 공개적으로 현시하실 것이기 때문이다. 천년왕국은 하나님께서 그의 백성에게 약속하신 모든 언약이 성취된다는 것을 나타내시기 때문이다.[83]

천년왕국이 있은 후에 사탄이 풀려나는 일은 하나님의 성품과 그리스도의 영역 안에 있는 권위가 다시는 해를 받지 않는다는 것을 보여 준다. 그것은 마귀가 당장 패배하여 영원히 불 못 속에 던져질 것이기 때문이다. 정성욱은 이렇게 말한다.

> 복과 율법에 대한 에덴 언약은 지상적인 것이었기 때문에, 그것들은 새 하늘과 새 땅의 영원하고 변화된 상태로 들어가기 전에 이 지상에서 성취되

---

[82] 한정건, "칼빈에게 종말론이 있는가: 칼빈의 종말론 우리의 종말론," 10-11.
[83] 정성욱, 『역사적 전천년설』, 315.

어야 한다. 성경 전체의 언약적 통일성은 새 하늘 새 땅이 시작되기 전에 이 땅에서 천년왕국이 물질적으로 이루어지는 것을 요구한다.[84]

'새 하늘 새 땅'이 아닌 "땅에서 왕 노릇 하리로다"(계 5:10)라고 말씀하고 있다. 천년왕국은 죄가 널리 확산되었던 죄의 시대 이후에 필요한 '청소 작업'을 하기에 앞서서 요구되는 시기가 될 것이다.[85]

천년왕국은 에덴 동산에서 아담이 범죄로 인하여 잃어버린 실락원 대신에 예수 그리스도로 말미암아 회복되는 복락원이 역사 속에 나타나야 하기 때문에 필요하다.

역사적 전천년설의 대표적 학자인 조지 래드에 따르면, 천년왕국에 대한 교리에는 심각한 신학적인 문제가 있다. 그러나 설령 신학이 그 모든 의문에 대한 해답을 발견할 수 없을지라도 복음주의 신학은 분명한 성경의 가르침 위에 세워져야 한다. 그러므로 "나는 여전히 전천년주의자로 남는다"라고 말한다.[86]

1) 개혁주의 성경 해석학

루이스 벌코프(Louis Berkhof)는 예언을 해석하는 몇 가지 규범을 제시한다.

> 예언의 말씀이 명백하게 성취되어진 내용이나 방법이, 그 내용이 상징적인 의미를 가졌다는 것을 표명하지 아니할 때에 선지자의 말은 통상적으

---

[84] 정성욱, 『역사적 전천년설』, 317.
[85] 이광복, 『천년왕국 논쟁』, 437.
[86] Robert G. Clouse, 『천년왕국』, 권호덕 역 (서울: 성광문화사, 1980), 56.

로 문자적인 의미로 취급되어야 한다.

선지자에게서 발견된 상징(비유)적인 표현을 연구하는 일에 있어서 해석자는 표현된 기본 뜻을 찾아내는 일을 자신의 목적으로 삼아야 된다. 선지자의 상징적 행동들을 해석할 때, 해석자는 그 행동들의 실제성, 즉 그것이 실제적 생활에서 일어난다는 가정 아래 해석해야 된다.[87]

개혁주의 해석 원리에 근거하여 벌코프가 위에서 제시한 '예언을 해석하는 몇 가지 규범'을 그대로 적용하고 솔직하게 따른다면 결과적으로 역사적 전천년설을 주장할 수밖에 없다고 나는 믿는다.

2) 개혁주의 언약신학의 장점과 단점

개혁주의 언약신학은 '구원에 대한 통일성'을 말할 수 있는 장점이 있지만 심각한 문제들을 가지고 있음을 정성욱은 다음과 같이 지적한다. 하나님의 사역에 의한 하나님 나라에 대해서는 관심이 적다. 구약성경의 이스라엘에게 약속된 물질적인 축복들이 실제적으로 이루어지기보다는 교회를 통해 영적으로 이루어진다고 주장해온다.

또한, 하나님 나라의 실재를 나타내는 창세기 1:26-28의 의미를 축소시키고, "특히 예수 그리스도께서 직접 다스리시는 천 년간의 지상 왕국에 대해서도 바르게 이해하지 못한다."[88]

---

[87] Louis Berkhof, 『성경해석학』, 윤종호 역 (서울: 개혁주의신행협회, 1991), 178-79.
[88] 정성욱, 『역사적 전천년설』, 298-99.

3) 왕 같은 제사장직의 회복

아담과 하와는 에덴 동산에서 하나님께 직접 나아갈 수 있는 제사장적 지위를 부여받는다. 그뿐만 아니라 하나님을 대신하여 땅을 다스리는 명령을 받는다.[89]

> 아담은 최초의 왕 같은 제사장이다. 하나님이 창조 세계를 다스림으로 세상의 각종 생물로 채우신다. 아담과 하와도 "정복하고 온 땅을 다스려야" 하고, 이로써 "생육하고 번성하여" 하나님의 형상들로 "땅에 충만하게"되어야 했다(창 1:26, 28). 아담의 사명은 자녀들을 통해 하나님의 형상이 지구를 가득차게 하는 것이다. 아담의 통치 대행권은 세상을 다스리고 확장시키고 하나님의 영광을 드러냄으로 땅을 정복하는 일이다. 하나님이 말씀으로 피조물을 창조하시고 다스리는 것처럼 아담은 말을 하고 동물들의 이름을 지음으로 피조물을 다스리는 것이다(창 2:19).[90]

에덴 동산은 하나님이 임재하시는 지구상에 있었던 첫 번째 성전이다.[91]

> 에덴 동산은 동쪽과 산 위에 위치에 있다. 강과 나무들이 있고, 보석과 금속이 있으며, 그룹과 하나님의 임재가 있고 인간이 맡은 책임이 있다. 에덴 동산의 일반적인 본질은 곧 성소의 본질이다. 창조 세계를 하나님의 우주적인 성전으로 본다면 에덴 동산은 하나님의 보좌가 있는 최초의 지성

---

[89] Sandra L. Richter, 『에덴에서 새 예루살렘까지』, 윤석임 역 (서울: 부흥과개혁사, 2013), 83.
[90] 김인식, 『하나님의 마스터플랜: 새 예루살렘의 비전』, 46-47.
[91] Beale, Gregory K and Mitchell Kim. 『성전으로 읽는 성경이야기』, 채정태 역 (서울: 부흥과개혁사, 2016), 32.

소이다. 성막과 성전도 하나님의 우주적 성전인 창조 세계의 작은 복사판으로 이해할 수 있다.[92]

하나님께서 거니셨다. '거니시는'(창 3:8)은 히브리어 '할라크'이다. 하나님께서 너희 중에 '행하여'(레 26:12), 장막과 성막 안에서 '다녔나니'(삼하 7:6)도 동일하게 '할라크'를 사용하고 있다. 그러므로 에덴 동산은 하나님의 성소로 묘사되고 있는 것이다. 하나님께서 동산에 거니셨다. 미래에도 하나님은 성막에서 그렇게 하실 것이다.

여호와 하나님이 그 사람을 이끌어 에덴 동산에 두어 그것을 경작하며 지키게 하시고(창 2:15).

하나님이 인간에게 "그것(동산)을 경작하며 지키라"는 명령에 사용된 히브리어 '아바드'(섬기다, 일하다, 다스리다)와 '샤마르'(지키다, 준수하다, 보호하다, 망을 보다)는 레위인들이 성소에서 행해야 할 의무를 묘사하는 구절에서만 나란히 발견된다(민 3:7-8; 8:26; 18:5-6). 아담은 하나님을 섬기고 만나는 제사장적 지위를 가졌을 것을 추정할 수 있다.

땅은 하나님의 처소가 되도록 만들어진다. 이곳에서 하나님은 백성과 공존하려고 의도하기 때문이다. '경작하다'는 이 말씀은 사람은 '다스리는 자'요, '섬기는 자'인 동시에 '일하는 자'라는 뜻이 모두 포함되어 있다. '지키다'라는 말씀에는 하나님께서는 아담에게 '선악과'만 금하신 것이 아니라, 사탄의 공격에서 에덴을 지켜야 하는 사명도 주신다고 볼 수 있다.

---

[92] 김인식, 『하나님의 마스터플랜: 새 예루살렘의 비전』, 47.

이처럼 아담은 왕 같은 제사장으로 지음을 받았던 것이다.[93]

예수 그리스도가 이 땅에 오셔서 천년왕국을 세우시고 믿는 자들을 왕 같은 제사장들(벧전 2:9; 계 5:10; 20:6)로 회복시키셔서 함께 '이 세상을 육적으로뿐 아니라 제도적으로도 다스리실 것'이다.[94]

4) 하나님의 구원 계획은 에덴의 회복

하나님께서 아담을 에덴 동산에 두신 것은 목적과 계획이 있었다. 목적대로 살지 못한 것 때문에 하나님은 원래 계획을 포기하지 않으신다. 예수의 죽으심과 부활은 회복을 위한 발판을 구축하는 것이다. 회복한다는 것은 원래의 모습으로 돌아간다는 의미이다. '만물을 회복'(행 3:21)하신다는 것은 에덴 동산의 보시기에 좋았던 모든 것을 회복하신다는 뜻이다.[95]

천년왕국은 땅을 에덴으로 회복시키는 과정이다. 중요한 것은 교회 안에서 성경적 질서를 확립하고 사회에 선한 영향을 주어야 한다. 메시아가 오시기 전에 가능한 대로 교회에서 출발하여 가정과 이웃과 나라에 성경적 가치를 회복시키기 위한 사역을 열심히 감당해야 한다.[96] 저스트와 인터레이터는 이렇게 말한다.

> 하나님은 우리를 하나님과 완전한 조화 속에 살도록 디자인하셨다. 물리적 창조 세계는 우리가 살기에 완전한 곳이었다. 우리는 영적 존재로서 땅의 몸 안에 살고 있고 이 몸은 지구의 상태에 맞게 구성되었다. 우리는 하

---

[93] 김인식, 『하나님의 마스터플랜: 새 예루살렘의 비전』, 48.
[94] 정성욱, 『역사적 전천년설』, 322.
[95] Juster and Intrator, 『마지막 때의 교회와 이스라엘』, 196.
[96] Juster and Intrator, 『마지막 때의 교회와 이스라엘』, 199.

나님의 형상으로 창조되었다. 하나님은 영이시고 우리는 이 물리적 환경 속에서 '흙의 옷'을 입고 사는 하나님의 영적 자녀들이 되어야 했다. 우리는 하나님을 닮도록 하나님의 형상대로 창조되었다. 그것은 자녀가 부모를 닮는 것과 같다. 하나님은 이 땅을 다스리고 통치하라는 큰 명령을 우리에게 주셨다. 그리하여 우리는 하나님 아래서 권세를 행사하며 땅을 선량하게 다스려야 했다.[97]

그리스도인이 예수 권세 아래 있으면 다스리는 권세를 갖게 된다. 그리스도인이 죄를 범하면 영적 권세를 잃게 된다. 영적 권세를 행사하지 않으면 그리스도인에게 주어진 권세를 사용하기를 거부하는 것이나 마찬가지다. 그리스도인은 하나님의 대리자이다. 천국에 가는 것도 귀하지만 천국의 삶을 사는 것은 더욱 귀하다. 저스트와 인터레이터는 이렇게 말한다.

> 하나님의 구원은 삶의 모든 영역에 회복을 일으킨다. 영의 구원은 거듭남이다. 몸의 구원은 치료다. 재정의 구원은 공급과 번영이다. 한 사회의 구원은 부흥을 가져온다. 국제 사회의 구원은 전쟁과 기아를 종식시키고 이스라엘을 열국 중에서 리더십의 자리로 회복시킨다.[98]

천년왕국 후의 새 하늘과 새 땅은 에덴 동산 이상일 것이다. 더 이상 사탄이 유혹할 수 없는 곳이기 때문이다. 천년왕국은 현재의 삶과 회복된 에덴인 새 하늘과 새 땅의 천년의 전환기이다. 인류 역사는 점점 낙원에서 멀어져 왔으나 천년왕국 시기는 '회복된 낙원을 향해 나아가는 상승 전환기'

---

[97] Juster and Intrator, 『마지막 때의 교회와 이스라엘』, 200.
[98] Juster and Intrator, 『마지막 때의 교회와 이스라엘』, 205.

이다.[99]

5) 민족적 이스라엘과 교회의 차이점

인종적 민족적 이스라엘과는 달리 영적 이스라엘로서의 하나님의 백성은 유대인과 이방인의 연합으로 이루어져 있다. 루이스와 데마레스트는 이렇게 말한다.

> 바울은 이방인 그리스도인들에게 "이제부터 너희는 외인도 아니요 나그네도 아니요 오직 성도들과 동일한 시민이요 하나님의 권속이라"(엡 2:19; 참조. 딛 2:14)고 천명함으로써 이 사실을 긍정했다. 에클레시아는 오순절 이후에 새로 생긴 실재로서 '그리스도인의 몸'과 동일시된다. 이 '소마 크리스투'는 성령 세례를 통해 구습을 버리고 한 몸이 된 믿는 유대인과 이방인으로 구성된 새로운 피조물이다(롬 12:5; 고전 12:13; 엡 2:15-16; 4:4, 12, 16; 5:30; 참조. 갈3:28).
>
> 하나님의 교회는 유대인의 교회도 아니고 이방인의 교회도 아니다. 이전 유대인과 이방인이 동등하게 참여하는 새로운 사회, 곧 나중에 기독교 저술가들이 그렇게 부르기를 좋아한 것처럼, '새로운 인종,' 곧 '제삼의 인종'이다. 그러므로 구약 시대와 신약 시대의 하나님의 백성 간에 본질적인 차이가 전혀 없었다는 것은 사실이 아니다.[100]

---

99 Juster and Intrator, 『마지막 때의 교회와 이스라엘』, 217.
100 Lewis and Demarest, 『통합신학(III)』, 727-28.

이스라엘과 교회의 신자는 모두 은혜로 계시된 약속을 받아들임으로써 메시아를 믿고 그리하여 신앙으로 의롭게 된다. 여기서 이스라엘과 교회의 신자는 유대인이든 이방인이든 영적으로 하나라는 결론이 나온다(갈 3:28).

6) 이스라엘과 교회의 제도적 차이점

이스라엘 국가는 시내산에서 모세에게 주어진 옛 언약에서 나온다. 반면, 교회는 그리스도의 십자가와 부활과 승천 이후에 임한 성령의 사역에 기반을 둔 새 언약에서 나온다. 루이스와 데마레스트는 이렇게 말한다.

> 혈통에 따라 태어난 사람들은 이스라엘 국가의 국민이 되고, 아니면 개종자가 되어야 이스라엘 국가의 국민으로 편입된다. 반면, 어떤 민족적 배경을 갖고 있더라고 거듭난 자는 제도적 교회의 구성원이 될 수 있다. 이스라엘 국가는 땅, 곧 수도를 가진 나라를 차지한다. 반면, 교회는 나라나 수도를 갖고 있지 않다. 이스라엘 국가의 국민은 주로 하나의 언어를 사용한다.
> 반면, 교회의 지체는 세계의 어떤 언어라도 사용한다. 이스라엘 국가는 세금을 거둔다. 반면, 교회는 세금을 걷지 않는다. 이스라엘 국가는 군대를 소유한다. 반면, 교회는 전쟁을 치를 힘을 갖고 있지 않다. 옛 언약 아래 하나님의 백성의 사명은 한 국가 안에 모세 율법을 시행하기 위해 정치제도를 필요로 한다. 반면, 새 언약 아래 교회의 사명은 모든 민족의 사람들을 제자로 삼기 위해 교회 구조를 필요로 한다.[101]

---

[101] Lewis and Demarest, 『통합신학(III)』, 742.

후크마는 문자적인 천년왕국을 인정하지 않으며 당연히 이스라엘 국가 회복도 인정하지 않는다. 오직 한 감람나무가 있기 때문에(롬 11:17-24) 이스라엘은 교회의 미래와 다른 미래를 갖고 있지 않다고 본다. 구약성경과 신약성경을 분리시키는 것은 계시의 진보를 무시하는 것으로 이해한다. 구약성경은 미래의 지상 왕국을 가르치지 않는다고 주장한다. 천년 지상 왕국에 관해 인용되는 본문들(사 2:1-4; 11:6-10; 65:17-25)은 천국이 완성될 때의 새땅을 묘사하는 것(계 21장)으로 설명한다.[102]

7) 미래 이스라엘이 가질 제도적 역할

누가복음 1:32-33은 이렇게 말한다.

> 주 하나님께서 그 조상 다윗의 왕위를 그(예수)에게 주시리니 영원히 야곱의 집을 왕으로 다스리실 것이며 그 나라가 무궁하리라(눅 1:32-33).

루이스와 데마레스트는 다음과 같이 말한다.

> 십자가에 못 박히기 전날 밤에 예수님은 제자들에게 그들이 이스라엘 열두 지파를 다스리게 할 것을 보장하신다(눅 22:29-30). 그리스도가 죽은 자로부터 부활하신 후에 제자들은 이스라엘 나라(당시에는 영적이면서 제도적인 이스라엘로 이해되었다)를 회복하실 때가 언제인지 묻는다. 이에 대한 그리스도의 대답은 이스라엘이 회복된다는 사실은 문제 삼지 않지만 시기에 대한 지식은 불문에 부치신다(행 1:7).

---

[102] Lewis and Demarest, 『통합신학(III)』, 815.

이스라엘은 그리스도가 재림하실 때 이방인의 때가 지나면 집단적으로 회복될 것이다. 바울은 이스라엘이 예수님께서 재림하실 때 집단으로 믿을 것이라고 가르친다(롬 11:25; 계 1:7). 요한계시록 20장과 이스라엘의 구약시대 소망의 연계성이 간과되어서는 안 된다. 이사야 11장이 요한계시록 19장과 데살로니가후서 2장에 인용되어 있다. 때가 되면 여호와의 전이 예루살렘의 시온산에 굳게 설 것이다.[103]

이방인이 아브라함의 영적 자손이 되는 것이 제도적 이스라엘에 속하게 되는 것은 아니다. 제도적 이스라엘의 미래에 대한 예언의 성취는 여전히 남아 있다. 이스라엘과 교회는 영적 통일성을 가질 수 있으나 제도적으로 동일성을 가질 수는 없다. 이것을 혼동하면 성경을 무리하게 상징적으로 해석하게 된다. 그리하여 '제도적 이스라엘의 미래'를 알지 못하게 된다.[104] 그리스도의 재림 후에 천년왕국 통치가 있다고 볼 때에 영적 그리고 제도적 차이를 분별할 수 있게 된다.

3. 새로운 세상

카이저는 '하늘과 땅'을 히브리어 표현으로 우주를 의미한다고 설명한다. 이사야 65:17-25과 66:18-24, 그리고 베드로후서 3:13과 요한계시록 21:1-4에서 언급하는 '새 하늘 새 땅'은 단절이 아니라 연속성을 가진 갱신이라고 주장한다.[105]

---

[103] Lewis and Demarest, 『통합신학(III)』, 900-02.
[104] Lewis and Demarest, 『통합신학(III)』, 903.
[105] Walter C. Kaiser, 『마지막 때에 관한 설교』, 275.

카이저는 갱신된 우주에 관한 교리가 중요한 이유 세 가지를 말한다.

첫째, 영원한 나라에서의 삶이 어떠할 것인가에 대한 오해를 바로잡기 때문이다.[106]

둘째, 하나님의 구속 계획 프로그램을 완성시키기 때문이다. 하나님이 원래 의도하셨던 창조 세계의 상태로 회복시키실 것이다.

셋째, 갱신된 마지막 하늘과 땅에서 그리스도가 천 년간 통치하시는 때와 우리가 영원한 세계에 들어갈 때의 경계를 명확히 표시하기 위해 필요하기 때문이다.[107]

아브라함이 바란 "하나님이 계획하시고 지으실 터가 있는 성"(히 11:10)은 예루살렘을 가리킨다. 그러나 무천년주의자들은 그 예루살렘성이 영원한 세계의 일부분으로 갱신된 땅에 세워진다고 주장한다. 카이저를 포함한 전천년주의자들은 영원한 나라가 오기 전, 메시아의 천년왕국과 통치 때 세워진다고 생각한다.

또한, 카이저는 '영원한 기업'에 대한 약속이 넓은 의미에서의 '아브라함의 후손,' 즉 하나님의 모든 백성에게 주어지는 것 이전에 '특별히 이스라엘에게 먼저 주어진 약속'으로 본다.[108]

성경이 말하는 새 하늘과 새 땅이 있을 것에 대한 약속이 일부 해석가에게는 지금의 우주가 전멸하고 완전히 새로운 우주가 현 우주를 대체한다는 것을 의미한다. 옛 우주와 새 우주 간에 완전한 단절이 있다고 주장한다. 그러나 카이저는 이렇게 말한다.

---

[106] Walter C. Kaiser, 『마지막 때에 관한 설교』.
[107] Walter C. Kaiser, 『마지막 때에 관한 설교』, 277.
[108] Walter C. Kaiser, 『마지막 때에 관한 설교』, 278.

신약성경에서 새로움을 뜻하는 헬라어 단어는 '네오스'(neos)가 아니라 '카이노스'(kainos)라는 것을 지적한다. 전자는 시간이나 기원이 새로운 것을 나타내고, 후자는 속성이나 성질이 새로운 것을 가리킨다고 이해한다. 따라서, 새 하늘과 새 땅에 대한 가르침은 완전히 새로운 우주 또는 창조 세계가 아닌, 옛 우주와 연속성이 있으면서 철저히 갱신된 세계의 출현을 뜻한다. 여기서 말하는 새로움과 그리스도인들의 부활한 몸의 새로움 간에는 유사성이 있다. 지금의 우리 몸과 부활할 우리의 몸은 연속성 및 비연속성을 함께 가질 것이라 믿는다.[109]

나도 우주소멸설을 믿었기 때문에 어차피 불타버릴 세상 빨리 사라지기를 바랐던 때가 있었다. 이 땅에서 무엇을 한다는 것에 대한 회의가 있었다. 그러다가 우주갱신설을 믿게 되면서 하나님이 우리를 위해 예비하신 축복의 깊이와 넓이를 깨달으며 감격하지 않을 수 없었다. 하늘과 땅이 새로워진다는 복음으로 인류의 가슴을 소망으로 뜨겁게 해야 한다.

> 그러나 주의 날이 도둑같이 오리니 그 날에는 하늘이 큰 소리로 떠나가고 물질이 뜨거운 불에 풀어지고 땅과 그 중에 있는 모든 일이 드러나리로다 (벧후 3:10).

많은 그리스도인이 이 본문을 근거로 지금의 우주가 엄청난 재앙으로 불타서 없어질 것으로 생각한다. 일부 사본들은 마지막 동사를 "불타 없어질 것이다"(will be burned up)라는 의미로 해석하지만, "드러날 것이다"(will be laid bare)라고 표현한 NIV 등 대부분의 영어 성경의 본문 해석이 더 나은

---

[109] Walter C. Kaiser, 『마지막 때에 관한 설교』.

번역이다.

결국, 주의 날, 현 우주가 없어지고 완전히 새로운 우주로 대체되는 것이 아니라 현 우주가 갱신되는 것이다. 따라서, 우주의 미래는 과거와의 단절성뿐 아니라 연속성 또한 갖고 있는 것이다.[110]

1) 소멸이 아니라 갱신인 이유

헬라어 '카이노스'(*kainos*)가 영광스럽게 새로워졌지만 다른 우주의 출현을 뜻하는 것이 아니라 현재의 우주와 연속성이 있는 우주의 창조를 뜻한다.[111] 후크마가 우주갱신설을 주장하는 이유는 아래와 같다.

> 로마서 8장에 나오는 바울의 논증 때문이다. 바울은 우리에게 피조물이 썩어짐의 종 노릇하는 데서 해방되기 위해 하나님의 아들들이 나타나기를 간절히 갈망하며 기다린다고 말할 때(롬 8:20-21), 종말에 썩어짐에서 해방될 것은 현재의 창조 세계이지 어떤 완전히 다른 창조 세계가 아니라 말하고 있는 것이다.
>
> 새 땅과 신자들의 부활한 몸의 유비관계이다. 현재의 몸과 부활한 몸 사이에는 연속성과 불연속성이 모두 존재한다. 현재의 몸과 부활한 몸의 차이가 매우 놀랍기는 하지만 연속성을 없애버리는 것은 아니다. 바로 우리가 부활할 것이고 바로 우리가 항상 주와 함께있을 것이다. 그리스도와 함께 부활한 이들은 전적으로 새로운 인간 집단이 아니라 이 땅에서 살았던 하나님의 백성이다. 이로 미루어 보아 우리는 새 땅이 현재의 땅과 완

---

[110] Walter C. Kaiser, 『마지막 때에 관한 설교』, 279.
[111] Anthony A. Hoekema, 『개혁주의 종말론』, 389.

전히 달라지는 것이 아니라 현재의 땅이 놀랍도록 새롭게 될 것으로 예상한다.[112]

만일 하나님이 현재의 우주를 소멸해야 한다면 사탄은 큰 승리를 거둔 셈이 될 것이다. 그럴 경우 사탄은 현재의 우주와 현재의 땅을 하나님이 완전히 일소하여 없애시는 일 외에는 아무 일도 하실 수 없을 만큼 파괴적으로 부패시키는 데 성공한 셈이 되기 때문이다.

그러나 사탄은 그런 승리를 거두지 못 한다. 그와 반대로 사탄은 결정적으로 패배한다. 하나님은 사탄이 인류를 속였던 바로 이 땅을 새롭게 하시고 마침내 이 땅에서 '사탄의 악한 음모의 모든 결과를 몰아내실 때,' 그 패배의 전 차원을 드러내실 것이다.[113]

2) 우는 소리가 들리지 않음

우는 소리와 울부짖는 소리가 다시는 들리지 않을 것이다(사 65:17-19). '예루살렘을 즐거운 성으로 창조하며'는 새롭게 갱신된 예루살렘에 즐거움이 넘치게 되리라는 예언이다. 하나님이 직접 인간과 세상을 아담과 하와의 타락 이전처럼 회복시키실 때 가능하다. 하나님이 자신을 위하여 예루살렘을 택하시고 새 예루살렘이 하늘에서 내려온다(계 21:2).

예수님의 가르침이 이 성에서부터 나오며 세상 열방들이 매년 예루살렘으로 와서 그분을 경배하고 배울 것이다(사 2:2-4). 새 예루살렘이 하늘에서 내려온다는 사실은 하나님이 새 성의 주인이심을 나타낸다.[114] 카이저는 이렇게 말한다.

---

[112] Anthony A. Hoekema, 『개혁주의 종말론』, 389-390.
[113] Anthony A. Hoekema, 『개혁주의 종말론』, 390.
[114] Walter C. Kaiser, 『마지막 때에 관한 설교』, 282.

카이저는 "땅에 기초를 놓으사 영원히 흔들리지 아니하게 하셨나이다" (시 104:5) 같은 몇몇 성경 본문이 새로운 세상의 영구성을 보여 준다고 한다. 시편 148:6도 "그가 또 그것들(해, 달, 별, 하늘들)을 영원히 세우시고 폐하지 못할 명령을 정하셨도다"라고 가르친다.

이런 본문과 유사한 기타 본문에서 나타나는 근거들을 고려할 때, 베드로후서 3:10은 하늘과 땅이 "불타 없어져" 파괴되는 것이 아닌, 하늘과 땅이 "드러날 것이다"로 해석하는 쪽이 낫다고 주해한다.[115]

3) 수명이 단축되지 않음

남녀의 수명이 단축되지 않을 것이다(사 65:20-24). 인간의 평균 수명이 최소한 100세 이상일 것을 묘사하고 있는데 이것은 새 하늘과 새 땅의 시대와는 어울리지 않는다. 왜냐하면, 새 세계는 수명이란 것이 아예 없이 영원히 사는 곳이기 때문이다. 카이저는 이렇게 말한다.

> 이런 난점은 본절의 평균 수명 100세 이상을 문자 그대로 해석하지 않고 '영원히'라는 의미 정도로 해석할 때 해소될 수 있다. 이 해석에 비추어 보건대, 아마도 너무 일찍 죽는 현세대의 상황과 대비시키기 위해 평균 수명의 이미지를 사용한 것 같다. 이 말씀의 핵심은 미래에는 이른 죽음에 대한 생각을 하지 않아도 된다는 것이다.[116]

카이저는 이런 모호성보다 이사야 65:20-24을 이사야 65:17-19과는 다

---

[115] Walter C. Kaiser, 『성경적 종말론』, 48.
[116] Walter C. Kaiser, 『마지막 때에 관한 설교』, 283.

른 천년왕국의 모습으로 이해하는 것을 선호한다.[117]

4) 동물의 삶의 변화

동물의 삶이 변화될 것이다(사 65:25). 인간의 범죄 이후 여러 현상이 발생했는데 그 중의 하나가 자연의 조화가 깨어지고 서로 죽이고 죽는 저주가 임했다는 점이다. 바울은 이 사실을 "피조물이 다 이제까지 함께 탄식하며 함께 고통한다"라고 묘사하고 있다(롬 8:22).

그런데 새 하늘과 새 땅에서는 그와 같은 부조화가 사라지게 된다고 말하고 있다. 육식 동물의 식성이 바뀔 것이며 심지어 저주에 관한 최초의 언급이 나오는 창세기 3장을 연상케 하는 뱀까지도 더 이상 파괴자이지 않을 것이라고 말하고 있다.

이런 의와 평강과 희락의 세계는 여자의 후손과 뱀의 후손 곧 그리스도와 사탄 사이에 조성된 적대감이 그리스도의 완전한 승리로 청산될 때에만 가능하다.[118]

4. 새 하늘과 새 땅의 영원성

새 하늘과 새 땅이 영원히 지속될 것이다(사 66:18-24). 하나님은 새 하늘 새 땅을 만드시고 그것을 그분 앞에 항상 '있게' 하시고 믿는 자들과 그 자손의 이름도 항상 '있도록' 할 것이다(사 66:22). 이 말씀은 하나님을 믿는

---

[117] Walter C. Kaiser, 『마지막 때에 관한 설교』.
[118] Walter C. Kaiser, 『마지막 때에 관한 설교』, 285.

이스라엘의 남은 자들이 반드시 이스라엘 땅으로 돌아가게 될 것과 이방인들에게도 복이 임하는 이유를 확인시켜 주는 것이다.[119]

믿는 자들이 "나가서 내게 패역한 자들의 시체들을 볼 것"이다(24절). 구원받은 자들이 추구한 정의와 진리와 선이 늘 공격을 받는 모순 속에 참고 견뎌야 했지만, 이제 믿지 않는 자들의 비참한 운명을 바라보며 하나님의 선하심과 공의로우심을 확인하게 될 것이다.

카이저는 그리스도가 직접 다스리는 천년왕국이 끝나고 하나님이 하늘과 땅을 갱신하심으로 영원한 나라가 시작된다고 주장하며 아래와 같이 결론 맺는다.

> 영원한 나라에서는 사람들이 즐거이 집을 짓고 포도나무를 심고 그 열매를 누릴 것이다. 여호와의 이름을 믿는 이스라엘 및 모든 이방인과 함께 새 하늘과 새 땅은 없어지지 아니하며 영원할 것이다.[120]

1) 후크마의 새 땅의 교리

새 땅의 교리는 다가올 시대를 바르게 이해하도록 도와 준다. 새로운 땅을 창조하시는 하나님은 백성들이 영화로운 부활의 몸으로 하나님의 영광을 노래하며 살게 하신다. 하나님의 백성들이 하늘과 땅이 하나가 된 (계 21:1-3 참조) 새로운 땅의 풍성함을 누리며 하나님의 영광을 위해 영원히 사는 것이다. 후크마는 이렇게 말한다.

---

[119] Walter C. Kaiser, 『마지막 때에 관한 설교』, 286-87.
[120] Walter C. Kaiser, 『마지막 때에 관한 설교』, 288.

새 땅의 교리는 하나님의 구속 계획의 모든 차원을 올바로 파악하는 데 있어 중요하다. 그리스도의 사역은 특정한 사람들을 구원하는 것만 아니라 창조 세계 전체를 죄의 결과에서 구속하는 것이다. 온 우주에서 인간의 타락의 모든 결과가 일소되기 전에는 하나님이 만족하지 않으실 것이다.

새 땅의 교리는 구약의 예언을 바로 이해하게 한다. 땅이 지금보다 훨씬 더 비옥해지고 사막이 장미꽃처럼 피어난다. 땅에는 곡하는 소리가 더 이상 들리지 않으며 하나님 백성의 수명이 나무의 수명과 같아질 것이다. 늑대와 어린 양이 함께 먹으며 물이 바다를 덮음같이 여호와를 아는 지식이 세상에 충만할 것이므로 하나님의 모든 거룩한 산에서 해하거나 상하게 하는 사람이 아무도 없을 것이라 말한다.[121]

요한계시록 21:2에서 영광스러운 하나님의 교회 전체를 상징하는 "거룩한 성 새 예루살렘"이 하늘에서 땅으로 내려온다. 죄에서 온전히 거룩하게 된 교회는 "그 준비한 것이 신부가 남편을 위하여 단장한 것"같이 어린 양의 혼인 잔치를 준비하고 있다(계 19:7). 영광스러운 교회는 새 땅에 영원히 있게 될 것이다.[122]

하나님이 거하시는 곳이 하늘이므로 하늘과 땅이 합쳐질 것이다. 그러므로 신자들은 새 땅에서 계속 살면서 계속해서 하늘에 있게 될 것이다. "하나님이 그들과 함께 계시리니 그들은 하나님의 백성이 되고"라는 말씀은 은혜 언약의 핵심적인 약속이요 결론이다.

각 민족들이 이 땅에서 독특하게 기여한 것들은 새 땅에서의 삶을 더욱 풍요롭게 할 것이다. 이 땅에서 하나님의 영광과 세상에 기여한 가치 있었

---

[121] Anthony A. Hoekema, 『개혁주의 종말론』, 382-83.
[122] Anthony A. Hoekema, 『개혁주의 종말론』, 395.

던 것들이 없어지는 것이 아니다. 보존되어 새 땅에 더해질 것이고 만국이 함께 평화롭게 살아갈 것을 바라보게 된다.[123]

새 하늘 새 땅은 에덴을 향한 하나님의 목적을 성취하기 위한 것이다. 하나님의 처소가 우주 전체를 가득 채우도록 확장되는 것을 바라보며 소망한다. 이 비전은 창세기 1-2장에서 하나님의 형상들이며 하나님의 대리자들로 온 세상에 충만하게 하라고 하신 사명을 성취하는 것이다.[124]

5. 새 하늘 새 땅 새 예루살렘

요한계시록은 새 하늘과 새 땅 새 예루살렘에 대하여 아래와 같이 설명한다.

> 또 내가 새 하늘과 새 땅을 보니 처음 하늘과 처음 땅이 없어졌고 바다도 다시 있지 않더라 또 내가 보매 거룩한 성 새 예루살렘이 하나님께로부터 하늘에서 내려오니 그 준비한 것이 신부가 남편을 위하여 단장한 것 같더라 (계 21:1-2).

> 모든 눈물을 그 눈에서 닦아 주시니 다시는 사망이 없고 애통하는 것이나 곡하는 것이나 아픈 것이 다시 있지 아니하리니 처음 것들이 다 지나갔음이러라(계 21:4).

---

[123] Anthony A. Hoekema, 『개혁주의 종말론』, 397.
[124] Beale, Gregory K and Mitchell Kim. 『성전으로 읽는 성경이야기』, 174-175

하나님 나라의 최종 완성이 새 하늘과 새 땅인 새 예루살렘이다. 옛 세상에 있던 모든 눈물과 아픈 것과 사망이 사라지고 없는 세계이다. 앞으로 우리가 영원히 거할 이곳은 이 세상을 갱신한 것으로, 그러나 지금 세상과는 다른 완전히 새로운 세계다. 오직 하나님께만 영광을 올려 드리는 성도들의 영원한 행복의 처소다.[125]

> 신랑 되신 그리스도께서 영적 신부인 성도를 데리고 새로운 보금자리에서 함께 거하기 위해 마련된 곳이 새 예루살렘성이다. 이 성은 구원받은 성도들의 공동체인 그리스도의 신부이며 동시에 우리가 거할 완성된 하나님 나라에서의 중심 처소다. 이 성은 성도들 자신이기도 하면서 성도들이 복된 삶을 누릴 터전이기도 하다. 이 거룩한 성 예루살렘은 하나님이 거하실 하나님의 보좌가 있을 곳이요 우주를 다스릴 본부다.[126]

새 우주의 중심인 지구에 새 예루살렘성이 하늘에서 내려온다. 거룩한 성 새 예루살렘은 영원한 하나님 나라의 수도가 된다. 하나님과 어린양이신 그리스도의 보좌가 있고 하나님의 영광이 가득하고 생명수 강과 생명나무가 있어 영원한 생명을 공급해 준다.

불순종도 저주도 눈물도 질병도 죽음도 없는 곳이다. 이 영원한 행복 가운데 하나님과 그 자녀들이 영원히 함께 살게 된다. 창세기 1-2장에 나타난 에덴 동산에서 하나님과 아담이 거닐며 누렸던 '황홀한 시간이 회복'된 것이다.[127]

---

[125] 김인식, 『하나님의 마스터플랜: 새 예루살렘의 비전』, 220.
[126] 김인식, 『하나님의 마스터플랜: 새 예루살렘의 비전』, 221.
[127] 김인식, 『하나님의 마스터플랜: 새 예루살렘의 비전』.

아브라함을 택하셔서 멜기세덱을 만나게 하시고 이삭을 모리아산에서 바치게 하신 그곳을 다윗이 점령하고 솔로몬이 성전을 짓고 파괴된 성전을 다시 스룹바벨이 짓는다. 바로 이곳에서 예수님이 십자가를 지기 위해 입성하시고 죽으시고 부활하셨고 승천하셨다.

성령을 보내 주셔서 교회가 시작되고 성령님을 받은 이들이 땅끝을 향하여 나아가고 이제 예루살렘은 회복되고 성전을 세우려는 준비와 시도가 있는 중이다. 예수님은 이곳으로 오실 것이다. 천년왕국을 통해 통치하시고 때가 되면 새롭게 된 하늘과 땅으로 새 예루살렘이 임하고 하늘과 땅은 통일될 것이다.[128]

하늘과 땅이 통일되는 것(엡 1:10), 바로 이것이 에덴의 회복이다. 에덴이라는 퍼즐이 온전히 맞춰질 때까지 한 조각도 남김없이 채워져야만 한다. 그러므로 에덴이 회복되기까지 하나님의 말씀을 축소시키면 안 된다. 하나님의 약속은 전능하시고 신실하신 하나님이 반드시 이루실 것이며 통합적으로 이루어지고 완성될 하나님의 계획이다.

6. 거룩한 성 새 예루살렘의 모습

요한이 본 거룩한 성 예루살렘은 빛이 지극히 귀한 보석같이 맑고 아름답다. 성곽은 크고 높으며 열두 문에 열두 지파의 이름이 있고 문마다 천사들이 지키고 있다. 성곽에는 열두 기초석이 있고 그 위에 어린양의 열두 사도의 열두 이름이 있다.

---

[128] 김인식, 『하나님의 마스터플랜: 새 예루살렘의 비전』, 222.

구약과 신약의 교회가 하나의 통일된 하나님의 교회 공동체임을 보여 준다. 그 성곽은 벽옥으로 쌓고 그 성은 정금으로 되어 맑은 유리와 같다. 성곽의 기초석은 각종 보석으로, 새 예루살렘은 아름답고 깨끗하고 귀하고 영광스럽다. 아름다운 하나님께서 예비하신 아름다운 새 예루살렘이다.

구원받은 성도들이 부활체의 영광으로 빛나며 영원한 천국의 영광이 비춘다. 그 성은 네모반듯한 정입방체로써 가로, 세로, 높이의 길이는 약 2,400킬로미터이며 성곽의 두께는 약 65미터이다. 이 같은 사실은 즉시 우리들에게 하나님의 지상 임재의 처소였던 예루살렘 성전인 지성소를 생각나게 한다. 새 예루살렘은 하나님이 자기 백성들과 친히 함께 거하시는 '완벽한 처소'임을 보여 준다.[129]

> 새 예루살렘은 하늘에서 내려오는 거룩한 성이다(계 21:10). 구속함을 받은 거룩한 성도들만이 성 안에서 하나님과 함께 거한다. 하나님께서 창조하시고 계획하신 '하나님 나라의 최종적인 실현'이요 '교회의 영광된 미래'이다.[130]

새 예루살렘성에 없는 것이 있다. 새 예루살렘에는 성전이 없다(계 21:22). 성전은 하나님과의 만남의 장소요 하나님께 죄 사함을 위해 제사 드리는 곳이었다. 그러나 성 안에는 죄가 없기 때문에 죄를 속하는 장소가 필요 없다. 그곳에서는 누구나 하나님과 대면하고 함께 살기 때문에 하나님과의 만남의 장소가 따로 필요 없다. 하나님과 어린양께서 친히 성전이 되시고 그곳에 항상 계시기 때문이다.[131]

---

[129] 김인식,『하나님의 마스터플랜: 새 예루살렘의 비전』, 223.
[130] 김인식,『하나님의 마스터플랜: 새 예루살렘의 비전』, 224.
[131] 김준식,『요한의 증언(상)』, 318.

새 예루살렘에는 해와 달의 비침이 쓸데없다. 세상의 어떤 빛과도 비교할 수 없는 찬란하고 빛나는 하나님의 영광이 성을 밝히며 예수 그리스도 자신이 그 성의 등불이 되어 주시기 때문이다(계 21:23; 22:5).[132] 새 예루살렘에는 눈물이 없고 사망이 없다(계 21:4). 하나님께서 눈물을 닦아 주심으로 고통도 외로움도 슬픔도 아픈 것도 없는 곳이다. 하나님과 깨진 관계가 완전히 회복되었음을 보여 준다.[133]

새 예루살렘에는 저주가 없다(계 22:3). 아담의 죄로 인해 주어진 저주가 모든 인류와 피조물에게서 사라진다. 새 하늘 새 땅인 새 예루살렘에는 죄가 존재하지 않기 때문에 저주가 다시 없고 거기에는 오직 축복만이 넘치는 곳이다.[134] 김준식은 이렇게 말한다.

> 새 예루살렘에는 사탄도 귀신들도 없다. 에덴 동산에 침입했던 사탄도 없고 귀신들도 없음으로 신령한 부활체를 가진 사람들은 사탄의 접근을 받지 않을 것이요. 사탄의 시험이나 유혹이나 미혹을 받지 않고 영원히 살게 된다.[135]

새 예루살렘에는 하나님과 어린양의 보좌로부터 생명수의 강이 흐른다(계 22:1). 이 세상 처음 창조 때 에덴 동산에도 생명 샘의 근원이 있다. 여기의 새 에덴 동산인 새 예루살렘에도 생명수의 강이 흐른다.[136] 새 예루살렘에는 땅의 왕들이 자기 영광을 가지고 출입한다(계 21:24).

여기 땅의 왕들이란 천년왕국 때에 그리스도와 함께 천 년 동안 왕 노릇

---

[132] 김철손, 『요한계시록』 (서울: 대한기독교서회, 2015), 377.
[133] 박수암, 『요한계시록』 (서울: 대한기독교서회, 2005), 315.
[134] 이상근, 『요한계시록』 (서울: 성등사, 1989), 263.
[135] 김준식, 『요한의 증언(상)』, 319.
[136] 김철손, 『요한계시록』, 380.

(계 20:4) 하던 성도들을 말하는 것이다. 창세기 1:27-28에서 하나님은 하나님의 형상을 따라 사람을 창조하시고 모든 생물을 다스리라고 하신다. 새로운 영원 세계에서는 성도들이 온 우주를 다스리게 되며 새 예루살렘 성은 새로운 영원 세계의 '영원한 수도'이다.[137]

새 예루살렘에 사는 성도는 무궁한 삶을 산다(계 21:6). 새 하늘 새 땅은 완성된 하나님 나라이고 새 예루살렘은 하나님의 도성이다. 생명수로 말미암아 결코 목마르지 않으며 생명나무 열매를 먹으며 영원무궁한 삶을 살아간다.

무궁한 삶이란 모든 인류가 소망하던 불가능한 삶의 이상이었지만 이제 모든 성도가 영원히 누리게 된다. 인간을 불행하게 만드는 모든 요인이 사라진 가장 풍성한 삶이다. 완성된 나라에서 완성된 생명과 영원한 양식과 영원한 삶을 누리게 된다. 모든 것을 존재케 하시는 영원하신 분이 영원한 세계로 이끄신다.[138]

새 예루살렘에 사는 성도는 거룩한 삶을 산다(계 21:8). 모든 종류의 더러운 존재는 이미 영원한 불 못에 던져졌기 때문에 새 하늘 새 땅은 전혀 죄악으로 더러워지지 않은 세계다. 그리스도의 피로 씻음을 받고 거룩해진 성도들만이 하나님과 교제하는 세계이다. 부활한 몸은 신령하고 거룩하고 영광스러운 영원한 몸이다. 부활의 생명은 인간의 가장 완전하고 영화로운 생명이다.[139] 새 예루살렘에 사는 성도는 영광의 삶을 산다(계 21:26).

부활체로 참된 행복과 영광스러운 삶을 살게 된다. 새 예루살렘의 인간이 형용할 수 없는 빛 가운데 살아가는 뛰어난 아름다움을 누리며 살아간다.

---

[137] 김인식, 『하나님의 마스터플랜: 새 예루살렘의 비전』, 225.
[138] Albert Barnes, 『요한계시록』, 이남종 역 (서울: 크리스천서적, 1987), 362.
[139] 김인식, 『하나님의 마스터플랜: 새 예루살렘의 비전』, 226.

홀러가는 시간이나 세월에 구애받지 않고 끝없이 누리는 영광스러운 삶이다. 하나님께 완전한 경배를 드리며 완전한 지식으로 하나님께 더욱 성숙한 모습으로 봉사하고 활동적이며 생산적인 모든 삶이 깊은 만족과 영광스러움을 준다. 죄의 성품과 모든 악한 환경에서 완전히 자유하는 영광의 삶을 누리게 된다.[140]

새 예루살렘에 사는 성도의 삶은 상속자의 삶이다(계 21:7). 하나님의 자녀로 상속의 복은 죄악을 이기고 시험을 이기고 환난을 이기고 마귀를 이기고 승리한 성도들이 얻어 누린다.

하나님의 자녀로 받게 되는 가장 중요한 것은 영원한 하나님 나라이다. 만왕의 왕이신 하나님의 상속자인 성도는 왕권을 상속받아 함께 왕 노릇하게 된다(계 22:5). 성도들이 새 예루살렘과 '영생과 생명수와 생명나무 실과'를 상속받아 누릴 것이다.[141] 새 예루살렘에 사는 성도는 하나님과 영원히 교제하며 살아간다(계 22:4). 지상에서의 삶은 하나님을 믿고 열심히 살아가지만 불완전한 환경에서 모든 부분에서 완전할 수 없다.

지상의 삶은 하나님과의 교제에 있어서도 인간의 연약함과 여러 가지 한계 때문에 불완전할 수밖에 없다. 죄로 부패되었던 인간의 영혼과 육체가 완전히 파괴된 하나님의 형상이 완전히 회복되기 때문에 하나님과의 교제가 온전해질 것이다. 이 땅에서의 불완전 교제도 사모할 만큼 좋은 것인데 새 하늘 새 땅에서 이루어지는 완전한 교제는 하나님의 얼굴을 보기 때문에 이루 말로 할 수 없는 감격이 있을 것이다.[142]

---

[140] 김인식, 『하나님의 마스터플랜: 새 예루살렘의 비전』, 227.
[141] 김인식, 『하나님의 마스터플랜: 새 예루살렘의 비전』, 228
[142] 김인식, 『하나님의 마스터플랜: 새 예루살렘의 비전』.

아담과 하와가 범죄하기 전에는 여호와 하나님과 친밀히 교제하며 에덴 동산을 거닌다. 하지만, 범죄한 후 하나님을 피하여 숨고, 결국 에덴 동산에서 쫓겨난다.

그러나 이제 새 예루살렘의 생명강가에서 생명나무 아래를 거닐며 하나님과 친밀하게 대화하고 영원히 함께하게 될 것이다. 이것이 하나님께서 하늘과 땅을 창조하시고 사람을 창조하신 궁극적 목적이다. 새 예루살렘은 인간의 갈망을 완전히 만족시키는 곳일 뿐 아니라 '하나님 거주지'이기도 하다.[143]

7. 에덴에서 새 에덴으로

성경은 하나님과 그의 백성이 에덴 동산에서 함께 거니시는 것으로 시작하여 새 하늘 새 땅인 새 예루살렘에서 하나님과 그의 백성이 함께 대면하는 것으로 끝난다.

창세기 1-2장에서 아담은 하나님과 대면하며 친밀함으로 동행한다. 요한계시록 21-22장에 하나님은 다시 한번 동산에서 그의 백성과 함께 대면하며 동행하신다. 하나님은 결국 모든 하늘과 땅을 새롭게 하시고 자기 백성들과 함께 자신의 영광스러운 임재로 채우신다.[144]

요한계시록 22장은 인류가 상실했던 에덴 동산의 모습을 다시 그려주고 있다. 거기에는 다시 하나님으로부터 흘러나오는 생명수 강이 흐르고, 그

---

[143] Beale, Gregory K and Mitchell Kim, 『성전으로 읽는 성경이야기』, 20.
[144] Beale, Gregory K and Mitchell Kim, 『성전으로 읽는 성경이야기』, 167.

강물로 생명나무가 무성하게 자라 달마다 열두 가지 열매를 맺으며, 하나님 나라 안에 있는 모든 이는 그것으로 영생을 누린다(계 22:1-2).[145]

성경의 첫 번째 책인 창세기의 처음 두 장에 계시된, 하나님이 원래 의도하신 것이 성경의 마지막 두 장, 곧 요한계시록 21-22장에서 죄의 저주가 제거됨과 함께 온전히 회복된다.

그러나 창세기 2장에서 아담은 지구 안에 있는 모든 것과 에덴 동산의 모든 것만 다스리는 권한이 있었지만, 요한계시록 22장의 부활체를 가진 성도들은 온 우주를 다스린다. 완성된 하나님 나라는 모든 것이 행복하며 완전한 인간이 꿈꾸는 완벽한 이상적인 세계를 성취시킨다.

> 한마디로 에덴 동산에서 잃었던 모든 것이 회복된다. 그러나 새 하늘 새 땅은 단순히 에덴 동산에서 잃은 것에 대한 회복으로만 끝나지 않는다. 그것은 에덴 동산에 있던 타락의 가능성이 없어진 더 나은 세계를 의미한다. 죄와 유혹과 저주를 가져다 주는 사탄이 존재하지 않기 때문이다. 새 하늘 새 땅에서는 저주도 죄악도 유혹도 없이 하나님의 영광 가운데서 하나님의 구속함을 받은 모든 자녀가 이루 말로 다 할 수 없는 풍성한 삶을 영원히 누리게 되는 것이다.[146]

만일 우리가 물리적인 에덴 동산의 계시를 놓친다면 창세기 1-2장에 나오는 창조자 되시는 예수님의 영광을 놓치게 될 것이다. 새 하늘 새 땅, 다시 말해 새 에덴은 물리적이며 영적인 세계이고 자연적이며 초자연적인

---

[145] 김인식, 『하나님의 마스터플랜: 새 예루살렘의 비전』, 230.
[146] 김인식, 『하나님의 마스터플랜: 새 예루살렘의 비전』.

세계로 하늘과 땅이 통일된 완벽하고도 아름다운 충만한 세계다.

새 예루살렘에서는 '사람과 장소와 하나님의 현존이 영구적으로 회복'된다.[147] "하나님은 그의 자녀들과 더불어 새 예루살렘을 중심으로 온 우주를 경영하게 되는 것"이다. 할렐루야![148]

8. 에덴 동산 중앙이 예루살렘인 성경적 근거

아래와 같이 여러 가지 점에서 에덴 동산 중앙이 예루살렘임을 주장한다.

첫째, 천년왕국의 수도인 예루살렘은 부활에 참여하는 주의 백성들이 주와 함께 천 년 동안 왕 노릇 하는 곳의 중심이다(사 2:2-3; 24:23). 온 지구가 평화와 번영과 기쁨으로 채워진다. 천 년이 끝나고 그 후에 하늘과 땅이 뜨거운 불에 풀어지고 녹아져 새 하늘 새 땅으로 갱신될 때 부활의 몸을 가진 주의 백성들은 여전히 예루살렘과 함께 건재할 것이다(계 21:1; 사 65:17; 66:22; 벧후 3:13). 에덴 동산은 우주의 중심이다. 천년왕국의 수도인 예루살렘은 갱신되어도 여전히 새 하늘 새 땅의 중심일 것이다.

둘째, 에덴에서 네 강이 흐르듯이 천년왕국의 수도인 예루살렘에서 생수가 솟아나 절반은 동해로 절반은 서해로 흐른다(창 2:10; 슥 14:8).

셋째, 새 하늘 새 땅의 중앙에 새 예루살렘이 임할 것이다(계 21:2). 새 예루살렘이 임할 곳은 바로 예루살렘이다. 예루살라임은 쌍수로 예루살

---

[147] Sandra L. Richter, 『에덴에서 새 에덴까지』, 197.
[148] 김인식, 『하나님의 마스터플랜: 새 예루살렘의 비전』, 231

렘이 땅에도 있고 하늘에도 있다는 뜻인데, 드디어 하나가 되는 것이다(엡 1:10).

넷째, 에덴 동산의 중앙에 생명나무가 있다(창 2:9). 새 예루살렘에도 생명나무가 있다(계 22:2, 19). 그것은 에덴 동산 중앙이 예루살렘과 같은 장소라는 증거다.

다섯째, 예루살렘은 큰 임금의 성이라고 하신 주님의 말씀은 결코 변개되지 않는다(마 5:35). 예루살렘은 천년왕국의 수도이며 새 하늘 새 땅에서도 여전히 만왕의 왕이 다스리는 온 우주 통치의 본부일 것이다.

여섯째, 예루살렘은 하나님께서 영원히 쉴 곳이며 거주할 곳이기 때문이다(시 132:13-14). '영원히'라는 말은 천년왕국뿐 아니라 새 하늘 새 땅에서도 예루살렘은 하나님의 쉴 곳이요 거주할 곳이라는 뜻이다.

일곱째, 하나님이 아브라함에게 지시하신 '모리아 땅'은 아브라함이 아들 이삭을 바친 곳이다(창 22:2). 아브라함은 그 땅 이름을 여호와 이레라 한다(창 22:14). 솔로몬 성전을 위하여 준비된 곳으로 바로 이 예루살렘은 예수님의 죽음과 부활과 승천과 재림과 그리고 천년왕국과 새 에덴을 위하여도 준비된 땅으로 아브라함 때부터 계시된 곳이다.

여덟째, 예루살렘의 새로운 모습은 요한계시록 21장의 3분의 2 이상을 차지하고 있다. 새 예루살렘은 세계의 중심에서 영광을 받고 회복된 새 에덴의 수도이다(계 21:9-22:5).

아홉째, 유대인들은 하늘에 관한 개념이 약하고 교회는 땅 위의 하나님 나라에 대한 이해가 약하다. 하나님은 하늘과 땅이 하나 되기를 원하신다. 그것은 아담과 이브가 범죄할 때 에덴 동산에서 나누어졌기 때문이다. 하나님의 아들 예수만이 하늘과 땅의 존재이시기 때문에 십자가로 하늘과 땅을 하나 되게 하실 수 있다(엡 1:10).

열째, 새 하늘과 새 땅은 에덴의 회복을 말하며 새 예루살렘은 예루살렘의 회복이다. 경건한 하나님의 자녀들의 처소인 새 예루살렘이 내려옴으로 부활한 성도들의 처소가 된다. 하나님 나라를 위해 지구를 되찾는 것으로 천국의 실체들이 지구 위에 복귀하는 것이다. 예수 그리스도는 새 예루살렘에서 궁극적 지도자, 만왕의 왕, 만주의 주로 다스리신다.

열한째, 에스겔 31:8의 하나님의 동산은 이스라엘을 말하며 백향목은 이스라엘 지도자를 의미한다. 하나님의 동산, 즉 에덴이 이스라엘이므로 에덴 중앙은 예루살렘이다.

> 하나님 동산의 백향목이 능히 그를 가리지 못하며 잣나무가 그 굵은 가지만 못하며 단풍나무가 그 가는 가지만 못하며 하나님의 동산의 어떤 나무도 그 아름다운 모양과 같지 못했도다 내가 그 가지를 많게 하여 모양이 아름답게 했더니 하나님의 동산 에덴에 있는 모든 나무가 다 시기했느니라 (겔 31:8-9).

열두째, 이스라엘은 '세상 중앙에 사는 백성'이다(겔 38:12). '세상'의 히브리어 '에레츠'는 땅이란 뜻으로 이스라엘은 땅의 중앙에 사는 백성이다. 에덴이 둥근 땅의 중앙이라고 볼 때 이스라엘은 에덴이요 예루살렘은 에덴의 중앙이다. 예루살렘 골고다의 성묘교회 자리에는 '지구의 배꼽'이라는 표지석이 있다. 그곳이 세계의 중심이라는 표식이다.[149]

---

[149] 김인식, 『하나님의 마스터플랜: 새 예루살렘의 비전』, 232-234.

9. 요약

이 장에서는 카이저의 영원한 나라의 도래에 관해 기술했다. 천년왕국이 있어야 하는 이유는 하나님께서 그의 백성에게 약속하신 모든 언약이 성취된다는 것을 증명하기 때문이다.

성경 전체의 언약적 통일성은 새 하늘 새 땅이 시작되기 전에 이 땅에서 천년왕국이 물질적으로 이루어지는 것을 요구하기 때문이다. '새 하늘 새 땅'이 아닌 '땅에서 왕 노릇 하리로다'(계 5:10)라고 말씀하고 있다. 에덴동산에서 아담이 범죄로 인하여 잃어버린 바 된 실락원을 예수 그리스도로 말미암아 회복시켜주시는 복락원의 기간이 역사 속에 계시되어야 하기 때문이다.

카이저는 그리스도가 직접 다스리는 천년왕국이 끝나고 하나님이 하늘과 땅을 갱신하심으로 영원한 나라가 시작된다고 주장한다. 여호와의 이름을 믿는 이스라엘 및 모든 이방인과 함께 새 하늘과 새 땅은 없어지지 않으며 영원할 것이다.

새 하늘과 새 땅인 새 예루살렘은 하나님 나라의 최종 완성이다. 옛 세상에 있던 모든 눈물과 사망과 애통과 아픈 것이 사라진 세계이다. 앞으로 우리가 영원히 거할 곳으로 이 세상을 갱신한 것으로 이 세상과는 다른 완전히 새로운 세계이다. 오직 하나님의 영광만 드러나며 성도들의 영원한 행복의 처소이다.

거룩한 성 새 예루살렘은 새 우주와 새 지구의 중심이요 영원한 하나님 나라의 수도가 된다. 새 우주의 중심인 지구에 새 예루살렘성이 하늘에서 내려온다. 하나님과 어린양이신 그리스도의 보좌가 그곳에 있으며 하나님의 영광이 그 세계에 가득하고 생명수 강과 생명나무가 있어 영생하는 생명들에게 영원한 생명을 공급해 준다.

눈물도 질병도 죽음도 불순종도 없는 곳이다. 이 영원한 행복 가운데 하나님과 그 자녀들이 영원히 함께 살게 될 것이다. 마치 에덴 동산에서 하나님과 아담과 하와가 동산을 거닐며 함께하던 것과 같은 황홀한 시간이 회복된 것이다. 새 하늘 새 땅, 다시 말해 새 에덴은 물리적이며 영적인 세계이고 자연적이며 초자연적인 세계로 하늘과 땅이 통일된 완벽하고도 아름다운 충만한 세계이다. 하나님은 그의 자녀들과 더불어 새 예루살렘을 중심으로 온 우주를 경영하게 된다.

새 하늘 새 땅의 중앙에 새 예루살렘이 임할 것이다. 새 예루살렘이 임할 곳은 바로 예루살렘이다. 예루샬라임은 쌍수로 예루살렘이 땅에도 있고 하늘에도 있다는 뜻인데, 드디어 하나가 되는 것이다(엡 1:10).

에덴 동산의 중앙에 생명나무가 있다(창 2:9). 새 예루살렘에도 생명나무가 있다(계 22:2, 19). 그것은 에덴 동산 중앙이 예루살렘과 같은 장소라는 증거다. 예루살렘은 큰 임금의 성이라고 하신 주님의 말씀은 결코 변개되지 않는다(마 5:35). 예루살렘은 천년왕국의 수도이며 새 하늘 새 땅에서도 여전히 만왕의 왕이 다스리는 온 우주 통치의 본부일 것이다.

할렐루야!

결론

이 장은 월터 C. 카이저의 성경적 종말론 비평의 결론이다. 결론은 두 부분으로 구성된다.

첫째 부분은 연구자가 이루고자 하는 연구 목표와 연구 핵심 질문을 통해 결론을 도출한다.
둘째 부분은 후속 연구를 위한 연구자의 제언이다.

선교신학적 관점에서 본 월터 C. 카이저의 종말론 연구를 통해 발견한 내용은 다음과 같다.

첫째, 성경을 일종의 종교 서적으로 보는 오늘날 많은 학자 앞에서 카이저는 하나님의 역사도 역사에 포함해야 할 중요한 부분이며 '성경은 역사의 기록'이라고 주장한다.
언약(약속)신학자인 카이저에게 전능하시고 신실하신 하나님의 약속은 반드시 성취될 그분의 계획이다. 족장 시대 이전의 역사는 아브라함이 등장해야 하는 배경을 알려 주는 역사이다. 족장 시대는 아브라함을 부르시고 만민에게 복을 주시려 언약을 주시고 언약 성취를 위한 민족을 형성시키시는 역사이다.

출애굽 시대는 아브라함 언약을 성취시키기 위해 시내산 언약을 주고 약속의 땅을 향하여 나아가는 시대이다. 가나안 정복 시대는 언약 성취를 위해 가나안에 입성하고 땅을 정복하며 거주하는 시대이다. 사사 시대는 가나안 정복 시대를 거쳐 왕정 시대로 가기 위한 다리 역할을 하는 시대이다.

왕정 시대는 사사 시대를 지나며 왕을 요구하는 백성들을 통해 시작되지만 신정 왕국의 모습을 보여 주며 다윗에게 언약을 주심으로 앞으로 완전한 메시아 왕국을 바라보게 하는 시대이다. 분열 왕국 시대에 선지자들을 통해 인간의 힘으로 지킬 수 없는 시내산 언약을 이루시도록 하나님께서 친히 새 언약을 주신다. 선지자들을 통해 새 하늘 새 땅의 비전을 주시고 언약 성취의 완성된 모습을 계시한다. 새 언약을 피로 세우시기 위해 오실 예수 그리스도를 맞이할 준비하는 과정이 이스라엘의 역사이다.

둘째, 이스라엘은 끝났고 미래가 없다는 대체신학을 카이저는 용납하지 않는다.

이스라엘에는 미래가 있고 이스라엘은 구원을 넘어 회복될 것을 성경은 약속하기 때문이다. 카이저는 하나님이 아브라함, 이삭, 야곱, 그리고 다윗과 맺은 언약은 조건 없는 일방적 영원한 언약이기에 반드시 성취된다는 전제 아래 종말론을 서술한다. 카이저는 이스라엘 종말론을 에스겔 36장을 통해 이스라엘이 고국 땅으로 돌아오고(민족적 회복), 맑은 물로 정결케 되며 새 영과 새 마음(영적 회복)을 받게 되는 이스라엘 회복 과정으로 이해한다.

결과적으로, 하나님과 백성들의 관계가 회복(관계 회복)되고 황폐한 땅이 에덴 동산(땅의 회복)같이 될 것을 바라본다. 에스겔 37장에서 둘이 하나(국가 회복)가 되고 다윗이 영원히 그들의 왕(메시아 왕국)이 될 것으로 이해한다.

그러므로 하나님의 백성들이 가나안 땅으로 돌아간다는 사실은 이스라엘 종말론에 시동을 거는 것이다. 종말론에 관한 언약 중에 가시적으로 확인할 수 있는 가나안 땅 언약을 가장 핵심으로 이해한다. 하나님의 전능성과 신실성은 반드시 이스라엘을 가나안 땅으로 돌아가게 하신다. 이런 이스라엘 종말의 현상들이 이미 구체적으로 성취되고 있는 그러나 아직 완전히 이루어지지 않은 마지막 때를 우리는 살아가고 있다.

셋째, 다윗 가문의 새 왕 여호와의 싹은 다시 오실 메시아로 역사의 주인공이시며 종말에 일어나는 모든 사건의 중심이자 핵심이라고 카이저는 주장한다.

메시아가 통치하는 날에 의인이 흥왕하여 평강의 풍성함을 경험하게 될 것이다. 공의로운 왕이 다스리는 나라의 영역은 넓어지고 이 의로운 왕의 통치는 더욱 확장될 것이다.

지리적으로, 바다에서부터 바다까지, 즉 온 세상을 포함한다. 군사적으로, 그의 통치에 반대하는 모든 적까지 이제는 다스릴 것이다. 경제적으로, 온 세계에서 오는 조공과 예물을 받을 것이다. 정치적으로, 모든 지배자가 이 의로운 왕의 통치 아래 부복하며 그를 섬길 것이다.

예루살렘은 하나님 관심의 도시이다. 하나님의 이름을 두시려고 택하신 곳이며 하나님께서 친히 준비하신 땅이다. 다윗 왕이 하나님께 희생 제사를 드림으로서 응답을 받은 장소이다. 하나님은 자기의 기쁘신 뜻을 따라 수많은 성읍 중에 예루살렘을 택하고 지상 거처로 삼으시고 솔로몬을 통해 성전을 건축하게 하셨다.

메시아가 다시 이 땅에 오실 때 유대인과 이방인들이 새 시온인 예루살렘의 '거룩한 산'에 나아와 여호와께 예배하고 여호와의 길을 배울 것이다. 세상의 만국 백성들이 예루살렘으로 모여들어 위대하신 스승이신 여호와로 나아와 진리의 복음을 듣고 예배드리게 될 것이다. 하나님 자신이 친히 왕으로 군림하는 모습이다.

하나님은 이스라엘 땅을 지구의 중심으로, 세계 역사의 심장부로 선택하신다. 메시아가 왕으로 즉위할 때 온 우주를 다스리는 중심으로 삼으신다. 하나님은 예루살렘을 지리적으로도 지구의 중심에 두시고 세계의 영적 센터로 만드신다. 주님은 예루살렘으로 돌아오실 것이고 함께할 것이다.

넷째, 카이저가 이해하는 여호와의 날은 이 땅에 천년왕국이 오기 전 주님의 재림과 관련된 시간이다.

하나님은 여호와의 날에 성령을 부어 주시며, 자기 백성을 그 땅으로 돌아오게 하고, 유다와 예루살렘의 기업을 회복시키시는 때다. 이스라엘을 괴롭힌 나라들에게 심판이 임할 것이다. 이스라엘과 여호와를 믿는 세상 모든 사람에게 피난처를 제공하는 때이기도 하다. 하나님이 네 가지 복을 이스라엘에 부어 주실 것인데, 다시 그 땅의 풍성한 소산을 누리게 되며, 적들이 멸망하고, 이스라엘이 하나님께 죄를 용서받고 그 땅으로 돌아오며, 여호와가 시온에 거할 것을 약속하신다.

카이저는 하나님이 이스라엘을 구세주 메시아와 더불어 세상에 복주시기 위한 통로로 삼으시기에 반유대주의가 존재한다고 주장한다. 하나님의 아들 예수님은 다윗의 자손 유대인으로 예루살렘에 다시 오셔서 왕국을 세우고 마귀를 무저갱에 던져 넣으시기 위해 오시기 때문이다.

곡과 마곡 전쟁은 이스라엘을 지도에서 제거하기 위해 아랍-이슬람 세계와 더불어 북쪽 나라 세력 중 하나에 의해 일어날 것이다. 이스라엘을 구하기 위해 도우러 오는 나라는 하나도 없다. 이스라엘은 살아 계신 하나님의 장엄한 임재 외에는 이 전쟁을 홀로 싸워야 하기 때문이다.

이는 결국 공격한 나라들이 하나님의 개입으로 역사에 볼 수 없는 대패를 당할 것이다. 하나님이 자신의 위대함과 거룩함을 분명히 나타내실 것이다. 모든 나라가 그분 한 분만이 만왕의 왕이시며 만주의 주이심을 알게 될 것이다. 다른 모든 나라가 이스라엘을 돕지 않으나 여호와가 그들을 놀랍게 구원하실 때, 마침내 이스라엘 족속이 그들의 하나님 여호와 같은 분이 없음을 알게 될 것이다.

다섯째, 카이저는 다니엘의 '일흔 이레' 예언을 상징적 비유적으로 해석하면 구체적 실제적인 하나님의 역사 전개를 놓치게 됨으로 자연스럽게 문자적 역사적으로 본문을 해석하는 게 옳다고 주장한다.

이 490년은 끝까지 모두 연속적인 것이 아니라 예순아홉째 주와 일흔 번째 주 사이에 상당한 간격이 있다. 칠 년 중 예순아홉 이레와 마지막 이레 사이에 간격이 있어 두 시기로 구분되는데, 이 간격의 기간은 정확한 숫자로 명시되지 않았다.

그 간격 사이에 메시아가 끊어지고(주후 30년경) 예루살렘 성읍과 성소가 파괴된다(주후 70년). 칠 년의 마지막 한 이레의 절반 때에 적그리스도가 이스라엘과 맺은 언약을 파기하고 새로 중건한 제3성전을 '포악하여 가증한 것'으로 더럽힐 것이다. 그 이후에 그리스도가 이 땅을 통치하고 다스리시는 천 년과 영원한 나라가 임한다.

카이저는 에스겔의 환상은 교회를 나타내는 상징이나 비유 이상으로 아주 상세한 묘사가 많은 비중으로 나오는 것에 주목한다. 카이저는 에스겔의 환상을 실제적으로 예루살렘에 지어질 제3성전을 묘사하는 것으로 본다. 그리고 이 성전은 예수 그리스도가 이 땅을 통치하는 천 년 동안 사용될 것이다. 무엇보다 가장 중요한 사실은 여호와가 땅 위의 이 성전에 임재하시며 거하신다는 점이다.

카이저가 규정하는 적그리스도는 하나님과 메시아를 대적하는 마지막 세계 정복자다. 예루살렘 성전을 모독하고 하나님을 예배하는 곳을 차지하려 할 것이다. 그는 가능한 모든 방법으로 하나님의 통치를 거부하고 반유대주의적, 반성경적인 시대정신을 반영할 것이다.

적그리스도는 그의 많은 전신들이 부정적인 특성을 보인 것처럼 비열하기 그지없는 자로서, 자기 마음대로 행하고 자기 자신을 높일 것이다. 그리스도가 재림하셔서 적그리스도의 행적과 군대를 무너뜨리실 뿐 아니라 의로운 나라를 세우시고 다음 천 년간 다스리실 것이다.

이방 나라들이 예루살렘을 공격하여 하나님이 주신 언약 계획을 망가뜨리려는 최종적인 시도는 참담하게 실패할 것이다. 그리스도가 감람산 위에 서시면 땅이 둘로 갈라져 예루살렘의 맹렬한 공격을 피해 도피하는 자들을 위한 골짜기가 생길 것이다.

베냐민과 유다 땅은 높이 솟아올라 아라바와 같이 평평해질 것이며, 예루살렘성 역시 지형에 변화가 일어날 것이다. 그 날에 여호와가 천하의 유일한 왕이 되시며 여호와를 경배하는 자들이 그분의 이름만 높일 것이다.

여섯째, 천년왕국이 있어야 하는 이유는 하나님께서 약속하신 모든 언약이 성취되어야 하기 때문이다.

성경 전체의 언약적 통일성은 새 하늘 새 땅이 시작되기 전에 이 땅에서 천년왕국이 물질적으로 이루어지는 것을 요구한다. "새 하늘 새 땅'이 아닌 '땅에서 왕 노릇 하리로다"(계 5:10)라고 말씀한다. 에덴 동산에서 아담이 범죄로 인하여 잃어버린 바 된 실락원을 예수 그리스도로 말미암아 회복시켜주시는 복락원의 기간이 역사 속에 나타나야 하기 때문이다.

카이저는 그리스도가 직접 다스리는 천년왕국이 끝나고 하나님이 하늘과 땅을 갱신하심으로 영원한 나라가 시작된다고 주장한다. 여호와의 이름을 믿는 이스라엘 및 모든 이방인들과 함께 새 하늘과 새 땅은 없어지지 아니하며 영원할 것이다.

새 하늘 새 땅의 중앙에 새 예루살렘이 임할 것이다. 새 예루살렘이 임할 곳은 바로 예루살렘이다. 예루샬라임은 쌍수로 예루살렘이 땅에도 있고 하늘에도 있다는 뜻인데, 드디어 하나가 되는 것이다(엡 1:10).

새 하늘과 새 땅 새 예루살렘은 하나님 나라의 최종 완성이다. 새 에덴은 하늘과 땅이 통일된 아름답고 충만한 세계로 물리적이며 동시에 영적인 세계이며 자연적이며 동시에 초자연적인 완벽한 세계다. 오직 하나님의 영광만 드러나며 성도들의 영원한 행복의 처소이다. 하나님은 그의 자녀들과 더불어 영원한 하나님 나라의 수도인 새 예루살렘을 중심으로 온 우주를 경영하게 되는 것이다.

에덴 동산의 중앙에 생명나무가 있다(창 2:9). 새 예루살렘에도 생명나무가 있다(계 22:2, 19). 그것은 에덴 동산 중앙이 예루살렘과 같은 장소라는 증거다. 예루살렘은 큰 임금의 성이라고 하신 주님의 말씀은 결코 변개되지 않는다(마 5:35). 예루살렘은 천년왕국의 수도이며 새 하늘 새 땅에서도 여전히 만왕의 왕이 다스리는 온 우주 통치의 본부일 것이다.

1. 결론

이 글의 핵심 연구 주제에 맞는 연구 목적을 이루기 위해 연구자는 연구 목표를 설정하고 핵심 연구 질문을 찾아 연구한 결과 다음과 같은 결론을 도출하였다.

선교신학적 관점에서 본 월터 C. 카이저의 구약성경의 종말론은 아브라함 언약, 모세 언약, 다윗 언약, 새 언약과 예루살렘 언약 성취를 통한 이스라엘 회복이다. 이스라엘 회복의 핵심은 예루살렘 회복이요 예루살렘 회복은 에덴의 회복이다. 그러므로 카이저의 종말론은 이스라엘 회복 운동의 성경적 근거를 제공한다.

2. 제언

이 글을 마치며 나는 다음 내용을 후속 연구자들에게 제언한다.

첫째, 대체신학을 대체할 회복신학을 연구해야 한다.

많은 복음주의권 및 개혁주의 신학자도 이스라엘은 예수님 초림 이후에 끝났고 미래가 없다는 대체신학을 가지고 있다. 이것은 유대인 구원의 장벽이 되고 있다. 이스라엘에는 미래가 있다. 이스라엘은 구원을 넘어 회복될 것을 성경이 약속하기 때문에 대체신학을 버리고 회복신학을 발전시켜야 한다.

이스라엘 민족과 이스라엘 국가는 단지 신학적 차원만이 아니라 오늘날 살고 있는 세계에서 매우 중요한 현실이다. 하나님이 아브라함, 이삭, 야곱, 그리고 다윗과 맺은 언약은 조건 없는 일방적 영원한 언약이기에 반드시 성취된다는 전제 아래 회복신학을 발전시켜야 한다.

하나님의 마스터플랜의 핵심이 예루살렘이다. 이스라엘 회복의 핵심도 예루살렘의 회복이다. 예루살렘을 중심으로 하는 이스라엘 회복신학을 재정립할 것을 제안한다.

둘째, 효과적인 유대인 귀환 사역을 위한 연구가 필요하다. 다음에 인용한 예레미야서와 이사야서를 통해서 볼 수 있다.

> 이방들이여 너희는 여호와의 말씀을 듣고 먼 섬에 전파하여 이르기를 이스라엘을 흩으신 자가 그를 모으시고 목자가 그 양 떼에게 행함 같이 그를 지키시리로다(렘 31:10).

> 주 여호와가 이같이 이르노라 내가 뭇 나라를 향하여 나의 손을 들고 민족들을 향하여 나의 기치를 세울 것이라 그들이 네 아들들을 품에 안고 네 딸들을 어깨에 메고 올 것이며(사 49:22).

하나님의 깃발이 이스라엘 국가이다. 하나님께서 1,900년 동안 사라진 나라를 세우시고 보호하심으로 뭇 나라를 향하여 흔드시는 이 깃발은 유대인들에게는 고토로 돌아오라는 신호요, 믿는 이방인들에게는 유대인들이 고토로 돌아가는 것을 도우라는 신호이다. 민족적 회복을 도우라는 것이다.

전 세계에 유대인 귀환과 예루살렘 회복이 하나님 때의 징조인 것을 전파하여 알릴 구체적 전략 연구가 필요하다. 전 세계에 남아 있는 숨어 있는 유대인들을 발굴 작업이 필요하다. 이는 에스겔의 아래의 예언에서도 볼 수 있다.

> 전에는 내가 그들이 사로잡혀 여러 나라에 이르게 했거니와 후에는 내가 그들을 모아 고국 땅으로 돌아오게 하고 그 한 사람도 이방에 남기지 아니하리니 그들이 내가 여호와 자기들의 하나님인 줄을 알리라(겔 39:28).

5,000년의 역사를 가진 한민족(韓民族)은 전 세계 175개국에 750만 명이 흩어져 살고 있다. 27,000명 이상의 선교사를 파송한 것도 6,000개의 디아스포라 교회를 세운 것도 하나님이 하신 일이다. 지구상에 흩어져 살고 있는 한민족이 생명의 복음을 전할 뿐 아니라 전 세계에 아직도 흩어져 남아있는 170개국의 약 800만 명의 디아스포라 유대인을 약속의 땅으로 돌아가도록 깨우치고 도와주는 사명을 감당해야 한다. 유대인들의 귀환 전략을 위한 연구를 제안한다.

　셋째, 전 세계적으로 고립을 당하고 있는 유대인들을 위로하고 소망을 줄 전략이 필요하다. 이는 아래의 이사야서의 예언에도 나타난다.

　　너희의 하나님이 이르시되 너희는 위로하라 내 백성을 위로하라 너희는 예루살렘의 마음에 닿도록 말하며 그것에게 외치라 그 노역의 때가 끝났고 그 죄악이 사함을 받았느니라 그의 모든 죄로 말미암아 여호와의 손에서 벌을 배나 받았느니라 할지니라 하시니라(사 40:1-2).

　반유대주의 교회와 기독교도들로부터 받은 수많은 핍박으로 감정적 역사적 상처가 이스라엘 민족에게 남아 있다. 그들을 위로하고 용서를 구함으로 상처를 치유해 주어야 하고 회복시켜주어야 한다.
　지난 6년 간에 걸친 '샬롬 예루살라임' 한국 그리스도인 문화 행사에 참여하면서 경험한 유대인들의 반응은 놀라운 것이다. 한민족도 역사적인 수많은 전쟁과 박해를 경험한 상처를 가지고 있다. 위로 사역은 유대인들과 역사적으로 상처를 주고 받은 일이 없는 한국 그리스도인에게 주신 사명이다.
　오늘날도 여전히 반유대주의가 극성을 부리고 있다. 세속적이고 신앙이 없는 세계는 인본주의가 되고 그 결과는 반유대주의다. 대부분의 미디어와 유엔조차도 다수가 반유대주의이다. 이슬람 극단주의자들은 주님이 오실 발판인 이스라엘 그리고 예루살렘을 지도상에서 제거하기 위해 혈안이 되어있다.

전 세계적으로 성경 말씀을 하나님의 말씀으로 인정하는 자와 아닌 자와의 싸움이다. 국가적으로도 반유대주의가 되지 않도록 기도하고 하나님이 기뻐하는 바른 지도자를 선출해야 한다. 성경 말씀을 하나님의 말씀으로 인정하지 않는 자는 자연적으로 반유대주의자가 된다.

오직 하나님의 무조건적 영원한 언약은 반드시 성취된다는 것을 믿는 자는 친유대주의가 될 수밖에 없고 시온주의자가 될 수밖에 없다. 적어도 그리스도인들이 반유대주의가 아니라 주님의 심정으로 유대인들을 사랑하고 위로하고 그들의 편에 설 전략 연구를 제안한다.

넷째, 새 창조 종말론 연구를 제안한다.

세상은 점점 악해질 것이고 이스라엘도 교회도 점점 핍박을 심하게 받으며 칠년대환난 시기를 통과하게 될 것이다. 인류는 소망을 잃고 심령이 더욱 어두워질 것이다. 구속의 복음조차 인류의 가슴을 불태우기 힘들어질 것이다.

이제 역사의 마지막 하나님 마스터플랜의 끝을 바라보면서 찬란히 빛나고 있는 새로운 세계를 보고 들으며 식은 가슴에 불을 붙여야 한다. 새 하늘 새 땅인 새 예루살렘의 복음으로 식은 가슴을 불태워야 한다. 새 하늘 새 땅 새 예루살렘의 복음은 구속의 복음에 더욱 능력을 부여할 것이다. 이를 위해 새 창조 종말론의 연구를 제안한다.

참고 문헌

해외 원서

Archbold, Norma Parrish. *The Montains of Israel: The Bible & the West Bank*. Jerusalem: Phoebe's Song, 1993.

Babbin, Jed and London, Herbert. *The Bds War against Israel*. New York: London Center for Policy Rearch, 2014.

Chafer, Lewis Sperry. *Dispensatinalism*. Dallas: Dallas Seminary Press, 1951.

Kaiser Jr, Walter C. *The Messiah in the Old Testament. Studies in Old Testament Biblical Theology*. Grand Rapids, Mich.: Zondervan Pub., 1995.

_____. *A History of Israel: From the Bronze Age through the Jewish Wars*. Nashville, Tenn.: Broadman & Holman, 1998.

_____. *Mission in the Old Testament: Israel as a Light to the Nations*. Grand Rapids, Mich.: Baker Books, 2000.

_____. *The Promise-Plan of God: A Biblical Theology of the Old and New Testaments*. Grand Rapids, Mich.: Zondervan, 2008.

_____. and Moisés Silva. *Introduction to Biblical Hermeneutics: The Search for Meaning*. Rev. and expanded ed. Grand Rapids, Mich.: Zondervan, 2007.

_____. *Toward an Old Testament Theology*. Grand Rapids: Zondervan Pub. House, 1978.

_____. *Toward an Exegetical Theology: Biblical Exegesis for Preaching and Teaching*. Grand Rapids, Mich.: Baker Book House, 1981.

Payne, Barton J. *Encyclopedia of Biblical Prophecy*. New York: Harper & Row, 2009.

Peterson, David L. *Zechariah 9-14 and Malachi*. Louisville: Westerminster John Knox Press, 1995.

Simons, Jan Jozef. *The Geographical and Topographical Texts of the Old Testament: A Concise Commentary in Xxxii Chapters*. Brill, 1959.

Toulmin, Stephen Edelston. *The Uses of Argument*. Cambridge: Cambridge University Press, 2003.

Trachtenberg, Joshua. *The Devil and the Jews: The Medieval Conception of the Jew and It's Relation to Modern Antisemitism*. Philadelphia; Jerusalem: The Jewish Publication Society, 1993

Vlach, Michael J. *Has the Church Replaced Israel?* Nashville. Tenn.: B & H, 2010.

역서

Archbold, Norma Parrish. 『이스라엘의 산들 누구의 땅인가』. 오숙희 역. 안양: 사랑의 메시지, 2006.

Barnes, Albert. 『요한계시록』. 이남종 역. 서울: 크리스천서적, 1987.

_____. 『창세기(상』. 최종대 역. 서울: 크리스천서적, 1987.

Beale, Gregory K. 『성전으로 읽는 성경이야기』. 채정태 역. 서울: 부흥과개혁사, 2014.

Berkhof, Louis. 『성경해석학』. 윤종호 역. 서울: 개혁주의신행협회, 1991.

Beyer, Bryan E. 『이사야서의 역사적 신학적 강해』. 곽철호·류근상 공역. 서울: 크리스천출판사, 2009.

Bimson, John. 『구약의 배경』. 윤종석 역. 서울: 성서유니온, 1993.

Blaising, Craig A. 『하나님 나라와 언약』. 곽철호 역. 서울: 기독교문사, 2005.

Bock, Darrell L. 『이스라엘 민족, 영토 그리고 미래』. 김진섭·권혁승 공역. 서울: 이스트윈드, 2014.

_____. 『누가복음』. 신지철 역. 서울: 부흥과개혁사, 2017.

Bright, John. 『이스라엘 역사』. 박문재 역. 서울: 크리스천다이제스트, 2016.
Brown, Michael L. 『유대 민족의 비극적 역사와 교회』. 김영우 역. 서울: 한사랑, 2008.
Calvin, John. 『구약성경주석(25): 다니엘II』. 성경주석출판간행회 편역. 서울: 성서교재간행사, 1987.
Castel, Francois. 『이스라엘과 유다의 역사』. 허성균 역. 서울: 한국장로교출판사, 1992.
Clouse, Robert G. 『천년왕국』. 권호덕 역. 서울: 성광문화사, 1980.
Eckert, Harald. 『이스라엘, 나라들, 그리고 심판의 골짜기』. 정원일 역. 서울: 하늘양식, 2015.
Edwards, Jonathan. 『로마서 주석』. 김귀탁 역. 서울: 복있는사람, 2013.
Elwell, Walter A. 『20세기 복음주의 성경신학자들』. 장세훈 역. 서울: 이레서원, 2001.
Enns, Paul. 『신학 핸드북』. 최치남 역. 서울: 생명의말씀사, 1989.
Feinberg, John S. 『연속성과 불연속성』. 번역위원회 역. 서울: 성서침례대학원대학교출판부, 2016.
Fitzmyer, Joshep A. 『앵커바이블 로마서』. 김병모 역. 서울: 기독교문서선교회, 2015
Glashouwer, Willem J. J. 『이스라엘?』 정원일 역. 서울: 하늘양식, 2014.
Gowan, Donald. 『구약성경의 종말론』. 홍찬혁 역. 서울: 기독교문서선교회, 1999.
Grabbe, Lester L. 『고대 이스라엘 역사』. 김성천·류광현 공역. 서울: 기독교문서선교회, 2012.
Gunneweg, Antonius H. J. 『이스라엘 역사』. 문희석 역. 서울: 한국신학연구소, 1986.
Hagee, John. 『예루살렘 최후의 새벽』. 홍원팔 역. 서울: 비전북출판사, 2002.
Heidler, Robert. 『메시아닉 교회 언약의 뿌리를 찾아서』. 진현우 역. 서울: WLI Korea, 2008.
Hendriksen, William. 『데살로니가전후서』. 김용섭 역. 서울: 아가페출판사, 1984.

_____. 『로마서(하)』. 황영철 역. 서울: 아가페 출판사, 1984.
Hoekema, Anthony A. 『개혁주의 종말론』. 이용중 역. 서울: 부흥과개혁사, 2012.
Holwerda, David E. 『예수와 이스라엘』. 류호영 역. 서울: 기독교문서선교회, 1993.
Hughes, Scott. 『진화론이 무너지고 있다』. 심영기 역. 서울: 에스라서원, 2001.
ICR(미국창조과학연구소). 『창조과학백과:창조세계의 과학적 증거들』. 정병갑 역. 서울: 생명의말씀사, 2017.
Intrater, Asher. 『아브라함의 점심 데이트』. 고병현 역. 서울: 다윗의장막, 2014.
Intrater, Keith. 『그 땅에 대해서 하나님은 진정 무엇이라고 하는가?』. 고병헌 역. 서울: KIBI, 2007.
Josephus, Flavius. 『요세푸스(III)』. 김지찬 역. 서울: 생명의말씀사, 1987.
Juster, Daniel. 『마지막 때의 교회와 이스라엘』. 김주성 역. 서울: 이스라엘사역출판, 2010.
Kaiser Jr, Walter C. 『구약성경신학』. 최종진 역. 서울: 대한기독교출판사, 1991.
_____. 『성경과 하나님의 예언』. 김영철 역. 서울: 여수룬, 1991.
_____. 『구약성경신학』. 최종진 역. 서울: 생명의말씀사, 1996.
_____. 『신약의 구약사용』. 성기문 역. 서울: 크리스천다이제스트, 2003.
_____. 『구약성경과 선교』. 임윤택 역. 서울: 기독교문서선교회, 2005.
_____. 『구약에 나타난 메시아』. 류근상 역. 서울: 크리스챤, 2008.
_____. 『이스라엘의 역사』. 류근상 역. 고양: 크리스챤출판사, 2010.
_____. 『구약성경과 선교』. 임윤택 역. 서울: 기독교문서선교회, 2013.
_____. 『성경적 종말론』. 미주복음방송 역. 로스앤젤레스: 왕의귀환펠로우쉽, 2013.
_____. 『마지막 때에 관한 설교』. 김혜경 역. 서울: 기독교문서선교회, 2014.
_____. 『구약성서 다큐먼트』. 김정봉 역. 서울: 세움과비움, 2016.
_____. and Silva Moises. 『성경해석학개론』. 김창헌 역. 서울: 은성출판사, 2009.
_____. 『마지막 때에 관한 설교』. 김혜경 역. 서울: 기독교문서선교회, 2014.
Kang, Peter. 『선교지의 능력대결』. 로스앤젤레스: 미주장로회신학대학교, 2018.

Kraft, Charles. 『기독교 문화 인류학』. 안영권·이대헌 공역. 서울: 기독교문서선교회, 2005.
Lange, John Peter. 『역대기』. 배영철 역. 서울: 백합출판사, 1981.
_____. 『학개 스가랴 말라기』. 배영철 역. 서울: 백합출판사, 1984.
Lewis, Gordon R. and Bruce A. Demarest. 『통합신학』. 김귀탁 역. 서울: 부흥과개혁사, 2011.
MacArthur, John. 『우주와 인간의 시작』. 이심주 역. 서울: 부흥과개혁사, 2009.
_____. 『재림의 증거-다시 오실 주님의 약속』. 김미연 역. 서울: 넥서스, 2010.
_____. 『맥아더 성경주석』. 황영철 외 3인 역. 서울: 아바서원, 2015
Murray, John. 『로마서주석』. 서울: 아바서원, 2014.
Oswald, John. 『이사야』. 이용중 역. 서울: 부흥과개혁사, 2015.
Price, Randall. 『중동문제 진실은 무엇인가』. 오소희 역. 안양: 사랑의메시지, 2010.
Prince, Derek. 『하나님께서 결코 있지 않으신 이스라엘』. 노인평 역. 서울: KIBI, 1991.
_____. 『이스라엘과 교회의 운명』. 전은영 역. 서울: 엘리야, 2016.
Provan, Iain, V. Philips Long, and Tremper Longman III. 『이스라엘의 성경적 역사』. 김구원 역. 서울: 기독교문서선교회, 2013.
Richter, Sandra L. 『에덴에서 새 에덴까지』. 윤석인 역. 서울: 부흥과개혁사, 2013
Roberson, O. Palmer. 『계약신학과 이스라엘』. 김의원 역. 서울: 기독교문서선교회, 1999.
Shanks, Hershel. 『고대 이스라엘』. 김유기 역. 서울: 한국신학연구소, 2005.
Strauss, Lehman. 『응답받는 기도와 응답받지 못하는 기도』. 김지찬 역. 서울: 생명의말씀사, 1993.
Vinson, Synan. 『세계 오순절 성결운동의 역사』. 박명수·이영훈 공역. 서울: 생명의말씀사, 2000.
Vlach, Michael J. 『이스라엘을 통한 하나님의 원대한 구원 계획』. 제2회 이스라엘 목회자 세미나. 서울: 교회성장연구소, 2017.
Wilkins, Micael. Niv 『적용주석 시리즈-마태복음』. 채천석 역. 서울: 솔로몬,

2012.

Winter, Ralph D. 『퍼스펙티브스』. 정옥배 외 3인 역. 서울: 예수전도단, 2000.

Wood, Leon James. 『이스라엘의 선지자』. 김동진 역. 서울: 기독교문서선교회, 1990.

_____. 『이스라엘 역사』. 김의원 역. 서울: 기독교문서선교회, 1999.

간하배. 『다니엘서와 메시아 예언』. 정정숙 역. 서울: 개혁주의신행협회, 2007.

마사미, 우사미. 『창조의 과학적 증거』. 장혜영 역. 서울: 두란노, 1998.

저서

강병도. 『호크마 종합주석 에스겔-다니엘』. 서울: 기독지혜사, 1994.

_____. 『호크마 종합주석 호세아-말라기』. 서울: 기독지혜사, 1994.

_____. 『호크마 종합주석: 여호수아-룻기』. 서울: 기독지혜사, 2000.

강성구. 『모에드와 하그: 이스라엘의 거룩한 절기들과 예수 그리스도』. 서울: 서로사랑, 2001.

권성수. 『요한계시록』. 서울: 횃불, 1999.

김영진. 『고대 이스라엘 역사』. 서울: 한들출판사, 2006.

김인식. 『하나님의 마스터플랜: 새 예루살렘의 비전』. 서울: 교회성장연구소, 2017.

김준식. 『요한의 증언(상)』. 서울: 아침향기, 2012.

김철손. 『요한계시록』. 서울: 대한기독교서회, 2015.

김태훈. 『소예언서』. 서울: 한국장로교출판사, 2009.

김한호. 『이스라엘 핸드북』. 안양: 사랑의 메시지, 2010.

김효성. 『조직신학』. 서울: 옛신앙, 2018.

김희보. 『구약 이스라엘사』. 서울: 총신대학교 출판부, 1991.

라형택. "지구라트." 『로고스 New성경사전』. 서울: 로고스, 2011.

박수암. 『요한계시록』. 서울: 대한기독교서회, 2005.

박준서. 『이스라엘아 여호와의 날을 준비하라』. 서울: 대한기독교서회, 2001.
박철우. 『에스겔』. 서울: 대한기독교서회, 2010.
서철원. 『교의신학 6권: 종말론』. 서울: 쿰란출판사, 2018.
안디옥신학교. 『무저갱이란 어떤 곳입니까?』. 텍사스: 안디옥신학교 신학자료실, 2018.
안영복. 『천년왕국 연구』. 텍사스: 안디옥신학교 신학자료실, 2013.
오화평. 『이스라엘 고난과 회복』. 서울: 베드로서원, 2009.
_____. 『로마서 9장-11장 이스라엘』. 서울: 한새사람, 2017.
이광복. 『천년왕국논쟁』. 서울: 흰돌, 1994
이동원. 『이렇게 종말을 대비하라』. 서울: 나침반출판사, 2009.
이상근. 『갈라디아서, 히브리서』. 서울: 성등사, 1973.
_____. 『에스겔 다니엘』. 서울: 성등사, 1973.
_____. 『요한계시록』. 서울: 성등사, 1989.
_____. 『소예언서』. 서울: 성등사, 1993.
_____. 『시편』. 서울: 성등사, 1994.
이상명. 『성서 인물에게서 듣다』. 서울: 홍성사, 2013.
이순한. 『소예언서강해(I)』. 서울: 한국기독교교육연구원, 1996.
이우제. 『천년의 승리 요한계시록』. 서울: 두란노아카데미, 2008.
이원설. 『기독교 세계관과 역사발전』. 서울: 혜선출판사, 1990.
이재만. 『노아 홍수 콘서트』. 서울: 두란노, 2009.
이재범. 『성령과 선교』. 서울: 보이스사, 1985.
이필찬. 『백투예루살렘운동 무엇이 문제인가』. 서울: 새물결플러스, 2014
이희학. 『이스라엘 왕국의 역사』. 서울: 대한기독교서회, 2002.
임사라. 『기적의 이스라엘』. 서울: KIBI, 2003.
임태수. 『성서주석: 역대상』. 서울: 대한기독교서회, 2007.
장세훈. 『스가랴』. 서울: SFC출판부, 2017.
장영일. 『구약신학의 역사적 기초』. 서울: 장신대출판부, 2001.
장일선. 『신명기』. 서울: 대한기독교서회, 1993.

정성욱. 『역사적 전천년설』. 서울: 기독교문사, 2014.

정연호. 『이스라엘의 비전과 역사적 현실, 그리고 한국교회』. 서울: 제2회 이스라엘 신학포럼, 2015.

조철환. 『하나님은 이스라엘을 버리셨는가』. 서울: 엘리야, 2016.

천종수. 『QA 성경』. 서울: 성서원, 2008.

하용조. 『비전성경사전』. 서울: 두란노, 2015.

한정건. 『종말론 강해』. 서울: 기독교문서선교회, 1992.

_____. 『종말론 입문』. 서울: 기독교문서선교회, 1994.

_____. 『이사야의 메시아 예언』. 서울: 기독교문서선교회, 2006.

학술지

Stager, Lawrence. "Jerusalem as Eden." *Biblical Archaeology Review 26*. No.3 (May/June 2000):36-47, 66. *Biblical Archaeology Review*, 2000.

김정우. "구약성경의 영감과 난제에 대한 논평."「성경과 신학」. 제9권, 1990.

김진수. "다윗 언약에 관한 연구."「신학정론」. 제33권 1호, 2015년 5월.

김진옥. "다윗의 씨(롬 1:3-4)에 대한 고찰."「신학정론」. 제33권 1호, 2015년 5월.

소형근. "주전 6-5세기 헤브라이즘과 제국 열강들의 종교적-문화적 융합."「문화와 융합」. 제38권 제5호. 2016.

윤용진. "여호와 날의 이중성."「성경과 신학」. 제27권, 2000.

이성자. "이스라엘과 열방." 제3회 이스라엘 목회자 세미나. 2018.

장영일. "다윗의 예루살렘 정복과 그 의미에 대한 연구."「장신논단」. 제20호, 2003.

잡지, 신문, DVD

Haaretz, 2019년 1월 10일 기사 참조
Maoz. *Israel Report*. June 2016.
The Jerusalem Post, 2017년 11월 3일 기사 참조
권혁승. "시온주의와 이스라엘 독립 그리고 하나님의 역사, 성경적 신학적으로 보는 이스라엘과 하나님의 구원계획." 목회자 이스라엘 세미나 제1회. 로스앤젤레스. 10월. 2016.
「BBC 뉴스」. 2018년 7월 12일자.
「뉴스핌」. 2018년 04월 10일 기사.
「조선일보」. 2018년 11월 26일 기사.
「주간동아」. 2016년 7월 11일 기사
Kendall, Robert Tillman, "종말론세미나 강의안." 인천승리감리교회, 2003.
김종철, 『제3성전 과연 세워질 것인가?:세계의 신학자들에게서 듣는다』 (서울: Brad Film Ministry, 2016), DVD1(월트 카이저)
_____. 『제3성전 과연 세워질 것인가?:세계의 신학자들에게서 듣는다』 (서울: Brad Film Ministry, 2016), DVD 4(로버트 소시)
_____. 『제3성전 과연 세워질 것인가?:세계의 신학자들에게서 듣는다』 (서울: Brad Film Ministry, 2016), DVD 5(마빈 페이트)

인터넷 자료

Johnson, Gaines R. "The Bible, Genesis & Geology." King James Version Bible. Org. Last modified 2013. Accessed. http://www.kjvbible.org/rivers_of_the_garden_of_eden.html
Michas, Peter and Chrisrie Michas. "The Rod of an Almond Tree in God's Master Plan." 2010. http://www.messengers-of-messiah.org/GodsMasterPlan/

Ch1(2014)JerusalemGardenEden.pdf

권혁승. "이스라엘 독립과 '이방인의 때.'"「크리스천투데이」. 2018.09.19 칼럼 참조. http://www.christiantoday.co.kr/news/3162312018

김준식. "세대주의 전천년설과 역사적 전천년설." 2015. http://loveofjesuschurch.com/745

_____. "후천년설과 수정된 역사적 전천년설." 2015. http://loveofjesuschurch.com/748

안영복. "특강5. 다니엘서의 70 이레, 어떻게 해석해야 하는가?." https://www.youtube.com/watch?v=OP_9OmuIH3M

_____. "특강6. 계시록20장의 천년왕국설, 어떤 것이 옳은가?." https://www.youtube.com/watch?v=lq1v1urgUq0

_____. "특강7. 인류의 마지막 전쟁, 어떻게 어디서 일어나는가?." https://www.youtube.com/watch?v=RiaLw264_co&t=669s

이문범. "성서지리 에덴 동산은 어디인가?." http://www.365qt.com/ArticleView.asp?AID=7467

한정건. "칼빈에게 종말론이 있는가: 칼빈의 종말론 우리의 종말론." 칼빈 출생 500주년 신학포럼 2009년 6월 9일. https://www.kirs.kr/index.php?document_srl=6442